上甘岭

攻不破的东方壁垒

·聂济峰 口述·聂昭华 李韧 编著·

四川人民出版社

图书在版编目（CIP）数据

上甘岭：攻不破的东方壁垒 / 聂济峰口述；聂昭华，李韧编著. -- 成都：四川人民出版社，2018.10（2025.1重印）
ISBN 978-7-220-11004-7

Ⅰ. ①上… Ⅱ. ①聂… ②聂… ③李… Ⅲ. ①上甘岭战役(1952)—史料 Ⅳ. ①E297.51

中国版本图书馆CIP数据核字（2018）第211188号

SHANGGANLING GONGBUPO DE DONGFANG BILEI
上甘岭：攻不破的东方壁垒

聂济峰　口述　　聂昭华　李　韧　编著

策　　划	林小云
责任编辑	吴焕姣　蒋科兰　杨雨霏　王　莹
封面设计	张　科
版式设计	戴雨虹
责任校对	王　璐　舒晓利
责任印制	周　奇
出版发行	四川人民出版社（成都三色路238号）
网　　址	http://www.scpph.com
E-mail	scrmcbs@sina.com
新浪微博	@四川人民出版社
微信公众号	四川人民出版社
发行部业务电话	（028）86361653　86361656
防盗版举报电话	（028）86361653
照　　排	四川胜翔数码印务设计有限公司
印　　刷	四川机投印务有限公司
成品尺寸	170mm×240mm
印　　张	29
彩　　插	0.5
字　　数	450千
版　　次	2018年10月第1版
印　　次	2025年1月第11次印刷
书　　号	ISBN 978-7-220-11004-7
定　　价	68.00元

■版权所有·侵权必究

本书若出现印装质量问题，请与我社发行部联系调换
电话：（028）86361656

1954年2月志愿军组成向祖国人民归国汇报代表团,第3兵团组成以聂济峰为团长的分团向西南地区人民汇报。图为聂济峰将军到西藏地区汇报并慰问驻藏部队时在昌都达玛拉山的留影

炮火硝烟弥漫的上甘岭阵地

军史馆陈列的带着381个弹孔的战旗:"英勇前进 将红旗插到解放的阵地上"

"生命不息,战斗不止。"重伤员不能出击战斗,便在坑道里为战友压子弹

志愿军第45师133团2连卫生员陈振安,救护伤员300多名。坑道斗争中缺水,他就把岩石缝中渗出的水一滴一滴小心收集起来,用罐头里的油和上棉花燃火,烧开水给伤病员喝。战后,荣立特等功,并荣获"二级模范"称号

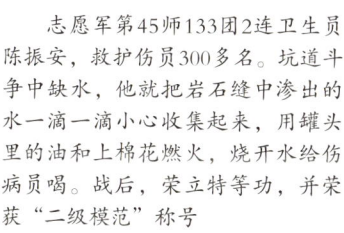

志愿军第45师女护士王清珍,在上甘岭战役中荣立二等功。她用嘴给行动不便的伤员吮吸尿液,解除了负伤战士的痛苦并挽救其生命。志愿军第15军参谋长张蕴钰赋诗赞道:"读毕饮泪尤未已,战士功德可齐天。女杰忠贞可妖娆,血肉光华展情谊。"

面对强敌,指战员们以寸土不让的英雄气概,与敌反复争夺,浴血奋战

志愿军勇士抱起炸药包,冒着枪林弹雨,冲向敌堡

青山有幸埋忠骨——坐落在朝鲜非军事区内的上甘岭烈士陵园（编者注：《朝鲜停战协议》签订后，南北朝鲜以军事分界线为基础，各后退两公里划定为非军事区，双方都不得入内，而上甘岭就在非军事区内）（沈芳提供）

1986年8月，秦基伟将军重登上甘岭。他站在主峰阵地，向597.9高地、537.7北山高地以及西方山和391高地，分别鞠躬致敬，并挥手向长眠在这里的志愿军官兵表示深切的哀悼与敬意（沈芳提供）

秦基伟将军在英雄黄继光牺牲处的石碑前,悼念特级英雄黄继光烈士(沈芳提供)

1973年9月17日,原志愿军第45师师长崔建功将军(右一)重访上甘岭,行进在当年的战壕中

秦基伟将军（右）与李德生将军（左）再叙上甘岭战役，相互表述深厚的战友情结（沈芳提供）

1989年，上甘岭战役37周年纪念，当年志愿军第15军参加上甘岭战役的前指指挥员相聚在老部队。图为他们在参观军史陈列馆后的合影留念，右起依次为：王新、张蕴钰、何正文、向守志、秦基伟、崔建功、张显扬和聂济峰

志愿军赠送解放军的宣传画

作者简介

聂济峰（摄于1990年）

聂济峰（1914—1992）

河北晋县籍，1937年参加抗日游击队，任副队长，1938年编入八路军。同年加入中国共产党。

抗日战争时期，任八路军第129师385旅独立2团政治处干事，师轮训队特派员，第385旅旅直属队特派员，太行军区第7军分区保卫科科长。

解放战争时期，任太行军区第5军分区政治部副主任，太行军区独立1旅政治部副主任，晋冀鲁豫野战军9纵25旅政治部主任，豫西军区第4军分区政治部主任，第二野战军15军43师副政治委员兼政治部主任。参加了进军豫西、淮海、渡江、广西、云南等战役。

中华人民共和国成立后，任中国人民解放军第15军45师政治委员。1951年参加抗美援朝，任中国人民志愿军第15军45师政治委员，参加了第五次战役、1952年秋季战术性反击、上甘岭战役和朝鲜东海岸反登陆防御，以其优异的政治工作保证了部队战斗任务的完成，所在部队涌现出特级英雄黄继光等战斗英雄。回国后，任中国人民解放军第15军政治部副主任、主任，第1军副政治委员。1963年毕业于高等军事学院。后历任第1军政治委员，中央组织部军代表，中央办毛泽东思想学习班主任，军政大学副校长、副政治委员，军事学院副政治委员、顾问。

聂济峰同志在院校工作期间，曾主持上甘岭战役的教学和研究工作。

1955年被授予大校军衔，1964年晋升为少将军衔。荣获二级独立自由勋章、二级解放勋章。荣获朝鲜民主主义人民共和国二级独立自由勋章和二级国旗勋章。1988年7月被中央军委授予中国人民解放军独立功勋荣誉章。1992年2月1日因病逝世，终年78岁。

题　词

向守志（时任中国人民志愿军第15军44师师长）

　　六十多年前的上甘岭战役，是朝鲜战争转入相持阶段以后规模最大的一次阵地防御作战。英勇的志愿军战士，在只有3.7平方公里的狭小地幅上，与武装到牙齿的敌人鏖战43昼夜，使上甘岭战役成为我军坚固阵地防御作战的光辉范例。它带给世人的震撼是巨大的，在战争史上留下的影响也是深远的。

　　本书就是对这一战役全面、客观、真实的记述。

　　我期盼，通过我的老战友、上甘岭战役前线指挥员之一聂济峰将军的口述实录，能呈现给广大读者尤其是爱好军事的青少年朋友们一个不加修饰的、实实在在的上甘岭战役。

　　真实的口述历史，才是永恒的。

　　这里记录着历史！这里记录着英雄！

向守志
二〇一三年十一月十九日

开篇的话

聂济峰将军曾在他生命晚年，为指导撰写一部邱少云生前所在部队参加391高地反击作战的文学作品，利用数十个晚上，和相关人员畅谈了朝鲜战争中他所参与指挥的上甘岭战役全过程。

光阴荏苒，时至今日，这段录音已经成为老将军留存在人世间最后的声音，将这段录音整理面世，不单是他的亲人、战友和老部下的心愿，也是历史的使命。

为此，当年的采访者整理出了这部没有粉饰、没有雕琢、从某种意义上讲纯属恳谈的文稿，献给那些参加过上甘岭战役的将士们，献给长眠在朝鲜三千里江山的志愿军烈士们，献给那些有志于了解和研究那段历史的后来者，献给已经或即将参与到保卫祖国英雄行列里的热血男儿和女儿，以慰英雄在天之灵。

李 韧
2006年2月13日于北京

目 录

序 001
引　言 001

第一章　勇士出征　跨过鸭绿江 005

朝鲜战争爆发，全民掀起参加志愿军热潮 007
西南局势迅速平定，15军荣膺抗美援朝预备队 010
子弟兵重返华北老解放区 012
15军历史渊源及入朝装备概况 015
15军入编第3兵团，细致做好战前准备 018

第二章　初试锋芒　阻敌芝浦里 023

第五次战役出击，部队打得很勇猛 025
芝浦里阻击战，誓与阵地共存亡 029
38军炮团和几千发炮弹 034
彭总发电表扬15军 037
15军接防中线，志愿军展开全线战术反击 039
反击391高地战斗 044

第三章　挥戈再战　鏖兵上甘岭 047

克拉克为总统大选造势，意欲发动战事 049

克拉克同意范佛里特发动"金化攻势",狂言5天拿下.................051
我军积极备战战略要地五圣山..................................054
1952年10月14日,上甘岭战役打响..............................058
志愿军首长研究战况,秦基伟誓言阵地不丢........................063

第四章 反复争夺 空前激烈的拉锯战..............................069

597.9和537.7北山阵地是敌人的主攻方向.........................071

上甘岭战役第1天（10月14日）：

一级战斗英雄孙占元,炸火力巢与敌同归于尽...................074

上甘岭战役的前4天（10月14日至10月17日）：

艰苦的阵地拉锯战,战时的交通要道很有秩序..................078

上甘岭战役第5天（10月18日）：

退守坑道准备反击.......................................090

上甘岭战役第6天（10月19日）：

反击战以少胜多重夺阵地,特级战斗英雄黄继光英勇牺牲.........092

上甘岭战役第7天（10月20日）：

双方战斗力损耗巨大,美军被歼整整5个连！...................095

第一阶段结束（10月14日至10月20日）：

重创美军"滴滴漏师"......................................097

第五章 坑道斗争 战争史上的奇迹................................103

上甘岭战役第8、9、10、11天（10月21日至10月24日）：

我军依托坑道以沉重代价反击主峰,美7师伤亡惨重撤离阵地....105

上甘岭战役第12、13天（10月25日、26日）：

　　韩、美军无力守阵地，我军紧咬阵地不放松 …… 111

上甘岭战役第14、15、16天（10月27日、28日、29日）：

　　第二阶段指挥做调整，增强炮兵作战火力 …… 118

上甘岭战役第二阶段：

　　45师新建13个连队，老将带新兵"抢训" …… 125

　　坑道内条件艰苦，基层干部动员工作卓有成效 …… 128

第六章　最后反击　敌军兵败597.9 …… 135

战前准备从思想动员到运输管理都井然有序 …… 137

上甘岭战役第17天（10月30日）：

　　战役进入第三阶段，强炮火加巧战术打出开门红 …… 140

上甘岭战役第18天（10月31日）：

　　全面反攻597.9阵地，敌军始料不及损兵1500人 …… 145

上甘岭战役第19天、20天（11月1日、2日）：

　　12军31师"小兵群战术"运用出色，蔡兴海班歼敌0∶400 …… 147

上甘岭战役第21、22、23天（11月3日至11月5日）：

　　范佛里特无力扭转局面，美军哀叹"'联军'在三角山是打败了" …… 152

第七章　制敌死命　铁拳砸向537.7北山 …… 157

上甘岭战役第23天至第29天（11月5日至11月11日）：

　　87团坚守坑道为反击做准备，92团血战537.7北山 …… 159

上甘岭战役第30天至第38天（11月12日至11月20日）：

　　美25师换防上阵，12军兵力补充防御阻击有力 …… 169

上甘岭战役第39天至第43天（11月21日至11月25日）：
  浴血奋战43昼夜，我与敌伤亡对比1∶2.5 173
  战争失利杜鲁门下台，范佛里特成替罪羊 180

第八章　官兵勇敢　惊天地泣鬼神 189
  毛主席概括上甘岭战役制胜五点要素 191
  "官兵勇敢"，战斗英雄层出不穷 195
  无名英雄就更多了，"一人为整体，整体为一人" 203
  "英雄阵地英雄守"，革命乐观主义始终贯串整场战役 209
  爱国主义、国际主义、革命英雄主义在各个方面体现具体 215

第九章　工事坚固　攻不破的东方壁垒 219
  "工事坚固"来之不易 221
  把阵地变成铜墙铁壁，"狙击兵岭"令敌胆寒 224
  依托工事，15军冷枪冷炮歼敌19981名 229
  防御作战彰显坑道作用，坚守坑道部队经受考验 233
  坑道为"供应不缺"提供保证，防御阵地坚不可摧 237

第十章　指挥得当　打出志愿军军威 243
  "零敲牛皮糖"，小歼灭战发挥大作用 245
  "指挥得当"来源于战前的充分准备 250
  运筹帷幄，集中火力打击美军 256
  把敌人拖到我们熟悉的阵地上来，根据战况发展适时机动兵力 262

我军将防御作战由被动变主动，15军各级指挥前推 269
　　为探敌情敌后潜伏"抓舌头"，战时政治工作与军事任务一致 273
　　兵团办学习班，离开战争环境心里倒不太舒服了 276

第十一章　供应不缺　硝烟中的运输线 285
　　"供应不缺"在战场上的作用 287
　　志愿军后勤保障有力，各部门支援配合协调 290
　　"一切为了前线，一切为了胜利" 295
　　朝鲜人民为胜利奋勇支前 298
　　后勤部长尤继贤"三抓"措施保障有力 303

第十二章　炮火猛烈和射击准确 309
　　高炮威震，美军飞行员哀叹"金化以北的天空可怕极了" 312
　　机动灵活的战术"以我之中击敌之下，以我之上击敌之中" 317
　　通信保障有力，让炮兵打得更猛更准更狠 324
　　战时炮兵指挥所组织结构完整，步炮协同发挥了惊人的作用 329
　　功勋火炮"喀秋莎"战场狂飙，威震敌胆 336
　　范佛里特鸡雄山垂死挣扎，上甘岭战役在炮战中结束 339
　　在上甘岭战役取得的2万多个战果中，炮兵功不可没 344

第十三章　祖国母亲　一条大河哺育英雄儿女 349
　　进军大西南，15军担负云贵川康剿匪任务 351
　　西南剿匪中入伍的战士，刘兴文和易才学都成了战斗英雄 355
　　部队集中了来自五湖四海的优秀儿女 361

警卫员杨金柱，确实是一块"金子" 365
黄继光妈妈，可敬可爱的志愿军母亲 369
祖国慰问团雪中送炭，五圣山阵地情绪高涨 370
毛主席电报鼓舞前线，国内新闻报道战况及时有效 377

第十四章 "胜利为全军 全军为胜利" 385
秦军长送贴身部下上战场，警卫连善打硬仗不辱使命 387
各兵种协同配合，一切为了胜利 390
战时政治部，战时司令部，个个都是全面手 394
12军参战与15军交流指挥战术，齐心协力打好每一仗 398
团结奠定了协同作战的基础，老战友相处趣闻多 401
朝鲜在五圣山后修建烈士陵园 406
上甘岭战役可总结的经验还很多 411

后　　记　"一条大河"的故事 417
致　　谢 428
附录一　一条大河波浪宽
　　　　——纪念上甘岭战役40周年 .... 聂济峰 / 431
附录二　亲临上甘岭 .... 孟昭瑞 / 434
附录三　关于上甘岭战役的回忆和评价 437
附录四　上甘岭战役中国人民志愿军战绩统计表 444
附录五　上甘岭战役志愿军参战人员获英雄称号者名录 445

序

1952年11月25日,被喻为"绞肉机"战役的上甘岭大战落下帷幕。艰苦卓绝的鏖战,千千万万志愿军将士以血肉之躯演绎着一幕幕惊天地、泣鬼神的悲壮而豪迈的英雄史诗。那一幅幅象征着国家荣誉和胜利的画面牢牢地铭刻在我的脑海中。随着时间的推移,久远的那些点点滴滴的记忆逐渐被凝结成鲜红的色彩,永久地定格在那面浸透着将士鲜血、飘扬在上甘岭主峰制高点、布满了381个弹孔的战旗上!

靳钟(时任志愿军第15军炮兵主任)

历史需要在长河中不断记忆,需要在沉淀中不断回复。这也是一个志愿军老兵心中永不忘怀的历史责任感。

60年前,位于朝鲜中部金化郡五圣山南麓的上甘岭,只是个十余户人家的小村庄。1952年10月14日,一场罕见的大战就爆发在上甘岭前面两座不起眼的小山头上(597.9高地和537.7高地北山)。43个日日夜夜,硝烟弥漫,山头阵地变成了残酷的演兵场。

那年那月,我与本书口述并亲历那场战役的聂济峰同志曾并肩战斗在炮火连天的上甘岭阵地,我们自始至终参加了那场刻骨铭心、异常惨烈的战斗。当时聂济峰同志任志愿军第15军45师政治委员,我是第15军炮兵主任。我们曾与师、军首长以及友邻部队的前线指挥员一起，参与了各种作战会议的研究和部署，批发战役作战的一个个动员令，并亲临前线指挥激烈而紧张的反击争夺战和威震敌胆的上甘岭炮战。这也是我们一生中最难忘的经历。

那年那月，虽然远去，但志愿军将士那一幕幕艰苦卓绝的战斗情景依然清晰——宁可烈火烧身，也坚持纹丝不动，直至壮烈牺牲；千钧一发，慷慨激昂，毅然用受伤的躯体充当机枪架；火线互补，"瞎子背瘸子"，直至其中一位士兵壮烈牺牲；为保证命令下达，以牺牲的躯体连接被敌军炸毁的电话线路；孤胆奋战，坚守阵地，一个人打败成排成连的敌人攻势；危急时刻，拉响手雷、手榴弹、爆破筒，与敌人同归于尽；舍身炸碉堡，以胸膛堵住敌人正在喷射的机枪眼……那场大战，英雄辈出，可歌可泣，血与火、灵与肉锻铸了千千万万志愿军英雄非凡崇高的品质——不可战胜的中国军魂！

那年那月，咄咄逼人的美军撕毁谈判协议，声称"让大炮与炸弹去辩论吧"，赌徒们竟以300余门火炮，3000余架次飞机和140辆坦克，6万余兵力，将成吨的钢铁倾泻在两个山头阵地。面对装备精良的敌人，我军将士无所畏惧，以一往无前的精神书写着鏖战疆场的战地档案——43天浴血奋战，先后击退敌人900余次攻击，与敌进行大规模争夺战29次，以伤亡11529人的代价，毙、伤、俘敌25498人。其中全歼敌建制1个营、18个连、218个排；击落击伤敌机300架；击毁敌坦克40辆，大口径炮61门，消耗敌军100多个建制连的装备，使敌人所谓"一年来最大的攻势"以彻底失败而告终。

都说岁月可以风蚀往事，时光可以冲淡记忆，但作为那场战争的亲历者和幸存者，留在我内心深处的依旧是高耸在军人荣誉殿堂里的血色丰碑和永无止歇的深切怀念。

一个民族的崛起是因为她拥有自己高尚的情操和不朽的精神，这种内在的气质支撑着志愿军将士坚实的脊梁，历经磨难而不衰，饱尝困苦而不屈，千锤百炼而成钢，英雄前赴后继、奋战疆场，铸就了上甘岭每一个阵地上坚不可摧的钢铁长城，使我军前所未有的坚固阵地防御作战终获胜利。作为一个志愿老兵，我深深地体会到，那流淌在志愿军血脉中的中国军魂所锻铸的钢铁意志和迸发的巨大精神力量是任何敌人都难以战胜的。

如今硝烟早已散去，那年那月的故事仍在讲述着、传承着。我要诚挚地感谢老战友聂济峰将军留给后人这些鲜活而具体的军史资料。他的口述全景式地再现了当年上甘岭大战的恢宏场景——反复争夺、坑道斗争和决定性反击三个阶段；重新演绎战斗中涌现出来的万千个光耀千秋的英雄、功臣和烈士；同时也彰显军委、志司、兵团和军师各级前线指挥员在那场大战中所表现的睿智、果敢、忘我和团结的英雄风貌。60年前的历史，一幕幕地展现在整个战事的叙述中，生动地描绘在每个战斗场景的细节里。书中所记述的当年那些战友们，一个个鲜活的形象，真实地再现了"上甘岭精神"，把我们又带回那个难忘的岁月。

作为上甘岭战役的幸存者，我愿将这部弥足珍贵的战争回忆录推荐给广大读者，让我们以及我们的子子孙孙牢牢记住——中国人民站起来的第一仗，是伟大的抗美援朝战争。保家卫国的丰碑是英勇的志愿军战士们铸就的，是他们用鲜血和生命保卫了和平，捍卫了正义。

最后，让我向牺牲在上甘岭的志愿军英烈，向当年参加上甘岭战役的全体将士致以军礼！

靳 钟
于2012年10月14日
上甘岭战役60周年纪念日

引 言

1951年2月，我和张显扬同志离开43师，我到45师任政委，张显扬同志去29师任师长，43师就留在云南昭通。部队从西南剿匪转入抗美援朝出国作战，肩负着祖国和人民的重托。虽然我们打败了国民党反动派，但与美国人没有交过手。先期入朝的老志愿军部队宝贵的作战经验和强有力的政治动员工作都起了很大的作用。

入朝以后，部队随即参加了第五次战役，在芝浦里作战经历了考验。几天几夜的阻击，45师和29师受命与美军交手，部队凭着英勇顽强的精神，机动灵活的战法，积极有效的指挥，粉碎了美军包抄我志愿军后路的企图。

从战争中学习战争，边打边学；从指挥作战、运输供给、思想动员中不断总结出新的办法，特别是转到金化以北上甘岭阵地防御，遵照志司、兵团和军的指示，在极为艰苦的环境下，我协助崔建功同志，顽强地克服各种困难，紧要关头我和建功同志相互撑腰，对血汗换来的经验教训格外重视。坚强沉着，不懈不躁，是我受到的最大锻炼。部队先期修建的坑道工事在战役关键时刻发挥了重大作用。

上甘岭战役，45师全体官兵体现出高度的国际主义、爱国主义和革命英雄主义气概，与兄弟部队一起，用鲜血和生命保卫和平，捍卫来之不易的胜利！英雄事迹可歌可泣，是我参军以来留下的最为深刻和难忘的记忆。

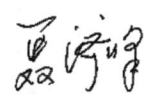

第15军赴朝参战开进路线示意图

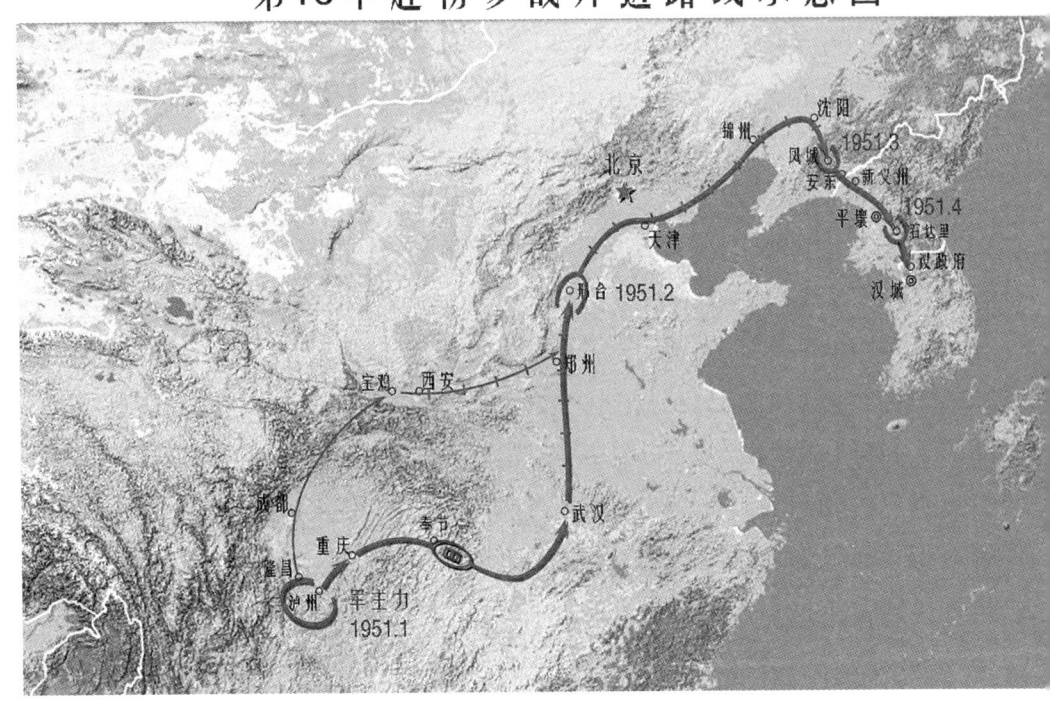

第一章
勇士出征　跨过鸭绿江

1951年3月24日，第15军先头部队第29师跨过鸭绿江，赴朝作战

朝鲜战争爆发,全民掀起参加志愿军热潮

1949年10月,中华人民共和国成立。我们已经彻底把蒋介石打败了,并把国民党靠美国装备起来的那100多万部队,连同他的美式装备、60亿美元的援助和日本投降时交出的主要装备,统统照单全收了。此时,西北、西南还有一些国民党的残余部队,一野、二野继续担负着消灭国民党残余部队、解放全中国的任务。

在全国人民欢庆中华人民共和国成立、开始建设新社会之际,1950年6月25日,朝鲜战争爆发。随即,美国出兵台湾,封锁台湾海峡,并打着"联合国军"的旗号侵略朝鲜,一直把战火烧到了鸭绿江边,直接威胁我国东北地区。

美国侵略者把战火烧到了鸭绿江边

党中央、毛主席、中央军委决定"抗美援朝,保家卫国!"

当时,四野和三野的部队首先组成了志愿军。

入朝以后,我们在党中央、毛主席、中央军委的指挥下,和朝鲜人民军并肩作战,打了第一、二、三次战役。连续三次进攻战役,把美国鬼子从鸭绿江边一直赶过三八线——赶到了三七线附近。与此同时,国内自上而下掀起了报名参加志愿军的热潮。当然,青年报名参军和部队请求入朝作战都是很有组织的。

当时,我所在的第15军,还在解放西南,担负着继续消灭国民党残余部队的任务。与此同时,已经打到西昌的部队,在中华人民共和国成立以后,又承担了进军西藏的任务;而在西北的部队,也在解放兰州以后开始了和平解放新疆的进程。这些部队都主动要求参加抗美援朝。当配备着美国装备的国民党军队被我们打败时,从干部到战士,从工人到农民,从领导到群众,就已经对美国的帝国主义本质认识得很清楚了——它挥舞着霸权主义的大棒,操纵国际事务。当时打的是国民党,实际上是打在美帝国主义的身上;军民上下对国民党的仇恨,也是对美帝国主义的仇恨;而现在,美国又要侵略我们的兄弟邻邦——朝鲜。

朝鲜是在1945年"8·15"苏联出兵以后解放的,比我们解放得早。日本战败投降时,美苏两国以三八线为界,接受日军投降并对朝鲜实行分区占领。后来,美国支持李承晚在南半部成立大韩民国,北方随即成立了以金日成为首的朝鲜民主主义人民

时任解放军第15军43师副政委兼政治部主任的聂济峰在云南昭通

共和国。朝鲜就这样分成了南北两个国家。李承晚不断地叫嚣要"武力统一",致使双方矛盾加剧、斗争激化。

朝鲜的问题应该由朝鲜人民自己解决。南北朝鲜他们自己想着和平统一,内部有矛盾,就算是打仗,打起来了也是他们自身的问题,并不涉及其他的国家。在战争开头,南北朝鲜在三八线两边打,后来打到釜山附近。就在这个时候美国插手了,打着"联合国军"的旗号出兵,而且不光是打朝鲜,还公然敌视新中国,霸占台湾,封锁台湾海峡,接着就把战火烧到我们的鸭绿江边。美国的飞机轰炸我们的国土,炮也打到我们境内。这个消息公布以后,更激励起国内的部队尽快完成自己任务的积极性——打国民党的残余部队,包括剿匪、建立政权,各项工作的速度都加快了。

那时候15军还在西南。进军西南以后,除我们解决了胡宗南的残余部队外,西南广大地区的其他一些国民党部队很快也都被消灭了。可以这么说,美国侵略朝鲜,反而促使国内解放战争的进程加快了——因为人民觉悟了,包括国民党的残余部队,也是一打,他们就起义。像云南的龙云、卢汉,就是和平起义的。有一些土匪还想着捣乱,经过半年多的剿匪,我们的任务也就完成得差不多了。

云南是13军、14军、15军这三个军打的。15军打了两广战役,解放广东以后到广西消灭了白崇禧。1950年过年之后,15军就进军云南。因为云南是和平解放,除了到西昌打胡宗南,其他大的战斗就不多

● **李承晚**(1875—1965)
大韩民国第一至第三任总统。1948年任大韩民国制宪国会议长,同年当选总统。

了。于是，当时15军的三个师，一个师（43师）留在云南执行任务；一个师（44师）解放当时的西康省，参加西昌会战；还有一个师（45师）在贵州。

总之，1950年的作战任务进行得很快。与此同时，中国人民志愿军于1950年10月25日在朝鲜打响了第一次战役[1]，接着连续打到第三次战役，这就到了1951年初。

西南局势迅速平定，15军荣膺抗美援朝预备队

此时，西南的剿匪任务还很重，13军、14军还在云南边境，18军有进军西藏的任务，12军和其他的部队也都有任务。贺龙刚到西南军区，他带的部队还在陕西南至成都之间。而刘伯承已经到南京办军事学院去了。尽管如此，由于朝鲜那边还需要部队，所以能出来的部队尽可能抽出来。"刘邓"（刘伯承、邓小平）还是从大局出发，要求部队参加抗美援朝，于是邓小平就报名抽部队去抗美援朝。

从1950年10月开始，15军军长秦基伟就主动向邓小平政委请缨，报名参加抗美援朝。1950年12月，这个要求正式得到了军委的批准。因为入朝的部队是"志愿军"，需要在华北再组建成志愿军兵团，所以15军随即被调到华北，接着西南还有其他部队相继出来。可以说，正因为西南形势稳定得很快，故而后来

[1]志愿军赴朝后的首战，是志愿军第40军118师于1950年10月25日在两水洞、丰下洞地区与由温井向北镇进犯的李承晚军步兵第6师2团前卫加强第3营进行的一次遭遇战。随即，我第118、120师乘胜进攻温井之敌，并于26日凌晨占领温井。从此，揭开了抗美援朝战争的序幕。1951年，党中央决定，将两水洞战斗的1950年10月25日定为抗美援朝纪念日。

15军、12军都可以抽调出来。就是说，15军所属部队完成了解放战争的作战任务后没有休息，西南就把这支部队送出来了。

当时15军进军云贵川康之后的任务，主要是打国民党的残余部队、剿匪和建立政权，接下去就是土改。为此我们还投入了一些干部到地方去发动群众。那时各个部队都在相互比赛，他们的任务完成得很好。部队与云贵川康新解放区人民建立了非常密切的联系，鱼水关系十分深厚。云贵川康是国民党统治时间很长的地区，人民长期饱受国民党的压迫。他们亲眼看到解放军解放了自己家乡，自然觉悟很高，一说"抗美援朝，保家卫国"，就积极报名参军——当志愿军去！15军出川的时候报名参加志愿军的人特别多。各个地区的兵源多得要不完。不仅如此，地方还送出一些骨干补充到部队里头，也就是送最好的儿子吧。其中年轻的比较多，结婚的很少，优中选优，都是挑选了最好的子弟呀！因此，四川在抗美援朝战争中涌现的英雄人物就特别多。

15军出四川北上的时候，军部驻地在泸州；45师在贵州，后来在纳溪集中；而位于云南昭通的43师，因为在当地还有其他任务抽不出来。所以抗美援朝时，就用其他部队顶替了这个师。第10军有三个师，其中的29师驻在川东内江和重庆附近，就划归15军，参加了15军北上的行列。10军也是抽了自己最好

战士们纷纷报名参加中国人民志愿军，奔赴前线

的部队当第一批志愿军。29师这支队伍也是老部队了，确实是最好的部队！这些部队参加志愿军都很光荣。

当时补充进来的兵员，其成分来自全国各地。部队经过了渡江战役，长期行军，从华北、华中、华南一直打到西南。这个部队的老骨干里，有翻身农民、老工人，还有打国民党过程中补充进来的——有些是起义的，有些是解放战士补充进来的。

那时候蒋介石的正规部队已经垮得差不多了，这些起义战士实际上是在解放战争后期被国民党抓丁抓进去的。像在渡江作战的时候，国民党残兵败将就抓了一些农民做补充。这些农民兄弟都是很好的，所以一解放过来，好多人都成为部队的骨干。后来在抗美援朝中，45师也好，29师也好，都有不少解放战士，他们立了功，有的还成为战斗英雄。这些人就是在打淮海战役的时候，从国民党部队里"解放"过来的，那时军装、帽子都没有换，经过忆苦和动员，很快就愿意参加作战。像45师134团8连的王学智，就是在淮海战役中解放过来以后，帽子都没有换，就参加了作战，仗打得很好，被评为战斗英雄，而且是全国知名的战斗英雄！

子弟兵重返华北老解放区

15军接受任务以后，部队出四川基本上是两路：一路是经成渝、川陕公路向陕西宝鸡开进，而后由铁路送至华北；但主要是另一路——先从重庆乘坐轮船到武汉，然后再坐火车上河北。

当志愿军出发时，部队所在地的县、专署，一直到重庆大区，从上到下，包括西南的党、政、军领导都来欢送。那个时候四川还分四个地区——川南、川北、川东和川西。我们从重庆开始上船，不光是缴获国民党的登陆艇，什么船都有，凡是缴获的船都用上了。总之都是用最好的船调送志愿军。上船后，无论白天黑夜，两岸都是锣鼓喧天地热烈欢送。当时没有电灯，就用汽灯沿途照明。大家都知道，这是去参加抗美援朝的志愿军，谁先出去，谁最光荣！可以说部队走到哪儿，人民就欢送到哪儿，两岸都是来看船队的人。那么多的船都排着队走也是首次，更何况如此浩浩荡荡，一看就知道是部队。15军开出来的时候，部队的武器都是缴获美国的、日本的，虽然装备是旧装备，可衣服是新衣服，大家都是满脸笑容。

从四川带出来的新兵都是翻身解放的农民，他们从来没有到过重庆，这次到重庆看到那么多的工厂，那么多的大烟囱，可真成了新鲜事儿。以前光听说长江，其实长江到底有多长，他们并不知道。这回坐轮船出长江，本身就是个大事嘛！轮船一出四川，他们才知道长江还长得很，走了很久才走出三峡，走出四川。一出三峡到湖北，又另开了一番眼界。四川大山很多，到了湖北，江面更宽了，那比在四川时就看得更远了。再一到武汉，又比成都热闹多了，因为武汉已经解放一年多了。在长江乘船时就听说到武汉后还要坐火车，大家都很兴奋，好多人还是头一次坐火车呀！

从武汉坐火车，目的地是在冀南，15军坐到邢台，而45师则在沙河那一带集结。到华北以后，无论坐轮船还是坐火车，沿途也都一样受到当地群众的热情欢迎和慰问。人们听说这支部队是到朝鲜去的，大人、小孩没有不欢迎的。沿途那个慰问呀，从吃的到用的，文艺节目样样齐全。各个师也从贵州、云南、四川带出来一些文工队。文工队表演的都是少数民族的舞蹈，少数民族的舞蹈很有特色。路上又组成临时宣传队，走到什么地方就感谢当地的人民和地方政府，那个慰问形式也是多种多样。真是走一路歌声一路，走一路拥军一路，那场面可就不是用"壮观""热烈"所能形容的。

到了华北就进入老解放区了。从新解放区、半老解放区到老解放区这一路走来，老解放区的老子弟又回到了老家——华北老解放区。这支部队就是从华北出发打到西南的。这次回到老家，家乡的人民也在看着我们这支队伍。当时行军路上人多又杂，我们的战士们有意识地注意保持部队的整体形象，部队也有意识地着重做好这方面的工作。于是，在"热烈欢迎"的鼓舞下，部队的

文工队在行军途中进行宣传和鼓动

组织纪律性得到了最实际的检验。按常理讲,谁看见自家的家门不想回家看看呢?许多人跟随部队出四川到华北都要经过自己的家乡,可当时就有那么个劲头——很多战士、干部都做到了"过家门而不入"。这次到了华北老家也一样,都没有请假回家的。

那时候,包括我们这些人在内,都没有进过大城市。虽然解放西南时路过一些大城市,但由于组织纪律性很强,谁也没有进去过。比如解放广州,我们打到广州以后,就在广州城边儿上。陈赓司令员规定:"4兵团的所有干部、战士都不准进广州。广州的任务是四野的。15军的人都不可以进广州!"虽然我们在南海(编者注:时为南海县,现为广东省佛山市下辖区)驻扎了很久,但没有进去。不仅是广州,就是解放西南,我们驻扎过许久的西南一些大城市,比如昆明,战士、基层干部也都很少去。这次还是因为要去抗美援朝,我们才陆续进了重庆、武汉、北京以及天津这些大城市,这都是"首次进入"。

那个时候我们在天津、北京,见到什么都感觉新鲜。在天津,我们本来是想步行回驻地,好看看天津市面。一看到当时那个有轨电车"叮叮当当"地开着,这可是从未见过的,我们头一回坐,还居然坐倒了车!人家说:"上车吧,上来坐坐电车吧!"第一次嘛,头一回坐,结果居然坐反了方向,又给拉回去了。"你看,我们怎么又拉回来啦?"人家就问:"你们到哪儿呀?……啊,你坐反了。你下去,到那边再上车。"

那时候像这种事发生在干部、战士身上都是平常的。这些事想起来觉得很天真呐!我们爱自己的国家,好不容易全国解放了,这么好的地方建设起来可不容易啊!于是抗美援朝的决心就更大了:绝不允许美帝国主义把战火烧进我们国内来!

15军历史渊源及入朝装备概况

抗美援朝,作为二野的部队,15军报名是理所当然的。这个也是从大局考虑的。

当时15军在整个二野得到的评价是个"新部队",原来叫9纵,是在太行山成长起来的野战纵队,后改建叫15军。在几个纵队里,他最年轻。那时二野组建了三个纵队,以后编兵团,相当于三个兵团。二野比一野的部队多一点。9纵是1947年8月组建的,比较晚,纵队司令员是秦基伟,政治委员是黄镇。组建起来后部队就过黄河,解放河南,参加淮海战役,一直打到了西南。开封战役则是三野打的。29师也算2纵里的一个老部队了,像其中的85团,就是陈再道组建起来的那个部队,也是个比较老的部队了,86团也比较老,87团比较新一点。参加志愿军的部队都很光荣。

本来,渡江战役、解放南京和上海,光一个三野就够了,为什么二野还参加呢?因为渡江战役时蒋介石曾请求美国出兵援助,所以二野是准备在美国出兵后作为三野的预备队顶上去的,特别是在解放南京、上海时。这一点骨干们都很清楚,因为渡江战役部队做了动员,准备打美国,大家都有心理准备。可是渡江作战后,国民党那么多的部队啊被秋风扫落叶一样打败,垮得那么快!这时美国看到势头不对,虽然并不死心,却也没敢出兵,当然他也来不及出兵。我们很快地解放了南京，解放了上海，解放了浙江、江西、福建，一直打到广州，然后把国民党在西南的部队也都消灭掉了，最后解放了整个大陆，至此，美国更不可能出兵。这样一来，二野这个预备队也就没机会和美国交手。

那时中国大陆刚刚解放，没想到的是美国从朝鲜动了手，居然还围到了我们的大后方——东北！当时我们和苏联的关系比较好，东北背靠苏联，属于我们的后方，还是比较安全的。抗美援朝战争初始，最先启用的是东北的部队，而这时候四野和三野已经完成了战斗任务，二野实际就再次担当了预备队。尽管大家有要打美国这个思想准备，但没有想到美国会围到东北那边，而二野和美军的这一仗要在朝鲜打。这就暗合了"不是冤家不聚头"这句老话——因为早在解放战争中，二野的部队就曾做好与美军交手的准备。

入朝作战的任务在部队一下达，二野就如渡江作战时充当三野的预备队一样即将出征，只不过这次交手，没有放在国内，而是放在了朝鲜，到朝鲜去与美军较量！

美国出兵朝鲜，打着"联合国军"的旗号，实际主要还是用他本国的部队。那时候"联合国军"说是由16个国家出兵组成，但由于美国是"世界宪兵"，所以其实那些国家也是在美国的强迫下参加的，而且这些国家也就是出点援兵，像英国和加拿大各出了一个旅，其他国家都是象征性地出点部队，也都是做些诸如后勤、运输之类的支援性工作。

当时美国国内的、朝鲜的尤其是国际上的形势，对其都很不利。因为那个时候，美国最初许诺，只是恢复三八线，他就算完成了任务。美国打着"联合国军"的旗号，从釜山打到汉城，到了三八线，进攻并没有停止，一直打到平壤。打到平壤以后，美国就准备与中国设立一个缓冲地带，再不走了。

那个时候，"联合国军"总司令麦克阿瑟扬言要在圣诞节前解决整个朝鲜问题，准备把战火一直烧到鸭绿江，甚至要和中国开战。这样一来，美国的真面目在世界上就大暴露了——出兵前你说的是以"三八线"为界，作为军事行动目标，可现在却把战火烧到朝鲜北部，甚至烧到中国边境！美国这样干，国际舆论也是不允许的，所以当时美国在世界上也是比较孤立的。

尽管朝鲜局势很不稳定，但当时包括苏联在内，各方对于中方"要不要打""能不能打"这些问题都有一些顾虑："美国这么强大，还盗用了联合国的旗号，中国能打赢吗？"所以当时我们出兵，苏联也有很多考虑。苏联虽然支持朝鲜，但斯大林也有一些顾虑，所以最后他也没出兵。在这一点上，我们中国共产党是从大局出发的：像美国这样一个横行霸道的国家，会顾及什么国际法呀？会顾及什么信义呢？对于中国来说，唇亡齿寒，所以中国不出兵是不行的！

我们出兵以后，苏联人——主要是当时执政的斯大林，答应说我们可以买苏联一些武器和装备，苏联也好以这一方面作为支援。可实际上，赫鲁晓夫在后来破坏了和我们的关系，苏联的这些武器装备我们实际上最终都给了钱。

部队入朝时志愿军的装备怎样？是什么枪、什么炮？那都是解放战争中缴获的国民党军队的美式、日式装备，当时也算是最好的了。在战争初期，志愿军实际上就是靠我们现有的家当打的。四野、三野入朝进行抗美援朝作战时，用的就是解放战争时期的那些旧装备。他们就是靠这样的装备与敌人较量。打到第二年，也就是1951年，这个时候入朝的志愿军，如12军、15军，才是第一批换装的部队。所谓换装，其实也就是苏联在第二次世界大战中的那个装备，大概比当时美国的步兵装备差了很多，并不是很先进。而且我们的炮兵才刚组建，困难很多，但当时所有进步国家，包括苏联，基本都是给些道义上的支持——给的装备极少，弹药也好贵。我们就是在这样的条件下抗美援朝的。

要讲现代化，我认为现代化是个时空观的概念。那个时候我们能有这样的装备，已经算比较先进了，当然是和自己比。

当我们15军这个预备队上去的时候，正是抗美援朝战争中志愿军打得比较好的时期——经过了第一、二、三、四次战役，解放了汉城，还把美军打回到"三八线"以南。所以说，此时朝鲜战争的形势已经处在对我们比较有利的时期了。

15军入编第3兵团,细致做好战前准备

1951年初,15军抵达华北以后很想立即出国作战,但中共军委还掌握着一定的时间,并不着急派我们出去,而是考虑着怎么把部队搞好。本来是打算把我们和华北的其他部队组成一个兵团。一开始时预备把15军和杨成武的部队编在一起,但最后还是另组了一个"第3兵团"[2]。

那时原预备由陈赓担任司令员带领第3兵团到朝鲜去作战,但由于陈赓还是志愿军的副司令员,同时又是哈工大的领导,比较忙碌,那时候全国一解放事儿很多,所以实际上他并没有到职。

在部队抵达华北之后,经过各级会议,将上级的各项指示做了系统传达,具体来讲,在北京开了会,

聂济峰着志愿军军服照

[2] 全称中国人民志愿军第3兵团,司令员兼政治委员陈赓,副司令员王近山,副政治委员杜义德,参谋长王蕴瑞。辖第15、第12、第60军。于1951年3月入朝,随即参加了第五次战役、春夏巩固阵地作战、秋季战术反击作战和著名的上甘岭战役。

1951年2月聂济峰(时任43师副政委兼政治部主任,中)与张显扬师长(右一)和雷展如副师长(左一)在西南时的合影

到天津开了会，最终，15军、12军和60军在天津组成了第3兵团。

第3兵团集结以后开赴朝鲜前的准备工作，主要有以下几个方面：

一方面是政治教育。我们的部队从开始就一直在关注着国际、国内的舆论以及我军在朝鲜取得胜利的消息。虽然大家觉悟都较高，但还是要系统地讲讲美帝国主义的豺狼本性，它对朝鲜人民的侵略屠杀，它霸占台湾、侵犯东北对中国人民犯下的罪行，以此来激发部队对美帝国主义的深仇大恨。当时正是解放之初，人民最欢欣鼓舞的时候，此时美国却打了过来，所以，全国人民仇视美帝国主义是很自然的。

还有一方面就是练兵。虽然从战略上来讲美国是一只"纸老虎"，但实际上却要当"真老虎"一样对待。所以，首先干部要研究老志愿军打仗的经验，学习吸收他们的经验，避免在初战时可能出现的这样或那样的问题。干部、战士集中地研究敌人，根据敌人的情况练杀敌本领，准备打大仗、打硬仗。虽然我们在国内打的仗也不小，但那时我们总是想着没有打过美帝国主义，与美国这一仗较量是个大仗，起码比起国内的仗要大得多，它号称是16个国家嘛，所以我们做了充分的准备。要想获得"首战必胜"，就必须建立在这个认识和这个准备的基础上。

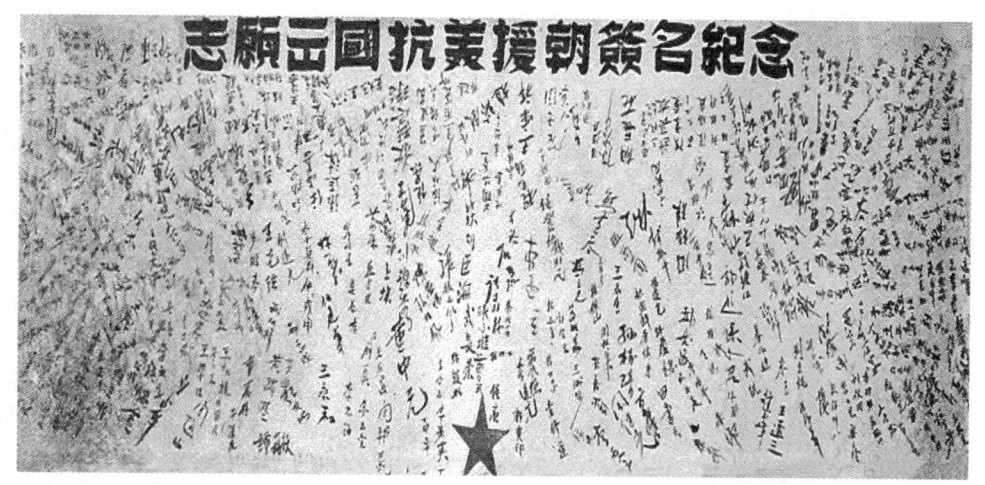

志愿军第15军将士纷纷请缨出征，本图为营以上干部的签名书

在加紧完成战前部署之际,军里召开了营以上干部的动员大会,努力做好细致深入的思想工作。45师也在部队驻地召开了誓师大会,秦基伟军长亲临大会并讲话,带头誓言在朝鲜战场上"不上英雄榜,便涂烈士碑"。秦军长还检阅了部队,官兵极受鼓舞。这样,15军于河北邢台地区正式被编为中国人民志愿军第15军,下辖第29师、第44师、第45师,归志愿军第3兵团指挥。

45师在河北邢台召开抗美援朝誓师大会

第15军军长秦基伟在45师召开的抗美援朝誓师大会上讲话

总之，部队集结以后做好了到朝鲜去的准备。作为领导来讲，准备时间还是比较充分的，一直准备到3月底。我们是1月份从西南出来的，到3月底，经过了近3个月的准备，然后作为志愿军，准备到朝鲜参加第五次战役。

1951年3月24日至31日，15军所属部队依次跨过鸭绿江，奔赴前线。45师在3月29日到30日，按133团、师直、135团、134团顺序，先后跨过鸭绿江出征朝鲜，全师官兵向涟川[3]地区开进，随即参加了第五次战役。

[3] 涟川郡位于京畿道的东北，朝鲜半岛的中部内陆，东边接江原道铁原郡和京畿道抱川市。

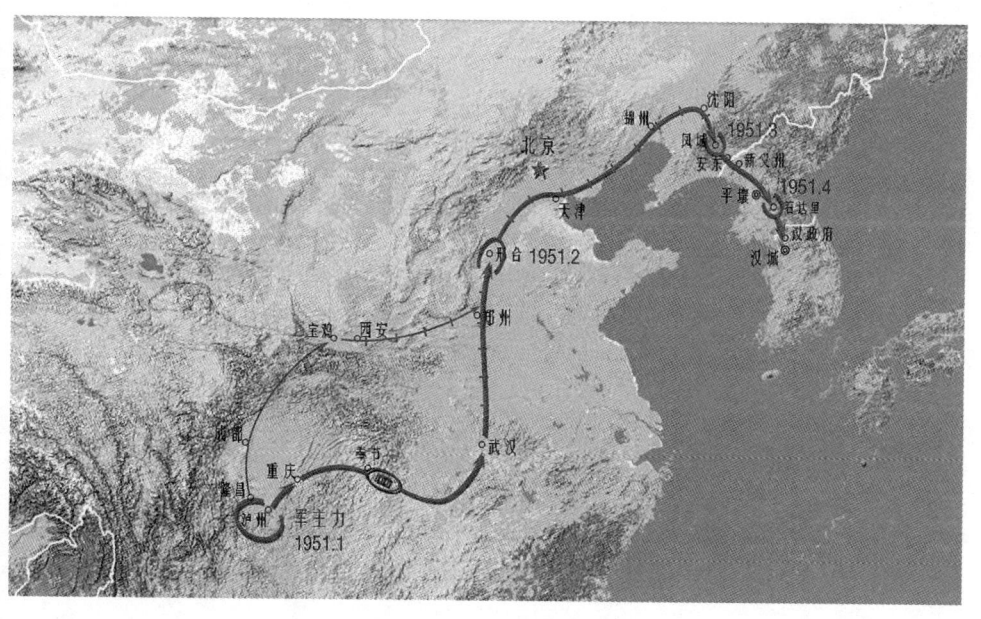

15军赴朝参战开进路线示意图

第二章
初试锋芒　阻敌芝浦里

第五次战役之后,敌人发起疯狂反扑,15军受命在中线芝浦里一带阻击敌军,绝不让敌人前进一步

第五次战役出击，部队打得很勇猛

第五次战役分三个阶段：第一个阶段，我们承担从涟川、议政府[1]到汉城这一个方面的作战任务，主要对象是美军以及仆从国的部队；第二阶段，以打击南韩军队为主；第三阶段，以回撤我军纵深兵力为主。

1951年4月，15军入朝以后是在第3兵团的行列里作战。第3兵团还包括12军和60军。12军是个老部队了。60军的三个师中有一个是老部队，是以从鄂豫皖最后到陕北的那个红军为底子组成的。这些部队一到朝鲜，就赶上了参加第五次战役。

第五次战役第一个阶段，我们的主要对象是美军，还有一些其他仆从国的部队。这一阶段，敌人基本上是我们进攻他就往后退，一直退到汉城附近。敌人退得比较快，所以仗没打多少。当时15军中担任主攻的是44师，还有29师。45师在这个阶段处在44师的左侧。因为我们口张得大了一点，所以没有成建制地歼灭多少敌人。成建制歼灭的，最多不到一个团，也就是只有两个营。

[1] 南韩京畿道城市，位于楸哥岭地沟南口、汉城（今首尔市）东北8公里，具有重要军事意义。

45师在第一阶段承担预备队任务,我们随29师南进,协同友邻作战。部队入朝后,战士们求战热情很高。为了取得与美军直接作战的经验,我们部队注意利用友邻间隙来寻找战机。133团行军,走到余积山时,遇到美军飞机轰炸,敌机还不时在高空放喇叭广播、撒传单,妄图消磨我们的战斗意志。部队连续组织了对空射击,形成对空射击的火力网,接连4天射击,击落敌机7架,并活捉1名飞行员。对当时刚入朝作战的部队来说,这可是极大的鼓舞。

战役第一阶段,我们与敌人首次交锋是在九陵里。战斗打响以后,部队很快就占领了阵地,组织了昼夜防御。第二天敌人以火炮、飞机对我们阵地进行狂轰滥炸,并用一个加强连在坦克掩护下反复进攻。我们的战士与敌人周旋,打得很英勇,巩固了阵地。但从结果上看,我们付出的代价比较大,伤亡多。通过入朝后的首次战斗,指挥员们也都认识到了,这是朝鲜战场,与美军交手,我们不能沿用在国内打国民党军队的那一套作战方式,要想赢得战争的胜利,必须从战争中学习战争,要有长期作战、艰苦作战和灵活作战的思想准备。

战役第一阶段是在朝鲜的中、西线打的,主要打美军,韩国军队还在东线。志愿军接着又组织了战役第二阶段的战斗,第二阶段就是以打东线的韩国军队为主。第3兵团的任务是,割裂美军与韩军的联系,阻止美军第10军增援,保障第9兵团东线歼敌。

15军高炮团进行夜间对空射击

美军第2师38团部分官兵被我军押下战场

第二阶段，15军所属部队打了美军踞守的大水洞、沙五郎峙。此阶段战斗历时6天，歼灭敌人2000余名，战斗中我们逐步取得了对美军作战的经验。第二阶段，我们的伤亡中有70%是被炮火击中。在281高地战斗中，133团3营主力被炮火封锁，以至于阵地上尖刀连1排全体战士孤军作战，全部壮烈牺牲。此次作战，部队陷入敌人炮火攻击，是个沉痛的教训。

第五次战役第二阶段，在志愿军的打击下，敌人后撤，又重新布防，形成了东西相接的纵深防御。这个时候敌人根据前几次战役吃过的苦头，就研究志愿军的情况：因为我们主要战斗的持续时间是7天左右，在这个时期内很有劲儿。但到了7天以后就需要补给了，粮食要补给，弹药要补给，其他的也要补给。如果补给不上，就会影响部队的作战。

敌人经过对我们第一、第二、第三、第四次战役特别是第五次战役第一阶段的摸索，把我们这个规律也摸得差不多了——志愿军要进攻也就是7天，能顶

[2]春川位于北汉江与昭阳江汇合处的朝鲜半岛中部,距汉城约100公里。

住就可以顶住了,顶不住就要吃苦头。所以到第五次战役的时候,敌人就主动地后撤。

针对敌人后撤,我们部队在第五次战役第二阶段的出击中打得就很勇猛。比如12军,就是向东线插,一直插到春川[2]以南很远的地方。

这个时候已经到了第7天头上,我们的粮食、补给也就是个问题了。经历了第五次战役第一、第二阶段,我们志愿军共歼敌8万多,志司(编者注:志愿军司令部,以下皆用简称)根据这个情况,也就认为基本上完成了任务,于是就下命令把部队收回来,准备再组织新的战役。

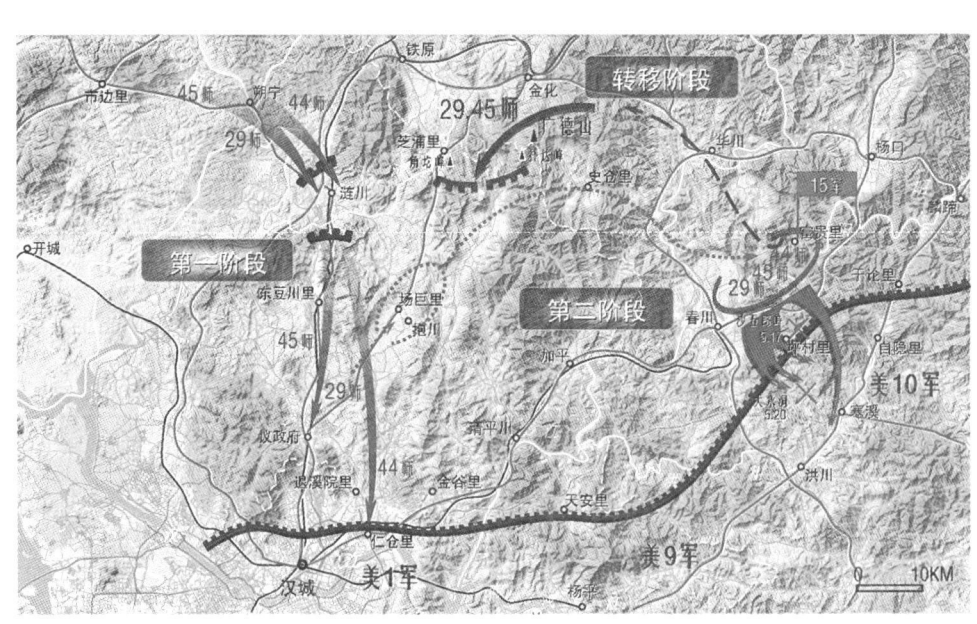

15军第五次战役作战经过示意图

在部队撤退回收过程中，敌人因为摸到了我们的规律，就组成坦克、摩托化步兵、火炮等比较轻快的部队在我们部队中间快速追击穿插。尤其在中线，敌人一直向北，穿插得很厉害。

面对这个情况，我们的部队在收缩过程中就有一点乱。但有些部队这一点做得好——像12军，敌人把前头的路堵了，我方部队一下子被卡到敌人后头，但12军部队就能在敌人穿插过程中收回来。

15军部队行动得比较迅速，45师、29师部队行动都比较快，到达了预定的地方，也就是铁原[3]这个方向。15军预定在这一带集结，仗也打得比较好，收也收得比较好。29师在第二阶段是预备队，和45师打了仗以后都收得比较好。

[3] 位于朝鲜半岛中心地带的铁原郡，是汉城到元山、金刚山的交通要地。

芝浦里阻击战，誓与阵地共存亡

部队收到铁原，敌人利用我们7天以后需要补充作战物资的机会，来了个全线反扑。美、韩军集中了4个军共13个师的兵力，分4路，在飞机掩护下，沿公路快速穿插，向我北撤的志愿军兵团和兵站攻击，企图切断志愿军东线主力向西北转移的路线。这个反扑来势凶猛，特别是从汉城、议政府、涟川到铁原、金化[4]这个方向。因为这几个地方没有部队——我们正处在往回收缩、调整阶段，还没有完全调整妥当。中路这股敌人妄图在行进中以袭击手段，突破我军防御，攻占芝浦里，主攻方向直指角圪峰和朴达峰。

[4] 位于江原道北部，是朝鲜战争中重要战场上甘岭的所在地，该郡有汉江的支流汉滩川流经。

在芝浦里阻击战中，15军指挥员在前线指挥所里查看地图，判断敌情，指挥作战

芝浦里是铁原、金化的屏障，是敌人进犯的必经之路，也是掩护我东线主力部队向北转移的重要阵地，志司十分重视。5月21日，志司抽调44师支援其他部队，15军军部及45师、29师直接归志司指挥。27日，志司命令15军迅速在金化以南，也就是在芝浦里地区角屹峰、鸣城山、朴达峰一线，抢占要点，组织防御，坚决阻击北犯敌人7至10天，以拖住敌人，掩护我们东线的主力兵团北撤。15军命令：29师负责右翼角屹峰，45师负责左翼朴达峰，并肩阻击敌人，在芝浦里地区正面9公里、纵深19公里的防御地带，打击敌人尾追、阻止敌人穿插。

45师是在由春川向金化转移途中接到命令的，崔建功师长立即到军里接受任务。秦基伟军长下令，为确保志司、东线主力兵团、志后和总兵站顺利转移和调整部署，要不惜一切代价，阻止敌人北上。军里命令45师立即收拢部队，务必于28日前赶到芝浦里地区构筑工事，坚守阵地，阻击10天。崔建功当即表示：无论多么艰巨困难，也要坚决完成任务。

这时的部队，经过第五次战役第一、第二阶段的连续行军、战斗，伤亡很大。一个团原来也就只有2000多人，这时候战斗伤亡人员达30%，一般都不满员了。像45师的134团，本来是比较能打的部队，在第二阶段打了美军，消灭美军近一个营，之后还连续作战，现在也就只剩下600余人。29师部队是二梯队，收起来了以后也不满员，87团4连仅有38人。加上连续作战，部队极为疲劳，武器弹药消耗很大，粮弹急需补充。命令下达后，45师从上到下就感觉到：既然给了这个阻击任务，就要坚决完成好。尽管困难重重，部队仍然是边行军边动员，有一分钟时间讲一分钟话，提出了"忍受艰苦，克服困难，誓与阵地共存亡"的口号，迅速将上级意图和要求向部队传达。

接这个任务比较早的是45师，因为45师转移行动比较快。

时间紧迫，27日21时，军命令134团，要求部队赶在28日凌晨快速抢占芝浦里以南的角圪峰、鸣城山一线要点，"无论怎样艰苦，也要连夜赶到指定地点"。当时这支部队正在芝浦里以北执行任务。

而27日这个时候，敌军正向金化、铁原及芝浦里方向挺进，加拿大25旅、美25师、美3师、韩9师兵力足有4万多人！

接到任务后，134团先头部队靠两条腿夜间急行军，那就是与敌人抢时间，力争主动！部队于28日拂晓先期到达了芝浦里以东，一直赶到了后来29师86团防守的那个山——角圪峰，抢在了敌人前面。他们抢构工事，进行阻击备战。于是，45师便先把这个山守住，控制了这个地区。5月29日下午两点，敌人先头部队才到达。敌人坦克3辆、汽车20辆、步兵有100余人，向我们134团2营阵地发起攻击。134团进入阵地以后，就与敌人交上了火，挡住了敌人，这是敌人始料不及的。敌人后续部队赶来后，企图以奇袭手段突破我军防御阵地，夺取朴达峰、角圪峰、410.2高地，然后沿公路大举北进。我们的战士们很勇敢，连续击退了敌人3次进攻，毙敌80余人，击毁汽车4辆，迫使敌人停止了进攻。当29师接军令于29日夜赶到角圪峰后，45师134团又按上级部署的命令，把这个防线交给了29师。随后，134团又马不停蹄地急行军，抵达朴达峰一带。135团也占领了朴达峰799.6高地阻击敌人。133团作为二梯队在长明里一线。这时，东北面为181师，师指设在松洞，所有的部队都按时到达，占领了阵地。

这样，我军主力部署基本完毕。29师在芝浦里这一带展开；45师就向东，守朴达峰——靠东边一线。这里有两条公路，芝浦里这边一条，朴达峰那边也有一条。我们就临时在这里构筑工事，作为坚守7到10天的一个防线。

美25师的两个连于5月28日到达朴达峰山脚下。他们在29日一进入三山里，马上就试探性地向朴达峰攻击，并炮击文岩里、金化，妄图切断我志愿军东线主力部队转移的道路。

5月30日拂晓，敌人在飞机、大炮、坦克的掩护下，向角圪峰的29师阵地和朴达峰的45师阵地发动了猛烈进攻。这个时候，44师有其他的任务，15军只有29师、45师这两个师，而敌人有美3师、美25师和加拿大旅，还有韩军，也算三个师。

重机枪手向敌人猛烈射击

战斗一打响，按军部命令，45师侦察部队控制的角圪峰阵地交由29师86团接管。换防过程中，45师立即向东面朴达峰方向回收。86团部队上山时，敌人也往角圪峰上爬，双方在爬的过程中打了一场遭遇战。86团打得比较好，一个冲锋把敌人给打下去了。这样86团就基本上控制了角圪峰。45师也控制了朴达峰，于是我们也就控制了山下那一道川。

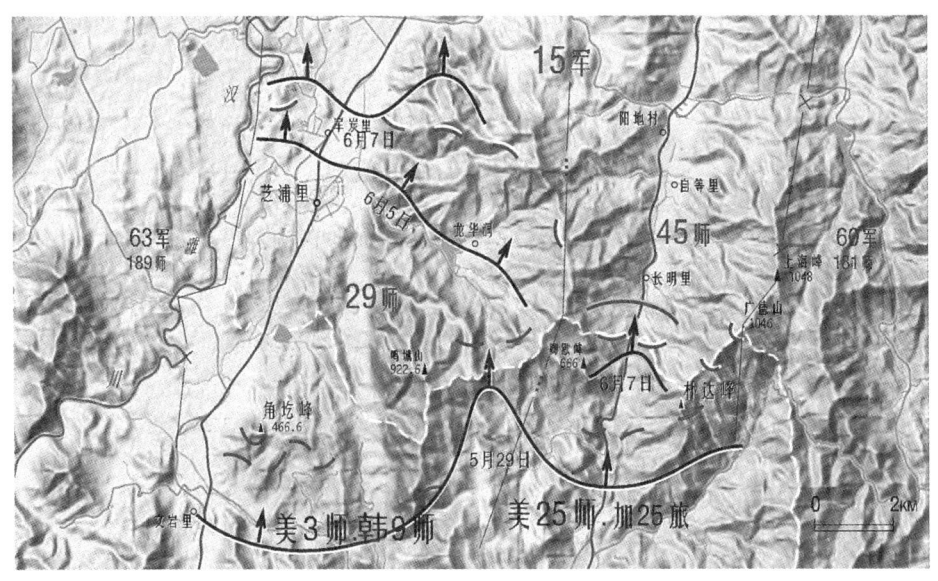

15军芝浦里地区机动防御作战情况示意图

敌人打前锋的是加拿大旅,以后又加上美25师、美3师。攻击45师的是美25师,攻击29师的是美3师。在这个地方连续打了7天,这7天里敌人就没能前进一步。这一仗两边(角圪峰和朴达峰)阻击打得比较好,给进攻的敌人很大杀伤。我们以少数兵力占领公路两侧,关键阵地反复争夺,坚守与反击,打出了志愿军的气势。

这个仗从5月29日一直打到6月6日。在战斗最艰苦的时期,45师的134团3营7连出了一个苗族战士刘兴文,他是一个60炮手,背60炮炮架子的。

当时敌人以一个营的兵力并依靠炮火支援攻击无名高地。

部队在高地上要抵抗7天,阵地上伤亡很大,就剩下一个叫赵金平的机枪手。赵金平的重机枪需要个弹药手。刘兴文是搞60炮的,背炮弹的,这时炮弹已经打完了。刘兴文和赵金平两个人就临时结合,赵金平是射手,他就教会刘兴文当他的副手,怎么打重机枪。两人分工,用机枪消灭远处敌人,用手榴弹、爆破筒等短兵火器消灭冲进阵地的敌人。

二级战斗英雄刘兴文

美25师进攻时基本上是一个多连攻上来,刘兴全和赵金平就这样连续打退了敌人一个连的多次进攻。敌人一个连甚至两个连又上来,他们又把敌人打退。两个人坚守阵地,共击退敌人连续11次进攻。刘兴文就是这一次立的功。就是这样一位苗族新战士,个儿也很小,最后他还打了打重机枪。

一级战斗英雄柴云振

7连战斗整日，毙敌400余人。全连仅剩7人仍在坚持战斗。

134团3营8连的柴云振，避开敌人火力，将全班5人分成两个战斗小组，用冲锋枪打出一条反击道路，插入敌人阵地。激战中，他们连续攻占了敌人3个山头，歼敌200多人。仅柴云振一人，就消灭敌人100多人，还击毙敌营长1名。战后给柴云振记了特等功。

135团4连4班坚守在朴达峰英勇阻击敌人，6个人坚守了8天，顽强打退数倍于我们部队的敌人。他们打得很巧，运用夜袭、地雷阵阻止敌人前进。打退了敌人15次进攻，主动袭击敌人4次，歼敌200余名，而他们却无一伤亡。秦军长表扬了他们，说："这是勇敢与智慧的范例！这个样的范例只有这样的战士才能创造！"战后，这个班记了集体二等功。

这一仗是第五次战役中15军经历的最艰苦的一次战斗。两个师的官兵誓死保卫阵地，歼敌5000多人，可歌可泣。那个时候的战斗英雄，包括86团的战斗英雄，基本上都是这样子：只要有人，就敢打。敌人就不行。敌人的战斗力开始总是来势汹汹的，但是一碰钉子就败下阵去，就是这么一个特点。

打了这个仗，45师134团、135团在6月6日撤出战斗，以后133团在二线阻击敌人，掩护全师转移。6月7日133团在长明里打退敌人两个营的进攻，完成任务后也撤出战斗，共毙伤敌人2000多名。整个阻击战从5月28日开始，到6月7日结束。

38军炮团和几千发炮弹

仗确实是打得很艰苦，但有时候也能碰到好机会。

当时，敌军沿公路行进，到达三山里地区，就炮击文岩里，妄图吃掉我友邻部队的一个炮团，然后大举北犯抢占金化战略交通枢纽。这个炮团就是38军的一个60炮团。这个炮团入朝比较早，当时就在角圪峰的后头，那个地方还有上千发炮弹。部队回收的时候，这个炮团和38军没有在一起，而此时，这个炮团却临时和45师碰到一起了，我们就与他们联系。炮兵们很主动，联系上了，他们就请求参加战斗。我们当然就把这个消息报告军里，军里也很高兴。这个炮团有两个营都参加了战斗。

炮手们正将炮弹推进炮膛，向敌猛烈发射

38军这个炮团从第三次战役开始直至第四次战役、第五次战役，都在这一带执行作战任务，所以他们对这一带地形很熟。毕竟是老志愿军、老炮兵了，所以他们对敌人运动等各方面的情况都是了如指掌的。

那时敌人欺负我们没炮。我们的炮确实也很少，打芝浦里的时候，我们的炮算起来才60多门，还加上了山炮、迫击炮，而敌人火炮有200多门。特别是头两天，由于炮团没有车到后面运弹药上来，所以作战中，我们部队的炮兵在炮击敌人时还要注意节省使用炮弹。

我们与38军这个炮团联系好以后，第二天下午，他们就配合我们作战。这一仗，我们第一次靠炮兵把敌人压制下去。敌人确实来势很猛，可是他们毕竟没有吃过这么多的炮——38军这个炮团和几千发炮弹。

我们的炮火轰击猛烈，被压制的敌人不甘心失败，重新组织进攻。第二天，他们来势更加凶猛，而我们的炮一延伸过去，就形成了强有力的火力攻击，让这群敌人再次尝到如此凶猛的炮火。由于敌人从没吃过这个苦头，加上他们的冲锋队形组织得又很密集，报销敌人一个营也不过就是百十发炮弹的事儿。所以，我们在角屹峰后头的炮就把敌人一个多营一下子给他报销啦。

接着，炮兵又对芝浦里两边给予了强大的支援。因为是两个阵地嘛，45师和29师并肩展开，一共也就是十五六公里，这么一个正面，38军炮团在山后，两边都可以支援上。这样，这个炮团与我们的炮兵和步兵携手作战，连续炮轰，攻击猛烈，打了3天，我们的步兵再反冲击。也就在这个过程中，我们的部队反击次数达到数十次。

芝浦里阻击战我们打得很好，角屹峰和朴达峰这两个方向的战斗，彻底粉碎了敌人迅速占领铁原、金化地区的企图，消耗了敌人的兵力，争取了时间，胜利地完成了掩护主力兵团调整部署的任务。15军在角屹峰、朴达峰打垮了敌军。与第五次战役前期单用步兵作战不同的是，这回我们采用了步炮协同作战的方式，打开了局面。

虽然那时我们的炮火比不上敌人，但也最大程度发挥了威力。一般说，敌人进攻都有个规律，开始多半是试探性地进攻，一旦查明我们防御力量的配备，他们就会集中优势兵力、兵器猛烈地轮番攻击。敌人进攻多选择白天，这样我们可以灵活地组织反击。打连以下小分队进攻的敌人，我们用团炮兵支援就行；打敌人连以上兵力进攻，就用师、团炮兵火力，这样打击准确，还能节省炮弹。另外，我们的炮兵还组织两门火炮打游击，到临时阵地射击，任务完成后即返回。记得这次炮战之后，敌人的炮火还对我们火炮发射阵地进行了报复性的攻击，猛轰一整天，其实，我们那两门大炮早已经转移了。

整个芝浦里阻击战，师、团炮兵配合步兵很好地完成了防御任务。炮兵在纵深及前沿都设置了观察哨，规定了目视联络信号。炮兵还派了参谋到步兵团前线指挥所。这些都给以后的上甘岭战役做了铺垫，让我们积累了防御作战的宝贵经验。

经过7天战斗，杀伤了敌人，阻止了敌人气势汹汹的攻势。敌人一看态势不好，他们的进攻随之也就消极无力了。

彭总发电表扬15军

15军这两个师在转移途中仓促转入防御，阻击敌人，在芝浦里地区先后与加拿大步兵第25旅、美军第25师、美军第3师及韩军第9师展开战斗。当时，志愿军刚结束第五次战役第一、第二阶段作战，即刻转入防御，任务很紧急，准备时间不足，还来不及构筑工事。所以，如果我们在这个地方不阻击7到10天，不阻止敌人的快速穿插，我们三八线以南大量的部队就回不来了。这是个口子，卡不住敌人这三个师，再向前，敌人一扑就扑到铁原、扑到金化、扑到金城了。那边还有我们三个军的部队都在调整过程中，敌人一旦得逞，我们部队运动的道路就会被完全阻断。形势十分严峻，情况十分危急。

本来上级规定了10天的阻击任务，到第7天，志司就说15军完成任务很好。彭德怀司令员专门给秦军长发了电报，是嘉勉电，表扬15军，感谢秦基伟任务完成得好。电报说："秦基伟，我十分感谢你们！彭德怀。"兵团还为29师86团圪峰防御战的英雄记大功，并给坚持7昼夜、毙伤敌人1400余人的45师134团记了功。所以当时15军有的同志讲，38军打得好，叫"万岁军"，那15军就是"九千岁"了。这个话虽然有些不妥，但也说明了这个阻击战确实是打了一个关键仗，打了一个硬仗，我们成功地挡住了敌人，掩护了整个中线三个多军的转移，为志愿军部队变更部署赢得了宝贵的时间。

在这期间，敌人还妄图穿插上来，而且也这样做了，穿插得很猛，但这一招基本上没有得逞。

芝浦里阻击战的任务十分艰巨。

这场战斗考验了部队战场紧急应变和快速战斗的能力。指挥员在行军途中判断、思考、下决心，崔建功的作战命令也是在行军途中快速下达的。部队在一天半的时间内完成了作战部署，我们的"11号汽车"与敌人的摩托化交通工

朴达峰前公路上被志愿军击毁的敌军重型坦克

1951年7月，15军分别授予第29师86团2营，第44师130团1营、3营，131团4连，132团2营，第45师134团8连"出国作战第一功"的锦旗

具赛跑，终归是我们部队先于敌人抢占了阵地、构建了工事、准备好了物资，狠狠打击了敌人。这是敌人万万没有想到的！

从部队的战斗作风看，大家发扬了血拼到底的大无畏精神，坚守阵地，只要还有一个人就决不退出阵地。战斗最艰苦时，师领导把警卫连、侦察连都拉了上去。特别是134团1营在紧急时刻争先爬上山，抢占了遭遇战的先机。

这一仗还打出了坚守阵地的英雄刘兴文和以反击英雄柴云振为首的英雄群体。无论是打阵地防御战，还是步炮协同作战，芝浦里阻击战都为以后的上甘岭战役积累了经验。

15军接防中线，志愿军展开全线战术反击

芝浦里阻击战打了以后，15军就算完成了任务，然后收到二线整训——做准备。从1951年的6月，一直整训到第二年的4月。

1952年4月以后，15军就接中线的防御。

中线原来是由宋时轮带领的26军把守的。这个阵地西边是38军防守，东边是12军防守。当时12军、67军和68军属于同一个兵团（编者注：第20兵团），这三个军是在金城方向的守备部队。

38军很长时间直接属志司指挥，这个部队是打了一些好仗。他们守铁原以西的这个方向。15军防御阵地就是从38军的左侧一直向东，挨着12军右侧。

当时15军上阵地的时候，还没有归兵团，是志司直接指挥。这个时候陈老总陈赓到前方来了。那时彭总从朝鲜回国去了，陈总、杨得志副司令员他们就商量，把38军、15军，再加上后头的一个60军，三个军组成一个领导体系，还是由第3兵团来指挥。那时候陈赓不是第3兵团的司令员，而是志愿军的副司令员了。

第3兵团副司令员王近山

[1] 朝鲜战场上的首次停战谈判，1951年7月10日在开城举行。

第3兵团的副司令员王近山，副政委杜义德，由他们两个来指挥38军、15军和60军，组成朝鲜中部战线的一个防御阵地。这个阵地基本上就叫个"铁三角"，就是铁原、金化和平康这一个三角地带。

这个地带是朝鲜整个战线的一个关键的部位。在平康后面有直通元山的一条铁路、一条公路，如果敌人打过平康、淮阳，等于下一站就到元山了。所以这一线的阵地无论如何必须坚守住，哪怕稍微出一点问题，都会影响整个朝鲜战场的防线安全。

1951年7月10日，我方与敌方在开城举行首次停战谈判[1]。而这时我们所控制的临津江以西这块区域，包括开城在内，都是三八线以南区域了。

开城这个地方很敏感，因为敌人如果向这里进攻就会破坏停战谈判，就能证明敌人根本不想谈判。所以如果不是全面进攻的话，在开城开打的可能性就

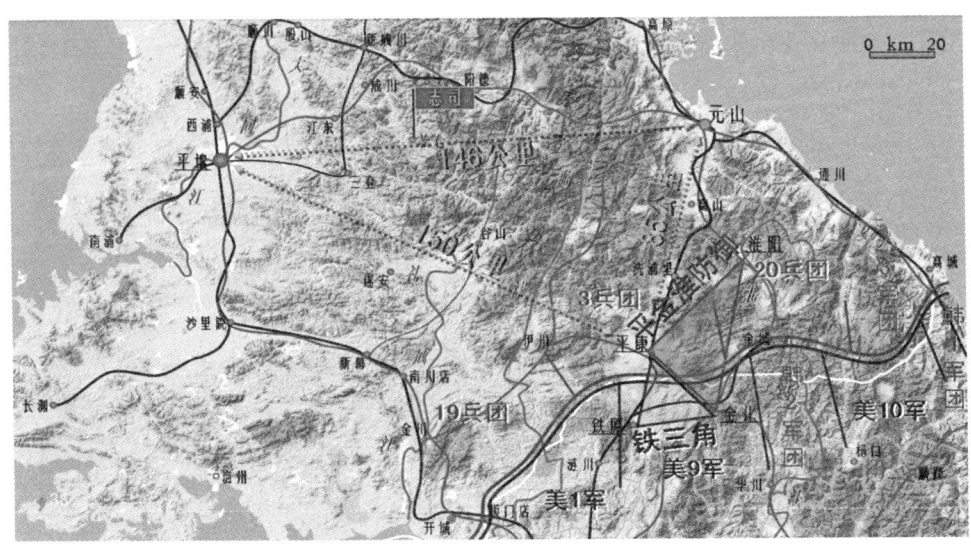

"铁三角"与"平金淮"防御示意图

不大。也就是说，开城这里不打则已，一打就会是大打。这就是说，敌人要是发动一个重点进攻，不一定从开城这边下手；但是要打大仗，那么开城，包括平康这个方向，都可能打。往东都是山地了，那些山都很大。再往东主要的就是敌军的防御阵地。

从志愿军部署的角度来看，1951年停战谈判后，虽然说敌军如果从西线开城方向发起进攻对我们的威胁会很大，但由于不能破坏停战谈判的成果，所以那里反而不太可能成为战役性进攻的目标。这就是说，敌方很有可能会从中线的平康开始进攻，所以我们就在平康这边提前做好了防御准备。

当时的态势，朝鲜战场上敌我阵地对峙，双方都加强了防御。美第8集团军军长范佛里特指挥3个军：西线这一大块阵地由美1军指挥，有5个师，包括美军3个师（美陆1师、美2师、美3师）、英军1个师、韩军1个师，一起由美军来领导；东线是美10军，有2个美军师、2个韩军师；中线是美9军，有美7师[2]、美40师、韩2师、韩9师共4个师。除此以外，中线还有韩方的一个第2军团，包括韩首都师、韩3师、韩6师共3个师；东海岸还有韩第1军团的2个师。所以，敌人在整个战线上部署了18个师，中部战线就占了7个。基本上是西、东、中这么三坨。按兵力来讲是3个集团军。美第8集团军指挥这3个军。

1952年的4月，15军再次上阵[3]。

在此之前，国内对朝鲜战况就已经开始了研究：1951年里，敌人对东线由67军驻防的金城以南的部分地区展开了多次进攻，以惨重的伤亡代价将阵地向前

[2] 美军第7师，是美国著名的王牌师，号称"滴漏器师"，意思是指他在执行任务时历来都如同古代计时用的"滴漏器"一样准确无误。

[3] 1952年3月，秦基伟奉志司和3兵团的命令，接替友军防务，率领15军部队进驻平康地区，担负扼守五圣山、西方山一线的任务。

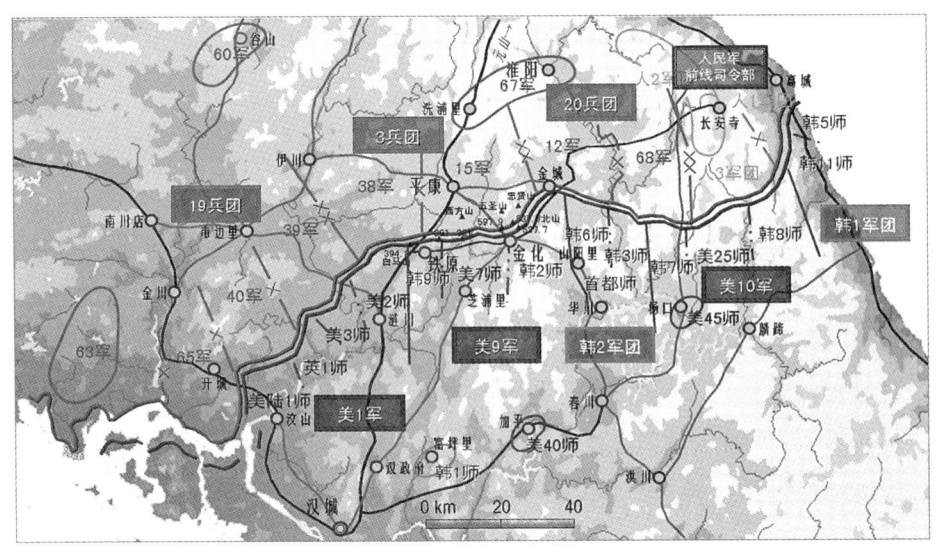

1952年10月上甘岭战役前朝鲜战场正面态势示意图

[4] 1951年9月和10月，"联合国"军以数千人的代价连续攻下了东线北朝鲜部队重兵把守的"喋血岭（Bloody Ridge）"和"伤心岭（Heartbreak Ridge）"。

推进了十几公里，挖了我们一块。与此同时，敌军还在东边进攻了被他们称作"伤心岭"[4]的地方。在这里，尽管他们伤亡很重，却仍未拿下全部阵地，而时间已经到了冬天。经过这两次作战，加上秋天的几场战斗，可以说在1951年里，敌军以很大的伤亡代价只换得了前进十几公里、得到几个山头的成果。这几乎可以预见敌人将在1952年发动比较大的进攻。

所以15军从上阵地初期就开始准备。这一动作从1952年夏季一直持续到了秋季。敌人也想着进攻，也就接受了以往的经验教训——要加强储备。

为了破坏敌人的进攻准备，志司提出了"坚守防御，寸土必争"的作战指导思想。志愿军在1952年9月组织了一个全线性的战术反击，这是一次有限目的的攻势。这个战术反击主要是从西线、中线和东线的180公里正面战线中，各军精心选取60个敌方阵地作为进攻目标。我们将侦察等各个方面的工作都做得很好，于是从9月18日开始，采取"零敲牛皮糖"的作战方法，正式发动了全线进攻。

这个进攻计划分为两个阶段：第一阶段从1952年9月15日至10月6日；第二阶段从10月6日到10月20日。

第一阶段我方进攻敌人20到30个点，要打的都打下来了，打得都很好。到了10月中旬，我们先后攻下敌人前沿阵地58个战术要点。小的就歼灭敌人一两个排的据点，尔后被歼灭的敌人往往会动用比较大的兵力来反扑；敌人反扑的时候，我们的炮兵和其他兵种配合着又进行打击。所以，每个点打好了都能够歼灭敌人几百人甚至上千人，百八十个人的也有。

我们集中优势兵力、火力，发起进攻，迫使敌军八个师频繁调动，替换被歼的敌人。因为这些仗准备充分，打得都很漂亮，我们都占了便宜。加之敌人在1951年的进攻中并没有吃到甜头，所以1952年在我方部队依托阵地，采取了一些积极的斗争动作之后，态势已不同以往，我们大大消耗和疲劳了敌人，赢得了秋季作战的主动权。

仗一打，敌人不知道我们的来头有多大，所以就犹豫了：他想进攻，是选择开城还是平康呢？敌人权衡利弊——看起来还是选择平康。针对这个情况，我们的重点进攻就先从西边靠开城这个方向打；东边12军和68军、67军那个方向，就是15军阵地往东的那个地方，开始作战也比较早；中线——平康这一段，第一阶段我们就没动。两边先打，中间不动。结果到了10月初，敌人按兵不动的时候，我们中线这个反击作战也就开始了。

先是38军。38军当时都是选敌人一个排到一个连的据点进行战术反击，有的据点比这个还小。打下来了以后，38军防御正面的口子就比较大了。从地形上来看，38军这个阵地基本上就已经不是东西方向的了，而是个南北阵地了。这个阵地一直向东南延伸下去就是铁原。38军选了韩9师，就在15军阵地的右侧，他那个阵地对铁原威胁很大。38军首先攻击敌人一个营，另外还有一个加强连的据点。这一仗打得很艰苦——攻下一部分据点，但没有全部攻下来。

38军部队从上到下,那个战斗情绪和作战劲头很高涨——"打不下来,'万岁军'那还行啊?!"实际上原来是准备用两个营或一个团完成任务的,结果陆续动用了两个多师,和敌人就一直争夺起来了,阵地虽然没有完全拿下来,但是主要阵地拿到我们手里头了。

韩9师有四个团,但遭遇38军两个多师的进攻后,韩9师就把三个团用在这地方了。结果38军伤亡不小,但韩9师伤亡更大。

冒着敌人的炮火前进

反击391高地战斗

38军这边打响,15军为了保障与友邻部队接合部的安全,就要与38军协同作战。于是44师就选择了三个点开始进攻,从10月6日陆续展开战斗。那个时候87团配属给44师,归44师向守志师长指挥,于是87团就被指派到了其中"391高地"[5]这个点。

"391高地"是平康南面8公里处的一个较为孤立的山头,位于敌人称之为"铁三角"的中腰,它严重威胁了15军与38军接合部的安全。驻守这里的是伪9师单独的那一团。

韩9师四个团,38军打了三个,从6日就开始持续打击,一直打到12日。而15军44师为配合38军,打的就是韩9师的另外一个团,消灭"391高地"这个据点。当然44师主要是针对美7师的,但也在这个点上打了一部分韩9师。87团攻打391高地是从10月12日开始

[5] "391高地"位于铁原东北10公里处,有敌军一个加强连驻守,是敌军安在志愿军前沿阵地的一个"钉子"。从志愿军前沿阵地到391高地,中间有1000余米的开阔地。

打的。这个点打得比较好!

10月11日晚,87团3营400余人,利用夜暗,秘密潜伏在距敌军只有数十米的草丛中,邱少云就是其中的一名战士。为配合潜伏,我炮兵对391高地的敌人观察点、火力点进行了炮轰,使敌人处于紧张状态。10月12日发起进攻,随后潜伏部队突然向391高地发起冲锋,35分钟突破敌人防守,一举占领高地,全歼敌人。

以后87团在10月22日撤离阵地,参加上甘岭战役。132团接防了391高地。反击391高地对敌人牵制性作用很大,对保障与38军接合部的安全起了重要作用。

391高地是个马鞍形,有一个北山、一个南山,我们把两个山都打下来了,但守是只守北山,把南山让出来。这样敌人就总想着恢复他原来的阵地,我们就正好依托北山反复杀伤他。这种态势对我们有利,让美9军顾此失彼,两面紧张。

10月13日、14日,敌人为策应上甘岭方向的进攻,以四个营的兵力,在飞机、坦克、大炮的配合下,向391高地、上佳山西北无名高地、芝村南山和411.9高地连续反扑。15日到19日,敌人向391高地北峰反扑22次,都被我们击

一级战斗英雄邱少云

第29师87团3营向391高地发起冲锋

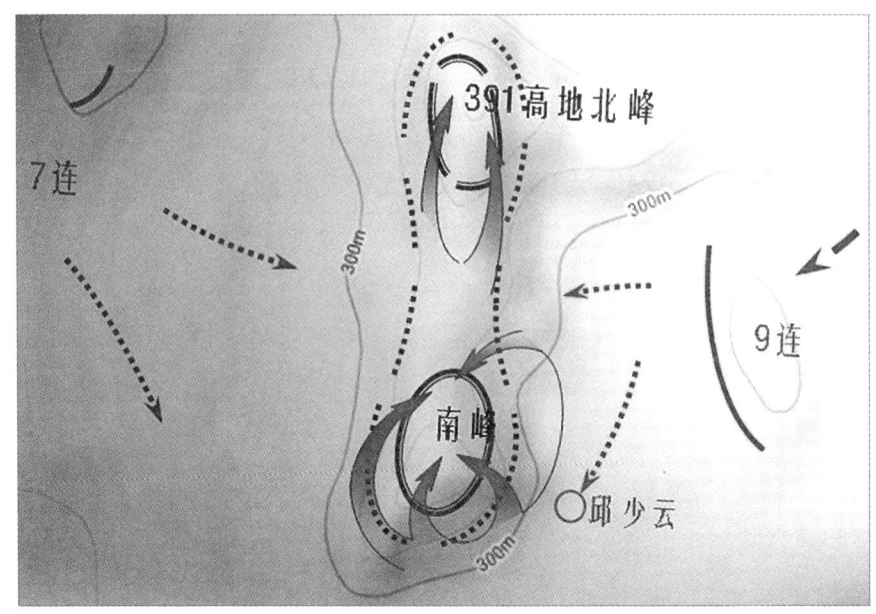

第87图3营391高地进攻战斗示意图

退。以后132团接着防守，趁美3师新上阵地，继续反击391高地南峰。经一个半月的反复争夺，我们控制了391高地，歼敌2700多人，扩大防区11平方公里，改善了防御态势，这对保障平康、铁原与38军接合部有很重要的作用。志司来电祝贺："经过一个多月的斗争，终于控制了391高地，并已达成了巩固，甚好。"

我们原来顾虑最大的还是怕敌人从38军和15军这个接合部进攻平康。因为从平康开打更利于敌人兵力的展开，从这儿打对我们的威胁就比较大。之前，敌人的确也想从这个地方打，为此美7师还做了充分的准备。现在，在平康的前头，西边是38军在打，东边是44师在打。这样两点一打，这里便形成了一个新的态势——平康门口就有可能打不起来了。但敌人的野心比较大，我们考虑他一定还会选择其他突破口进攻的。他的进攻点如果不是平康，那就是五圣山这个方向——从15军45师阵地取得突破。根据这样一个判断，15军上去以后就在这两个方向做了很大的动作。

第三章
挥戈再战 鏖兵上甘岭

上甘岭,攻不破的东方壁垒

克拉克为总统大选造势，意欲发动战事

1952年是美国的总统大选年。时任总统杜鲁门是民主党候选人，而他的竞选对手是共和党候选人艾森豪威尔。共和党人想借美军在朝鲜战场上的不利战况攻击杜鲁门，于是大肆宣扬美军在朝鲜战场上的失败和无能。迫于舆论压力，杜鲁门只得转而向1952年5月接替李奇微出任"联合国军"总司令的克拉克施压。

此时，范佛里特已升任第8集团军司令，但作为整个陆地作战的总指挥，他在1951年的作战表现并不好，此刻他也急于在1952年"露一手"。由于范佛里特此时有两个部队正在日本休整，即美第45师（和我们45师的番号一样）以及从朝鲜战场回到日本休整的骑1师，所以他预备的方案就是让这两个师积极演练，以再次发动登陆作战。

美军搞登陆作战是有成功经验的。比如之前，当朝鲜人民军打到釜山的时候，麦克阿瑟发动了"仁川登陆"，美军从汉城这里打过来，使釜山前线的朝鲜人民军腹背受敌，后方阵脚大乱。所以说，克拉克和范佛里特一开始的计划，是准备从元山或者是从西海岸进行登陆。为了配合登陆，很有可能把作战重点放在中部战线平康地区，对中朝部队发起牵制性进攻。他们是有这个准备的。

我军针对战场情况的发展也已经做了充分准备：东、西两侧海岸，我们从4月份开始就一直在加强兵力，同时还构筑了一些海岸防御工事；待到10月份，毛主席和军委又决定，把完成了改装的三个新锐军开到朝鲜战场——46军到西海岸接替42军，23军、24军到东海岸接替20军、27军。如此一来，即便敌人登

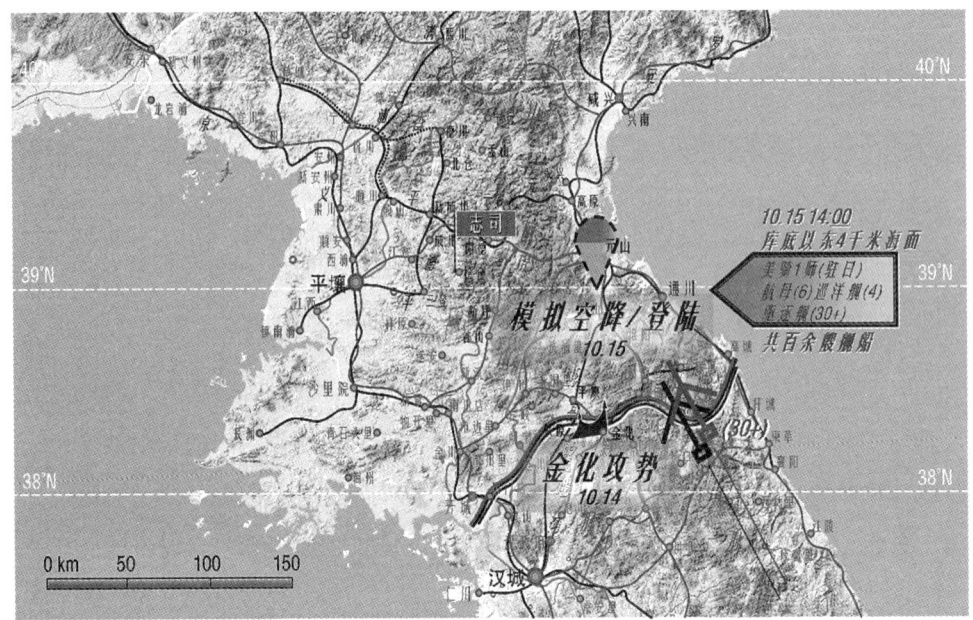

1952年10月15日敌战役伴动情况示意图

陆,我们也准备好了足够的兵力。同时,志愿军正面战线的防御状况也有了很大改观,阵地巩固,给养充足。武器装备,尤其是炮兵有了一定增加,部队士气很高。早在9月份秋季的时候,从作战考虑,陈赓已将第38军和第15军组成一个作战集团,统一由第3兵团指挥。所以,中线的准备到这个时候都已经比较牢靠了。

这些情况从侦察的角度来讲,敌人也会知道的,这就使得他更不敢轻易冒犯。

所以这时候的克拉克做决策就显得非常犹豫——迫于压力,他很想打个大仗,按他的话来说:"不付出过大的牺牲就能拿下一些阵地。"但到9、10月份时,我方一线的阵地已经相当坚固了,他想要从元山方向入手不一定能占到便宜;但如果选择从正面发起进攻,由于我军战线后方已经有了准备,所以他也很难获胜。

于是,克拉克一时决定不了选择哪里作为战役方向。是登陆,还是正面进攻?无论选择什么样的作战方案,克拉克都认为,"军事压力不应当削弱"。

克拉克同意范佛里特发动"金化攻势",狂言5天拿下

1952年10月8日,为摆脱被动局面,缓和国内外矛盾,以美国为首的"联合国军"单方面宣布中止板门店停战谈判。资产阶级的军事家在做决策时都有各自的打算,既想搞大型战役用来宣传,但又知道没有把握取胜,所以非常矛盾。

鉴于中朝方准备的情况,克拉克也知道搞登陆作战是不行的。

从整个朝鲜战场上来看,如果选择从西线进攻,他的顾虑会很大,因为打不好的话,连谈判都谈不成了;而整个东线战场又都是山地地形,美军在"伤心岭"曾经吃过苦头,现在志愿军和人民军都有了准备,如果他们再选择从东线进攻,在那边哪怕打一个小山头也很费力,所以也不行。相比下来,如果选择从中线进攻的话,假如平康被打下来了,那他们就可以进到淮阳甚至元山,如此一来,对中朝方面的威胁就会很大。所以最后克拉克同意了打中线的方案。

中线战场,美军要选取哪里开始进攻呢?

美军头目不甘心失败,加紧在中线策划战事。敌人经过了半年多的准备。军事头目们为此争论得很厉害,包括克拉克在内,美军高层对15军的阵地看来看去,前后7次到中线选择进攻点。8月下旬到9月初,克拉克、李承晚和范佛里特先后到韩2师、美7师阵地。金化那地方有座鸡雄山[1],范佛里特曾三次到鸡雄

[1] 位于朝鲜中部金化东北2公里处。

美军反复到前线看地形，选择进攻点

山视察部队，之后又到五圣山前勘察地形，克拉克最后也去看了一次，李承晚也去了，他们还带了几个集团军的司令。我们正面那个集团军的司令詹金斯，加上各个师的韩军也去看地形，同时他们还开了几次军事会议，反复比较，最后决定还是从五圣山这里进攻。

范佛里特的头衔叫作"陆上的最高统帅"，就是说在朝鲜战场上除了克拉克就属他最大。此时范佛里特就给克拉克提出了一个新的方案，就是"摊牌计划"。

但对于"摊牌计划"美军内部似乎还有些争论。

范佛里特原来准备10月初就打，但意见分歧使计划拖延。克拉克主张要打就打到平康，把东边阵地整个拿下来，用他的话来讲就叫"得一个全猪"。范佛里特在平康正面战场上吃过苦头，就是在12军防守的那个接合部上，所以他认为按部就班地打比较有利，于是希望能从正面直接拿下五圣山。因为克拉克希望打全线而不是一个点，所以不大同意。此时范佛里特就表态，认为自己可以用小的伤亡，先把前沿阵地拿下，之后再做全线进攻的话也会比较方便，进退都好操作。争论的结果是克拉克同意了范佛里特的这个意见。正因为有这么一个争论的过程，所以才有包括克拉克在内七次到中线选择进攻点。但是按照克拉克的话来讲，"这个防御作战把那一些将军们都激怒了"。因为天天和中国志愿军打，伤亡巨大不说，结果战争不仅没有结束，反而一直延续下去，士兵们厌战情绪严重。因此将军们普遍认为，要打就打个好仗，以此鼓鼓士气。

鉴于其他的作战方案更不可预计，克拉克只能同意范佛里特的"摊牌计划"。于是他们以这个地方给战役命名，即叫"金化攻势"，同时又叫"铁三角战役"。这是因为金化是铁三角的一角。从宣传的角度考虑，"金化攻势""铁三角战役"这些字眼也有点儿打马虎眼的味道。反正外国人也没有到过朝鲜前线，如果能把两个阵地拿下来，当然也就可以作为资本吹嘘了。

美国大选在9月是个高潮，从10月5日要公布选举结果，到最后10月14日结束，也就是半个月到20天。这个战役部署是从10月份开始打，克拉克考虑到在这么短的时间内，尽管大仗是打不起来的，但是最起码能拿一两个阵地的战果来做做宣传，而且这又命名为"战役"，宣传的效果更好些，这对杜鲁门竞选美国总统也算是个支持。所以，这个设想也就得到了杜鲁门的同意。

克拉克给范佛里特许诺，无论要多么大的保障，我都可以给你调，兵力可以陆续使用，但作为条件你必须拿下五圣山。

步兵方面，克拉克向范佛里特提供了5个师的兵力，包括3个美军师，即美7师、美40师、美3师；还有两个韩军师，即韩2师、韩6师。如此大的兵力，以便范佛里特根据战事进展陆续使用。空军方面，在一开始的进攻阶段给了范佛里特一个航空大队，有几十架飞机支援作战。炮兵方面，最后定下来调16个炮兵营，包括105、155、203毫米的大口径火炮约有300多门。203毫米榴弹炮，射程远、威力大，安置到较为靠后的金化以南锄业里那一带。另外，敌人一个师的炮——连大炮、小炮，加起来就是1600多门。因为美军这一年没有实施什么大的进攻，所以炮弹是相当多的，而那时候我们的炮和炮弹却是很少的。

范佛里特的如意算盘是这样子的：

对他来说，597.9高地和537.7北山这两个阵地比较好攻，因为这两个阵地是个突出部，直接嵌进了他们的阵地里，而从他的装备和兵力来讲，如果能把这个突出部攻下来，然后再攻五圣山，就会比较主动。所以他确定首先搞掉这个突出部。

这样，对第一个阶段的进攻，范佛里特使用了他最熟悉的部队，由美7师担任主攻，进攻597.9高地，用韩2师打537.7北山。之前597.9和537.7北山这两个阵地都是韩2师防守的阵地。美军命令韩2师将那两个山头让出一个，因此597.9就交给了美7师攻打。

美7师在正面展开三个团的兵力。他表面上是一个师，实际的兵力多得多：除了本身的三个团（31团、32团和17团）外，他还指挥着各有1000多人的哥伦比亚营和埃塞俄比亚营；另外还有一个空降187团，也归美7师暂时使用。

韩2师的阵地在金化以东，共有四个团：两个团展开在45师正面，一个团到金城那个方向与韩6师的阵地相衔接，另外一个团是做预备队。

从兵力来讲，敌人是很够用的了。

范佛里特主要使用作为正面防御的美7师作战。该师完成任务后可以下阵地，然后再用美3师替换美7师继续打。为此，他用韩1师把原先对着我39军方向的美3师换下来，然后将其调到铁原方向做预备队，同时把美40师调到芝浦里以南地区准备参加战斗。美军除准备了这三个师外，还将韩6师也调到芝浦里以东。

最后，他们的军事会议定下来，就是进攻597.9和537.7北山高地。战役指挥官是美9军军长詹金斯，总指挥官是范佛里特。詹金斯的任务是首先要把五圣山前方阵地切下来，一个师负责一个山头。切下来了以后，美3师、40师及韩军师再用上去。范佛里特狂言：这两个阵地，有足够的飞机大炮支援，步兵不会遇到太大的障碍，这个战役打个五天，顶多有百八十人的伤亡，就可以把阵地拿下来。

范佛里特就是这么一个部署。从实际情况来讲，尽管我们想到他会来攻，但并没有想到他一上来就会把主攻方向选在这里。

我军积极备战战略要地五圣山

兵家用兵通常会选在接合部发起进攻，因为这里一般比较薄弱。

1952年4月，正是驻守中线阵地的26军与15军准备换防的时候，敌军试图要攻取西方山阵地。26军为将完整的阵地交给15军，所以就拼命地反攻，直到把敌人完全打下去以后才移交阵地。15军上阵地以后,敌人再没有来试探过,因为他们知道想要夺取这地方并不是那么容易的!

1952年5月,133团2营4连守备的一个阵地遭到了敌人的进攻。那个阵地就是我们与12军的接合部,在上所里那边。敌人在此尝试过几次进攻,规模最大的一次进攻甚至动用了一个团的兵力。但由于我们的炮兵、步兵配合得比较好,等进攻的敌人来到跟前,就用炮火和步兵火力,把敌人禁锢在阵地前面,最终我们一个连的兵力基本打垮了他们两个营!

8月下旬到9月初,敌人以一个班到一个营曾对我454.4阵地、597.9和北山高地进行过试探性进攻,在597.9前沿捕去我两名哨兵。9月下旬,美军第40师从加平调到芝浦里、云川里地区。10月上旬,西线美军第3师调至铁原地区,归第9军指挥。同时,原在东线守备才下阵地的韩8师,亦向中线史仓里地区集结。对此,志司、3兵团指示15军准备在中线粉碎敌人三到四个师的进攻。15军完善了作战方案,调整了一线部署,以29师85团接替134团甄峰地区防务,使45师缩小了防御正面,掌握了一个团的预备队。

早先15军上阵地后就对防守阵地的两个接合部做了很多的战前准备工作。

15军针对敌情分析,估计到敌人的进攻有可能从这两个接合部动作:一是从38军和15军44师的防御阵地之间,也就是87团这个接合部。如果敌军从这里进攻,对我们造成的威胁最大;二是从12军和15军防守的那个接合部,也就是45师133团的阵地。从那里进攻的话,就可以搞到五圣山后头去了。如果敌人要从五圣山这里发起进攻,同样对我们的威胁也不小!我们也知道,一般兵家挑选进攻之地总是挑对手的接合部。接合部一般比较薄弱一点。所以那个地方我们也做了些准备,以防范敌人。

15军的作战任务是,作为朝鲜战场中部"平(康)金(化)淮(阳)防御"的一部分,阻止敌人向平康方向发起的进攻。平康谷地地势平坦,当面又是美军部队,便于敌人实施机械化突击,并展开大规模攻势。敌人从这里打过来对我们的威胁比较大。我们的分析,也是敌人最有可能选择的进攻方向。所以,我军防御的重点是依托西方山屏护平康。

同时我们也估计到,敌人也有可能不直接从西侧的平康谷地进攻,而走中间的汉滩川。汉滩川是44师与45师接合部,也就是29师85团后来接替134团的那个防御地段。但我们分析,敌人如果从这里进攻,要么就得攻西方山、斗流峰,要么就得攻五圣山,这里容易受到我们两面夹击。所以,敌人完全从这儿攻击的可能性就不是那么大。

但是,敌人如果从两侧,也就是15军与38军、12军的接合部,东西夹击,再加上正面突破,那对我们的威胁是很大的。

针对敌人进攻的各种可能性,我们的作战预案是这样的:敌军最有可能从西侧开始进攻,也就是从平康正面攻击,这是我们的主要防御方向。敌人从其他方向进攻,最终目的也是为了搞平康。其次有可能从东侧进攻,而从正面进攻的可能性最小。如果他们从正面进攻,对我们有利,所以就把它的威胁性排在后面。

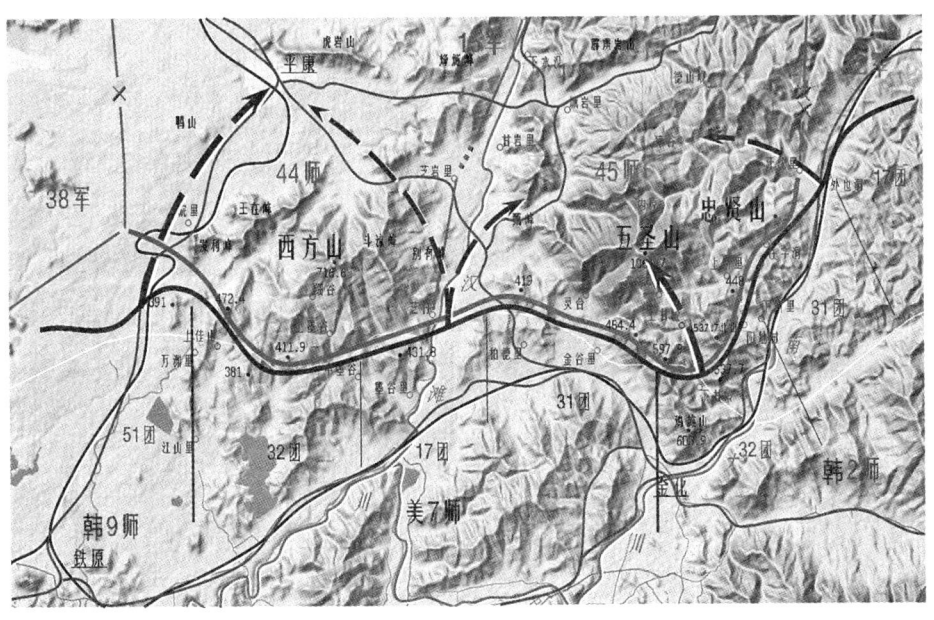

15军对敌意图分析判断示意图

五圣山的入口处有几座山，像西方山、斗流峰、王在峰，基本上像大门的门闩一样。门闩打开，一进去，都是比较平坦的地方，而且有纵深。所以敌人从这个地方对我们进攻会比较有利。西侧的王在峰、西方山这两扇门不能开，只要它们在，就可以管住平康。但关键仍然在五圣山，因为山一丢，门闩没了，门就没有用了。五圣山有1061.7米高，站在山上，能远眺敌方10公里纵深。这是15军阵地的一个屏障和战略要点。敌人若抢占"铁三角"（编者注：敌称铁原、平康、金化三角地区），五圣山是必争之地。而在五圣山主阵地前面，我们有两个伸出去的支撑点——597.9高地和537.7北山高地，直接楔入敌人阵地，威胁着敌人的金化防线。所以，五圣山必须守住，不能丢！

9月下旬，15军由东向西，反击敌人391、381、上佳山西北等高地，由于我们在391高地等一系列战斗中把美7师、韩9师打得很苦，这就动摇了范佛里特的作战部署。另外在打这个三角区以前，15军已于9月下旬和10月初在夜间各搞了一次动作。

那时候15军已经有了坦克，配属15军有一个营的坦克在前头，尽管以后又增加了一点，但其实那一个营的坦克也是比较少的。但是为了迷惑敌人，我们有意专挑暗夜把坦克开到前头去，使敌人能听得到坦克"呜隆呜隆"的响声；同时在坦克后面每相隔不远就安排汽车，一辆接着一辆，都大开着车灯，并使车灯一亮一亮的，造成好像我们有大量装甲部队的迹象，表示我们很有准备。这样搞过两次，9月20日左右搞了一次，到10月初又搞了一次。

"你看，那么多坦克，到底有多少？"敌人也不清楚，数一数灯光，大概也可以算出来，猛一看也确实不少。这两次就给敌人造成了一些错觉，误以为我们这个地方很有准备。所以敌人也不敢贸然进犯。其实也就前头那几辆坦克。当然我们确实也有准备，只是不希望他从这个地方进攻。

这样美军制定的"金化攻势"，就把攻击目标放在金化、平康、铁原三角地区。而上甘岭正位于我中部战线制高点五圣山的南麓，这个地方是敌我双方必争之地。美军的企图是攻占上甘岭和五圣山，而后沿平康、河川地带进攻，

上甘岭战役以前五圣山地区敌我态势示意图

切断我军东西线防御的战略联系,用敌人的话来讲就是"夺取五圣山,就不愁夺取平康"。为了迎击敌人的进攻,15军进行了深入广泛的动员。各部队都在积极备战,争分夺秒地加修前沿坑道工事,储备弹药、食品、饮水及其他作战物资。

15军官兵的决心就是守住阵地,粉碎敌人的攻势。

1952年10月14日,上甘岭战役打响

敌人向我五圣山地区发动了进攻。

美军头目非常重视这个"攻势"。攻击目标由第8集团军军长范佛里特三次到鸡雄山亲自选定,作战计划是侵朝联军总司令克拉克批准,战役指挥由美第9军军长詹金斯担任,开战时间选在美国总统大选高潮期间。10月8日,美谈判代

表宣布板门店谈判无限期休会,并叫嚣:"让飞机、大炮去辩论吧!"

1952年10月12日、13日,敌人进行了连续两天的炮火攻击,飞机投弹的次数明显增多,这也就是敌人发起攻击的前奏。14日,敌人对整个15军防线发起大规模地面进攻,重点在五圣山地区。

自10月14日凌晨战斗打响,接下来的战况就非同寻常。敌人从距上甘岭2.5公里的正面发起大规模进攻,先后投入这个地区作战的有美军第7师,韩军第2师、第9师,以及配属韩军第2师第37团的两个营,美空降第187团一部、阿比西尼亚营、哥伦比亚营。加上临时补充的兵员,共计6万余人。参战美军105毫米口径以上榴弹炮兵18个营,火炮324门,轻火炮1240门,坦克120余辆;战术空军一个大队和部分海军战斗机。从敌人动用的兵力看,进攻上甘岭是志在必得。

我军首先参战的部队为第45师135团,参战的炮兵为师属山炮营和军属炮兵第9团3营(日造三八式野炮),共有火炮15门,进入菊亭山半坑道式和掘开式发射阵地,担负支援上甘岭右侧597.9高地和左侧537.7高地北山两个加强连坚守防御作战。为了及时准确地观察掌握敌情动态,军、师于五圣山、上所里北山、忠贤山[2]、927高地等处,开设了侦听站和两个中心观察所。在647高地、454.4高地、558高地开设了辅助观察所。但由于敌人战前大量施放烟幕遮障,各观察所观察受限,只能通过侦听分析判断敌人的活动。

[2]忠贤山是五圣山东北面的一个制高点,海拔532.7米,控制着五圣山侧后的一条山谷,地理位置重要。山下是美军和李承晚军队的军事运输要道,每天有大批物资从山下通过。

先是10月12日敌人有预谋地对我军防御前沿阵地进行了连续两天的炮、空火力突击后,又于14日凌晨对我15军自391高地到五圣山、忠贤山的全线阵地进行猛烈炮击,对上甘岭两个前沿阵地直接炮、空火力准备达两小时。朝鲜4点钟天就亮了。4时半(编者注:编者曾采访了许多当年战役的亲历者,包括部分前指指挥员,经反复核实,当时战役打响的时间是按北京时间计时的,上甘岭战役计时均采用的是北京时间。美军、韩军采用的是当地也就是朝鲜时间,特此说明),美军第7师第31团、韩军第2师第32团及第17团一个营的兵力,在坦克、飞机掩护下,分6路向我597.9和537.7北山高地两个连的阵地发起疯狂的进攻。与此同时,敌人还向我29师、44师防御正面的391高地、芝村南山、上佳山西北无名高地、419高地实施声东击西的牵制性进攻,他们的目的,就是想迷惑志愿军,使志愿军不易在短时间内判明重点进攻方向。但是打来打去,他们集中打的地方仍是597.9和537.7北山。

45师守卫部队面对敌人进攻,当即奋起抗击,英勇杀敌,整个战斗场面异常紧张激烈。

当第一轮进攻被我们打下去以后,敌人又准备再次进攻。他们以为我们的弹药和兵力已经消耗到一定程度了,于是就集中几个连——相当于两个营的兵力对这两个阵地发起进攻,而我们则是以小部队进行抗击。

在中午12点之前,每当他们的进攻被我们打下去之后,紧接着都是一阵炮击,然后又是飞机的轮番轰炸。到12点,在对我们阵地进行炮击和飞机轰炸之后,敌人再次集中了两股兵力对这两个山头发起进攻。他们对597.9高地(编者注:美军称为"三角形山")的进攻被我们打下去了,但537.7北山(编者注:美军称为"狙击兵岭")的表面阵地被敌人占领了。敌人虽然占领了537.7北山阵地的东北角,不过主要阵地还在我们手里。

打到下午4点以后,天也快黑了,于是他们又来了一次更大的进攻。

在这一天里,敌军就这样对我方的两个阵地进行了持续进攻,算了算,他们的进攻次数有30多到40次,而兵力则从班、排、连,到营,再到两个营。这一天敌人的伤亡代价,总的算起来有1900多人。

当然，敌军在进攻这两个阵地的同时，对我西线前沿四个点进行了一次牵制性攻击，也对我们后方的炮阵地、指挥所进行了炮击。为了阻止我们增援，凡是我们从后方到前线的交通道路都用炮火封锁住了。这300多门大炮，再加上美7师、韩2师的步兵伴随的轻炮[3]，这一天美军对我方阵地的炮弹投放量，平均算下来每秒钟达到6发炮弹，而这还不是战况最紧张时的密度。当时计算美军放炮的总量，我们用的办法是打一炮就放一粒豆子，这么计算一天的总量。经统计，战役第一天，敌先后对我两个高地发射炮弹30余万发，飞机投弹500余枚，阵地表面岩石被炸成粉末状，达1尺多厚，山的标高被削低2米，部分坑道口被炸毁。

[3] 轻炮，军事用语，通常指口径在9厘米以下的火炮。

守卫在597.9高地的步兵第135团8连、9连同敌人四个营的兵力展开浴血奋战，打退敌人十几次集团冲锋，敌人只占领我597.9高地的2号、7号和11号三个表面阵地。激烈的战斗中，135团9连副指导员秦庚午带领战士坚守9号阵地，表面阵地经常保持五个人，其余人员进入防炮洞隐蔽。弹药分散放置，人员、弹药都是边打边补，一天补了30次。连续打退敌人两个营的排、连、营进攻14次。敌人一个营进攻时，8连一个排及时赶到，最后打退了突入阵地的敌人。这一天只算9号阵地，我们毙伤敌人500余人，自己伤亡55人。

守卫在537.7北山高地的135团1连同敌人先后投入的三个营兵力进行了9个小时激烈的战斗，打退敌人40余次冲击，除9号阵地仍为我控制外，其余表面阵地被敌占领。我防守部队在大量杀伤敌人后退守坑道，以保存实力，待机反攻。

坚决把敌人干下去！反击部队勇猛地向537.7高地北山冲击

打了一天的结果是，我们两个阵地，敌军占了537.7北山的表面阵地，597.9只占了三分之一，而主阵地还在我们手里。

当夜，乘敌人立足未稳，尚暴露在表面阵地上之机，我们组织反击以夺回阵地。崔建功师长命令炮兵于19时分别对597.9高地2号、7号、11号阵地的敌人和537.7北山高地的敌人射击。战斗打响，炮兵集中火力急袭射击5分钟，之后炮火延伸，我步兵开始反击。经反复冲杀，阵地多次易手，战至21时10分终将敌人击退，恢复全部阵地。当夜的反击，炮兵打出了威风。坚守阵地的步兵，得到纵深炮火的支援，士气更加高昂，决心坚守上甘岭前沿阵地，为粉碎敌人"金化攻势"而战。第一天战斗，我方以伤亡550余人的代价，共歼敌1900余人。

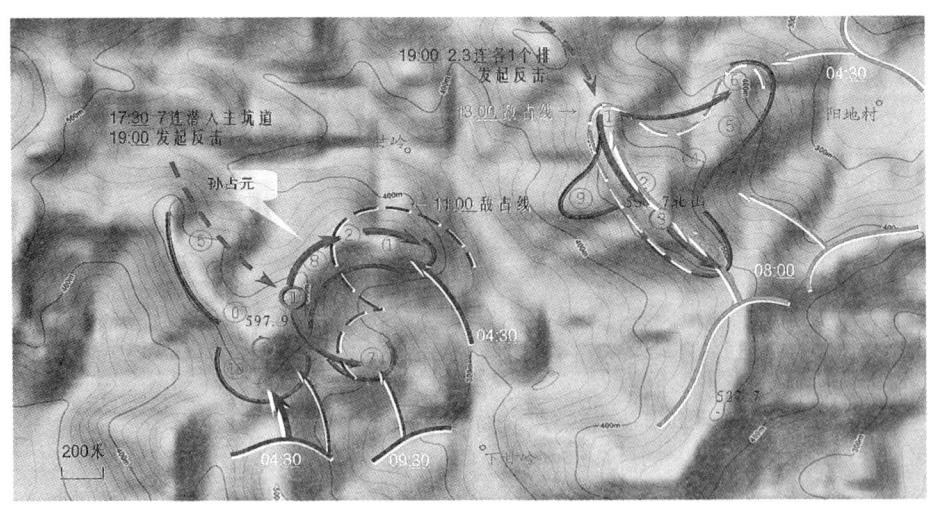

上甘岭战役第一天战况示意图

志愿军首长研究战况，秦基伟誓言阵地不丢

军里很快就把这个情况反映到兵团和志愿军司令部去了。

那个时候，我和29师政委王新都正好在兵团开会。马上，杜义德和王近山第二天就把我们都找了去，说："敌人重新进攻开始了，选在45师的那个正面。昨天晚上可热闹啦，白天成了黑夜，黑夜成了白天——因为白天的时候，那个炮打得什么都看不见了，天昏地暗；而到了夜间，照明弹、探照灯照在靠近敌人的两个阵地上方，用战士的话来讲就是亮得'掉个针都可以找到'。"

29师政委王新

我们知道，首长找我们过去就是准备叫我们回前线。可当时兵团首长很沉得住气，让我们现在先别走，因为第二次祖国赴朝慰问团的第5分团，是专门负责慰问第3兵团部队的，15日就到兵团，准备开慰问会，所以首长让我们参加完慰问会以后再走。

他们两个又把领导的决心讲了一下：这一次，我们战术反击的第二个阶段是从10月6日开始的，一直到10月20日，战术反击使得敌人比较被动，像你们正面的韩9师伤亡比较大，已经被打得差不多了，所以敌人的攻势是从那个地方开始。但不管他们是不是还有要向平康或其他方向发展的可能，你们都要做充分的准备。因此，除了45师要坚决守住这个阵地，力争在两个前沿阵地和敌人争夺之外，29师回去要准备参加战斗。首先86团要做45师的预备队，随时准备使用，然后再调其他部队去。这算是给我们打了个招呼吧。

15日晚上慰问团到，16日召开的慰问会，晚上又是摆酒席又是演戏，我们都没有看。16日晚上参加了会议之后我们就走了。

15军军长秦基伟(左一)、政委谷景生(右一)、副军长周发田(左二)等研究作战地区地形，布置作战任务

因为到军里开会，又是学习又是开会，所以去的人不少。我和王新还有133团、134团、135团以及29师三个团的干部一共是八个人，坐了一辆大卡车，11点钟从兵团出发到军里。路程并不算很远，但由于是大卡车，路上还有防空，结果17日拂晓时才到军部。到军里，住在军指挥所里的有秦基伟军长和张蕴钰参谋长，谷景生政委已经回国准备参加国庆观礼了，还有一个是原29师的师长周发田，他已经被提到军里当副军长。

他们已经连续几晚没有睡了，秦基伟眼睛有点儿发红，但他很高兴，因为时间尚早，他要休息一下，于是叫我们也去休息。我们没有去睡觉，到处了解情况，也到他们作战室了解一些，然后就给前线打电话。电话线很忙，转接也很困难，接通后，我把兵团领导的决心告诉了他们。那时兵团的电话也并不好打。

兵团的决心主要就是王近山和杜义德的决心：

第一，兵团和志司决定，将45师的全部力量都用于这两个点的争夺；29师的部队准备把45师其他阵地都接过来。兵团首长叮嘱："45师你就在两个点打，其他的都是29师接下来。这个也是军里的意见，所以你们两个都回去。"

45师要争取在两个阵地上打垮美7师和美40师，只要能打垮他两个师，就算完成任务，哪怕45师都打光了也光荣。

第二，谈到了整个部署，因为看到敌人的进攻恐怕不是三五天的事，至少是两个礼拜、半个月，所以全线的战术反击决定延长到10月底，以配合粉碎敌人的秋季进攻，继续进行战术反击。

第三，45师原来选注字洞南山作为反击敌军的一个点，那里有韩军的一个加强营。原本预备在16日进行反击，因为准备工作没做好，所以推迟到18日。此时各项工作已经做好，火炮工事的火口也都对准了注字洞南山，也正是因为此，14日敌人进行全线进攻时我们的炮火转移不过来，加上敌人飞机轰炸、炮兵封锁，战斗又是在白天进行的，于是我们的大炮就没用上。

当时的战术反击都是经过志愿军司令部批准的，所以，在志司新的命令下来以前，这些任务还不能解除。45师就想：到底敌人进攻几天呀？45师的任务是不是还在前面这两个点的争夺，敌人退了以后还继续反不？直到此刻，新的通知到了前线：10月14日这个战役打响了，可能时间比较长，现在停止反击注字洞南山，45师不再执行这个任务了。

第四，谈到预备队的问题。首长说的我们也听说了，现在60军已经到第20兵团那个地方换12军去了，所以下一步第3兵团需要用预备队时，就准备起用12军。

首长还特意向我们交代：你45师的任务，就是要坚决在这两个阵地与敌人争夺。争取在两个阵地上打垮敌人两个师。打垮一个美7师，打垮一个美40师。你45师一个师打光了，能够打垮美军两个师也算完成任务，也光荣！

总而言之，这就是叫我们打垮两个师，在两个阵地上！

"敌人要跟我们打多久，我们就跟他打多久。志愿军领导全力支援。"首长就把这个底数告诉了我们。其实，我们接受任务的时候就知道了首长的作战意图。

我们到了军里，向秦基伟军长和其他军里领导谈了兵团首长的意见。秦军长很开朗，他睡醒后跟我们谈话的时候不是先讲前线，而是先从国内、国际形势讲起。

15军军长秦基伟(中左)和参谋长张蕴钰(中右)在军指挥所研究敌情,指挥作战

讲到国内,1952年正处于三年经济恢复期中,尽管抗美援朝冲击到国内,但国内形势依然很好。他说:"今年国庆是相当热闹的,但是也很紧张,因为国内早早动员起来支援抗美援朝,连常香玉都演戏捐献了一架飞机,现在全国已经掀起了一个支援志愿军的热潮。"接着他又把国内的生产情况和支援前线的情况很细致地讲述了一遍。

之后他又讲到国际形势,说:

"我们这个仗啊,打得可真不简单,对手是'联合国军'——那是以美国为首的16个国家。美国一年来没有打大仗,这是因为他本身很困难——经过三年战争,伤亡比较大;其他国家既不愿意多出兵,也不愿意拿钱。但因为9月联合国大会又开始了,所以美国的这个战役一定想压着仆从国出兵、出钱,我们这个仗可是有个打头了。现在双方稳定在三八线。我们稳定住以后呢,构筑了从临津江口一直到东海岸的200多公里,就是400里长的地下坑道、地下工事。这个是敌人没有想到的。

"世界上有一个马其诺防线,很坚固,但是德国军队还是攻破了。我们的这个工事要和他们那个比较，得让美军现代化的装备都攻不破。所以敌人在上甘岭这两个点上打，我们就要让他连这两个点也攻不下来，这意味着：表面阵地他可以拿去，但坑道绝对不能让他拿走。

"志愿军和兵团的意见就是：敌人要打多久，我们跟他拼多久！"

同时他讲了我们的部署：

45师调整好了；86团已经开始接135团的防御阵地；为了支援这两点的战斗，45师除此以外的作战任务，建议都交给29师；所以45师就准备继续防守、争夺，一直做好美40师参战的准备。

美40师如果来，有可能会被使用到正面，但也有可能会从44师所在的西线平康正面打过来，所以我们在两边都做了准备。现在西边的44师还在和敌人争夺几个点，特别是391高地。12日打响以后，实际上我们是和敌人在西边、东边两边同时打。38军从10月6日开始，打了十多天，在13日、14日收了。这就意味着，15军在正面和左右两边都得和敌人战斗——在西边继续和韩9师争夺391高地，东边要和美7师、韩2师争夺597.9和537.7北山。

正因为如此，所以争夺391高地，一直要把敌人消耗到没有力量为止。391高地这一仗不是孤立的，它和上甘岭战役以及粉碎敌人秋季进攻是一个整体——在597.9高地和537.7北山是敌人进攻我们，而在391高地，我们就要进攻敌人。就是这么一个态势。

在那时候，这还不叫战役，叫战斗。秦基伟告诉我们，有可能兵团和志愿军还要增加二梯队，总部已经下决心，这个仗就由15军指挥，"反正你15军包了这个仗，两个阵地是45师包了！整个指挥这一套也是你15军包了！"志司还表示："要什么有什么，我们全力支持。"

原来45师只有72门炮，其中还有49门是迫击炮，大炮才两个营，而且还包括准备反击注字洞南山的那些，我们的炮比较少。但在17日以后，炮兵这方面的力量就陆续加强上去了。

谈了以后，秦基伟很乐观。他这个人作为高级指挥员的特点是，打仗历来不紧张，脑子又非常的清醒。经过他这么一谈，就从国内谈到国际，最后归结到朝鲜，落实到眼下这场战斗。最后，他大声地说："你们45师、29师有仗打了，准备拼老命吧！这个地方到17号白天，两个山头都被敌人占了，但是坑道还在我们手里，我们夜间反攻。我们这地方是比较吃苦头啊，但是整个战线就看着我们这儿！其他军都在打胜仗，全线都在反击，我们拼老命也要把它搞好啊！"

秦基伟重复着说了一下："事先我们也有些麻痹——范佛里特三番五次到我们前沿阵地，三次上了鸡雄山，直接到前线，白天还看到敌人把东边的兵力往西边调，车上插着旗子往西开，仿佛是要打西边似的，实际是他们在麻痹我们，看样子敌人做了很长时间的准备。"他接着说，"就这个问题，你们45师也麻痹了，我们也有一些问题。"

第四章
反复争夺 空前激烈的拉锯战

战士充分利用"楼下"的坑道,从射击孔狠揍坐在"火山口"上的敌人

597.9和537.7北山阵地是敌人的主攻方向

战斗打响以前，我们实际上也掌握了一些情况。韩2师有一个班长，还有一个参谋，分别在10月5日和10月8日向我们投诚。那几天正是中秋节，在朝鲜过中秋节时，为了攻心，我们都要给敌方送月饼、送酒，部队很重视做好敌军的瓦解工作。

像537.7北山那个坑道，9月份朝鲜文化联络部就派了一位女同志进入我们坑道，向敌人喊话，这样陆续喊话的情形经常有。9月到10月份是两位女同志在坑道里喊话，当时正好赶上过我国的中秋节和国庆节。我们一方面向韩军喊话，另一方面给韩军送上月饼、酒，以及彩印的宣传品和"特别通行证"。

"士兵们请注意，我们今天晚上给你们送月饼，不要出来，不要打枪。"还告知他们若打枪会如何如何。接着就把月饼和酒送到前沿阵地。

双方阵地的两个山头相距的直线距离很近，有的还不到100米。这样，敌人按着我们喊话的吩咐过来将那些月饼和酒取走。

韩军的长官很厉害，命令道："酒不准喝。志愿军的酒里有毒，把它们交上去。月饼嘛，每一个班小小的，你吃一点，他吃一点，就可以了。"而实际上我们所送去的酒都让长官拿去喝了。

韩军有个投诚的参谋，很了解我们对敌军的政策，所以在8日跑过来投诚之后，提供了敌军的作战计划——韩2师要配合美7师发动进攻，时间已经给得很具体了。他基本上将敌方的作战部署情报告诉了我们。

军里和师里在分析这些情报的时候，也有点错觉，因为美7师的防务是在597.9高地的韩军以西，一直延伸到391高地的中段，所以判断敌人主攻方向可能还是重点放在了西边。东边韩军即使有动作，也可能是个配合，大的进攻有可能是西面。既然敌人要配合行动，师里按照军的作战方案，准备用一个团对付敌人一个师或两个师，一个团准备打它个7天到10天，估计储存的弹药和其他物资以及兵力准备可以对付过去。

但仗一打响，没想到敌人进攻的重点就选在了五圣山，而敌人在其他方向的运动恰恰都是佯动，炮打过来，佯攻一下，我们一反击，他就被击退了下去。

10月14日这个仗打响以后，根据敌人攻势和战场态势发展，我们判断敌人集中火力、兵力猛烈攻击的这两个点——597.9阵地和537.7北山阵地，很有可能就是他们这次战役的主攻方向。敌人以大量飞机和火炮，对面积仅为3.7平方公里的两个高地进行狂轰滥炸，大批重磅炸弹和数以万计的炮弹倾泻在这两个阵地上。为了夺取这两个点，他们的炮火还对我前沿阵地及后方的交通要道实行了全面的炮火封锁，我们炮兵和步兵的运动受到了很大限制。

面对残酷和严峻的形势，45师崔建功师长当机立断，放弃18日进攻敌注字洞南山的作战计划，并报军批准，改变炮兵第11团两个营的射向，

志愿军官兵与敌人反复争夺上甘岭表面阵地

并增调炮兵第20团1营支援步兵135团坚守597.9和537.7北山高地作战。这样，原来支援步兵的山炮、野炮、榴弹炮由15门增加到55门，并由唐万成副师长、军炮兵主任靳钟统一指挥炮兵作战。志司于14日15时14分复电："应集中力量，准备粉碎敌任何进犯，并不断组织小反击作战，大量歼敌，取得经验，反击注子洞南山暂不进行为宜。"秦基伟责令45师："事关全局，寸土必争，一定守住上甘岭！"

14日白天，我们防守动用两个连又两个排；敌人攻占了我们一个表面阵地，另外一个阵地也被他们占领了三分之一。当夜，我们乘敌人立足未稳、尚暴露在表面阵地上之机，组织反击，动用三个连又两个排连续、奋力夺回阵地。崔师长命令炮兵于19时分别对597.9高地之2、7、11号阵地和537.7高地北山敌人射击。战斗打响，炮兵集中火力行急袭射击，之后炮火延伸，步兵开始反击。经过反复冲杀，阵地多次易手，到21时10分终于将敌人击退，恢复全部阵地。此战，我以伤亡550人的代价，歼敌1900余人。当夜的反击，炮兵打出了威风，坚守阵地的步兵，得到纵深炮火的支援，士气高昂，我们决心坚守上甘岭前沿阵地，为粉碎敌人"金化攻势"而战。

战斗第一天，战士们英勇顽强，拼劲十足，一人舍命，十人难挡，加上弹药充足，打得比较好。

经过一天激战，敌人夺取五圣山的企图昭然若揭。当天晚上，师里召开了紧急作战会议，分析战况，推断敌人的攻势会越来越大，因此全师官兵必须有长期艰苦作战的准备。同时对师团各部队部署了下一步的作战计划。

据此，第15军首长报兵团和志愿军司令部批准决定，45师暂时放弃对注字洞南山敌人的进攻；全力以赴坚守五圣山阵地，并确保上甘岭前沿597.9高地和537.7北山高地；兵团还陆续向五圣山加强炮兵，炮兵第2师第29团两个营由47军作战方向转移到五圣山，占领发射阵地，归第45师指挥，支援上甘岭作战；第45师师、团指挥所前推，并命令师二梯队步兵第134团投入战斗。这时，我军支援上甘岭战斗的火炮增加到66门。志司、兵团还将原计划22日结束的战术反击延长到10月底,兵团准备了战役预备队。

15日敌人白天又接着进攻,打到12时以后,他们把两个表面阵地差不多都攻下来了。

14日、15日、16日这三天,双方就是这样激战,形成这种局面——白天敌人占领了我们的阵地,夜间我们发起反击,夺回阵地,反反复复,仗打得异常激烈和悲壮。

上甘岭战役第1天(10月14日):
一级战斗英雄孙占元,炸火力巢与敌同归于尽

一级战斗英雄孙占元

朝鲜民主主义人民共和国一共给志愿军授予了12个"朝鲜民主主义人民共和国英雄"称号,其中15军的人就占3个——黄继光、孙占元、邱少云。

10月14日夜的反击战中打出了一个很有名的战斗英雄——特等功功臣、一级战斗英雄孙占元。

孙占元是45师135团7连2排排长。他在14日反击597.9高地的那一天晚上,在没有炮火准备的情况下,仅仅依靠着自己对阵地地形的熟悉,就按预定方案采取"偷摸"的办法,把被敌人占领的阵地给反击下来了。其实,孙占元对运动中的战术动作非常熟练,但由于14日这一天敌人的炮火反复轰炸,已经彻底改变了原来阵地的地形地貌,所以在当晚进行反击时,不仅阵地上原有的交通壕已经变成了炮弹坑,不能使用,而且敌人还在8号阵地到2号阵地之间做了几个大火力巢。

大火力巢是用麻袋在四周围起来的没有盖顶的临时"碉堡",里头通常有一到两个班的兵力。敌人光从2号阵地一直下去,就垒起了四个大火力巢,相当

于一两个连的兵力。也就是说，孙占元在"偷摸"的过程中发现阵地上的情况已经跟原来大不一样。

14日那天，反攻从19时开始，由于地形地貌已经改变，加上敌人的炮火和照明弹，阵地上的情况基本是"白天是黑夜，黑夜是白天"。交战中我方的一举一动敌人都可以看见，所以我们的部队过早地暴露了，遭到敌人的炮火封锁。7连反击2号阵地，5班"偷摸"中被敌人发现，两名战士迅速以手雷、手榴弹将第一个火力巢炸毁，歼敌两个班。当我突击组继续前进时，敌人的火力点全部展开。孙占元所在连的连长带领的预备队也被敌人的炮火隔断，伤亡严重，在与敌人的激战中，连长英勇牺牲。孙占元立即组织力量，带了一个突击排又上去了，而这个突击排算上他实际也只有8个人。

孙占元烈士奋不顾身拉响手榴弹

攻下第一个地堡的时候，有一个战斗组阵亡了，此时还剩另外一个战斗组。那个战斗组的组长是一个叫易才学的贵州人，他主动要求爆破。在这种情况下，孙占元占据了一个火力巢，摆了两挺轻机枪，身边还有敌人留下的手榴弹和其他武器，他就这样掩护易才学打下了第二个火力巢。

在朝鲜战场，我们的战士和干部除了使用自己手中的武器以外，平时将敌人所有的武器装备也学得很熟练。于是，在打下敌人的火力巢之后，他们就立即将敌人的轻机枪、重机枪补充进自己的武器装备里来。

第一个火力巢里，敌人有两个多班的人；第二个火力巢是一个加强班，里面有重机枪一挺、轻机枪三挺，还有两门60炮。从阵地地形看，8号阵地在西边，我们从西边向东边反击，2号阵地比较高，所以这些火力巢是一个比一个

二级战斗英雄易才学

高。在这种情况下，我们也注意到了再爆破第三个、第四个火力巢困难的确很大。所以在打下第二个火力巢后，易才学那组里的两个战士也都负伤了。而此时，孙占元的双腿已被打断，但他仍坚持爬到第二个火力巢里，掩护易才学去炸第三个火力巢。

打下第二、第三个火力巢之后，敌人两个多排的兵力就从2号阵地开始向我们反扑。易才学也是多种火器都会用，于是他们两个人就分别在敌人的火力巢里头，用敌人的机关枪形成交叉火力，把敌人运动中的两个排大约70多人打倒了四五十个，敌人就这样被打下去了。之后敌人有点停顿。此时情况很紧张，而孙占元的两条腿又都负了伤，于是趁敌人停顿的机会，孙占元就继续叫易才学："我掩护你，你去打第四个火力点。"

易才学日日夜夜地练习打火力点，他也是有一套办法的。他不是从正面打，而是依仗着对地形的熟悉从侧面迂回到敌人屁股后头打。因为火力巢没有盖，所以用几个手榴弹一打进去，火力巢就垮了。

就在孙占元掩护易才学打第四个火力巢的时候，大约有20个敌人从侧面一下子就扑到孙占元那个火力巢去了。孙占元只有一个人，双腿又都断了，那个时候一看敌人来了，他就没动。敌人上来也就想着捉活的，一下子就扑上来了。可是敌人没想到，孙占元还有手雷，还有手榴弹，他早就做好了准备，当敌人扑来的时候，他同时拉响手榴弹，和反扑上来的敌人同归于尽了。孙占元的英勇牺牲为部队打开进攻路线做出了特殊的贡献。就在孙占元和敌人同归于尽的同时，易才学打下了第四个火力巢。

那个坑道是135团8连守的,易才学把2号阵地的火力巢打下来了以后,8连动作很熟练,他们跳出坑道,迅速出击。这时敌人陆续有一个连的兵力反扑上来,7连、8连就配合134团5连一个班将敌人全部击退,最后把2号阵地和11号阵地全都拿下来了。敌人在11号阵地附近还有两辆坦克,我们在反击的时候活捉了其中一个坦克驾驶员,另一辆坦克见势不好就开跑了。仗打到21时左右,597.9表面阵地全部被我们恢复了!

14日战斗中,易才学以特殊的勇敢和技巧,炸掉敌人四个火力点;孙占元以无比的坚强,在双腿打断的情况下,击退了敌人的三次冲锋,最后舍身炸敌群,光荣牺牲。10月14日上甘岭战役的头一天里,部队在防守、反击、歼灭敌人的战斗中起到特殊作用的烈士还有:副班长李忠先、牛保才、战士陈治国、孙子明,班长侬廷秋,排长栗振林等,他们都被授予了英雄称号。

● 牛保才(1927—1952)

　　志愿军通信英雄,副班长。1951年参加中国人民志愿军抗美援朝作战。曾立一、二、三等功各1次。1952年10月在上甘岭战役中,所在班担负维护电话线路任务。14日,当美军向537.7阵地发起疯狂进攻,营指挥所通往前沿的电话中断时,他冒着猛烈的炮火检查线路,左大腿负重伤,仍爬行前进,抢接线头,在生命的最后一息,坚用手捏着线头的一端,嘴咬着另一端,以自己的身体接通电话线路,保证了战斗命令的及时下达。1953年中国人民志愿军领导机关给他追记特等功,追授"二级战斗英雄"称号。

● 陈治国(1927—1952)

　　志愿军第15军45师135团1连战士。1952年10月14日,上甘岭战役中,他所在连坚守537.7高地北山前沿。敌人在山坡洼部里架起1挺机枪,使前沿战士抬不起头来。他的机枪也被打坏,机枪失去稳固的依托,压不住敌人的火力。眼看敌人即将冲上,他蹲在地上,用身体当机枪射击台,并让副连长猛烈射击,很快摧毁了敌人的火力点,打退了敌人的进攻。他在这次战斗中光荣牺牲。立特等功,获"二级战斗英雄"称号。

用身体接通电话线路的牛保才

上甘岭战役的前4天（10月14日至10月17日）：
艰苦的阵地拉锯战，战时的交通要道很有秩序

1952年10月14日，上甘岭战役打响。接受任务时，我正在3兵团部驻地准备参加欢迎祖国亲人派来的第二次赴朝慰问团。15日上午，兵团副司令员王近山和副政委杜义德把我和15军29师政委王新叫到了作战室。杜副政委以略带几分激动和每临大仗指挥员所特有的那种肃穆表情对我说："知道了吧！在你们45师家门口干开了。五圣山前头热闹极了，昨天一天敌人就往上甘岭几个阵地上倾泻了30多万发炮弹，炮声比过年放鞭炮还密集。夜间还用探照灯、照明弹照着打，看来势头不小。你们45师担子不轻，你和29师的王新同志一起回去，29师准备参战。"

王副司令员站起来，指着作战地图，边介绍形势，边交代任务。他说："范佛里特在我上甘岭阵地开刀了，用美7师和韩2师在金化以北地区发动攻势，支援进攻的大炮1500余门，坦克120辆，还有一个航空兵大队。据情报，美40师已到芝浦里地区，其企图首先是攻占我上甘岭东西各高地，进而夺取五圣山这个战略要点，为进攻平康地区创造有利条件。敌人胃口很大，把这一攻势称之为'铁三角'战役，想把铁原、金化、平康这一'三角地'一口吞下去。美国通讯社宣称：'这是一年来，联军向中国军队主要防线所发动的一次猛烈的进攻。'你们45师的任务是坚守阵地，争取在一线打垮美7师、韩2师，防备美40师也来。"

杜副政委鼓励我们说："你们是志愿军的代表队，一定要打出个样子。要不惜一切代价狠狠地打，就是45师拼光了，打垮了美军两个师，守住了阵地，也是光荣的。"

我听了两位首长的交代，感到十分高兴。因为，从1951年秋一直到1952年9至10月间，没有打过什么大仗了，如果哪个部队能够轮上同敌人交手，那

是当时求之不得和顶光荣的事了。上级交给我们师的这项任务，还不是啃"骨头"，而是给了两大块"肥肉"。两位首长似乎看透了我的心思，一再交代："任务是不错，但绝不能疏忽，要讲究战术，要搞好步炮协同，要大量杀伤敌人。仗是硬仗，但要巧打，要凭借坑道阵地在被动中争主动；发挥炮兵威力，在劣势中争优势；要不错过每一个杀伤敌人的机会，把你们师'打活靶'的一套办法都用上去，变不利为有利，牢牢牵住敌人狠狠地打。"

上级的意图说明了坚守上甘岭、粉碎敌人秋季攻势的军事价值和政治意义。

任务的艰巨性、严肃性及责任感使我再也坐不住了，当即请求说："首长，让我们立即回去吧！好让前线尽早了解上级的意图。"

杜义德副政委说："不急，祖国派来的慰问团是看望你们来的，你们是前线部队的代表，不参加怎么能行？要知道，现在开欢迎会也和打仗一样重要。"最后领导决定让我们开完会就走。

晚上10点慰问大会结束，兵团特意拿来一份祖国慰问团赠送的礼品，托我带到前线。兵团还派了一辆军用卡车，送我和王新政委回军部。

从谷山军3兵团部到平康道德洞15军军部，百十公里的路程走走停停，16日拂晓才到军部。一下车，军参谋长张蕴钰就引我们到作战室去，边走边告诉我们，已经打了两个反复了，14日、15日每天打退敌人相继两个营的进攻三四十次，敌人付出了沉重代价。白天，敌占领我两阵地的表面阵地，当晚，我进行反击又全部收复了整个阵地。现在正进行第三天表面阵地的争夺。

从15日起，美军先后派出美7师32团、17团，韩军第2师32团、17团、37团及31团各一个营的兵力，对我军两高地轮番进攻，疯狂反扑。我守卫部队顽强阻击，在炮火支援下，同敌人进行了反复争夺，一天中，阵地几次易手。

师的作战意图分析起来很清晰。面对严酷的战斗，我们必须以反复争夺的手段，大量消耗拖垮敌人，以制止敌人向纵深推进。为避免同敌人拼消耗，白天，我军退守坑道，对表面阵地上的敌人以炮火杀伤其有生力量；夜晚，派小部队出击，从敌人手中把阵地夺回来。上甘岭战役的头四天，即14日、15日、

16日、17日，基本形成这么个局面——白天敌人把我们阵地占了，夜间我们派小部队出击，从敌人手中把阵地再夺回来，阵地是昼失夜得。

14日晚上和15日的反击，我们基本上没有用炮，部队动作是比较熟练的，任务也完成得很好，但是伤亡比较大。到16日、17日，敌人白天又把阵地占了。但因为87团接防133团有个过程，我们的兵力有限，所以当时45师手头的机动兵力就是一个134团。

下车后，我们刚进作战室，军长秦基伟就微笑着，以命令似的口气说："看你们的样子就知道一夜没睡，现在什么都不讲，一句话，睡觉去！我也熬了两个通宵了。"说着，他就让值班参谋安排我们吃饭休息。秦军长边送我们边风趣地说，"今天好好睡一睡，以后要持续几天不能睡觉喽！"

我急于想知道前线的情况，便匆忙给崔建功师长通了电话。

大约下午1点多钟，秦基伟军长找我们谈情况。一进门，他就兴冲冲地对我们说："你们回来得正好，现在正在火头上。"

他指着作战地图说："原来我们估计敌人会搞个秋季攻势以壮行色。我们军要跟美军打这一仗是意料中之事。但敌人从哪里开刀呢？一时还摸不透。因为从西线开城动手，离谈判地点近，影响大；在东线山多，地势险恶又没啃头；在中线就是我们的防区，这里有两个地区，一是西边平康，地势平坦，无大山巨壑阻隔，均系百多米的丘陵地带，极利机械化部队活动。我军接收该段防御前，敌人曾从26军手里一度攻下过西方山，后来26军反击成功把完整的阵地交给我15军，看来敌人从这里下手的可能性较大。这里后通淮阳、元山、东海岸，平康一丢，对整个态势很不利。这一点我们44师早有防备，名堂不少，虚虚实实。9月里，两次以有限数量的坦克加上汽车，在夜色中有意打着车灯在阵地上时隐时现，往返穿行，做出早有准备的架势，示敌以'实'。"

说着，他笑了，说："说真的，如果他们真的从这里下手，我们就会更吃力呀！可是，愚蠢的敌人总是错打算盘的，范佛里特三次到鸡雄山选作战地域，并经克拉克批准，终于把进攻重点指向了上甘岭地区。想在这里捞一把，向主子邀功呢！"

他着力用手在五圣山一线画了一个圈，又说："这次战役，敌人是经过长期准备的。两个月以前就已囤积大量物资，范佛里特在战斗发起前共三次到前沿视察谋划，就连傀儡李承晚也还亲自跑来视察两次。"

"敌人攻击的野心是很大的。板门店谈判代表声称：'谈判无限期休会'，叫嚣'让飞机、大炮去辩论吧！'我们也不是好惹的。要打就奉陪到底。44师、45师、29师我都去做了动员。我们在全军进行了战备检查，准备工作比较充分。"

说着，秦军长指着地图向我们具体交代任务："美国已广播，'14日联军发动了一年来所未有的大规模攻势。'敌人企图已明。兵团于15日同意停止45师执行反击注字洞南山计划，45师集中力量于上甘岭作战。志愿军司令部已向五圣山地区陆续加强炮兵。"

他对29师王政委说："29师要尽快把45师其他防御阵地接下来，使45师全部力量用于上甘岭两个阵地上，同敌人进行争夺，力争把敌人进攻制止在一线。你们知道，为了迎击敌人的进攻，军部于9月底把134团芝村至灵台的防御阵地交给85团，也是为了对付敌人这一招。现在，只有86团一个团的预备队了。军里还是决定把86团拿出来，接下45师后方的阵地，并担任45师的预备队。这样一来，西线阵地只有44师和87团，西边力量单薄，44师不能再动了，视情况87团准备机动到东边去。因为我们防御阵地是一个整体，东西既可成为掎角之势，从两面钳制敌人，又可直接配合你们作战。12日晚，上甘岭战斗前，87团为了配合38军作战，夺下敌人391高地，战斗打得十分漂亮，9连攻占山头，全歼敌人一个加强连。这一仗直接配合了上甘岭的战斗啊！"

接着，张蕴钰参谋长详细介绍了12日夜晚87团反击战的经过。当时400人在391敌阵地前潜伏了一个白天，一点也没有暴露我们的企图。那天15时，敌人盲打燃烧弹，燃烧弹烧着了距敌阵地百米处潜伏的9连战士邱少云的衣服。他忍受着难以想象的痛苦，直到烧死都没有移动一下，保证了反击的胜利。秦军长对我们说："邱少云是伟大的战士！西边打得好。仗虽在五圣山前面打，必须要看到全军的前线都在打，391高地还要争下去，130团已将上佳山西北高地、381东北高地反了下来，西线这几个阵地准备反复争夺巩固起来。因此，打仗要有整体感，觉悟要高，信心要强，组织纪律要严格。"

秦军长讲完之后，我站在作战地图前注视良久，在我师防御正面，经过6个月的准备，西起灵台经454.4高地、597.9高地、上甘岭北山，东到忠贤山，已经形成了坑道为骨干的环形防御阵地。这一线中，上甘岭597.9和北山两个高地恰如两把铁锁，牢牢地扣住北犯敌人的咽喉。战前，我们认真地做了独立作战的准备，现在看，这两个阵地将影响整个战局的逆转。我坚定地表示："坚决完成坚守任务，千方百计地把进攻之敌打垮！"

秦军长深沉而关切地说："担子是不轻啊！我们原来也估计不足。敌人个把师从五圣山正面进攻，你们135团自以为可以应付，依托坑道阵地打个十天半月没问题。8日，韩2师32团一个营的参谋投诚，讲了他们要配合美7师行动。师里也认为他们不会大搞。你们的注意力仍准备反击注字洞南山。所以，第一天敌人30万发炮弹才把我们轰开了窍，15日12点才停止执行打注字洞敌阵地的计划。上甘岭作战头一天，我们大炮的炮口还没有调过来。这两天，白天丢了表面阵地，夜间反击全部收复了阵地。但是，部队用得多了一些，因此，伤亡较多。我的头脑发热，你们师、团比我更热哩，总想一巴掌把敌人打下去！要冷下来！冷下来！"

秦军长分析了敌人进攻违反常规，用美7师、韩2师这样大的兵力，不从平康正面进攻，也不从五圣山两翼攻击，而从我们五圣山脚下动手，想啃块硬骨头。我们军从26军手中接下这块阵地，上级就再三重申它的重要性，现在看果然言中了。

五圣山地区是一个典型的山地，是我整个前线中段天然屏障，是平康地区的制高点，是西方山和斗流峰的依托。山高1061.7米。我们控制了五圣山，敌人金化纵深和东西几十里的阵地就都暴露在我们面前。五圣山阵地最突出的地方，成凸字形楔入敌人占领区。因此，它又是五圣山阵地之要点，又如斗士的两只铁拳，凭据这两个高地，金化到铁原之公路均在我火力控制之下。凭险而居，极利于我军开展冷枪、冷炮"打活靶"活动，经常使敌交通现混乱之状。过去，美40师就曾大吃我"打活靶"的苦头，把我北山称之为"可怕的狙击兵岭"。所以，美韩军对这两个阵地视若眼中钉、肉中刺。这次范佛里特从这里下手，其企图，一可解决长期被动之扰，二可以此打开门户，直取五圣山，实现鲸吞"铁三角"之野心。但是，我们也不是好惹的！敌人从这里搞，我可以充分发挥山地战的特长。你坦克望山兴叹，进沟则如鳖进釜，有来无返。你步兵上山不易，逃跑更难，我坑道阵地如孙行者进了你铁扇公主的肚皮内，想怎么打就怎么打。这一回，我们可要用我们的特殊作战手段，痛打范佛里特"心肝"——坚决抓住美7师不放！要依靠坑道阵地，千方百计消灭和消耗敌人，把上甘岭变成敌人的"伤心岭"！

第三天，仗打得十分激烈。14时，敌我争夺40多次，597.9和537.7北山又相继为敌占领了。军情如火，师里接我的吉普车来了，我便乘敌机轰炸、扫射的间隙赶回师部去。16时，当我急速赶到原师指挥所真菜洞时，这里已变成后勤指挥所了。师副参谋长戴光迎上前来，热情地说："政委，你可回来了，赶快讲讲上级意图、战场形势，也给我们干后勤的鼓鼓劲啊！我已通知后勤部副部长宋起峰马上来。"

我浏览了一下指挥所的概貌，如山的弹药堆得到处都是，各种各样的物资将从这里送上前线。

我问道："前边打得这样紧，物资弹药供应这么紧张，现在人手怎么样呢？"

副参谋长乐观地说："紧张是够紧张的，你看，这么个大指挥所连我算上三大员，一个干事加一个参谋，忙得团团转。但是，战斗的头一天，我们后勤队伍已从五圣山下獐谷到内松馆一线摆开了。"

这时，宋起峰副部长和后勤几位同志来了。副参谋长说："你看，这三天他们的眼睛快跟八卦炉里炼出来的孙猴子一样红了！"

宋起峰激动地说："昨天军政治部派人告诉我们，朝鲜人民军驻我军的文化联络部的崔同志已经同淮阳、金化两处的领导，组织群众参战了。梅桧里女性同盟包了那里的炮弹、子弹的装卸任务。昨天，7位妇女从150米处来回搬运了上千箱弹药。"

我们坐下来开了一个小时的后勤干部会议，讲到中国人民第二次赴朝慰问团对我志愿军慰问和慰问团的五分团准备到前线来；讲到坚决打胜上甘岭战斗的兵团决心和军的打算；讲了打胜这场战役的重要意义。后勤战线的口号是："一切为前线，一切为胜利。"大家的劲头高极了。

离开道德洞驱车向德山岘师指挥所前奔。沿途凡是敌人炮火封锁点都有我们的监督哨掌握着敌炮发射的间隙，据此命令来往的部队停止或者通过。行进的炮兵部队、汽车、马车等运输部队疾速通过。当通过第六个封锁口时，我们的吉普车夹在60军炮兵营和马车队伍之间，走走停停，停停走走，四个半小时才到达真莱洞。这里原是45师的指挥所，上甘岭战斗打响，师指挥所已经向前推进至德山岘。为尽快赶到师指挥所，我们选择夜路急行军，走了10多里的山路，17日1时赶回师指挥所。

这一路上，最使我难忘的是又遇到了朝鲜支前女模范史吉荣同志。她出生入死抢救伤员，运送弹药，在一次为志愿军战士挖野菜时，不幸被敌人炮弹炸断了一条腿。伤愈后刚刚出院，她又在通往前线的公路上设立了茶水站。我走过去，热情地向她致谢。至今我还能记得在炮火硝烟中史吉荣那热情的笑脸和不知疲倦劳作的身影。

师指挥所里只有师长崔建功、作训科长宋新安和参谋三人，副师长唐万成带领一位参谋和一位干事到五圣山135团指挥所去了。四天来，他们几乎都没有休息过，但大家兴致勃勃。师的指挥所附近还有炮兵指挥所和政治部精干的工作机关。他们一看到我，就高兴地如数家珍似的通告情况："今夜这个反击打得好！到现在为止，两个表面阵地都反下来了。但是，明天兵力和炮弹都有些吃紧。白天在表面阵地争夺的时间可能会更短。怎样把美7师打得更疼，我们要拿出更有力的办法才行啊！"

我一看大家这架势，可真让军长说着了，师里可真够"热"了。我把大家聚拢来，扼要地传达了兵团和军首长的指示。崔师长的精神来了，叫参谋把赴朝慰问团的礼品送到政治部，先给炮兵部队传看，再送到前沿团去，借着祖国亲人送来的东风鼓舞斗志。我们抓紧时机分析了作战情况，研究上级意图和师的打算，以充沛的斗志和充分的准备投入到这场具有重要历史意义的战斗中去。

不过，我们在过去这几天的作战中，兵力上的使用大了一点。像15日晚上、16日的反击，本来用一个多连就可以，当时动用了三个连。仗打起来，兵力使用更应该合理，如果我们能将更多的兵力放入坑道，一旦反击，兵力就可以用在关键时刻。但将过多的兵力投入到战斗过程中，和敌人打炮战，打消耗战，运动中的伤亡也就很大，即使坚持占领表面阵地，伤亡也会不小，这就造成了我们兵力过多的损失，一旦打反击时就会明显地感到兵力不足。

战斗打下来，134团1营的两个连损失很大，特别是2连，在运动过程中受到敌人炮火猛烈袭击，仅剩下了五六个战士。1营营长因为指挥失误被撤了职。问题出在他身上，战时他脱离了指挥所，致使部队失去了指挥，随后他就被送到军法处去了。

导致兵力不足的问题主要出在先前兵力使用过大上，而这就是领导的问题。

我们17日谈的时候，秦军长就比较冷静了。他说："这两天我有些发烧，你们师里也有点儿发烧。我们的头脑有点儿发热，一想到敌人占了阵地就不冷静了，恨不得能一巴掌把敌人扇下去，这样有时候用兵就不考虑了。因为你要求坚决拿下阵地，不讲代价，一巴掌扇，那么下级用起兵来也就更大了。现在看起来要和敌人反复争夺阵地，就要既讲战术，还要会用炮火，也不能一味地连续反击。因为头一天假如你攻下来，第二天敌人就会立即反扑，而我们的弹药和物资运不上去，也就只有退到坑道。这样一来，由于我们兵力和弹药准备不足，也许前一天我们可以打到太阳落下，可是第二天打到12点以后弹药就支撑不住了，甚至有的阵地还打不到那个时间。即便是我们的部队夜间成功反击，但在第三天依然会出现同样的情况。大战中，你兵力少了怎么行啊？敌人一天的争夺就是这样，像第一天是40次，平常每天也有几十次争夺。但是有一条——只要阵地上有人，敌人他就不敢浩浩荡荡地上来。所以这就要求我们在战斗中学会节省兵力，节省弹药。"

第15军军长秦基伟

朝鲜支前模范史吉荣

我们与秦军长谈完以后很快就回去了。我比王新离开得早一些。但从军部到前沿战地,地形已经都变样了。回去以后我先到了师的后勤部那里,虽然是后方,但这里曾是与29师交界地,也被飞机炸过,指挥所都到前方去了,除了师的一个副参谋长仍坚持在那儿组织后勤和支前外,已经没有其他人。

我们的部队到了一线以后,保护朝鲜人民的家乡,也搞忆苦、控诉美帝;另外群众有困难,我们也帮助他们,我们剩一点高粱米或别的什么东西都会送给他们,所以和群众关系搞得很好。在师的指挥所附近,就有朝鲜妇女在坑道口设茶水站。在我们政治部驻扎的那个村子里,有一个27岁的朝鲜妇女叫史吉荣,她只有一条腿。她家就在我们指挥所的对面,她在那儿设了第一个茶水站。我们知道史吉荣,在我们4月份上阵地时,朝鲜当地还有雪,因为没有菜吃,好多战士得了夜盲眼。在朝鲜有一个妇女会式的组织叫"女性同盟",史吉荣就组织村里的"女性同盟",挖一种叫"菱拉茇"的野菜,送到前线,给没有菜的部队吃。有一次,在她挖菱拉茇的时候,敌人开始炮轰,结果炮弹把她的一条腿炸伤了。后来我们军里的医院给她实施了紧急手术，把打坏的腿锯了，所以落下残疾。我们到前线看见的第一个茶水站就是史吉荣开办的。史吉荣的名字，我们一直记得很清楚——就是历史的史，吉祥的吉，光荣的荣。

到了17日，我们从后方到前线，越走就越能看到朝鲜群众的支前工作安排得已经很有序了。在师指挥所的附近，就有朝鲜妇女在坑道口设置的茶水站。我们的战地从后方到前线，沿途不远就有一个防炮洞，一个接着一个，这就便于运动过程中敌人飞机来了或打炮时可以躲一躲。

我们一路走着、看着，觉得是实在变样了。虽然我和王新到兵团去开会、学习，离开不过半个多月，可回来的时候境况大变，环境已经不是原来那个样子了，路上炮弹坑很多，但所幸抢修工作组织得很好。

因为敌人封锁的地区是固定的，所以尽管炮弹经常打，但也有个规律可循：有的炮是隔8分钟打一次，有的是隔5分钟或者10分钟打一次。我们专门有人在那儿观察它，放哨的在那儿看着，敌人炮弹一响过了，就赶紧地通过，炮弹再次打来，就停止过人。在战役开始的前三天，也就是14、15、16日这几天，我们后方还有点乱，但到17日以后就很有秩序，当时伤员已经开始往下运了。从师部后勤一直到前线的指挥都是非常有秩序的。打仗的时候，这些要求比平常还更为严格些。

我们到师指挥所，其实可以坐汽车，但因为坐车要多绕20多里路才能绕到前线指挥所，所以我们就翻了两座山，直线走了十四五里路。17日1时我们回到了师指挥所。

17日我们还是继续反击，这一天是134团的7连反击597.9高地。

因为7连吸取了前三天反击战斗的经验和教训，所以打得更好，一个连能钳制住敌人的两个连。但是即便如此，等退到坑道之后进行整顿时，发现除去伤员，哪怕把其他部队剩下的战斗力加上，人数也不足30个人。当然，敌人的伤亡要比我们大得多。但是敌人那么多的炮，第一天是32万发，第二天是20多万发，第三天是近20万发炮弹。他们一天打那么多，如果我们的炮兵有那么几百发、几千发炮弹就不得了了，所以说当时我们的炮弹是打不过敌人的。

17日在7连反击597.9高地的时候，我们反击537.7北山高地的战斗也同时打响，并夺回了我们的表面阵地。连续四天，阵地都是这样昼失夜得。

经过三天的战斗，从兵团到军、师都冷静下来，师前指已经想出了对付敌人炮火和步兵的一些办法，包括我们的炮怎么对付敌人，步兵怎么与敌人作战，反击要有准备的去反，坑道怎么样去坚守，前方、后方怎么搞等。从这一套来讲，师前指的认识与我们离开兵团到军里时首长所交代的看法和认识就相一致了。大家冷静下来，想出的办法就不是那么粗，也就比较细致了。可见打仗不像别的，你还要从打仗过程中去研究，去解决实际问题。

像17日用炮火支援阵地，我们主要靠的是迫击炮，它一分钟可以打20多发，有的炮可以打到30发。当然，用大炮打敌人的确厉害，但我们的炮弹却没有那么多，所以和敌人进行炮战不行。我们的前沿阵地基本上是个东西走向，但东边是一个南北方向的突出部。我们发现，对我们威胁最大的敌炮兵阵地就在这个阵地的东面，敌人的炮可以打到我们的后面。由于敌人依靠他的炮兵火力对我实施有效袭击，因此必须设法摧毁敌人的炮阵地，这样才能更有效地打击敌人，支援步兵作战。我们五圣山炮兵主观察所以居高临下的有利条件，观察到敌炮兵的活动，判定注罗峙、松洞敌炮阵地对我前沿阵地危害极大，于是师炮兵指挥所就决定集中火力摧毁敌人这两个炮兵阵地。

17日、18日两天，我们就集中了一些炮，对准了敌人一个炮阵地——45师翼侧那个对我们炮兵阵地威胁最大的地方。炮兵20团一个营对敌炮兵阵地进行了重叠射击，把注罗峙那边敌军的一整个炮阵地给报销了，那一天就摧毁了敌人21门榴弹炮。这样我们的炮兵第一次给敌人炮兵以沉重的打击。所以说，虽然敌人的炮那么多，但我们集中炮弹打他们一个炮阵地，那敌人也吃不消！

这时候为了更有效地打击敌人，志司及兵团首长又向五圣山方向陆续增调预备炮兵第2师第28团一个营（105毫米榴弹炮）、第30团一个营（美155毫米榴弹炮），还有喀秋莎火箭炮第209团及第60军加农炮团（苏76.2毫米加农炮）一个营至五圣山阵地。以炮兵第2师第28团和第29团各一部、第30团一个营和第60

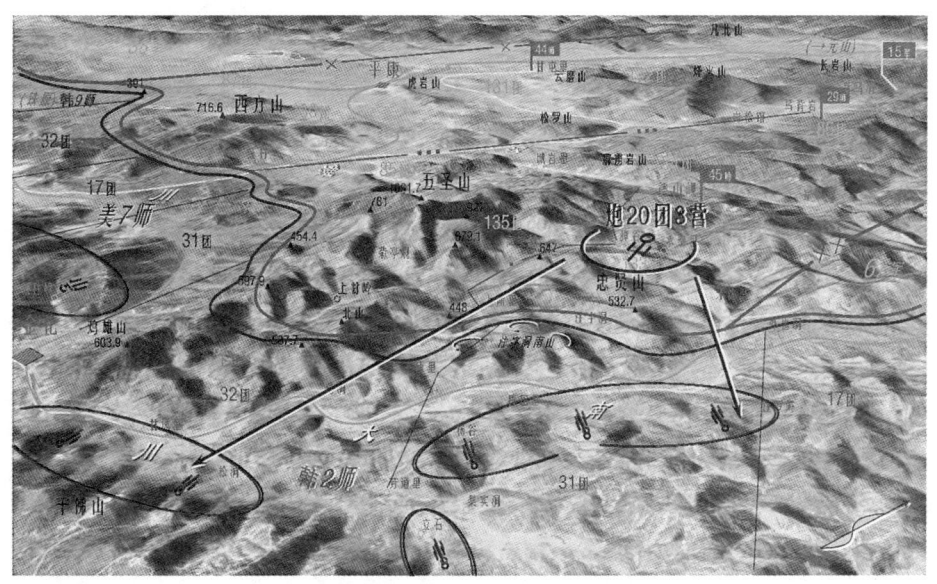

10月17日、18日对敌实施反炮兵作战示意图

军加农炮营及火箭炮第209团分别组成三个炮兵群,在五圣山反斜面占领发射阵地。这时我们的地面火炮增加到了103门。

为了加强阵地防空,上级还调来了高射炮兵第610团,连同我们师属高射炮兵第35营,以85毫米高射炮、小高炮和高射机枪,就组成了高中低三层对空的火力网,从而基本上掌握了作战地区对空战斗的主动权,制止了敌机在我们阵地上空的狂轰滥炸;特别是打击了敌人炮兵校正机[1],让它不敢飞临我们阵地上空,这样就极大地改善了白天我方阵地活动的条件。

炮击,我们也就有办法了。

步兵的办法也就更多啦。

[1] 全称炮兵侦察校射飞机,亦称炮兵校正机、校射机,炮兵用于航空侦察和校正射击的飞机。通常是用轻型飞机、直升机或小型无人驾驶飞机加装观察仪器、航空照相机和电子侦察设备而成。炮兵对地面观察所难以观察的目标进行射击时,使用炮兵侦察校射飞机指示目标和校正射击。

上甘岭战役第5天(10月18日):退守坑道准备反击

上甘岭是山地,不便于敌人大量使用坦克,它的步兵战斗队形由于山地狭长,也被迫拉长。我们则集中兵力、兵器,在炮兵支援下,依托坑道,利用表面阵地反复争夺,大量杀伤敌人,把顽强坚守与积极反击紧密结合起来,争取作战的主动权,挫败敌人的进攻。

前线崔建功师长他们也在研究,后来确定,敌人白天占,我们夜间反。运用"小兵群"和"添油法"对付敌人,消耗疲惫敌人。

到了18日,就有一个问题了:我们要不要再反击?当然我们还可以趁着夜暗再组织一些部队到前沿坑道,但根据前线讲述的情况,我们一听,认为18日不反击的思想很对——你没有准备好就反击上去,有的时候阵地未必能全打下来。于是决定,18日我们不反击,做一天准备,炮兵、步兵都做好充分准备,等到19日来一次大反击,两个阵地一起反,要打就把敌人打痛。这个思想,从

正在召开作战会议的45师指挥所(右一,师长崔建功;右二,政委聂济峰;右三,参谋李广亮;右四,作战科长宋新安;右五,副师长唐万成)

师到军是一致的。跟团里一商量，团里都赞成，特别在团里头，他们已经认识到不能靠蛮劲，与敌人拼杀是很英勇，但你硬拼后就没有后续力量了。

于是战前师里召开了会议，分析了作战形势，认为：五昼夜战斗，我师21个连队投入，敌我双方伤亡都很大，估计敌我伤亡为三比一，敌人至少有17个营被挫败。目前我们每个作战连队的兵力不足，若无后备部队及时增援，恐怕难以再向纵深发展。这时我们参战的连队每连也只剩下10至30来人，但手头还有6个连的后备兵力，我们有决心再进行一次强有力的反击。这样，18日就暂不反击，整顿准备，19日在炮火支援下全力反击。战斗之前，我们还计划将主力连队秘密投入坑道待机参战。军里也很快批准了师的作战方案。

之前，我们的侦听还听到过韩军向美军借炮弹，但美军没有答应。我们猜测，打了这些日子，敌人的炮弹储备量也是明显地下降了。

18日白天，我们的阵地包括坑道都比较吃紧。本来像597.9高地西北那个角，除了在15日即战役第二天被敌军占领过山腿子，自16日我们成功反击，把整个山都拿下来之后，16日、17日敌人就再没有占领过，这个对我们很有利。但因为18日我们没有反击，所以，敌人除了把三角中两个角的表面阵地都占了，又把另外那个角的山腿子给拿下了。这意味着18日、19日连着两天，坑道里头就要吃苦头。但是因为美国人和韩国人的战斗力都是很差的，他们一怕近战，二怕夜战，所以说搞坑道我们可以守，但他们攻就比较难了。18日他们也想整我们的坑道，但用了所有的办法都失败了。部队忍受了艰苦，也摸索出在坑道内外配合下击退敌人的经验，这更加坚定了我们坚持坑道作战的信心。

18日，敌人凭借着所占领的部分表面阵地继续扩展。我们两个阵地的守备部队全部都退守坑道里，调整部署，整顿建制，做好反击准备。夜里，134团8连、4连秘密进入597.9高地1号坑道和2号坑道，反击537.7北山的134团6连和师警工连也都按作战部署进入待机位置。134团和135团还成立了联合指挥所，加强对反击作战的指挥，唐万成副师长亲临五圣山部署作战。虽然坚守坑道的部队吃了很多苦，但战士们都对反击胜利充满着信心。

上甘岭战役第6天（10月19日）：
反击战以少胜多重夺阵地，特级战斗英雄黄继光英勇牺牲

18日、19日白天，敌人占领我军597.9高地和537.7北山表面阵地，并以手榴弹、炸药包、毒气弹、铁丝网、滚桶等毒辣手段破坏、封锁我坑道口，坚守坑道的战士们忍受着极大的困难，以高度的革命英雄主义精神，进行顽强斗争。当得知我炮兵数量增加后，大家相互鼓励。有时通信中断，无法得到上级指示，只要听到我们的炮火急袭后，就自行地跃出坑道进行反击。

19日17时半，我火箭炮群两个营突然齐放一次，山炮、野炮、榴弹炮群遂行对597.9高地表面敌人阵地实施火力急袭10分钟，阵地上一片火海，给敌人以很大杀伤。134团8连和4连分别从1号、2号坑道跃出，夺回了1、3、9号阵地和2、8、11、7号阵地。135团6连从西北山腿反击，也先后收复了6、5、4号阵地。在志愿军的打击下，残敌仓皇逃命。

当时为了指挥方便，我们将整个597.9阵地在地图上划分成方格并编上阵地号。597.9高地的阵地编号是这样排列的：西北山腿最远处是6号阵地，往主峰方向过来是5号、4号、0号阵地；0号转过去靠南边是10号阵地，0号东面就是主峰3号阵地；3号阵地前面是9号阵地，在10号阵地东面；从主峰向东北山腿过去，依次是1号、8号、2号、11号阵地；7号阵地在3号东面、11号南面。除了阵地编号以外，为了指挥方便，我们把整个597.9高地在地图上划分成方格并标上号码。这样有个好处是，在前沿阵地需要炮火支援的时候，就可以直接按方格号码呼叫炮火，比如"1号前头"或者"1号后头"。这些都说明我们对这两个阵地已经掌握得很熟悉了。

597.9那个阵地比较大，2号阵地恢复得早一点，之后，134团负责反击的主阵地也陆续恢复了；135团负责的西北山腿上，6号、5号、4号阵地反击下来都比较顺利，但是在0号阵地却卡住了。

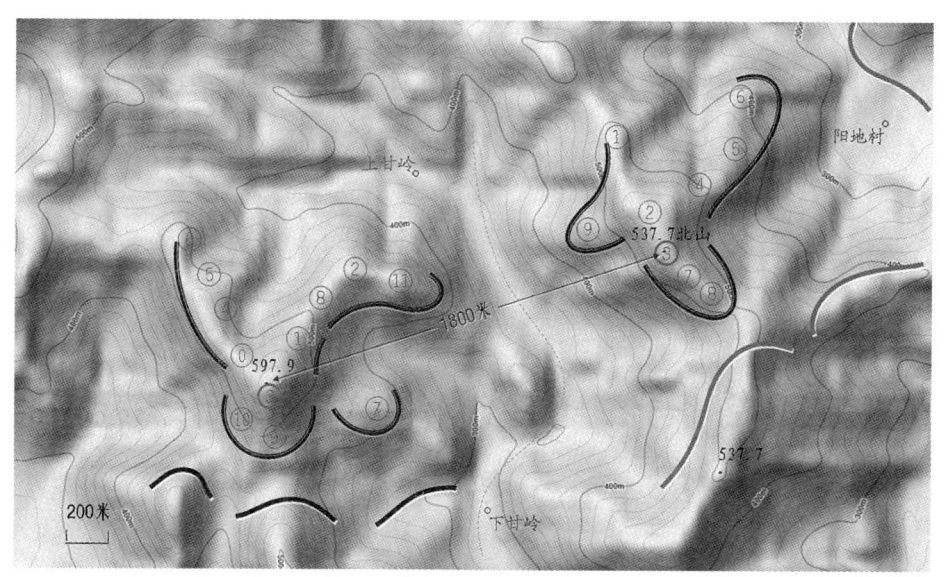

597.9高地和537.7高地北山阵地编号示意图

135团部队的反击战斗是2营参谋长张广生指挥。6连先上去的,后来又上去了5连一个排,也打得差不多了,手里没兵了,但阵地还没拿下来。这时他的通信员黄继光和6连仅剩的两个战士肖登良、吴三羊一共三个人组织了一个爆破组,由黄继光当组长。黄继光虽然是营的通信员,但他实际是6连的。战场上为了传达命令,互相传信,来往沟通方便,战前每个连都调一两个战士到营里值班,因为黄继光是比较机灵的一个小鬼,所以就把他从6连选到营部。

此时如果不把0号阵地的那个火力点爆破掉,我们的部队就上不去,所以黄继光、吴三羊和肖登良三人就在原来爆破的基础上准备再次爆破0号阵地的那个火力点。这次爆破准备比较充分,重机枪掩护、其他的掩护都搞得比较好,三个战士也有爆破经验,但即使这样,由于敌人机枪封锁得比较紧。在运动过程中吴三羊就牺牲了,肖登良负重伤。黄继光也负伤了,但他坚持着连续投掷手雷,炸哑了敌人的火力点。

荣立特等功、获得特级战斗英雄称号的黄继光

这时,组织好的部队已经发起冲锋,但敌人的机枪又复活了,部队就冲不上去了。黄继光已多处负伤,当时就是趴在那儿也不能动了,手头也没有武器了。那是非常紧急的时刻,只见他突然用尽全身力气站起来用身体堵住了那个复活的机枪眼。也就是在黄继光舍身堵住敌人枪眼的那一瞬间,另一个爆破手上去就把那个碉堡给炸了。反击部队迅速冲上去,从0号阵地插到10号阵地和9号阵地之间,一下子切断了敌人的后路,最后把主峰阵地的敌人全部消灭了。

同日在537.7北山高地上,我们的部队在炮火的掩护下,也夺回了北山表面阵地。

19日夜的反击,我们在这两个阵地动用了5个连队,因为准备比较充分,所以这个反击就打得比较好,战斗进展得比较顺利。部队反击打到山上,战斗就不多了,主要是打扫战场。敌人伤亡很大,死的、伤的堆了一大堆。537.7北山阵地到夜间12点就完全恢复了,但就是这一点——黄继光献身的这一阵地,炮兵没有打上去,所以西北山腿这个地方就形成了一个作战点,一直延续到快三四点钟了才打下来。由于在这个阵地上动作迟缓,敌人有所准备,对我军有所压制,因此增大了我们步兵的伤亡。如果在这个阵地上炮火运用得好,我们的伤亡会更小一些。

黄继光烈士奋不顾身扑向敌人火力点

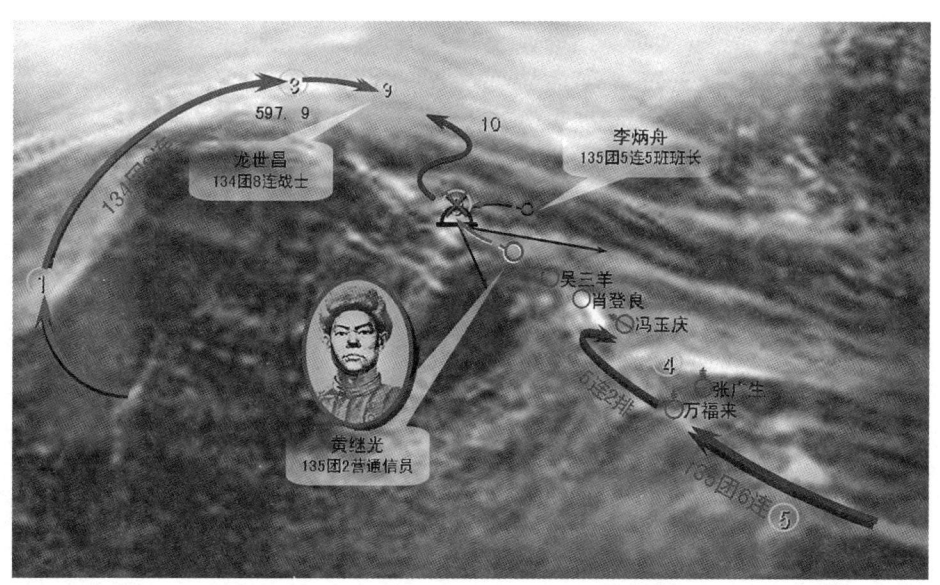

10月19日晚反击597.9高地战斗经过示意图

上甘岭战役第7天（10月20日）：
双方战斗力损耗巨大，美军被歼整整5个连！

19、20日的反击，战斗是很残酷的。像134团8连，19日组织了20多人的突击队，在炮火掩护下，以小群动作从两侧冲入敌人阵地，那就是真正的短兵相接。战士们发挥了短兵火器的威力，混战中歼灭了敌人两个排。以后敌人又有两个连猛扑，那时候我们的战士就与敌人展开了肉搏战，他们个个都是宁死不屈，非常英勇，但因敌众我寡，突击队20多个人全部伤亡。以后8连又组织了60炮火和增援部队做二次反击，恢复了阵地。但敌人不甘心，又是炮轰，又有一个连的兵力反扑过来。这时阵地上的工事都已经全部被摧毁了，没有工事依托，8连的勇士全力奋战，直到大部伤亡，仅剩下3名战士。最后这个部队又组织了坑道里的勤杂人员继续增援。8连的勇士们真是前仆后继，一上去就连续打

重机枪手对敌射击

退了敌人13次反扑,歼敌600多人,自己也伤亡有100多人。双方战斗力的耗损都是巨大的。

  20日5时,敌人开始炮击,一小时后,敌机30余架次轮番轰炸,美军第7师17团、第32团各一个营及韩军第2师17团一个营又分别向我军两高地拼命反扑,我守卫部队顽强抗击,战斗异常激烈,双方反复争夺达到了40余次。由于敌人占有炮空火力的绝对优势,我军伤亡过大,除597.9西北山腿4、5、6号阵地还被我控制外,表面阵地大部分又被敌人占领。

  打到这个时候是个什么态势呢?

  19、20日两天战斗,我们一举全歼美军32团和17团5个连。尽管敌人重占我597.9主峰阵地,但已无力再向我4、5、6号阵地发展,我们控制着西北山腿,与敌人形成对峙的局面。

  在西边,美军被我们44师的两个连打得伤亡很大。当面敌人三个团的部队,伤亡最大的是31团,接下来是32团,再一个就是17团。按照一般的伤亡比例来看,敌人的连队已经差不多被打光了。那个时候打美军的营、团还不大好打,他们一般躲在后面,但只要他的兵上了阵地,我们就叫他有来无返。这样到20日的时候，敌人先后投入了17个营（美军9个营，韩军8个营）的兵力。美军这一个师已经伤亡了近5000人。如果按照一个师三个团的总兵力来计算，扣除他还有一些其他没有上阵的兵，伤亡4000多战斗力，消耗就是相当大了。所以最后算这个账，算上韩军，美韩一共伤亡7000多人。20日以后，美7师17团还有两个连没用上，没有在战场上"碰面"。这两个连，加上31团其他伤亡比较小的连队，剩下这些人就继续守597.9这个阵地。再战，敌人的兵力也不够了，于是他们将韩军的编练师调到金化。

10月19日，我们重点反击597.9阵地。到20日，共歼灭美军32团和17团五个连，敌我双方都有巨大损失，我们基本上达到了遏制美7师、韩2师再扩大进攻的企图。在第一阶段作战中，我们45师在两个阵地上动用了21个连队，参战的官兵个个勇敢顽强，但伤亡也很大了，总计有3000余人，各连的伤亡都超过了半数，个别连队仅剩下几个人。如果继续战斗下去，就必须补充弹药，投入新梯队，炮兵也需要加强，因此战役就进入了新的阶段——坚守阵地的部队转入坑道，开始了坑道战斗阶段。

第一阶段结束（10月14日至10月20日）：重创美军"滴滴漏师"

上甘岭战役第一阶段交战特点就是双方反复争夺阵地，每一场战斗都是惊心动魄，空前激烈，打得十分残酷。在上甘岭两个小山头，597.9和537.7北山两个阵地，我们就是根据敌人进攻重点，以主要兵力和火力与他们争夺597.9阵地，狠打美军！战士们依托坑道，在表面阵地上进行阻击和适时反击，力争大量杀伤敌人。而美军的步兵则凭借着他们优势的火力和兵器，仗着他们的炮兵、坦克和飞机向我们坚守的阵地狂轰滥炸、猛烈攻击，整日以排、连、营不同规模，连续进行十次、几十次冲击，他们的企图就是要全部占领两个阵地。

我们就是要发挥自己的优势,按照自己的战术去打,稳扎稳打,依托坑道保存有生力量,在表面阵地上阻击、反击、打退敌人的多次冲击。如果表面阵地被敌人攻占了,我们就利用夜暗反击夺回来,白天再阻击。我们的炮兵也在一定时刻发挥威力,压制敌人的炮兵或支援作战的步兵。经过7天反复争夺,我们三次全部恢复阵地,四次部分恢复阵地,迫使美军动用了31团、32团、17团的9个营,韩军也动用了32团、17团、31团和37团的8个营,敌人这17个营都曾打过了两番到三番,共死伤7000余人。

到10月20日,第一个阶段作战基本上就算结束了。战役将进入第二阶段,按照志司和军的要求——坚守阵地的官兵就是要依托坑道,与敌人展开拉锯战,集中力量狠打美军。我们战场上每一位指战员心里都很明确,只有彻底将美军打服了,才能奠定胜利的基础。至于韩军,打垮了美军,自然对他们是一种威慑。

坚守坑道的战士们传看缴获的战利品

转入坑道斗争阶段以后,美军并没有全部撤退下去。

美7师是1917年第一次世界大战期间成立的部队,随后进入欧洲作战。这个师成立以后,因执行任务准确无误而受到赞誉,所以获赠雅号——"滴滴漏师",就是形容他执行任务像滴漏器一样准确。第二次世界大战期间美军又重新打出了美7师的番号,主要作战任务是在太平洋各个岛屿和日本人争夺,先在南太平洋的岛屿,以后打到菲律宾,最后打到冲绳。日本投降的时候美

7师在韩国，所以那时候李承晚军队的组建工作，美7师都参加了。侵朝战争中，这个师先后参加了仁川登陆和东海岸登陆作战，并打到过我们的边界，随后退至长津湖。我们27军的部队在长津湖与他交过战，战到最后他们从海上逃跑了。

1951年美7师是在朝鲜东线，就是常说的"伤心岭"——人民军守的那个850高地。为什么叫"伤心岭"呢？美军曾在那儿吃了苦头——美7师在那里守了一冬天，直到冬季过后才撤下来。大概4月底、5月初，美7师接替美2师的防务，防守朝鲜中线，这样就与我们部队形成了面对面。我们是4月份上的阵地，经过5、6、7、8、9、10月，一共6个月，自然对美7师就比较了解了。

第一天战斗，也就是10月14日，美军是31团打头阵，结果被我们打垮了他们两个营。于是10月15日的进攻就是32团上阵，31团2营还没有与我们"见面"，这时他就配合32团进攻。由于32团伤亡惨重，17团3营又接防参加战斗。美7师的三个团中，17团资格最老，就是前面提到的那个17团，他是美7师的主力团，是1812年战争时候成立的，当时称之为步兵17团（肯塔基团），有"水牛"之称。最后，这个老资格团也摆在上甘岭了。他们打了整整7天，都没能把志愿军赶下山。敌人虽然占领了表面阵地，但他们却没有料到，屁股坐在了志愿军给他们准备的火药桶上。后来美军才得到消息，说志愿军都隐蔽在壕沟和洞穴里，"是受命战斗到死的"。

我们就是要利用自己的阵地，这个阵地并不是一般的阵地，它的肚子里头有的地方是空的，可以囤粮、囤弹、屯兵。利用这个阵地，我们与敌人进行反复争夺，一部分一部分地歼灭敌人，即一小口一小口地把敌人吃掉。

原先美军总以为我们这两个阵地突出在他们的阵地前沿，打起仗来论纵深的话，咱们的步兵和炮都不容易及时过来支援，这两个小山头好攻占，几百个人就能解决战斗！但事实并不是这样，双方反复争夺，两个"好占领的小山头"难以啃下来。敌人总是过高估计自己，骄兵嘛，装备精良，有飞机、有大炮，还有坦克，志愿军有什么呢？他们根本不把志愿军放在眼里！打了这几个回合之后，他们才感到，尽管战前他们是看来看去，研究来研究去，但真打起

艰苦的坑道坚守开始

来,顺利拿下这两个山头并不是容易做到的事情。事后,他们承认对我们修筑的坑道估计不足,对我们炮兵、后勤的支援能力以及战术水平估计不够,还有一点——对志愿军官兵英勇顽强的战斗意志和作风更是估计不够。结果怎样呢?一上来就碰了个硬钉子!

美军不打到山穷水尽是不服输的。这7天来反复的拉锯战,美7师伤亡4000多近5000人,那个伤亡是非常惨重的。难怪他们认为上甘岭战役是1951年"伤心岭"战斗以后的最大一次挫败。美国的新闻报道也承认说:"美国第7师步兵曾经苦战并付出了很大的生命代价。""中国军队打得出色!"结果是让他们也觉得没有力量再坚守"三角形山"了,这样他们才不得不以伤亡率升到一年来的最高点而将撤离前线,调韩国军队接替他们。

就在10月20日,15军党委向全军指战员发出了号召,要"以百倍努力奋勇杀敌,战胜困难,忍受艰苦,发扬高度坚忍顽强的战斗作风,将进犯敌人歼灭在我们钢铁阵地前面"。

为在两个前沿阵地上拖住和消耗敌人，制止敌人的扩张，争取时间，调整部署，做好大反击准备，并确保反击得手后能持续作战，军首长决定：

1.第45师调整建制，重新部署，补充人员弹药物资，增加坑道屯兵，加强坑道内人员生活管理，提高生存能力。

2.为增强持续作战能力，前运山炮、野炮、榴炮炮弹10万发，迫击炮弹3万至5万发。要以炮兵火力为骨干，持续支援坚守坑道部队连续反击，打退敌人的进攻。

3.消耗敌人有生力量，加强对敌炮兵斗争，打击对我前沿危害最大的敌炮兵，积极展开对空斗争。

同时兵团决定：调第12军三个主力团为第45师战役预备队，第12军炮兵团的16门迫击炮进至菊亭岘、454高地，配属第45师作战；132团接替87团防务，东调归还29师建制；29师接替45师除597.9和537.7两阵地之外的防务，45师全力打击敌人向这两个阵地的攻击；调炮11团2营配属15军作战。至此，大口径火炮增加到133门。

以百倍努力奋勇杀敌，将进犯敌人歼灭在我们钢铁阵地前面

师里依据上级指示和部署，随即调整建制，补充坑道兵员和弹药，指派得力干部进入坑道，传达作战计划和调配干部。师炮兵指挥所专门指派部分火炮，特别是担负直接支援任务的迫击炮连，随时支援坑道作战，打击敌对我坑道的破坏活动，确保坑道部队安全。坑道部队仍采用"小部队""添油法"战术，积极组织各坚守分队以班、组小群动作，利用夜暗，在炮兵支援下，频繁出击，袭扰敌人。

第五章
坑道斗争 战争史上的奇迹

坚守坑道的志愿军战士

上甘岭战役第8、9、10、11天（10月21日至10月24日）：
我军依托坑道以沉重代价反击主峰，美7师伤亡惨重撤离阵地

第一阶段结束，敌人忙于调整部署。22日，美3师接替了伤亡重大的韩9师防务，韩9师调至史仓里整补，作为美9军的预备队。23日美40师回杨口东北的支石里，敌人从汉城调来105编练师对美7师、韩2师进行补充和重建。

我们执行兵团和军的部署，45师133团全部力量转到了上甘岭，用于537.7北山阵地作战；29师接替45师除597.9和537.7两个阵地以外的全部任务，45师集中力量争夺这两个阵地。

经过第一阶段反反复复的阵地争夺，我们杀伤了大量敌人，但我们的伤亡也不小。由于二梯队还未及时投入战斗，这时志司首长指示：为了给决定性反击争取时间创造条件，暂停反击；前沿部队转入坑道，以小分队活动与敌人周旋；同时调整部署，整补部队，研究战术，抓紧时间准备决定性反击。

军、师21日决定，守卫阵地的部队转入坑道斗争，拖住敌人，消耗敌人，歼灭敌人的有生力量，依托坑道准备大反击。22日师还召开了作战会议，加强坑道支部建设，部署了坑道作战的步炮技战术要点，加紧大反击准备工作，这就形成了战役第二阶段的特点：艰苦的坑道坚守。

坑道坚守阶段主要是以597.9阵地为标志。537.7北山阵地的韩军比较好打。我们从21日反击下来，23日、25日又进行了反击，特别是27日几轮反击下来以后，537.7北山连续守了3天，韩军也没组织力量反扑。但那个山头并不作为"标志"，因为只有把美军打服了，这才算是真正的"标志"。

坚守坑道14昼夜的134团钢铁8连连长李保成（左）用步话机与师指挥所保持通信联络

● 龙世昌（1928—1952）

苗族，贵州松桃人。1951年参加中国人民志愿军。1952年10月19日，在上甘岭战役夺取597.9高地主峰的战斗中，连续爆破美军两个地堡，为部队开辟了前进道路。当部队进至9号阵地时，又遇敌火力封锁。他手臂和腿部负伤，再次强行突破，将爆破塞进敌地堡，被推了出来。他立即抓起冒着白烟的爆破筒又塞进去，敌人拼命往外推，他毅然用身躯抵住爆破筒，炸毁敌堡而牺牲。1953年被中国人民志愿军总部追记特等功，授予"二级战斗英雄"称号。

134团8连是45师的主力连队之一，有着红军的血脉和光荣的革命传统。这是一支作风很顽强的连队，像战斗英雄崔含弼、赖发均、龙世昌等都出自这个连。但这个时候，坚守坑道的8连已经不是原先的8连了。当时师里决定，为了加强防守坑道的力量，所有的部队，不论哪个连队，进了坑道就统一叫8连。所以到20日，597.9的主坑道里就有了这么一个由16个建制单位人员组成的连队。

这个连队还包括秦基伟军长抽调的他身边的那两个警卫排。他们是21日晚上反击时进入主坑道的。这两个排到前线情绪很高，但在隐蔽行进的运动中伤亡很大，两个排96人，进入坑道时只剩下了26人。

为什么会有这么大的伤亡呢？这支秘密增援的部队在与坑道8连会合的运动中，有战士负了伤，发出的声响一下子惊动了敌人。那时山上山下全都是敌人的工事，一不小心就很容易暴露自己。那两个排就是有些暴露而遭到猛烈攻击，所以最后进入坑道仅剩下了20多人。战场上，无论遇到什么情况，都必须强调战场纪律。那时候45师阵地上的每一名官兵都必须以邱少云为榜样，一人要为整体着想。但就这20多人能进入坑道，价值也是相当大的，那可是坑道里的宝贵"财产"。在那样极为困难的情况下，坚守坑道的战士能看到秦军长亲自派来的部队，都为军首长没有忘记前线的官兵而备受鼓舞。进入坑道的战士被编入8连，决心为8连争光，为牺牲的烈士报仇。

就在23日晚上，我们又要组织一次反击。这就是要与敌人拼命了！

我们力争消灭敌人，而敌人却不肯出来，不与敌人"见面"怎么能行呢？美军还有两个连没有受到严重打击，要想把美军打怕了，就要舍得拿出力量重创他。

到22日，45师的伤亡近4000人，已经很大了，尽管困难重重，但我们仍然下决心组织了三个连的兵力，特别是投入坑道战斗的8连。反击前的22日晚上，我们决定从8连抽出60个人的兵力，组成两个排，从坑道出发，直接投入反击。参战的这60个官兵个个都是"宝贝"、功臣，那不知道与敌人拼过多

坚守坑道的部队主动夜袭敌人

少回命了!

那天晚上,8连集合了不少的人,组织了号称100多人的连队,那是相当有气势的呀!

23日,部队除在537.7北山配合反击外,对597.9阵地又组织了一次反击。这次反击的三个连,一个连反击2号阵地,一个连从西北山梁向东南反击,还有一个连——坚守坑道的134团8连直接从坑道出击反攻主峰。

这天晚上,反击2号阵地的部队没有攻上去,发生了个误会,反击了0号阵地,而预先安排反击黄继光牺牲的那个阵地的部队也没有能完全打上去,真正打上去的就是坚守在坑道里的这60个战士,他们是各个连队的"精华"。他们上去之后,死打硬拼,夺回阵地,迅速地消灭了美7师32团一个守备连,一度占领了1号和2号阵地。在向主峰南发展的时候,敌人又集结两个连进行了三次疯狂反扑,均被我们击退。敌人继续增兵至一个营,分两路向8连反扑。我们的战士与敌人激战,甚至展开了肉搏战,到后来就是手上有什么就用什么了,最后终因寡不敌众,退回坑道。返回来的只有20多名战士,副连长也负重伤,他们艰难地爬回坑道里,其他参与反击的官兵几乎都牺牲在阵地上了。

这里再讲讲坚守0号坑道的情况。135团4连宋春元在23日反击后,带领3排转入0号小坑道。这个坑道内可以容纳20人,表面阵地上有单人掩体,可用以观察敌人。23日下午,美7师17团3营换防前,对我0号阵地疯狂攻击,宋春元沉着指挥,利用坑道,采取添油战术,边打边组织、动员、补充,他们以小组战斗形式,灵活机动的战术,打退了美军的7次大小进攻,配合了1号、2号坑道,歼灭敌人400余人,在最后打残美7师的战斗中立了功。

就这样,我们打到23日,24日又乘敌人在表面阵地运动的时候,以突袭火力杀伤敌人400余人。到这时候,我们几乎将美7师的部队打了个遍,甚至有的已与敌人连队"见面"并交战两三次,双方消耗都很大。

美军在战役第一阶段受挫后就不甘心失败,他们仍然不断地调兵遣将,拼凑兵力组织进攻,同时也在想尽办法围堵和攻击我们坚守的坑道。24日以后,美军伤亡已经有5000余人。伤亡人数那么多,有的连队打得还剩几个人,尤其是32团死伤最为严重，补入的新成员达到90%以上。从10月17日到24日，美7师三个步兵团就整补一到两次，这样一来，美7师就无力再打了，已经到了实在受不了的程度！于是美7师在25日撤下阵地，脱离了上甘岭战场。打得正激烈的时候，队伍撤离战场，那是非常狼狈的！由此也给我们随后的反击创造了有利条件。

10月23日至27日，我们参战的炮兵还是抓住了有利时机，由师炮兵指挥所统一组织，数次对攻占我表面阵地的敌人、敌纵深物资堆积站和部队集结地，实施炮火袭击，给敌人有生力量和物资储备以重大杀伤和破坏。23日，炮兵第2师30团一个营和第60军加农炮一个营，又对注罗峙、立石、杨谷、松洞的敌炮兵阵地进行了猛烈轰击，共毁敌105毫米口径以上火炮29门，迫使敌炮兵阵地后撤2至4公里。

当时整条战线，从指挥上来讲我们配合得很紧密，各个方向都打得很好。我们的战术反击延长到月底，也就是要打到敌人没有劲儿的时候。44师在381高地、391高地等几个点上展开了争夺战，自上甘岭战役开始以后，就一直与敌人在不停地争夺。像29师85团一个侦察排，歼灭了敌人在柏德里以东无名高地的一个加强排。

在10月14日到月底这段时间的战斗中，敌军兵力消耗不小。就我们所知，韩2师重建了三次，美7师三个团从17日到24日先后补充了大量新兵一至两次，美军32团、韩军17团补充的新成员几乎达到95%。美军中新补充上来的兵，许多都是南朝鲜

美军105毫米口径榴弹炮

的兵，多半是从李承晚的新兵训练所调来的。鉴于战事的严酷，敌人在兵力部署上，不得不进行调整：把抱川的美3师调来接替韩9师防务；美7师主力撤离597.9高地西调，把汉滩川以东的防务和进攻597.9高地的任务交给韩2师，把381高地以西防务交给了美3师（编者注：敌在"金化攻势"中伤亡惨重，故匆忙调整部署：韩9师于23日由美3师接替，后撤到史仓里休整；美7师于23日向西收缩，将597.9表面阵地移交韩2师；韩2师全部集中于上甘岭地区作战，将外也洞以西防务移交韩6师；韩炮1团及30营和53坦克连24日东窜金化地区，配属韩2师指挥）。

我们的坑道部队在战役第二阶段，除坚守坑道、牵制敌人扩张之外，还经常以战斗小组和小分队的方式主动出击，总计组织了100多次小型出击，共歼敌2000余名。这也证明坚守坑道的官兵个个都是真正的硬骨头、英雄汉！他们克服困难，依靠英勇杀敌的气概为大反击的胜利创造了有利条件。但同时，我们自己的力量消耗也是很大的，官兵伤亡近2000人。战斗十分残酷，虽然表面阵

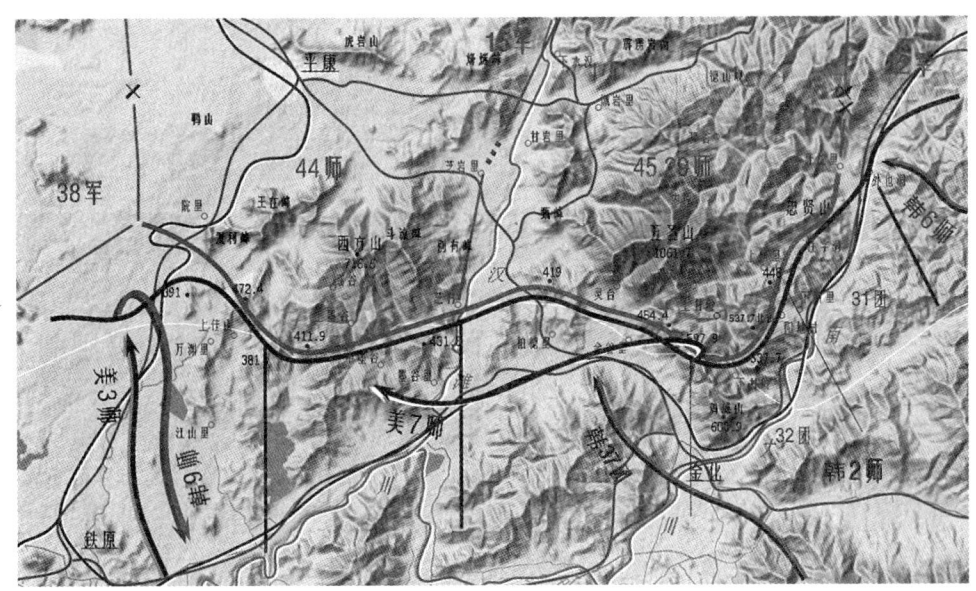

10月23日—25日敌部署调整情况示意图

地已变成焦土，但我军始终坚守着坑道。

上甘岭战役第12、13天（10月25日、26日）：
韩、美军无力守阵地，我军紧咬阵地不放松

到25日，美7师已无力再守这个阵地，只能撤退；另一边的韩9师也没有力量与38军和我们正面防守的44师争夺391高地了。美3师是主力，原来是准备用到上甘岭方向的，但由于韩9师四个团的伤亡比较大，此时美3师不得不从芝浦里又转到铁原，接替了韩9师的防务，来到我们的正面担任防守。

我们内部做了调整，44师和29师85团从正面向敌人反击，牵制敌人，全力配合上甘岭作战。在391高地，由132团换下87团继续与敌争夺。132团换上去后，趁美3师和韩9师正处在换防过程中，又把391高地的南山打下来了，这样，整个391高地包括南山、北山都被我们控制了。为此，美3师不停地打炮争夺了几天。但因为这个阵地是韩9师丢的，它不像韩军的压力那么大，所以总是争夺不下来。

在我方战线的其他点上，130团从第一阶段开始就在不停地反复争夺阵地，最后终于把东边大约3公里处的一个山头即381高地打下来了。也是在23、24日，我们把那个阵地巩固起来，敌人攻是攻不下来的；其他的点，像85团打的柏德里东山，歼灭了敌人一个加强排以后，又将失地收复了回来。

我们在正面的战斗中，基本上是只要想打的就可以打下来。但是在597.9和537.7北山高地上，上级是有意识地要把敌人牵制住，就是"你不要急于反击，要充分地做准备，要反击就要准备跟敌人再争夺几天"。因为敌人已经吹出去了，把这两个山头说得神乎其神，说这是"铁三角战役"，这里的军事地位非常重要，美军势在必得！他们甚至不遗余力地向联合国及国际舆论吹嘘他们美军如何强大、"联军"如何强大，他们已经占领了中国军队这两个十分重要的阵地——597.9和537.7北山。他们吹来吹去，反正是美国国内的人也不知道，外国人也并

不清楚这个"铁三角战役"到底是怎么回事儿,有多么重要。

上级就抓住了敌人这一条,想方设法地要将美军拴住。

美7师由于伤亡到那个程度已经没办法支撑下去了,所以就把西边一个团的阵地给了美3师,而东边另一个团的防务任务则交给了韩2师。因为韩2师还有一个团没有参加战斗。所以美3师除了接韩9师的防备,还接了美7师在汉滩川以东一个团的防务,美7师就剩下了一个团的防务。美军按三角形阵型,在前面展开了一个营的作战防御,另外还有两个营即阿比西尼亚营和哥伦比亚营。这说明实际上美7师三个团在第一拨就已经被打得不行了,所以为了担任防御、还能够支撑这个团,就向连队补充了不少韩军,补充的比例达到了70%。

这样一补充,与作战前期的美7师相比,美军战斗实力明显地降低了。我们130团在上佳山和381阵地打反击的时候,就明显地感到敌人的战斗力差多了,我们一个侦察排上去就能歼灭敌人一个加强排,而且歼灭的敌人中以韩国人居多。这说明我们对美军的重创已经使他难以再承受了,这样我们就比较主动。

即使主动了,在顺利的情况下,坚守阵地的部队也会非常艰苦。在上甘岭的这两个阵地上,我们为了不暴露战役准备和反击的情况,要求部队坚守坑道,只在夜间进行小反击和袭击。白天,我们的炮兵就抓住有利的时机打击敌人。因为是处在"楼上楼下"的态势——我们处在"楼下"的坑道里,而敌军则暴露在"楼上"的表面阵地上,这也便于我们的大炮进行轰击。于

我军的坑道分队夜间出击

是，炮兵采取炮火急袭和单炮射击，再加上坑道里的反击，给敌军造成的伤亡就比较大。

25日美军将表面阵地交给韩军防守。韩军的一个团刚上阵地，头两天气势汹汹，显得比较厉害似的，似乎美军留下的阵地他就一定能守住。26日韩军还千方百计地破坏我们的坑道。其实美军破坏我们坑道时就吃过苦头，这次韩军也不例外。

美军为了破坏我们的坑道，就用空、炮轰击：用重磅飞机弹轰炸；用炮集中打坑道口，但都难以奏效。于是他们采取了各种办法：使用炸药爆破；用火焰喷射器烧，用毒剂、硫黄弹熏；填塞坑道口、筑堡封锁；用步兵随我进入坑道时突然冲击……但这些办法都失败了。韩军从战斗力来讲不如美国人，但是有一条，他更加顽固，他有督战队，其实就是送死的。所以除了继续采取上述的这些手段以外，还想法子要爆破我们的坑道。对我们2号坑道的两个口，把其中的一个口给炸塌了，并派兵去袭击、进攻主坑道。我们由于20日就转入了坑道作战，已经积累了一些经验，所以面对敌军的破坏，我们反击得很坚决。敌军攻坑道口，我们就在坑道口附近设伏，有意识地把敌军引进来，打了他几下，他就不行了，再加上夜间的袭击，敌人也受不了。他们一个营守，只一个白天就伤亡1/3，所以等守到28日的时候，这个团的战斗力也就被消耗得差不多了。

据此，兵团决心恢复上甘岭阵地。

25日，15军党委在道德洞召开了作战会议。为了彻底粉碎敌人进攻，决定28日先集中兵力、火力恢复597.9阵地，准备再把美军牵进来，稳扎稳打，力求更多地杀伤敌人，得手后再恢复北山高地。参加会议的除军里领导外，各师师长、政委也都参加了会议。会上研究了兵力部署、弹药物资保障，以及远程火炮和其他火炮分工等问题。秦基伟军长在会上强调指出：炮兵的火力，要实施统一指挥。在一定时间内形成炮火优势，发挥炮火威力是取胜的关键。同敌人战役决战要区分主次，炮兵的首要任务是摧毁敌人的表面工事，同时压制敌人炮兵，密切联系步兵，歼灭敌人。

26日，崔建功师长开会回来，我们即刻召开了反击准备大会。会议集中研究了反击部署和准备问题，大家对军里作战会议制定的方针一致拥护。在讨论反击细节时，坑道代表提出的问题引起了大家的重视。他们说反攻上去容易，坚守则困难，如果反击成功但又固守不住，等于是徒劳而返。因此，固守需要炮兵保障，特别是令敌人最头痛的迫击炮，如果炮弹能够打3天以上，守住阵地没有问题。坑道代表的建议也得到了炮兵部队的回应。炮兵同志说，我们的火炮刚刚就位，许多工事需要完善，特别是炮弹打上3天恐怕还难以保证。会上不少领导和同志都同意坑道代表的意见——集存炮弹供反击成功后坚守时使用。但是，如果时间拖长，坑道里战士们的处境就苦了。正在犹豫之际，坑道代表——1连的王二和王兴同志、守北山的1连连长、坑道里的8连代表等同志，激动地向会议表示：为了保证部队反击胜利，现在坑道内虽然断水缺粮，每天都在流血牺牲，都在痛苦中坚持，但我们不怕，顶得住，只要把炮弹搞足了，到时就能守住阵地，就是我们不存在了，也是光荣的。代表的决心和行动感动得我们很多人流泪，最后决定反击推迟至30日，26日到28日3天内运足炮弹，使每门炮由现有的300发达到800到1000发。

会后，我们赶紧抽调大量机关人员并调动86团两个营和85团一个营，参加运输炮弹工作。经三昼夜奋战，除运够维持每天战斗消耗炮弹外，还备足了迫击炮急需的3万发炮弹。此间，为配合上甘岭反击作战，友邻部队44师和29师85团，在20日至大反击开始之时，攻占了381东北无名高地，歼敌600余人，有力地钳制了敌人，查明了敌情。

根据这次军作战会议精神，我们45师立即对所属参战部队进行了紧急动员，号召全体指战员要为决定性大反击的胜利而作战，为最后恢复和巩固阵地而作战。

我们把参加作战的炮兵编成四个炮兵群，统一由炮兵指挥所指挥：

以预备炮兵第2师28、29团各一个营为第1炮兵群；

以炮兵第30团及第60军加农炮各一个营为第2炮兵群；

上述两个炮兵群参加炮火准备并主要担负压制敌炮兵阵地和支援597.9高地作战。

以预备炮兵第7师11、20团各一部为第3炮兵群，主要支援537.7高地北山作战；

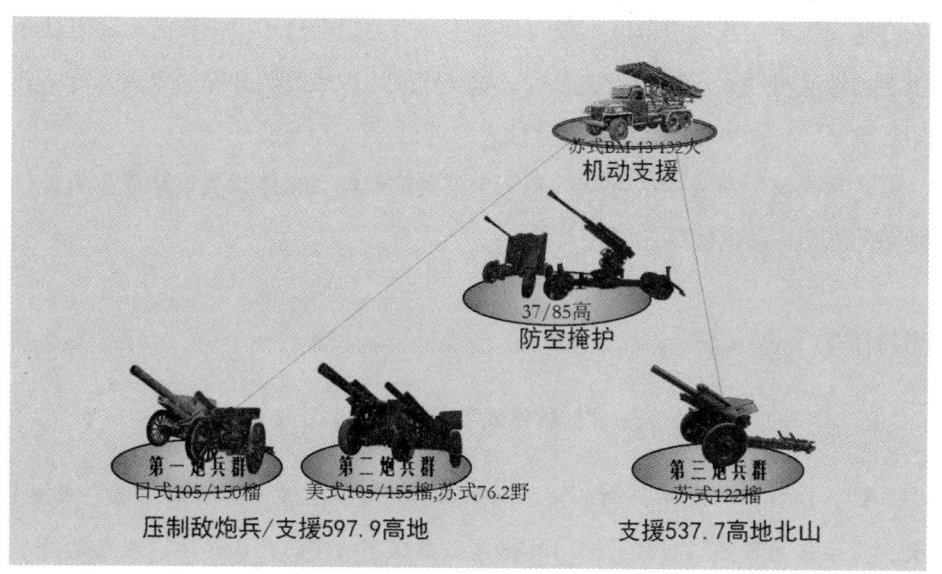

炮兵作战编组与任务区分

以火箭炮第209团为独立炮兵群，作为机动火力支援作战；

高射炮兵积极开展对空作战，力争控制整个作战空域，重点打击敌炮兵校正机、轰炸机。

师里还决定：

全师作战部队坚守坑道，把坑道内外的作战结合起来，拖住敌人，消耗敌人；

师里的山炮、野炮前推，支援坑道作战；

反击前夕安排反击部队进入坑道，依托坑道发起反击行动；

另外，坑道屯兵要边打边补，以保持战斗力。

26日，志愿军司令部和朝鲜人民军前线指挥部联名通令嘉奖第45师，指出：

"敌军在大量空军、坦克、炮兵的配合下，向金化以北我15军45师防守之597.9高地及537.7高地北山进攻。敌人吹嘘这次进攻为一年来的'最大攻势'，但在我45师及炮兵部队坚决顽强的防守与积极反击作战下，至今激战13昼夜，杀伤敌军8000余人，予进犯之敌以迎头痛击。虽山头阵地已变为焦土，但我军始终坚守坑道。我坑道部队不仅每次都主动有力地配合了反击作战,而且还积极主动地反击敌人。你们坚决顽抗,积极作战,殊堪嘉奖。除通令表扬外,并望继续努力,再接再厉,彻底粉碎敌人的进犯。"

这次嘉奖对所有参战部队都是一个很大的鼓舞。全体指战员越战越勇,战地杀敌立功运动也就更加深入人心。

资料补充

美军"摊牌作战"前12天战斗报告

10月14日,"联军"向三角山和狙击兵岭等地区发动"摊牌作战"的第1天,由于志愿军第38军10月3日向美9军团所据守的"白马山高地"发起的战术进攻而引起美军所进行的反击持续至今,使得对"摊牌作战"开始时的炮火支援和空袭行动不得不有所减少,志愿军第15军的部队严阵以待。三角高地及狙击兵岭的激烈战斗表明,中国人不肯轻易放弃他们所占领的598高地——狙击兵岭一带地形。

10月14日,在中部战线铁三角地区的两角发生激烈战斗,"联军"部队在炮兵和坦克的支援下,在金化以北发动进攻。"联军"进攻部队向金化以北三角高地发起波状攻击,粉碎志愿军的猛烈抵抗,夺取两个小山头。"联军"空军支援金化以北"联军"地面部队进攻作战。志愿军当夜发起猛烈反击。

10月15日

△美第7师继续猛攻,击溃三角高地山顶之敌。

△志愿军向三角高地和狙击棱线"联军"发起猛烈反击。韩军部队从狙击棱线A高地后退。

△美野战军司令官哈兹上将为视察前线美军抵达汉城。

10月16日

△韩军2师在坦克的支援下发起进攻,再次攻占狙击棱线的A高地。

△美第7师除派开司高地外,全面控制三角高地。

△美步兵部队在坦克的支援下，攻击三角高地群的"耶尼鲁塞耳"高地。
△三角高地和狙击棱线战斗继续激烈进行。
△"联军"在"耶尼鲁塞耳"高地和沙丘棱线击退中国军队的进攻，坚守该地区。
△志愿军自18时至零时，发射炮弹23400发。

10月18日
△韩军控制狙击棱线的三分之二，击退中国军队的顽强进攻。
△美第7师攻占派开司高地，从而全面控制三角高地。

10月19日
△志愿军分别投入一个团兵力，向狙击棱线和三角高地发起夜间进攻。

10月20日
△韩军部队在狙击棱线主要高地同中国军队展开白刃格斗，并击退敌人。
△美军丢失三角高地群中最西北边的派开司高地，其他仍然占领。

10月21日
△韩军第2师在狙击棱线A高地击退志愿军的夜间进攻。
△狙击棱线和三角地的战斗规模变小。

10月22日
△韩军部队在狙击棱线A高地遭敌两个营的进攻，丢失阵地，9个小时后恢复阵地。
△韩军部队在狙击棱线东北袭击志愿军阵地。
△三角高地战斗比较平静。

10月23日
△韩第2师在狙击棱线击退志愿军一个连的进攻。

10月24日
△韩军部队在友军航空兵大力支援下攻占狙击棱线北侧高地。

10月25日
△韩军部队经4个小时激战重新夺回狙击棱线A高地。
△美第7师对三角高地群的派司开高地实施第2次争夺战失败。

10月26日

△ "联军"经激战占领狙击棱线北边Y高地南麓阵地。

△ 志愿军小分队利用夜暗袭击狙击棱线和三角高地群的"耶尼鲁塞耳"高地。

范佛里特建议克拉克:鉴于美7师9个步兵营中已有8个营参加了这场为期12天的战斗,死伤人数已达2000人之多,而中国军队仍然占领着三角高地的派克司峰并有情况表明中志愿军正在从东线调动近两个师的增援部队,因此,他要求除紧急运输弹药和补充兵员外,并已经下令美7师撤出阵地到后方休整补充,而由韩2师接替美7师,独自担负攻占三角高地和"狙击棱线"的任务,并将韩2师原防守的灰古介至外也洞的右翼地域移交韩6师接防。

(节选自李明天、王精忠、李天恩著:《上甘岭大战》,
八一出版社,1993年,第157—158页)

上甘岭战役第14、15、16天(10月27日、28日、29日):
第二阶段指挥做调整,增强炮兵作战火力

经过从军到师的充分准备,我们计划在28日反击。

在这一段时间,45师打过的部队又经过补充,新建了13个连队。86团的9个连队,实际使用了8个连。有几个连队是补充给了守卫537.7北山的133团,其他的都是补充到这边来防守597.9高地。我们15军就是准备用45师的部队和86团,把597.9这个阵地拿下来,拿下来以后先由86团守卫,随后准备用后续部队12军的91团继续守卫这个阵地,一直坚守,只要敌人不退,我们就在这个阵地上与他们争夺到底。我们有准备,继续与敌人打个十天半月,我们是做了这个准备的。

经过我们在21日、23日、25日,特别是27日的几轮反击之后,537.7高地北山我们已经连续守了3天,此时,韩军也没有反扑的力量了。那时537.7高地北山的韩军还是比较好打的,那个山头并不是坑道作战阶段的主要标志,把守卫

597.9高地的美7师打服了才算是标志。美军还有两个多连没有受到严重打击，要想把他们打怕，就要舍得拿出力量来！

597.9阵地是坑道作战阶段的主要标志。

在上甘岭战役的第二阶段，我们在指挥上做了一些调整。为了统一领导，西边这个阵地主要由135团团长张信元负责指挥，134团团长刘占华协助指挥。因为张信元对这个阵地比其他人更熟，所以后续部队以及在部队兵力的使用等方面，都以负责这个阵地指挥的张信元为主，他不仅指挥135团，也指挥134团和86团。

27日师里开了一个民主会，讨论研究135团、134团、86团在这两个阵地战斗的情况。主要研究了597.9阵地将会面临的各种情况，包括战役打响以后，阵地反复争夺的情况、敌人的战术，以及反击开始以后可能出现的问题——怎么反下来、怎么守得住。为了集思广益，师里还把前线连队的负责人也都叫到师指挥所里。

我们原来准备在28日反击，炮兵等各方面也都做好了准备。但从前线作战连队回来的同志反映，依据他们的经验，感到还有两个问题需要解决：

一是反击是可以的，但是反下来以后的反复争夺中，增援部队怎么进入坑道？这是个大问题。因为如果按照原计划，部队运动就要安排在白天，而我们部队的运动一般选择在后半夜，也就是敌人比较麻痹的时候进行最好，这样，我们才能比较安全地进入坑道。所以在半夜12点钟以前运动进入坑道都不行，如果部队白天运动，伤亡会更大。对于这个规律，坚守在坑道里的官兵摸得都很清楚，选择进入坑道的时机、坑道里应该囤多少弹药，他们心里最有数！

二是保障前沿连队炮弹的需求量。战斗时，炮弹一天之内是不能中断的，比如迫击炮的炮弹就要保证从早上一直打到黄昏，甚至打到夜间，整个的炮弹量要能坚持打一天才行。那时我们的迫击炮，加上29师和31师的迫击炮，集中起来有50多门，需要的迫击炮弹就很多。另外，大炮也已经不是原先的那72门了，现在增加到了100多门。这么多的火炮，他们自然就会担心炮弹的用量。从坑道里来的人还检查了我们的炮。虽然他们对大炮需要多少

[1] 曲射火炮也叫间瞄火炮，射击时炮管抬高呈仰角，使炮弹以大角度抛物线飞行轨迹飞向目标。

炮弹搞不懂，是外行，但对迫击炮、曲射火炮[1]那是特别地感兴趣，这些炮很受坑道官兵的欢迎，这与他们在前线作战有关，因为那是随战火炮，一是来得快，一要炮火就到；二是打死角很好，即使敌人隐蔽到一个山后集结它都可以打到。

此外，反击的时候也要准备，一旦反下来，就要保持与敌人继续争夺，这就要求有充足的力量，就是要保证坑道里经常有人力、弹药、食物储备等，各方面都要准备得比较充分。根据这个经验，我们决定阵地上就不要放那么多的兵力，像一个山头，平常能有三五个人就够了。如果敌人反扑上来，一个组就可以打敌人一个排，与炮火配合搞得好了，还用不了那么多的兵力。这就解决了连续作战、持续作战的问题。万一敌人攻上阵地，我们需要反击的时候，坑道离山头只有近30米的距离，一反击，炮火支持一下就上去了，比起没有依托的敌人，我们打起来就要方便得多。因此，我们的炮也要同时做好准备。这些来自一线连队、具有实战经验的代表提出来的意见，师里很重视。我们开会的时候，连那个8连的连长李保成也都参加了，还有其他连队的干部也回来了。

经过民主会详细讨论，综合研究了前方情况——包括坑道的情况、各个团的准备情况，师里认真听取和接受了前沿连队代表的意见，最后决定把反击的时间向后推迟两天，改在30日。推迟以后，28日和29日这两天，我们主要再做好火炮的准备工作，要保证每一门迫击炮要有800发到1000发炮弹。

会议决定10月30日先对597.9高地进行决定性大反

击。如果不将占领597.9高地表面阵地的美军打下去，占领537.7北山阵地的韩军就不会轻易地放弃进攻。

我们反击的路线分为两条，西线135团夺取3、9、10号阵地，东线86团和134团夺取1、8号阵地，再与135团会合后进攻3号阵地，并向7号阵地延伸。134团7连、1连，86团1连作为预备队，等得手后，我们再组织反击537.7高地北山的敌人。当时，军里还告诉了我们——91团27日已向五圣山集结。这样师里就将反击命令在29日陆续通知到了各个参战部队，同时要求在30日以前保证每一门迫击炮需要的800发到1000发的炮弹储备到位。

到上甘岭战役第二阶段时，我们的炮弹虽然比以前多了许多，但与敌人相比毕竟还是少得很。进行了这样一个检查之后，我们总结出，一门迫击炮大概至少要300到400发炮弹。这三四百发，保障一天战斗没有问题，但是连续争夺3天到4天呢？你白天运炮弹就运不了那么多了。所以前方就提出来，迫击炮至少能够连续打3天！这个炮弹量呀，反正不管你怎样，都必须随要随到！这就是要有连续打3天的炮弹量做后备。按此标准，每门迫击炮至少需要800发。

运输队冒着炮火，向上甘岭597.9、537.7阵地运送弹药

实际上，志愿军后勤和军后勤为支援上甘岭，从21日就开始大力前运炮弹，使迫击炮、榴弹炮每门经常有300到400发弹药的供应。我们迫击炮炮弹还是有的，只是离阵地还有一段15华里的山路不通汽车，需要人背、牲口驮才能将炮弹运到前线。这就要想法保证将迫击炮弹及时运到阵地上。于是我们决定，从86团抽两个营，85团抽一个营，加上运输部队，再把师机关人员都动员组织起来，突击抢运炮弹，争取尽快把3万发迫击炮弹送上阵地。45师机关干部、文工团员，男男女女、老老小小一起上阵，搬运了十几天，有的肩膀都磨破了。比如我们那个电台台长，也就是通信科的副科长，叫杨交林，那个时候才30岁出头一点，他连续运了3天炮弹，毕竟是机关干部，平时锻炼少一点，他的两个肩膀都磨破了，但没吭一声。那个时候的男男女女都是这个样子。

当时我们师里用的炮，好多都是抗日战争时期缴获的日本山炮、野炮[2]，有的炮瞄准镜都没有了，打的时候就是从炮口子里对目标直接瞄准射击。但那个炮就有个好处，在坑道里头可以直射，炮阵地就在五圣山那个腿子上头，居高临下，下边的目标它都可以照顾到。所以那个炮虽然很老，但是打得很准。这个时候我们的炮兵力量已经大大加强了，又来了一些新炮，炮就比较多了，像苏联的122毫米榴弹炮和缴获美国的155毫米榴弹炮。这样一来，我们就有条件在反击时用大口径火炮来配合步兵，并与敌人展开炮战。我们要打美国的炮，与敌人打炮战，就需要对他的炮进行细致研究。炮战更需要讲究作战艺术。

[2]野炮，是旧时野战炮的简称，与笨重、不便机动的攻城炮相区别而言，由骡马拖曳，随军担负野战火力支援，一般为弹道低伸的加农炮，现已为兼备多种装药、多种弹道的榴弹炮取代。

为了能够有效击毁敌人的大炮，我们的大炮就要推前，要有步骤地，一个阵地、一个阵地向前推。那个时候，我们的炮与敌人的炮比起来差距还是蛮大的！敌人的炮是"远、大、新"，就是射程远、口径大，都是新炮。我们的炮基本上是"近、小、老"，就是射程比他的近、口径比他的小，而且老炮多。要与敌人打炮战，就更需要讲究作战艺术，要对他的炮进行细致研究。

敌人的大炮一共300多门，主要是美国的炮。美军为支援韩2师，也装备给了韩2师一些阵地炮。美军的炮最大口径是203毫米榴弹炮，但一般的还是105、155毫米口径居多。韩军的炮也有155毫米口径的，我们的苏联炮口径是122毫米，还有缴获的少量美式155、日式150炮。当时敌人那个炮阵地是南北走向，在我们阵地的侧面，所以对我们的威胁很大。在这种态势下，炮战先打谁呢？当然先打韩军——把韩军对我们威胁大的炮阵地都给统统打掉！我们研究发现韩军炮弹供应往往不会像美军那边补充得那么快，我们也注意到仗打起来的时候美军和韩军之间有时总会闹些矛盾，因此我们定下来首先打掉韩军的炮阵地。

这样在大反击开始前，28日、29日两天做了炮的准备工作，展开了一个炮战。根据10月17日、18日炮战打注罗峙的经验，又选了敌人5个炮阵地。我们这个时候的炮就比较多了，能与敌人进行炮战。两天的准备性炮战中，我们打掉了韩2师的27门炮，把他对我们威胁大的炮阵地都给打掉了，像注罗峙、松洞、杨谷。那一带有敌军的5个炮兵阵地，一个炮兵阵地按他们的编制都是18门炮，3个连。我们的炮轰过去之后，打掉了他的炮，那些弹药也跟着炸开了，爆炸声甚至持续了几个小时，这样就把东边韩军那几个炮阵地给连锅端掉了。这一打也为大反击做了准备。韩军的炮明显减少以后，想叫美军的炮给予支援，但美军支援韩军就不像支援自己的炮那么痛快，这样子就造成了他们内部的矛盾。

同时，我们的炮口也对准了美军的炮阵地，主要是炮击离我们阵地比较近的大炮，也有意识地打了美军在金化西南597.9高地前头的一个炮阵地，打坏了他几门炮。美军是怕死的，只要一被我们威胁，他就转移阵地，向后撤了。

28日、29日炮击敌炮兵阵地的同时，我们炮兵还以无坐力炮、山炮和野炮，对597.9高地主峰和4号阵地上敌人暴露的地堡群、土木工事以及各种防御设施进行了不定时的直接瞄准破坏射击。我们纵深的炮兵群也进行了试射。为了迷惑敌人，同时还对537.7北山进行试射。经过两天的破坏射击，我们摧毁了敌人70%左右的地堡，还以迫击炮阻止了敌人修复工事的企图，这样也保护了我们的坑道口。

我们一面进行炮战，一面对将要反击争夺的这两个点（编者注：597.9和537.7北山）进行试射，看我们新上来的炮打到什么地方能压制住敌人的那些火炮，并能摧毁韩军和美军的大炮。通过预先测试，我们对部队的编组也更有把握了。27日、28日到29日，这些准备工作已经很有序了，打掉了敌人的大炮和工事，我们炮兵的作战准备就达到了预期的目的。

这样，到28日、29日两天的下半夜，我们参战部队运动上去，顺利地进入了前沿坑道。特别是在597.9阵地，部队伤亡就很小了——有的连队进去时没有一个伤亡；有的连队即便有伤亡，也是很少几个人。

在537.7北山阵地，133团从21日起以小分队4次出击成功收复北山阵地。他们采用小兵群战法，在阻击中大量杀伤了敌人。28日第4次恢复阵地后，133团一直控制到30日。敌人顾此失彼，疲于应付，韩2师死伤增加到6000余人，连队老成员消耗殆尽，连韩军自己都承认，打起仗来，尽是新兵，看不到老兵。

10月27日，兵团就给12军31师发了电，"31师91团、92团留下，以92团作为44师预备队，91团准备继续45师之后，用于五圣山前沿阵地之反复争夺"。在美军31团于27日到达真莱洞以后，12军首长马上给91团发信，要求"积极向15军首长请求战斗任务"。28日，志愿军批复了45师的反击计划，当日45师、29师联合命令，86团配合135团，30日反击597.9阵地。

大战前夕，兄弟部队91团、92团按兵团部署全部到达指定位置。我们做好了一切准备，一场大战迫在眉睫！

上甘岭战役第二阶段：
45师新建13个连队，老将带新兵"抢训"

上甘岭战役第二阶段的时间是从10月21日到10月29日。

从14日到30日，45师共歼灭敌人12000余人，仅在20日到30日这段时间里，两个阵地上韩军伤亡达4000多人。我们在坑道里虽然困难，但我们可以用山炮或其他的炮保护坑道口，只要敌人一来，他到什么地方，我们的炮弹就落到什么地方，这些炮还可以与坑道里的火炮相配合，所以我们在坑道是有保障的。而敌人身处在"楼上"的表面阵地，那"楼上"却是没有顶盖的，他们暴露在炮火下，谈不上有任何保障。这个事实一摆到这儿就很清楚了，这个仗是个很便宜的仗。这些事实在第二阶段总结和实践过程中都是很清楚的。

为了准备反击，军里为我们师补了1200个新兵组建新部队。与此同时，师里从战斗连队和师团里抽调了一部分老骨干，与那些新兵合到一起，又组建成13个新连队。在当时残酷的战争环境下，我们也只能边打边整，边补边训，以保持部队的战斗力。为了保证组建的新连队能更好地参加大反击，我们在五圣山后面找了个与597.9地形相似的阵地，日日夜夜苦练，整整7天，主要是练战术、练技术、练运动。老战士还给新兵传授战斗经验。

一般的新战士也有些基础，这样子训练到第三天，照新兵的话来讲"自己就变成老兵了"；到第五天就不仅仅像老兵了，包括战术、技术、运动等全套都练得比较熟练了；到第七天，虽然这还是新建的连队，但从求战的情绪、战术技术的准备、承担的任务来看，战斗力提高也很大。

为什么会有这样的成果呢？这是因为有老战士传帮带。

在每个新组建的连队里都有打过仗的，他们有的当班长，有的当副班长。这些人在后来的战斗中有的是英雄，有的是模范，有的是功臣。在训练中还专门有针对性地请了教练员，比如易才学，他就专门介绍自己怎么打碉堡、怎么

兵越练越精,枪越打越准!新战士吴春风初上阵地17天,就打死了17个敌人

运动。这些负责训练的干部都是从前线抽调过来,而且都是具有实战经验的人。

刚开始训练时,个别新战士有点害怕,有点恐惧,觉得这个仗打得那么残酷。可经过前线回来的同志一激发带动,这些战士就由恐惧到无畏了。因为他们都知道,第一天就打出了孙占元、易才学等7名战斗英雄。随后差不多每天的战斗都有英雄,英雄是层出不穷的。作为英雄,你只要讲战术,敢于去打,敢于近战,一个人就可以守住一个阵地。像这些战斗英雄,他们每个人不仅仅是打死几个敌人,有的时候一个人甚至能消灭敌人一个班一个排,常常比领受的任务完成得更出色。

我们的战士在坚守阵地的时候,他们不光会用自己手中的武器,而且还学会运用步炮结合打击敌人。当时我们已经有了步话机[3]。像敌人成队成群地攻上来的时候,仅靠手中的武器就打不了,这就要靠步话机与后面的炮兵阵地联系。联系号码都很简便,一

[3] 步话机是一种小型便携式军用无线电通话设备,可手持、佩带或背负使用,通信距离为数百米到数千米,主要用于营以下分队。

叫就通,就用暗语呼叫:"一群羊,到哪儿了,赶紧来!"指明敌人已经到的方位,紧接着那个炮弹就盖下来了。所以有时咱们一个伤亡也没有,就可以歼灭敌人一个连,甚至于两个连。到二十几日我们就有以伤亡很小的代价歼灭敌人一个营的战例了。这些都是在阵地上通过肉眼就能清楚看到的。比如像24日美军撤退的时候,我们的远程火炮就"送"了他一程。当一看到敌人开始运动时,我们的炮火就呼啸着盖过去,于是造成美7师撤退过程中残余部队伤亡过百的记录。这都是我们亲眼看到的。

537.7北山的争夺就更巧了。因为那个地方敌人的兵力比较薄弱。我们前方与后方的联系比较好,前头的一要炮,后面的迫击炮弹立马就到。战士讲,迫击炮打得很准,有时候都能起到手榴弹的作用了,手榴弹也只能打30米,但迫击炮弹可以打到离我们战士前方20米、30米处爆炸,集中火力消灭敌人。我们的迫击炮打得很精确。

第45师134团8连连长李保成(左二)与指挥所保持联系,汇报情况

所以，新战士从恐惧到无畏，一是因为面对这些英雄，感觉自己能和这些英雄一样参加抗美援朝战争，能为祖国、为朝鲜人民立战功很自豪；二是因为技术上自己有了本事，具备战斗力了；三是因为在战术上战士们也看到了，打仗是个整体行动，每一场战斗都是"一人为整体，整体为一人"。有的时候阵地上只剩下了一个人，但实际上整个五圣山上有那么多望远镜都在看着他，只要这一个人一动作，其他方面都立即配合。由此他明白了，战争是一个整体，打敌人不光只靠勇敢、靠技术、靠战术，还要依靠协同作战。你虽然是步兵，但仍要学会与炮兵协同作战的本领。

这种"抢训"教学法及时解决了战时的"饥渴"问题，新战士急学急用，技战术提高很快。事实也是这样，第二批上去的部队都普遍打得比较好。有的连队曾经在运动中伤亡很大，这次重新组建，他们接受了以往的经验教训，在以后的战斗中，讲究技战术，有些连队在通过敌人封锁区时全连无一人伤亡。

打上甘岭的日子里，我们45师有16个连队打过两番，1个连队打了三番，都是补充后训练5到7天就投入战斗的，有的连队还是在坑道里补充再战的。

到第二阶段总结经验的时候，经过了这个过程，包括训练新兵，也包括在前沿与敌人的作战，我们的战斗力有了质的飞跃。

坑道内条件艰苦，基层干部动员工作卓有成效

坚持坑道作战是战役第二阶段的主要斗争方式。这一阶段我们调整了部署，加强了主坑道的坚守力量，准备打反击。

坑道里头确实有几天特别艰苦，像25日、26日、27日，为了不暴露我们的作战企图，战士们都必须隐蔽在坑道里。开始没有经验，所以能送上去的东西很少，尤其是水的问题，确实像电影《上甘岭》所拍摄的那样，在很困难的时候喝尿的情况也有。

原来是一个坑道里准备20天的水,这是以一个连为标准的。盛水的水缸一般都安排在坑道口,这是为了水来了倒着比较方便。但仗打起来了以后,坑道就变了,原来是一个连的坑道,这时候就有可能屯聚了两个连,甚至三个连都拥挤在一个坑道里,加上坑道口经过炮再打、再震,有的坑道就出现了用水危机。没有水,饭就吃不下去,虽然也有饼干和其他食品,但饼干到了嘴里都是硬的,根本化不了。

另外就是坑道里伤员的问题。面临艰苦的坑道作战,伤员数量也在不断增加,要运送一个伤员下去,搞不好我们还可能伤亡几个、几十个人。所以这一阶段即使受伤,也要待在坑道里,只能等到反击以后再想办法转移下去。

这些情况加在一起,坑道里的实际情况就可想而知了:战况经常处于紧张状态,坑道里也只能点蜡烛照明,那个坑道口被敌人炮火打得变形,口又很小,坑道里空气极不好,时间长了,什么气味都有,所以坑道里的气氛是比较沉闷的。即便如此艰难,坑道里的干部和战士也都忍受住了,坚守在坑道里,总要设法与敌人做斗争。

他们为什么能坚持下来呢?

志愿军战士在机枪掩护下下山运水

坑道中轻伤员精心照顾重伤员

仗打起来以后，师里就确定，主要坑道里必须要有一个团领导、团党委委员。上级委派或指定政治上坚定、有工作能力的团领导、团党委委员进入坑道。转入坚守坑道时，像8连坑道里，就有16个不同单位的人员，大家都要求留在坑道里继续作战。但建制混乱不便指挥，于是就有一个团党委委员进入这个坑道主持工作，以后就召开干部会、传达上级作战意图、组成坑道党支部、研究坑道内的作战方法，一直将政治工作落实到每个战士心中。2营教导员李安德也坚持在主坑道里，一直搞到底。所以8连的坑道里，干部、战士的情绪恢复很快。由于这些主要干部坚持在那儿，工作一直是很有秩序的。坑道里的同志们在党支部的领导下，进行了顽强的作战，他们克服了难以忍受的硝烟、硫黄、血腥、汗臭的恶浊气息，克服了干渴缺水、吃不进、口干喝尿等困难。

　　坑道里很艰苦，但坑道部队的指战员都历尽艰苦，承受了战争的磨炼。因为他们很清楚，如果仓促反击，也可以反下来，他们所处的环境也会暂时改观，但这也仅是暂时的胜利。他们认为，不能像第一阶段那样，反击上去以后，兵力不足了，弹药不够了，结果不仅增加了伤亡，阵地还不能守下来。坑道里的干部和战士考虑最多的是，怎样能把阵地反击下来？怎样能把阵地坚守下去？怎样能够更多地杀伤敌人？他们甚至比指挥员考虑得还要多。为了大反击的胜利，坑道里专门派人到师里提建议，说："我们宁愿多守几天，多受些苦，也要求领导准备充分了以后再反击。""反下来，就要守得住！""如果迫击炮弹数量不充足，就不要急于大反击。"他们要求：反击必须至少有足够三天的兵力和弹药储备。这些都是坚守坑道的同志们经过实战得出的经验和结论。前线的战士好啊！我们很受感动，也很受教育。师里明白，他们的建议是为了战役全局的胜利。

　　虽然说守在坑道里面非常艰苦，但人在坑道里不会暴露，战斗力就得到保护。这些在反击的时候都能体现出坚守坑道作战的好处。大家在坑道里面，积蓄力量，考虑如何才能消灭更多的敌人。有了坑道保护，部队编组也更有把握了。于是在28日、29日这两天的下半夜，部队就开始运动进入前沿坑道。这时有了以往的经验，运动前看地形，用面粉标识路线，拉大距离；强调纪律要

坑道中建立了党支部,战士们正在举手宣誓

在坑道中召开支部大会,誓死坚守坑道,迎接最后胜利

战役第二阶段597.9高地敌我对峙情况示意图

求,肃静秘密,重伤不叫唤,即使有个别战士负伤也没有影响部队安全通过,这样运动中造成的伤亡就很小了。比如在597.9高地,在敌人密布的地堡之间和岗哨缝隙中穿行千余米,有的整个连队进入坑道时没有伤亡,有的伤亡也只是几个人。我们的战士真是了不起!

597.9高地的主坑道原来是一个加强排的坑道,到30日反击前,坑道里实际已经进去了第一批反击的三个连。由于86团积极要求执行作战任务,所以86团3连也是作为第一批反击部队投入坑道里的。战士们都是一个挨着一个,一排一排地坐得好好的。

这一切,敌人根本就想不到。所以美军后来承认:"无论是从空中或地面上的火力都不足以将躲藏在挖得很好的战壕里的敌人消灭。"韩军有个情报科长也惊叹:"志愿军的坑道入口只有四个或者五个,但里面却像蜘蛛网一样的四通八达。"的确,他不知道我们的打法有这么多,难怪出乎他意料。

29日夜,为查明597.9敌人的配备情况,我们组织试攻,进行了5分钟炮火急袭,并派小分队进行战斗侦察,借以迷惑敌人。

所有的一切都准备好了，军里才给兵团、志愿军总部报告，说准备30日大反击。

说句心里话，如果要问指挥员什么时候感觉日子最难过呢？我们感到最难过的日子就是30日之前的准备阶段。从领导来讲，从部队来讲，这都是一个最艰苦的阶段。因为，既不能暴露自己的企图，又不能向敌人示弱，还必须经常打打敌人的气焰，否则就要吃苦头；同时还要给敌人一点错觉，使他麻痹，让他觉得我们好像不反击了，可实际上我们却准备得十分充分。所以，这一阶段虽说日子不好过，却也是办法最多的阶段。

到了10月29日又是一个什么样的作战态势呢？

我们反击准备工作都已完毕。大反击前夕，炮兵有了10个团的番号；山野榴弹炮由70多门增加到133门；迫击炮增加到100门；迫击炮弹每门800到1000发，炮弹很充足，运输队陆续都赶运到位；45师抽调的二线老兵、新兵加到一起有1200多人，整补重建了13个连队，又进行了一周的战前突击训练；反击作战任务在29日已下达到各个部队，86团配合135团反击597.9高地。另外，接兵团命令，二梯队91团和92团全部到达指定位置。参加反击作战的步兵、炮兵，全体指战员求战情绪高涨。反观美军，美7师被打残，匆匆撤离阵地，调到西面，由韩军来接防。我们估计，美军撤离很有可能是他们在受到重创后放弃了继续扩大攻势的企图。我们反击时机已经成熟，军和师决定由坑道斗争转入决定性的大反击。

第六章
最后反击 敌军兵败597.9

大战之后的上甘岭597.9高地

战前准备从思想动员到运输管理都井然有序

战役开始后，伤亡最大的可能并不是战斗连队，而是运输部队。

运输部队在第一、第二阶段的伤亡平均起来占到整个伤亡的三分之一，三分之二是战斗伤亡。因为敌军的炮火那么厉害，只要一个炮弹碰到你，人就不行了。比如第一阶段，总要把捉到的俘虏送回来了解敌情，常常为了送一个俘虏，我们就得伤亡十几个人，因为俘虏不能被打死，总要想法搞回来，所以伤亡就那么多。有时为了送一位伤员到后方治疗，结果阵地上的伤员没被送下来，反倒又增加了十多个人的伤亡。这样一来，伤亡数字就不断上升。阵地上的伤亡有时并不是那么多。

经过这一段的实战，我们的经验逐渐就有了，敌人的炮打来怎么办？面对敌人对我们前方和后方的炮火封锁，负责运送弹药或转移弹药的运输员就不能一下子搞到底，要采取分段运输方式，你一段我一段，渐渐地，大家对敌人在自己管辖地段内炮火封锁的规律就摸得很准了，你运输的炮弹、子弹送到什么地方，我再接着继续运下去，这一路上全都会有人指挥。同时，为了躲避敌人的炮火，沿途掩蔽部明显增加，这样前前后后也就有了秩序。从前沿阵地到后方，也就井然有序了。

整个战役是在金化郡进行，朝鲜的郡相当于我们的县。金化郡有一半在敌人那一方向，而在我们这边的那一半都是山区。金化郡有几个垸，再加上在我们地区的金化、淮阳这一片，男女老少都算上，当时总人口大概也就有5万多人吧。

朝鲜群众支前队伍组成的担架队

踊跃支前的朝鲜民众

我们把原定28日的反击推迟两天，朝鲜的支前队伍立刻就组织得比较好了。战斗打响以后，从我们17日到前线，最初仅看到史吉荣设的茶水站，到二十几号，从五圣山直到后方医院沿途的几十里路，茶水站、苹果站也都设起来了。大都是朝鲜的老太太、小孩子在做这些支前工作。朝鲜人民还组织了担架队。整个战役过程中，仅有5万多人口的金化郡抽出7000多人组成了担架队支前，还有一些妇女在部队医院里照顾伤病员、洗衣服。这么多人组成的担架队，男男女女、老老小小几乎都组织起来了，凡能出来的都参加了支前。

五圣山后有一个叫梅桧里的炮弹转运站，汽车把弹药运到那里，梅桧里的朝鲜姑娘金春实等三个"女性同盟盟员"就负责炮弹的卸车、搬运和隐蔽。为防止敌人飞机轰炸，她们还要把弹药搬到100米以外的坑道里隐蔽起来。十来天她们就搬运了1000多箱弹药。

那时，我们经常说在国内作战时群众基础很好，在朝鲜战争中，朝鲜人民对志愿军的支持同样巨大。尤其是上甘岭战役大反击前后，朝鲜人民的支前和服务工作都得极为出色。朝鲜人民不愧是英雄的人民，他们认为支援志愿军是很光荣的。

当然，我们45师参加反击的主攻部队，在一线是看不到这些情况的。但是后来参加反击的部队，比如87团，从西线转移到东线的时候，就能看到这个情况。

即便是看得不全,他们也能在沿途体会到这里的支前气氛。而12军31师所属部队是从后面过来的,因此全过程就可以看得很清楚。走着看着,不多远就有茶水站、苹果站,还有从前方往后方运动的担架队,等等。这个生动的画面就是对部队最好、最实际的动员,而且这个动员起到的作用,比讲什么都要有用得多。

第一阶段和第二阶段都涌现出一些战斗英雄,像391高地的邱少云,他就是一个顾整体、守纪律的模范,他的事迹宣传到了上甘岭的各个部队。要守纪律,邱少云就是个最好的榜样。在阵地上潜伏,离着山上的敌人才几十米,如果负了伤在那里一叫唤,敌人的炮弹马上就会打过来,这样只会增加更多潜伏战友的伤亡。整个第一阶段、第二阶段,战士们对战场纪律都能非常自觉地遵守,党员们都起到了模范作用。

10月19日的反击战,涌现出黄继光的英雄事迹,以后参战的部队就把黄继光牺牲的那个阵地称作"英雄阵地"。英雄的事迹不仅在五圣山前沿部队传颂着,也在运输线和后方部队宣传着。

军里的联络部和朝鲜人民军的文化部合办了一个《快报》,有中文和朝鲜文两种版式。朝鲜文《快报》一天要出几期,这些《快报》就通过担架队从前

黄继光烈士牺牲的597.9阵地,被称为"英雄阵地"

方一直送到后方,又从后方送到前方,在运输人员中广泛散发。其中还有战场捷报、英雄事迹,还有慰问、鼓动,等等,所以战场上的消息传递得很快。

五圣山下的獐谷还设立了战地广播站。獐谷这里有一条横着的山沟,西侧山沟是我们作战物资、人员调配最前沿的补给点,东侧山沟是炮阵地、喀秋莎炮阵地,向南行,隔着两座山岭就是上甘岭。这里与前线一样重要,到那里一看就可知道,沿途有许多临时包扎所、弹药运转站。每天这里都有匆匆忙忙的过路人——运送炮弹的、抬担架的、开往前线的反击部队,等等,紧张热烈的气氛显示着前方正在进行着一场激烈的大战。这一路,无论是后方的情况还是前线的捷报,都能够通过《快报》、广播快速传递。尤其是广播站不时地传出上甘岭战役涌现出来的英雄事迹,让每一位运输员和支前人员都倍受鼓舞,并转变成巨大的精神动力。

由于有了这些,到第二阶段结束、大反击以前,部队隐蔽纪律很严,秩序很好,情绪也很高。我们的实际战果是歼敌12000余人,我们自身也有很大伤亡,但还坚守着阵地,并在积极备战,准备大反击,这在朝鲜战场上是少有的。正因为这样子,从前线到后方、从领导到基层,大家情绪都非常高涨,到处都在宣传着胜利。看来这个仗打得很值得!

上甘岭战役第17天(10月30日):
战役进入第三阶段,强炮火加巧战术打出开门红

大反击前,军、师领导进行了普遍检查,尤其是军里,检查得更细了。像秦基伟军长就亲自检查。本来,我们的兵力和弹药都准备得那么充分,再加上西北那个角上的4号、5号、6号阵地19日反击以后一直在我们手里,597.9这个阵地完全可以在一天或一个晚上打下来,但是秦基伟不让。秦军长说:"第一天晚上你只要把主阵地反击下来就行。把主阵地反击下来就算完成了任务,第

二天再反击其他阵地。"597.9的主阵地有1号、3号、9号、10号,再加上0号,这五个就是主阵地。

但前线的指挥员一开始并不太了解上级的这个意图。

上级为什么要这样做呢?因为如果一下子都反击下来,敌军就可能不来了,你要打他就打不到了嘛。就像那个537.7北山,28日反击下来,敌军不再反扑了,结果我们连着守了三天。尽管那里不是主要阵地,但依照这个经验,敌人不来,也就消灭不了他的有生力量。因此我们采取反击他一部分,再留下一部分,留着就是为了引诱他来。当时我们对这个想法并没有理解得很透彻。

军里还决定,反击597.9阵地使用25个连队,分作三个梯队:45师和29师为一、二梯队,负责反击恢复阵地;31师为三梯队,负责坚守巩固阵地。

进入战役的第三阶段大反击之前,官兵情绪非常高昂。反击头两天晚上,结合19日战斗的经验,在炮兵怎么使用的问题上又有了长足的发展。28日、29日炮兵进行了试射,537.7北山也打了炮,用以迷惑敌人。我们的准备就充分多了。

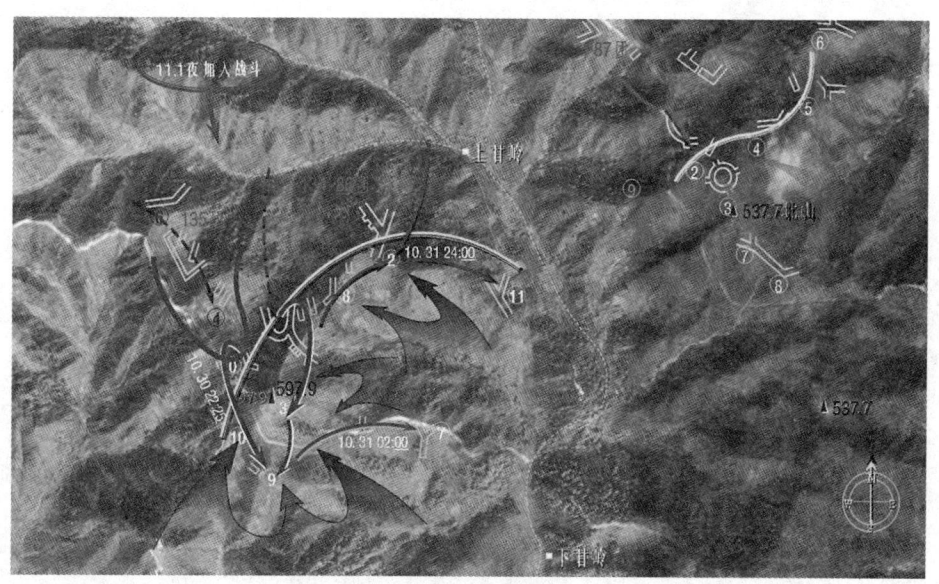

战役第三阶段反击597.9高地战斗经过示意图

在炮火掩护下,志愿军对597.9高地实施反击(高亚雄摄)

30日12时至17时,首先是15分钟到20分钟的破坏射击,以榴弹炮第20团一个连前推,占领临时发射阵地,对敌人主峰地堡群进行直接瞄准射击,敌人的工事大部被摧毁。

22时,我山炮、野炮、榴弹炮48门,迫击炮30门行1次齐放,对597.9高地实施5分钟火力急袭。按以往来说,我们没那么多的炮弹,只能在炮火准备5分钟后开始反击,有的时候炮火就准备7分钟。这一天,炮兵把两三天反击的炮弹都用在一天了,首先来了个5分钟的炮火急袭。敌人也知道,按规律5分钟炮击一过,我们就会反击。但这次5分钟炮击一过,我们并没有立刻反击,在破坏性射击以后,接着就是炮火假延伸,步兵打枪,机关枪也响,信号弹也打——诱着敌人出来,想着法子叫敌人开始运动,做出我们要进攻的准备。敌人果真上当,以为我们要反击,乱哄哄地跑出来占领阵地,准备应对我们。结果,我们的炮火又突然返回来,对着原目标,打了10分钟的火力急袭,一下子就把敌人打得够呛。同时,我们的24门"喀秋莎"火箭炮打出一次齐放,覆盖面积非常大,不仅打了敌人的阵地,连他的预备队都在射程之内足足地盖了一下,这就叫"砸着哭"。炮弹飞驰而来,剧烈爆炸、燃烧,敌人如果还像以往那样出来,炮弹在1米之外就把他烧着了。接着的炮火准备,重新又往主阵地上砸他的工事。敌人挨了打,还没完,我们的炮火又一个假延伸,步兵还不冲锋。前后的敌人又都出动了,这时只见我们的火箭炮对敌二梯队又打了个齐射,紧接着炮兵又是5分钟的炮击,之后步兵才开始伴着弹幕进攻。这一打,敌人招架不住,四处逃窜。这连续两次的炮火急袭,共发射山炮、野炮、榴弹炮9000发,火箭炮弹1200发,迫击炮弹万余发,直接砸在主阵地上,敌人的表面工事全部被摧毁,增援部队也被我们的炮火打得溃不成军。所以,经过这一番猛烈的炮火攻击再也没有发生19日的那种场面——没有黄继光那时要面对敌火力的障碍了。

22时25分,部队行动迅速,步兵突击分队与坚守坑道的分队互相配合,在强大炮火和迫击炮直接支援下,135团四个连、134团两个连、86团一部分数路数波依次发起冲击,经过5小时激烈战斗,一举夺下主峰,当夜就恢复了597.9高地主阵地,然后转入坚守,并打退敌人多次反扑。

30日夜,86团3连作为主攻连也参与了战斗。他们迅速反击了1号、3号阵地,并配合134团7连攻占了7号阵地。

7号在哪儿呢?7号阵地就在主阵地的东南,在2号阵地的南面,离主阵地大概有150米,山头比较孤立,但有主阵地作依托也还可以。3连打仗的劲头很高,劲上来了,只派了一个多排就顺利地攻到阵地上。这样,第一天晚上除了反击1号、3号、9号、10号阵地以外,还拿下了7号阵地。就在这一天86团3连立了功。

志愿军勇士一举夺下主峰,恢复表面阵地

29师师长张显扬

那时候我们的指挥所里有两个师长，45师崔建功师长和29师张显扬师长；两个政委，29师王新政委和我。但指挥仍是以45师为主。那个3连反击到1号阵地的时候，我就提出："只要他打上去，并且守住24小时，就给他立功。"此时已经不像第一、第二阶段那会儿通信不畅通，这时候通过步话机，我们和前头联系得很快，一晚上就跟他接通了。结果3连确实是首先打上去了，战士上去了，就先给他记功，3连的功就是这样给他记的。

这次大反击作战，参战炮兵共有山炮以上的火炮百余门，配合步兵全歼了韩第2师第31团2营全部、3营一部，打退了敌二梯队13次反扑，仅阵地上就毙伤敌人1500余人，俘虏敌人11人，摧毁敌人炮阵地1个。反击成功，炮兵起了极为重要的作用。

我们还记得，反击之前，在炮兵指挥所作战会议上，研究如何制止敌纵深集结和第二梯队增援，以保障反击作战顺利进行的问题时，火箭炮团长当时就判断，战斗打响后，敌二梯队可能将在拂晓时分到达并进攻出发地域。他提出，这时以短促火力覆盖敌人进攻出发地是杀伤敌有生力量的最有效时机。方案确定后，火箭炮团在次日拂晓就进入预定阵地，全团一次齐放，使敌人第二梯队的集结地变成一片火海，敌人再组织不起进攻，没有投入战斗，这对保障我们的反击成功起了关键作用。

大反击的胜利，给了步兵极大鼓舞。敌人占领并经过10天加修的表面阵地，一夜之间变成了一片废墟，还付出了1500余条生命的代价。在第二天召开的作战会议上，步兵第135团张信元团长见到军炮兵主任靳钟时，开口第一句话就说："靳主任，你是炮兵主任，我团同敌人交战第一天，敌人的炮兵在我两个连队头上砸了30万发炮弹，我急得跳了起来。当时你如果能拿出昨天发射的一半炮弹支援我一下，美国兵就别想踏上我的阵地一步。"我们知道这位团长是一位英雄团长，在敌人面前是铁打的汉子，在他的战斗生涯中大概从来没有过这种怨气。我们都会心地笑了。

133团坚守537.7北山高地，从21日开始不间断地反击，22日、23日、24日到28日连续反击，28日以后一直守到30日。133团打得灵活巧妙，动用少数兵力就牵制住了敌人，他们积极配合了597.9高地的反击，打得很出色！

上甘岭战役第18天（10月31日）：
全面反攻597.9阵地，敌军始料不及损兵1500人

我军反击成功，虽给敌人以沉重打击，但敌人并不死心。31日晨，韩军31团残部和阿比西尼亚营，在炮、空火力掩护下，向我们夺回的阵地进行猛烈反扑。

守卫在597.9高地的步兵135团和86团少数担任警戒观察的战士，隐蔽于石缝中或石坎后，用步话机同炮兵保持密切联系。五圣山927高地的中心观察所也时时刻刻盯住敌人，当敌人接近我前沿阵地时，我纵深炮兵群和直接支援步兵的30门迫击炮就一齐开火，给予敌人重大的杀伤，迫使敌人后撤。12时，敌人改变了炮、空袭击的战法，施放大量的烟幕，掩护一个步兵营向我阵地发起进攻。坑道部队在迫击炮的支援下，组织小分队出击，先后击退敌人40余次进攻。经过激战，我们又毙伤敌人1500余人。至此，韩军31团大部被歼，完全丧失了战斗力。

31日白天，坚守在7号阵地的86团3连打得比较艰苦。敌人对主阵地的轮番攻击有上十次。因为7号阵地比较孤立，而且后头就是2号阵地，当时还被敌人占着，所以敌人拼命地打了一整天，但还是被我军打退了。由于7号阵地在我们手里，所以北面2号阵地上的敌人白天不敢跑。

29师86团在进攻时，指挥员动用了一个不该动用的连队。30日那天夜里反击，这个连也和早先135团一样，反击8号阵地没有成功，指挥员因此受到了批评，情绪受挫。但86团3连却成功反击，冲上了7号阵地，胜利的高兴劲头无法用文字来表述。战斗就是如此，战机瞬间的转变是难以预料的。86团那一天

也吃苦了,当然初战期间遇到这种情况也是经常的,就和45师第一天、第二天打的情况一样,开头总要碰那么几下子才能碰得聪明些,我们的部队还是很好的,战士们个个打得都很勇敢。

86团在反击并坚守2号阵地上还打出了一位临危不惧的战士——林炳远,他孤胆作战,坚守阵地,打死打伤了140多个敌人,成为战斗英雄。打到最后他就记着这么个经验:"人在阵地在!"一个人守住了阵地,"反正我在这儿,只要还有一口气,这个阵地就是我们的!"其实,到底上来了多少敌人,他自己也数不清楚。因为他离我们的阵地直线距离很近,所以炮来得很快,机枪也能够支援到。五圣山和主阵地上的观察哨都看得很清楚,约一个连的敌人大举进攻,活着回去的只有十几个。林炳远一人舍命,用手雷、手榴弹保住了阵地。在危难时刻,我们的迫击炮也发挥了威力,炮保护了阵地,也就保护了英雄。仗就这样打下去,一直打到晚上支援部队到达,与林炳远胜利会师。可以说,孤胆英雄林炳远就是用手中武器和主阵地的机关枪,在炮兵支援下一个人守住了这个阵地。

30日反击,歼灭敌人六个连,第二天又歼灭两个连。31日晚,134团、86团和135团又一举恢复了1号、3号、7号、9号、10号阵地。主峰3号和前面的9、10号阵地,经过多次争夺,土被打松,坑道被打塌,工事已无形迹。所以,除留135团7连坚守外,其他连队全部撤出主峰表面阵地。31日夜里,在10月30日反击主峰之后,2号、8号、11号阵地的残敌多次突围,但未能逃脱,31日晚、11月1日,我们再次攻击,到了11月2日,134团与86团各一个连在坑道部队配合下,反击2号阵地,把2号、8号、11号阵地也给恢复

反击部队全歼表面阵地之敌,并与坚守坑道的部队胜利会师

了,这时,597.9全部阵地重新回到我们手里。

特别是到30日以后,87团也运动上来了。他们首先接手133团在忠贤山后面的阵地,这样133团就有足够力量与537.7北山的敌人进行争夺,让敌人再吃吃苦头。我们是东西两边同时进攻,第一天晚上反击就重创敌人6个连,到第二天白天歼敌1500余人;31日和11月1日、2日,又歼敌1500余人,这样30日、31日、1日、2日算下来,共歼敌3000余人。这样打下去,这个仗啊,有打头!

上甘岭战役第19天、20天(11月1日、2日):12军31师"小兵群战术"运用出色,蔡兴海班歼敌0∶400

如此一来,到11月1日敌人就急了,原来敌人并不知道我们的企图,早先就将"战果"都宣传出去了,结果却被我们全面反攻下来。由于丢尽了脸,范佛里特就亲自督促总指挥詹金斯。詹金斯这个家伙比较滑头。韩2师接收阵地以后,本来应该由詹金斯指挥,他却派韩2师的师长来指挥,这就是让韩2师先打,韩2师的一个团一打,正好遇到我们在537.7北山连续和他争夺。

11月1日,接替美7师的韩军主力韩9师投入战斗,敌人集中坦克、飞机、火炮向我们阵地猛烈轰击,他纠集了4个营的兵力攻击597.9高地。敌人先以数十架飞机实施轰炸,继以300余门重炮向我597.9高地疯狂轰击,发射炮弹20余万发。从8时起敌人的进攻由小到大,逐次增兵,到12时连续进攻达15次。9时20分,韩军第9师30两个营和美7师两个营对我军发动连续集团冲击。我们的炮兵不顾敌机轰炸,及时准确支援坚守阵地的步兵,并以榴弹炮50门集中火力,控制阵地前沿,迫击炮30门轮番向反攻的敌人射击。参与战斗的134团、135团、86团步兵在炮火强有力的支持下,击退了敌人一次又一次的攻击,坚守住阵地。16时,敌恼羞成怒,集中了所有的残余兵力,发动总攻。此时,我步兵只留少数监视敌人,其余都退入坑道。炮兵群就抓住战机,对敌人实施火力急袭10分钟,然后炮火延伸,步兵一举夺回阵地,共毙伤敌1200余人。

11月1日在12时左右,我们发现7号阵地东北侧及下甘岭有敌人一个营兵力集结,企图再向我阵地发起攻击,由于我们在主峰有两部步话机,前沿部队及时将敌人兵力集结报告给炮兵指挥目标,待敌人还未发起冲锋时,我们的火箭炮立即打了一个连放,将集结的敌人歼灭。

在双方决战的关键时刻,12军陆续参战。当晚,12军31师91团作为第三梯队,接受上甘岭597.9阵地的防御任务,接替3、9、10号。86团守1、8、7号,134团守2、11号,135团守0、4、5、6号。

31师是个老部队了,代表12军参加15军作战行列,被叫作"12军的代表队",他在东线和敌人争夺过程中打得也比较好,可是上甘岭这一仗他没打上,所以劲头憋得十足,主动请缨,要求此役火线锤炼一下91团。31师要求部队"战胜困难,完成任务,只准打好,不准打坏!"于是91团3营就在11月1日的夜间运动上来一个连,也就是"阵地8连"。我们就把防守3号、9号、10号阵地的任务交给了8连。8连从上到下都准备得很精心。让我们介绍经验、摆沙盘、谈作战部署、谈步炮联合。这一套他们的班长们都去听了,之后就回去研究,比我们的部

31师正在收复597.9阵地

队还带劲。由于研究得好，到1日晚下半夜他们就运动上去，接近了敌人的阵地。

8连过去就有这个经验，如今又把我们的"添油"战法加了进去，总结为"小兵群战法"。就是依托坑道逐次补充消耗的兵力，量敌用兵，发挥我们炮火和步兵近战夜战的优势。这一个连就在9号和10号两个阵地上摆开了这个阵势，并根据我们反击中与敌人反复争夺阵地的经验，将枪、炮、弹药准备好。那时候也就是机关枪、冲锋枪、手榴弹、手雷。怎么使用？具体打法是，在开打时，要把敌人放近一点，等敌人进入手榴弹的攻击范围内才能打，不要一看见敌人就放枪。一般经验是在距离20到30米之间的时候打最好，因为敌人是从下向上进攻，此时你打了之后，前头的敌人一停，后头一拥，就容易成堆，这时就用冲锋枪扫射。冲锋枪一扫，前头停了，后头上来，又比较集中，这时候就用"包饺子"，甩出手榴弹、手雷、爆破筒杀伤敌人。如果此时敌人撤退怎么办呢？这3个小组先各自打自己前头的敌人，然后再交叉着打，快打不上了的时候就赶紧呼叫炮火，再用炮打。

这个经验的运用，91团8连做得比45师和29师，甚至比整个15军都更精心，因为他要"当好12军的代表队"。

从30日以后连续3天拉锯战，敌我双方争夺更加激烈。他们的远程火炮猛烈轰击我炮兵阵地，敌机轮番轰炸我前沿阵地。果然，11月2日这一天敌人又疯狂进攻了，他们仍以韩军第9师第30团两个营、美7师两个营的残部，另外加上美军空降第187团，对我军阵地冲击30余次。坚守坑道的部队91团和86团在炮兵密切配合下，进行英勇顽强的阻击。敌人每一次进攻都会准备1个小时的炮火，随后再发起攻势。据此，我们就采用多用炮、少用兵的战法，大部分人员进入坑道，少数留在阵地坚守，边打边补充，以保持战斗力。步炮协同，激战整日，毙伤敌1500余人。

2日这一天进攻597.9高地的是韩军。韩军共有4个团，番号是17团、31团、32团，还有一个韩9师30团。李承晚从济州岛和汉城又准备了一个编练师，战斗打响以后还在不停地运输，以准备在作战部队伤亡大的情况下及时补充兵力。加上敌人从汉城又开来的3个编练团，等于敌人在这个地方一共部署了6个团的兵力。

一等功臣连91团8连官兵战后合影

原先我们对韩军估计不足,觉得很奇怪:"打了他不少啊,怎么还是这个番号又上来了,人还不见少?"实际情况是,韩军为了与我们争夺,准备得很充分,动作也比较快。特别是詹金斯把战场指挥交给韩军之后,李承晚又相继调来一些部队,因此韩9师的后续力量是比较大的。

11月2日这天,韩9师30团多梯次反复攻击我们阵地。91团8连在炮火支援下,一个班坚守,采取"小兵群战法",以小组坚守,边打边补,7次击退了敌人。随后,敌人由班的进攻上升到排的进攻,最后升级为两个连的进攻,甚至有一部分敌军疯狂地一下子攻到了9号阵地。

敌人攻到9号阵地时,守卫阵地的战士就有点儿慌,因为此时班长眼睛被炮弹打伤,什么也看不见,虽然有个副排长,但却没有指挥经验。这时有位副班长叫蔡兴海,是战斗英雄,他遇慌不乱,马上就接替指挥:"我们是12军的代表队。听我的!"一下子把一个组稳住。在战斗中,他边打边研究,及时发现敌人的炮火规律,提出对策。他发现敌人在炮火攻击后,会停留一段时间,诱骗我们冲出工事后,又炮击。据此他们马上研究决定,在敌人炮火袭击后,暂不出工事,待敌人冲击时再出工事;若敌人一路来,就集中射击,多路来,就分头射击；要打就打敌人的头头，把头头一打，后面的兵扭头就跑。于是，经过这么一打，再加上炮兵的配合，两个连的敌人就被打下去了。

蔡兴海立功还有一条，他参加作战时是个副班长，当时有400个敌人在集结过程中被他看见了，我们主阵地的观察哨也看见了，观察哨叫张计发，他就是电影中啃苹果故事的主人公。看到那个情况以后，蔡兴海立马把远射炮要到了，基本上把这400个集结的敌人都给消灭掉了。激战一天，这个班除了班长等3人负伤以外，没有阵亡士兵。他们自己

创造小兵群作战范例的蔡兴海

报的战果是0∶400，就是说没有一个阵亡，敌人却伤亡400个。就那个组来讲确实是这样子的，所以说他们坚守了一整天，经验比较好。不光这一个阵地是这样，其他阵地也都同样。

从2日起，在大反击的关键时刻，12军91团和93团陆续投入战斗。我们在已恢复的597.9表面阵地上突击构筑工事，加强防御设施，同时还加强了北山阵地的争夺，继续杀伤敌人，准备完全恢复阵地。

由于我们的志愿军战士英勇善战，597.9高地坚如磐石。

当晚，15军致电表扬31师的战斗作风："31师去年11月进入阵地至今已一年，上月底下阵地即迅速投入我军战斗，经三昼夜激战，击退敌一个连至三个营的50次反扑，歼敌2500余名。阵地屹立未动。部队英勇顽强，机智灵活，往往以小的动作，控制要点。指挥上注意研究，刚作战不久即摸住敌人规律，注意保存有生力量。该师人生地生，情况不明，困难殊多，但能动员直属队解决运输问题。且十分照顾45师之疲劳。此种战斗团结是应当发扬的。当前敌恼羞成怒，韩9师参战，美25师可能投入战斗，战斗方兴未艾。在今后作战中，这种作风是可贵的。号召全军学习31师，边打边研究，打一仗进一步，以小的代价

歼灭敌人,最后把敌人熬垮。31师想办法克服困难,特予通报表扬。望继续努力,争取最后胜利。"

上甘岭战役第21、22、23天(11月3日至11月5日):
范佛里特无力扭转局面,美军哀叹"'联军'在三角山是打败了"

11月2日、3日,敌人把阿比西尼亚营、哥伦比亚营在这地方使用了一下子。

3日,91团和86团继续坚守。经一天激战,打退美187团(一部)、阿比西尼亚和哥伦比亚两个独立营、韩9师28团两个营的攻击。入夜,我93团上阵地。

11月3日8时,敌人一部约两个营的兵力,向我军阵地前沿运动,被我军迫击炮和纵深炮兵群击溃。16时,发现敌车30辆运载一个营的兵力增援,企图再次进攻,我方炮兵立即对正在下车的敌人实行了10分钟火力急袭,火箭炮行一次齐射,给予敌人歼灭性打击,一个营基本完了。之后两日,敌人又以8个连的兵力多次向我方反扑,一度突入主峰,但我们坚守坑道的步兵在迫击炮火力配合下,每次都将敌人击退。

敌人调整部署:计划让美3师接替韩9师,并让他们互相调换防守位置。美3师原来并不准备参加这里的战斗,但由于此时手头没有更多的兵了,所以就把刚组起来的30团调来参加了战斗。这个30团的战斗力就更差了,所以3日到4日这两天的争夺中,我们又歼灭敌人1500余人,守住了这个阵地和537.7北山。

3日打下来以后,4日拂晓敌人反攻了一下子并受挫,就没有劲了。4日,敌人没有进攻。我们趁机充分准备了一天,整个坑道阵地和表面阵地完全变了样,不但恢复了旧阵地,还打了新坑道。特别是不断增加的有生力量给了坚守阵地的指战员很大鼓舞。

5日这一天,范佛里特上了鸡雄山亲自督战。11月5日他命令攻击部队誓要把597.9阵地拿下来,而打到此时的韩2师已经被我们打残,于是敌人将支离破碎的韩2师重新组织起来，并动用了空降187团的两个营，还有一个独立营，加上韩9师的部队，组织了一次更大规模的进攻。由于范佛里特坐镇，攻势就更猛一些，炮也就比较多了，因为是"大炮司令"发话嘛——让炮弹猛烈轰击。

原来美军炮火支援李承晚的部队，不像支援美军自己那么积极，但这次经过范佛里特重新调整，对韩军的支援明显加强了。从3日开始，敌人在一天之内的炮弹就可以打到15万发、20万发甚至更多。另还有坦克助战。美军的坦克一般不敢直接开到山顶，只开到山下。在

美军155毫米口径榴弹炮

敌方的阵地上经常有二三十辆坦克立在前沿阵地上当炮使用，炮火直接对准我们坚守的两个阵地。11月3日、4日，特别是5日，因为有了炮火支援，敌人与我们的争夺就更为激烈了。但是这种激烈的争夺也只持续到下午1时，总共4个钟头左右。敌人用尽全部力量进攻，始终摧毁不了我们在上甘岭铸造的铜墙铁壁，无奈之下，范佛里特下最后决断——"收兵！"

范佛里特急忙到前线视察的同时，合众社也从汉城发出报道，说："精疲力竭的韩国军5日被中国军队的大炮和迫击炮的密集炮火赶出了'三角山'。"

美国为什么要选在11月6日广播呢？

这与美国国内政治形势有密切关系。美国此时正在进行紧张的总统大选，11月5日即将亮票，而"金化攻势""铁三角战役"本来就是为杜鲁门选举拉选票而造势的，所以他们把"金化攻势"吹乎得很大，把这个所谓的"铁三角战役"说成"是美军在朝鲜这一年来进行的最大规模的战役"，但结果却成为

美军入朝以来，"伤亡精锐部队最惨重的"一次战役。整个战役期间，美军在上甘岭两个高地上就扔下了190万发炮弹。而总统选举的时候已发出的炮弹量就达到了130万发，这130万发炮弹可是相当大的数量，所以美国国会议员在选举过程中都会拿出这个数字来说事，来攻击杜鲁门总统——选择的这两个山头阵地实际就是个"无底洞"！范佛里特，你到底把多少美国财产扔到"洞"里去了？到底消耗了多少炮弹？浪费了多少物资？花费了多少运输力量？他们争吵得很厉害。但他们攻击杜鲁门最厉害的还是美军低落的士气，因为"金化攻势"期间美军的士气已降到最低点了。

当时有一位美国记者（编者注：经查资料，这里指的是美国国际新闻社记者哈莫夫），报道了19日那个连队失败的经过。记者采访了一位美国伤兵李奇上尉，在上甘岭战役中，他所在的那个连队正准备去支援前线部队，还处在待机位置，我们的迫击炮弹就给他"捶了"。那个迫击炮如同下雨似的，一点挨着一点，把他们全盖住了。他亲眼看到"旁边的无线电报员和排里的中士都阵亡了。那里根本没有藏身之处，中国兵发射的迫击炮弹一秒钟一发，可怕极了"。很多士兵这时还根本没有与"敌人"见面，还没有上阵地，去支援的一个连就这样报销了……

另一位伤兵中士斯奈德说："当我向三角山发动进攻时，中国军队的大炮打得十分准确，炮弹不断落下来，士兵们应声倒地。一枚迫击炮弹穿过我的地堡顶打进来，我的背部被击中了。我们有5个人被击中。一位中士被击毙了。"

美国记者沙尼克在1952年11月4日的新闻报道中讲述了美7师一个连惨败的情景："战斗停止了，他们正在计算伤亡，这一连中少了不少人。准尉克洛盖特把队伍集合起来，看看哪个还活着，哪个死掉了……现在那些还活着的步兵们排起队来了，队伍里的人少得可怜，兵士们都是满脸胡须，疲惫不堪，于是点名开始了。在点名中许多人永远都不能回答了。"

其实像这样的实例是比较多的，这些事实在此时也都成为攻击杜鲁门总统的证据了。

杜鲁门选举失败有其他缘由，但朝鲜战争的罪过是受到攻击最多的一条。

艾森豪威尔也把朝鲜停战这一条作为他竞选的目标,他说:"如果选了我,我首先到朝鲜想法停止这场战争。"他许了这个愿。但杜鲁门心里最后还是想着"金化攻势",搞"铁三角战役"。敌人内部也揭露了"铁三角战役"的惨败,虽然不会揭露得那样透彻,但结果还是让杜鲁门总统下了台。

范佛里特11月5日亲自出面指挥。参与攻击597.9高地的部队有美7师、空降187团、韩9师拼凑起来的8个连队。当美7师和韩2师遭到严重伤亡以后,焦急的范佛里特急忙叫刚刚在铁原西北"白马山"遭到重创的韩9师调出一个团来支援金化以北的进攻,其实他就是想着亮出最后一手,力图挽回败局。那一天,他们又是飞机,又是坦克,又是大炮猛烈攻击,我们的守备部队都坚守住了阵地,击退敌人多次进攻。当时的597.9阵地,光参战的志愿军部队就分属了3个师,即45师、29师、31师,参战的有21个连队。他们发扬了我军顾全大局、团结友爱、相互支援的高尚品格,很多阵地上都涌现出了孤胆作战的无畏志愿军英雄。仗打到11时,"联军"仍然扭转不了战局,当天下午范佛里特失望地看到几乎再没有翻牌的希望,于是宣布所谓"猛烈的反击"阶段结束了。

敌人从10月30日到11月5日,仅在597.9阵地上就投入了17个营的兵力。我们驻守坑道的部队,在炮兵有效支援下,先后打退了敌人近百次的反扑。在战役第三阶段,我们就是抓住了敌人正在调整部署和他再无力扩大进攻的时机,在做好了充分准备的基础上,投入足够的兵力,也就是战役预备队,然后进行大反击。首先集中了25个连队,分作3个梯队,火炮104门,弹药保障很充足,经28、29两日炮火准备,30日夜反击597.9高地,按军长要求稳扎稳打,头一天做到全歼主峰敌人,控制住阵地,以火力大量杀伤他们。到31日,我方控制了1、3、9、10号阵地,夜间恢复了2、8号阵地。到1日,我们歼灭敌人韩2师补充过的31团、32团,韩9师30团及阿比西尼亚营3000余人。2日起,我军3个梯队又陆续投入战斗,到5日又歼灭敌韩9师、美空降187团一部、美17团残部及哥伦比亚营3000余人。这两个3000,也就是连续成建制地歼灭和重创了敌人6000余人。当时美联社对韩军被歼的情况大为吃惊,哀叹:"有三支大韩民国部队,两支全军覆没,第三支只剩下18人。"美联社报道美军惨败时,说这3个星期的战斗，"联军所牺牲的人和消耗的军队，已使联军司令官们震惊了"。

这阶段战斗，我们动用了21个连队，伤亡2500余人，打垮了敌人5个团又2个营，恢复了597.9整个阵地。与此同时，133团和29师87团5个连在537.7北山与敌连日争夺，继续杀伤韩2师37团和17团800余人，有力配合了597.9高地的大反击。

6天阻击，敌人兵员消耗大，再无力反击，我们阵地得到巩固，下一步我们会把攻击重点放在537.7北山阵地。

11月5日，联司发来嘉奖电，表扬了部队："你军与敌血战二十余日，敌军集中了空前优势的炮兵、飞机、坦克及大量步兵集团冲锋，不仅不能夺取我阵地，而且丧失了一万五千余人的有生力量及大量炮弹，你们则发扬了坚忍顽强的战斗作风，愈打愈勇，战术愈打愈灵活，步炮协同愈打愈密切。战斗伤亡则逐渐减少，特别是二日毙伤敌一千五百余人，我仅伤亡一百九十余人，这样打下去，必能置敌于死地。"

联司首长的嘉奖电让全军指战员备受鼓舞。战斗虽然激烈，但15军政治部很会做工作，他们立刻将嘉奖电文印成"号外"，还用了醒目的红色字体，传到前线和后方。

第七章
制敌死命 铁拳砸向537.7北山

537.7北山高地硝烟弥漫

上甘岭战役第23天至第29天（11月5日至11月11日）：87团坚守坑道为反击做准备，92团血战537.7北山

11月4日，敌人没有发动更大的进攻。一部分敌人在炮火掩护下，向597.9高地的2号和10号阵地攻击，在我炮火拦截后，又缩了回去。597.9阵地的争夺是上甘岭战役的关键。原来攻占597.9阵地是美军的任务，攻占537.7高地则是韩军的任务，而此时，扬言"5天拿下"的美军已经是无可奈何地将反击阵地任务交给了韩军。尽管经过整补的敌人，攻击力大不如以前，但我们仍不可以麻痹轻视。

597.9高地激战7整天，歼灭了大量敌人，阵地得到了巩固。与此同时，从10月30日起，133团和87团在北山坚守坑道，与敌人连日争夺，继续牵制和杀伤敌人。为了配合597.9高地的争夺，在133团孙家贵团长的统一指挥下，部队与敌人展开了反复的阵地争夺，并为537.7北山反击争取了足够的时间。反击以后的这一段时间，87团接替了133团。

到11月3日的时候，军里仍确定537.7北山阵地暂不反击，用这个阵地拖住敌人——他要走，我们还不答应他轻易走掉！

537.7北山高地什么时候反击？为此，军里在8日根据五圣山前指报告，制订了反击537.7北山的作战计划。反击时间最后确定为11月11日。那时597.9高地已完全恢复并得到巩固，因此作战的重点已转向恢复537.7高地北山方面。我们决心拿下537.7北山高地，力争更多地歼灭敌人，彻底粉碎敌人的"金化攻势"。按照作战方案，参战炮兵除了炮2师继续保障597.9高地的巩固稳定之外，其余各炮兵群的火力转向537.7北山高地。军里重新组成了支援537.7北山高地作战的炮兵指挥所，由炮兵第7师师长颜伏统一指挥作战，炮兵指挥所和各观察所的

第12军31师在北返谷山休整途中，接到兵团命令后，立即向上甘岭地区急进

位置也做了相应调整。

为保障对537.7高地北山反击的成功，确保597.9高地的巩固，兵团首长决定增调第12军3个主力团于文岩里、洗浦里集结待命。调92团于9日进至上所里北山。反击537.7北山准备使用92团，29师87团配合92团作战。为便于指挥，11月5日志愿军第3兵团发出《对597.9高地和537.7北山作战部署》，决定由12军副军长李德生负责组织五圣山作战指挥所，并归15军秦基伟军长直接指挥。秦基伟命令31师进入待机位置，随时参加战斗。

12军31师是在返谷山途中，接受参与上甘岭作战的任务。领取任务后，部队是边行军，边动员。时间很紧，第一天看地形，第三天就投入战斗。恢复537.7北山的任务具体就交给了92团执行。由于92团刚到，为赢得反击胜利，作战前还需要做一些准备，因此11月8日到10日，为麻痹敌人，我们没有对敌人采取更大的动作。

133团坚守537.7北山阵地到11月3日完成任务。87团除了3营（那是邱少云生前所在部队）在西边前线征战有些伤亡之外，还有一个营没有动用，另外一个营经过补充兵力后，接替了133团的防御阵地。87团为配合收复597.9高地，从10月30日进入坑道，一直到11月14日，坚守坑道作战十多个昼夜。

坚守的目的就是为最后的反击做准备。当然你要坚守，就意味着不能在表面阵地上去守，你如果到表面阵地就等于收复这个阵地了，所以给他们的任务就是坚守坑道。当时597.9阵地我们已经收复，也就剩下了这个点还在敌人手中。虽然这时敌人的战斗力被削弱，但在这个点上，敌人却加强了攻击。这时537.7北山阵地是由韩2师17团一个营据守，敌人构筑了坚固的野战工事，设置了地雷、铁丝网，并不失时机地采取了各种手段对志愿军坚守的坑道进行破坏，他们组织了严密的火力点，力图封锁坑道通向阵地的道路。

537.7阵地狭窄，87团接替133团后坚守反击都很英勇，但是部队也有相当的伤亡。

87团上去以后，坚持坑道战，还是让敌人吃了相当的苦头。白天是敌人攻击，晚上是87团反击。87团组织小规模的出击，与敌人反复斗争，以此达到以少胜多、不断消耗敌人的目的。当时咱们87团面临的战场环境十分艰苦。在坑道里坚守，面临缺粮断水的困境，他们每晚就组织人员下山运水，粮食还要省着吃。原定87团出击，限制的时间不超过一天，兵力最多只限于一个连，但是作为部队，在那么多友邻单位都打得如此之好的形势下，谁能当那个孬种呢？所以，这些连队，包括87团4连、5连在极为困难的状况下又积极地搞了一些战斗。常常是一个小山头阵地敌我双方数次交手，双方战斗相距也就是30—50米。

像那个"瞎子背瘫子"的事迹就是那时候在537.7北山阵地发生的。

11月4日晚537.7高地北山"瞎子背瘫子"的故事

87团5连战士薛志高和王合良，在4日激战中，薛志高的腿被打伤，王合良的双眼被打瞎，在最危急时刻，两个英雄在战场上组合在一起，瞎子背起瘸子，瘸子在瞎子背上架起冲锋枪，继续向敌人投弹、射击。他俩边走边打，击退了敌人两次反扑，歼敌20余人，直打到其中一名战士壮烈牺牲。这一英雄事迹在537.7北山阵地上广为传扬。87团整个来讲搞得比较好，接替133团以后又歼灭了不少敌人。但由于阵地狭窄，部队也有相当的伤亡。这个团在537.7高地北山坚守坑道的时间比较长，反映出这支优秀部队英勇顽强的战斗作风。

到11月10日，我们知道了美军调整的情况：韩9师下去了，美3师上来了；美40师走了，美25师来了。

我们经过充分准备，集中力量对北山进行决定性反击。

11月11日，坚决拿下537.7北山高地的作战命令终于下达。为了力争更多地歼灭敌人，彻底粉碎敌人"金化攻势"，志司电令部队："望你们在炮兵和坑道部队配合下，坚决将537.7北山表面阵地恢复，争取将韩2师守备该阵地之一个营歼灭，并必须充分准备与敌进行反复争夺，将敌打败，最后巩固阵地。祝你们胜利。"

31师反击537.7高地北山之敌

到11日反击，我们的炮火就绝对主动了。那时候的炮就不是110门了，仅大炮就有130门，12军参战又带来了一些迫击炮和炮弹。李德生也谈到了炮弹的准备，那是十分充足的！

11日反击打响，当日16时，我炮兵首先对537.7高地北山面积约1平方公里的敌表面阵地实施了25分钟的炮火急袭，参加的火炮有野炮、榴弹炮70门，迫击炮20余门，另有火箭炮一个营，两次齐射。强大的火力支援，敌人被打得晕头转向，他们的工事全部被毁，所以在反击北山时，敌人几乎是无力反抗。我们的步兵趁机向残留在537.7北山表面阵地的敌人发起猛烈冲击。到17时30分，反击部队与坚守坑道的部队在主峰胜利会师，并将后续增援的一个营的敌人击溃。537.7高地北山的表面阵地就全部为我恢复了，决定性大反击一举成功。

时近黄昏，我们反击部队乘夜加紧抢修工事。与此同时，87团和93团各一部配合537.7北山的反击，一举清除了448东北无名高地以及下甘岭以北无名高地两侧敌人的威胁，有力配合了对537.7北山的反击。11日的反击情况已经大为改观了——我们的兵力大，在整整一个半钟头之内，敌人除了有一挺机关枪响

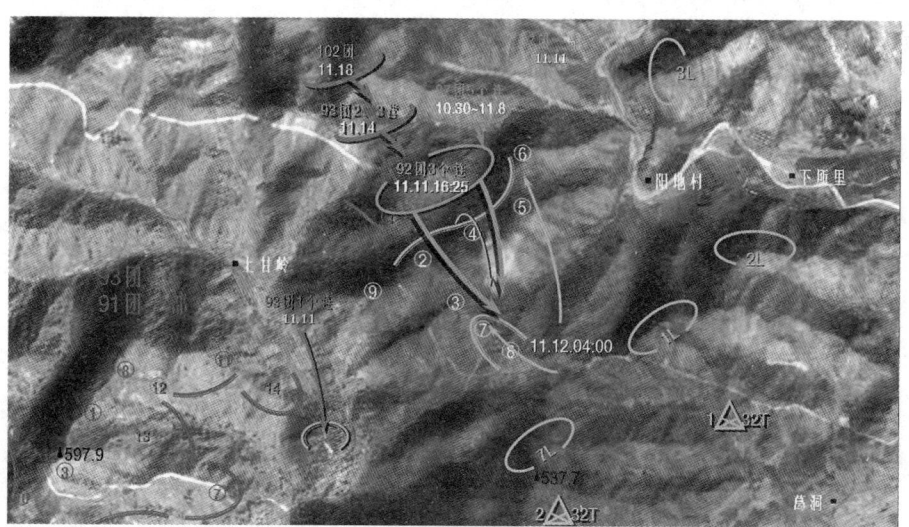

战役第三阶段反击537.7高地北山经过示意图

着，其他的火器没有任何响动。所以92团动作比较快，奋勇收复了537.7高地北山，以绝对优势压倒了敌人。

此战全歼韩军第2师17团一个营。至此，我们部队坚守537.7北山主峰。阵地虽经反复争夺，但未再落入敌人手中。

资料参考

《朝鲜战争史》有关上甘岭战役的记录（摘要）

10月14日：黄昏过后大约1个小时，中国军队一个加强营从三面包围发起第1次反击，至当夜22时，柳根昌团长鉴于坚守阵地伤亡过大，下令撤退。"狙击棱线"重落敌手（编者注：指志愿军，以下相同）。

10月15日：敌人反攻很猛，19时50分，狂涛般地进攻的敌人达两个营，先后进行了连续的波浪式反击，但由于翻天覆地般的炮击和白刃格斗，每当高地易手时，不过一平方公里的棱线，被鲜血染红。

10月16日至18日：中国军队见丢失"狙击棱线"后并不甘心，又发起第3次反击，五圣山再度被战火燃烧，中国军队的这次进攻异乎寻常，别有特点。他们的惯用战法，通常以兵力为主火力为辅打夜战。然而，这次进攻竟然改变了常规：第一，由夜间改为昼间战斗。第二，炮兵火力之猛烈，是没有先例的。第三，出现了坑道战。战斗在连日连夜进行着。

10月19日至20日：昨天表面上的平静不过是暴风骤雨的前夕罢了。紧张的一夜过去，迎来了19日的黎明。昨夜，敌人换防……"狙击棱线"上空的妖云即将化为一场暴风骤雨了。拂晓，敌人的第1波进攻开始……他们攻击得不猛，似乎在侦察我兵力和火力配置情况，交战1个小时便退至Y高地方向。……昼间没有发生大的接触，然而黄昏一到，从18时20分开始敌炮开火，预告第2波攻击开始。这次敌炮火准备有新的特点，除122口径等平常各种火炮外，使用了喀秋莎火箭炮……"狙击棱线"和左邻美7师598号高地……发射9000多发炮弹直到21时。因此，漫山遍野硝烟滚滚，乌烟瘴气，各梯队之间的电话线全部切断，只能用杂音相混听不清的步话机进行联络……炮火集中射击后，中国军队第45师以一个团的兵力发起大反击。这是敌人的第2次反击。……彻夜展开血战，但总的情况逐渐于我不利……10月20日，战情急骤直下。这时师长丁一权中将采取紧急措施，增派第17团1营投入战斗。……夺回"狙击棱线"后，第17团以第1营防守A高地，以第2营防守"岩石棱线"，并加大防御纵深，严阵以待。

10月21日至24日：10月21日，黎明开始降晚秋大雨，冲刷血淋淋的战场。昼间敌人没多大动静，只有1股侦察分队从阵前绕过去。日没，敌人发起第9次反击……从此，"狙击棱线"又变成一片火海……10月22日，直到拂晓，敌人没有大的动作。到6时，敌人发起第11次反击。……但我以步坦炮协同战斗一个小时将其击退。另外，由于A高地血战持续不断，为缩小师的防御，正面增强师的火力，军团下达"A10-309号"作战命令，从这天6时开始，将战术地域右翼灰古介至外也洞6公里正面交给右邻韩G师第2团，曾经参加白马山高地战斗的韩9师的支援炮兵——第1炮兵群和第53坦克连也配属第2师。……10月24日，黎明，团长下达口头命令："第10连接第9连阵地担任防御，第9连到后边集结做进攻准备。"这是准备攻击敌之进攻据点Y高地的预先号令，因为，这一天天气晴朗，要进行一次空地协同作战。8时45分，一个F-51强击机编队向Y高地实施航空火力准备，以汽油弹和机枪扫射，9时9连发起冲击……虽然使用火焰喷射器猛攻敌人，但敌人也顽强抵抗，打到15时也没有什么进展。15时30分，根据团长命令停止进攻。

10月30日：10月30日，敌人集结大量兵力准备发起新的进攻。为此，昨晚派侦察队两次观察我师动态。凌晨，向"狙击棱线"和"三角高地"同时发起进攻，企图一举夺占两个要地。1时20分，随着炮击，敌约两个连向A高地北斜面发起攻击，到2时，敌人增加到一个营……对同一目标实施波状攻击。防守A高地的31团第2营从正面发起冲击，痛打敌人前锋，生俘两人，据这两个俘虏讲，他们属于中共第15军第29师（张显扬）86团（申见梦），昨天上午来接防。从昨天至今天一系列动向表明，敌人企图乘我第2师接防"三角高地"之机，投入新的部队进行报复，挽回损失。14时30分，强击机编队也来投掷汽油弹进行机枪扫射，压制了敌人火力。这时第17团也赶来增援。15时50分，夺回A高地。18时，师长下达部队换防命令：第17团30日18时从第32团接受第109号作战命令规定的任务，第32团30日18时将现任务移交给第17团，转移到下所里538高地，短期内完成部队整补。根据上述命令，第17团以第1营在A高地，第2营一个连加搜索连在阳地村至"岩石棱线"之间编成防御阵地。"三角高地"战况："狙击棱线"战斗打响不久，凌晨2时，敌以三个营兵力发起进攻。敌人主攻方向指向597.9高地，以一部兵力攻"耶尼鲁塞尔高地"第3营第10连阵地，经过1小时30分钟激战，3时40分狂涛吞没了598高地，第2营主力撤至鸡雄山西北侧谷地。这时"狙击棱线"也正被敌夺占，上甘岭的前哨阵地也在危急之中……

11月3日：昨天"耶尼鲁塞尔高地"落入敌手，"三角高地"事实上全部丢失。师长令第30团继续进攻598高地，而中国军队企图吞掉"狙击棱线"，也发起进攻，于是双方在两处展开攻防对战。……10时，第30团以第1和第3营向598高地发起进攻。……发起3次冲击，全部被压下来了。前锋连连长阵亡……虽然地形对我不利，但更主要的是敌人的炮火太猛烈，打不下去了。18时20分，团长命令停止进攻。遂将第3营撤到下甘岭，第1营撤到松亭附近。……当我进攻"三角高地"的时候，敌人没有动静。日落后，20时40分，敌一个连攻击"狙击棱线"第9连阵地，开始似乎攻击"岩石棱线"，而到21时，敌以两个连的兵力向A高地第11连阵地实施波状攻击。但我第9、第11连英勇善战，将敌击退。……这是中国军队对"狙击棱线"的第21次反击。

《朝鲜战争史》对第2师（编者注：韩2师）12天的战斗概括地写道：

自从"狙击棱线"战斗打响以来，连日血战，引起全世界的瞩目，而今天（编者注：10月25日）又因两件事更加吸引人们的注意：其一是，这一天敌人共发射了17400发炮弹，向第17团发起进攻；其二是，左邻美7师攻打"三角高地"（编者注：597.9高地）的战斗途中从战场脱手，将作战任务移交给第2师。第2师不得不边作战边接阵地。

（节选自固城、齐丰、龚黎译编：《朝鲜战争史》第四卷，黑龙江朝鲜民族出版社，1988年，第314—345页）

上甘岭战役经过概要示意图

资料补充

当年参战的韩国军人对上甘岭战役的评述

【韩国第17团团长殷硕构】（现预备役上校，1975年10月25日于国防部）：

在这次战斗中，我强调：进攻时要同时集中兵力和火力，一举夺取目标；防御时要以据点式配置诱敌，主要以炮兵和航空火力击退敌人。美军顾问协助得好，强击机也随时提供了支持。但这次战斗同1951年大不一样，敌人（编者注：指志愿军，以下相同）步炮协同得力，我军为固守五圣山而抵抗了40多天，用鲜血染红了"狙击棱线"。双方一开炮，如同地震一样地动山摇。因为过多的炮击，土松了，后来连阵地都无法修复，用"汽油桶阵地"应付战斗。敌人一到半夜2时必攻。我通常以一个营以上的兵力反击。我军167炮兵营炮击它一整夜，早晨一般都有30—40具尸体。战斗中抓到的俘虏中有运输部门的干部，可见中国军队第15军已被打垮。敌人的火力很猛。我们也受了很大损失。

【韩国第2师情报参谋文重燮】（现预备役少将，1975年7月15日于春川第一高中）：

"狙击棱线"对敌人来说是防御五圣山的要地，对我来说是为保卫金化的安全和补给路线必争之地；双方都为争夺作战主动权而不让步；对主抵抗线的进攻，双方都持慎重态度，因而都把力量集中到前哨阵地，因而出现了前无先例的大量伤亡。敌人在"岩石棱线"北斜面挖了可容一个连兵力的坑道，一旦受炮击或轰炸，就进坑道掩蔽，过后出来战斗，因此我们挨打。我在审讯俘虏时得到这一情报后，带几名老侦察兵亲自去侦察，发现果然如此。之后，我们采取措施对付敌人的坑道战，但不易炸掉它，吃了不少苦头。

【韩国第32团第1营营长李根实】（上校，1965年4月17日于陆军大学）：

在停战在望的情况下展开的这次战斗，是一场寸土必争的血战。我带全营在A高地激战5天。4个连长全部受伤，损失大部分兵力，后来不得不带领从不认识的新排长和新兵打仗。从A高地撤退的那一天，我亲自上第一线收容兵务，兵收容到一个连的兵力，我团两个营长同时负伤。

【韩国第17团第1营排长金宇赞】（少校，1966年7月13日于陆军总部）：

我先后4次上过A高地顶峰。由于枪炮声，无法以口令指挥，主要用手势、信号指示攻击目标。在发起第四次进攻时，我看了看全排成员，熟人很少，大多数是新兵。我下命令冲锋，他们怕得不敢动，只好我率先冲锋带动他们。有一次在A高地从天黑打到第二天3时，最后只有5人在坚持战斗，新兵全都不见影了。10个新兵不如1个老兵，这是我的切身体会。

（节选自固城、齐丰、龚黎译编：《朝鲜战争史》第四卷，黑龙江朝鲜民族出版社，1988年，第357—359页）

上甘岭战役第30天至第38天（11月12日至11月20日）：
美25师换防上阵，12军兵力补充防御阻击有力

11日我们反击的时候，美25师已经上来接替了美7师的防务。另外还有一个韩军，叫韩9师，他还有一个多团也到了，补充到韩2师里。敌人的兵力不算少，我们还得准备跟他们周旋几天。

11月12日4时，敌人炮火对537.7北山高地进行猛烈轰击，继之又以数十架飞机轮番轰炸，在我军阵地上投下大量重磅炸弹。韩军第32团组织多次反扑，妄图夺回537.7北山高地。战斗呈拉锯状，阵地失去，又夺回来，尽管斗争愈来愈艰苦和激烈，我坚守部队在炮火密切支援下鏖战数日，始终坚守住537.7北山阵地！

537.7北山1号阵地是掩护部队增援和弹药补给的唯一通路，依托这个主要阵地可以收复2号、3号、7号、8号阵地，反击部队以此阵地为依托可以把敌人赶出537.7北山高地。敌人也想攻击这个阵地以固守其他阵地。可想而知，在这个阵地上，敌我双方的交锋会是多么残酷和激烈！当然我们的战士最终坚持下来了。

92团战士们在炮火支援下，向537.7北山高地猛攻

92团是后上来的部队，誓言打出战绩。他们在坚守537.7北山阵地异常困难之际，3连7班战斗英雄程云庆曾把87团"瞎子背瘸子"这个故事讲述给阵地上的官兵，鼓舞参加战役的志愿军向英雄学习。在战斗最激烈的时候，程云庆四次身负重伤，连肠子都被打出来，仍坚持到最后。牺牲前他还将手榴弹投向敌人。战后被授予"二级英雄"称号。当然在537.7北山这个阵地上涌现出来的英雄还很多，比如，用自己的身体保证指挥线路通畅的牛保才，用自己负伤的身体当机枪架的陈治国，等等。

11日、12日这两天的战斗打得十分激烈。因为11日我军给予敌人以很大杀伤，敌人为了挽回败局，便孤注一掷，12日拼命组织攻击。12日美军驱使韩32团对537.7北山阵地攻击，他们动用了6个营的兵力，集中了几乎整个战役使用的全部火炮、飞机对537.7北山高地狂轰滥炸，在激烈的肉搏战后，敌人占领了5、6、7、8号山腿阵地。战场上到处是浓烟烈火，坑道被破坏，后方供应道路被切断，但是92团的勇士们个个奋勇当先，他们高呼："向597.9高地的英雄们学习，剩下一个人也要守住阵地！"他们坚守七昼夜，打退了敌人132次冲锋，歼敌2000余人，创造了坚守阵地防御阻击的又一范例，成为同597.9高地并开的又一朵英雄花。

13日到17日这些天，敌人共投入了6个营的兵力，集中了几乎是战役所用的全部火炮、飞机，轮番轰炸，韩军在更大规模炮、空火力的掩护下，连续进行5天的反扑，誓言夺回537.7北山高地。战斗很残酷，但我们坚守部队在炮火及时支援下，虽然打得很紧张，却一次又一次地粉碎了敌人进攻。

92团这支部队在战争面前经受住了严峻的考验，他们接受任务后，很快就应战。13日、14日、15日连续进行了艰苦的反击，坚守到18日，作战7天，共击退敌人100多次进攻，杀伤敌人1800余人。部队的伤亡也比较大。92团于23日撤出战斗归建。此时537.7北山高地得到了巩固。战斗高潮过去了，92团也就算完成了任务。

14日，五圣山指挥所李德生副军长下令93团两个营再投入战斗。93团2营、3营接命令参战，继续与敌人争夺。他们坚守3天，打得比较好。到17日我军部队再与敌人接触，先后击退敌两个多团兵力的反扑。随后这个部队接受了坚守597.9阵地的任务。86团和45师的部队撤出战斗归建后，整个597.9阵地就由93团来守护。

那时候调来的预备队很多，31师实际调来的是两个整团又一个连，92团是五个连，三个营的整营还有两个连，93团也参加了战斗。

12军李德生是在半路上接受任命，提起来当了副军长。3日他到兵团接受任务，立即赶往了五圣山，带领部队参加上甘岭战役。他的后续部队比较多，根据战役进展，他又动用了93团两个营，将34师的部队也陆续调上了前线。

为了537.7北山高地的争夺，从14日到18日，敌人先后纠集兵力，妄图挽回败局，疯狂反扑。12军92团、93团英勇作战，先后击退联军上百次进攻，有力打击了敌人的嚣张气焰。到了18日，前指军令：由34师一个团——"一百〇六团"（编者注：为34师106团）接替92团北山防务，投入战斗。这一个团就更有战斗经验了，他是从东侧转移下来的，下来得比较迟，因为那一边阵地已经巩固了，而这边的阵地收复下来以后还要准备与敌人争夺。这个团上来以后，

战斗间隙，战士们抢修工事

18日、19日、20日这3天打了一些战斗，敌人付出了惨重的代价。他们在前沿与敌人争夺，掩护主力抢修工事（因地面工事全部摧毁，增加了巩固阵地的难度），工事坚固了，部队安全就有了保障。战斗中，这个团发扬了"小兵群战术"，坚守住537.7北山主要阵地，并借助我们的炮火，阻挡敌人进攻，控制次要阵地。这种打法，减少了部队的伤亡，连续打退了敌人多次进攻。

20日以后，敌人转入炮击和飞机轰炸。他们为了防止我们44师的攻击，每天都以大炮轰击西方山、斗流峰。这时敌人的步兵基本停止了出动。21日、22日敌人已无力进行营以上的攻击，只能用个把班、个把排攻一攻，一天搞么几次，攻不下，敌人也就放弃了。11月23日，韩2师因完全丧失战斗力，把这里的防务交给了韩9师。

在对537.7北山高地反击前，以及反击成功后巩固阵地的数日中，炮兵除配合反击部队进行炮火直接支援外，还集中优势炮火，采取不定时的突然急袭，打击敌炮兵阵地，共击毁了敌人迫击炮、榴弹炮50余门，有力地保障了我们反击成功和阵地的巩固。敌人受我军的连续打击，此时已无力组织营以上兵力进攻了。

到了25日，106团共击退敌人50余次冲击，歼敌1400余人，巩固了537.7北山高地。

参加这次上甘岭战役的部队很有特点——编制多、兵种多、很团结。各个部队无论参与战斗大小，都是通力配合、团结奋战。在战斗中，我军之所以能克敌制胜，是因为大量使用和充分发挥炮兵和炮火的威力起了重要和关键的作用。正如毛泽东主席当年12月在分析朝鲜战局时所指出的那样："今年秋季作战，我取得如此胜利，除由于官兵勇敢、工事坚固、指挥得当、供应不缺外，炮火的猛烈和射击的准确实为制胜的要素。"

上甘岭战役第39天至第43天（11月21日至11月25日）：
浴血奋战43昼夜，我与敌伤亡对比1∶2.5

这个仗自10月14日打响以来，两座山岭上几乎天天都在发生着激烈的争夺战。在那些难忘的战争岁月，"胜利为全军，全军为胜利！"15军和12军两支兄弟部队之间，相互团结、相互学习、相互支援，这是我军区别于敌军的重要标志之一。每当回忆起这段战斗情谊，总是令人难忘，感慨万分。我们兄弟部队之间，可以说是"学习，学习，互相学习；提高，提高，共同提高"。

秦基伟在战役临近结束时说道：12军的参战，是取得上甘岭作战全部胜利的保证。12军是在什么情况下投入战斗的呢？是战斗最紧张、最艰苦时。军二梯队已经拿上去了，敌人又调来了韩9师3个团和韩2师，集中最后力量，加上空降187团、埃塞俄比亚营、哥伦比亚营等投入战斗，597.9高地的战斗发展到决战阶段。在这关键时刻，李德生副军长的到来，31师投入战斗，使我们增强了取得战役全胜的信心。巧妇难为无米之炊！没有兵，指挥员不能表现出指挥能力。没有12军投入，即使打得好，巩固阵地也很困难。可以说，12军部队的参战，保障了上甘岭战役的最后胜利。

实际上这个仗打到20日以后敌军就没什么对策了，一直到25日他们都在不停地疯狂炮轰，打到后来炮声也渐渐少了。可以说，战役最后5天，敌军已无攻势。此时受到重创的敌人，被迫将韩2师、美7师撤下整补，这两个师的防卫交由韩9师和美25师接替，随之，敌人的进攻基本停止。

11月25日以后，上甘岭开始下雪了，我们宣布整个上甘岭战役胜利结束。

总的来说，上甘岭作战，我参战部队在坚守防御中，以少抵多，以劣胜优，获得了宝贵的作战经验。整个战役中，15军适时将兵力、兵器集中到上甘岭，英勇顽强抗击敌人，挫败了敌人的锋芒，一举恢复阵地，奠定了上甘岭战役胜利的基础。12军在后半个月进入交战，经顽强坚守，粉碎了敌人最后的猛攻，巩固了597.9阵地，并恢复了537.7北山，是战役最后胜利的关键。战役对我方坑道防御也是严峻考验，它的坚固和稳定让敌人日后不敢轻易向我方发动进攻。在这个战役里，45师作为守卫部队，在第一阶段、第二阶段和第三阶段的反击中，始终连贯地坚持作战，像45师的炮兵，包括迫击炮，因为他们对阵地熟悉，地形也隐蔽，所以炮兵打到了战役结束。通信兵也是如此，因为熟悉地形，也都坚持打到底。而保障部队像侦察、运输，尤其是从前方到后方的兵站、转运，从始至终参加了整个战役。

所以到11月5日以后，按上级要求，45师将阵地交由86团、87团继续守备，完成战斗任务的连队就全部收了回来。

到11月8日，87团调到537.7北山高地以后，133团也收回来了。到11月25日以后进入整顿工作，整个阵地就交给29师防守了。但是45师的133团还有任务。在12月1日，133团配给了29师，继续坚守原来的阵地忠贤山。133团基本上是从战役开始就陆续的在北山阵地打。他们打得比较巧，一直打到87团上来，整个坚守时间也最长。在指挥上是133团孙家贵团长负责，他不停地在那儿指挥，包括87团上去，也是归他和87团的团长共同指挥。由于133团打得巧又打得好，所以部队的伤亡不那么大。进入总结阶段以后，他们就由兵团直接回到前线。

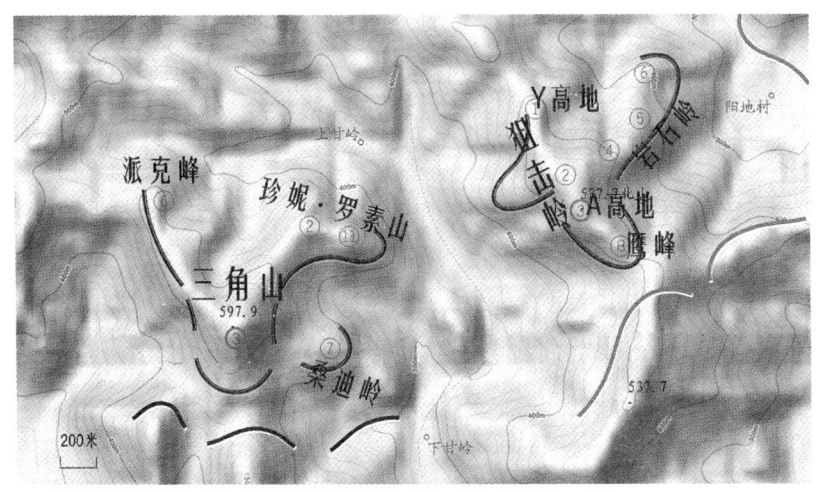

美、韩军对上甘岭阵地的称谓

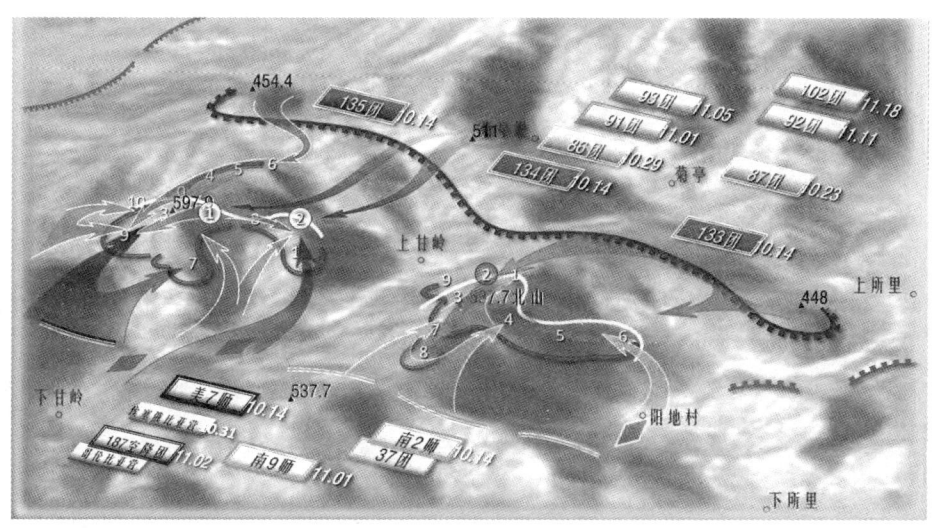

上甘岭战役敌我双方参战地面部队和参战时间

29师的86团、87团收回来以后就接替了45师的守备任务。到25日以后进入整顿工作，阵地就由29师防守了，86团守五圣山，而他们左翼就是87团，以后整个阵地就交给29师了。

五圣山指挥所于11月30日解除任务。

整个上甘岭战役的过程前后算起来一共是43天。

秋季全线战术反击是从9月18日打响，我们60个点的全线战术反击是44家，涵盖朝鲜中部180多公里宽的防御阵地，除15军有战斗任务，需要自身配合外，其余战线一直在策应上甘岭战役，并将战术反击延长打到了10月30日。所以说，上甘岭战役是全军与敌人争夺的一个重要部分。这是个战略要点，在597.9高地和537.7北山阵地反复争夺，43天浴血奋战，最终打完战役，这在战争史上还是少见的，而且这个战役作用很大，美军自打了这一次战役以后，几乎都是在靠韩军打了。

那么这一个仗的结果怎样呢？

首先讲讲敌人的情况。当时我们部队计算敌人损失的数据与他们自己的估算结果，差距恐怕是很大的。但这个战果也是经过了反复地核算，最后给算出来是"联合国军"伤亡25100余人。就是因为报战果不能有水分，打这个战役

荣立特等功的机枪手陈德清

曾惊动了联合国，也影响了美国总统选举，所以内部材料最后争论得很厉害。我们计算伤亡数字，基本上都是争论到最后，都要经过核实——美军伤亡到底是多少？这样才能核实出来美军伤亡的人数。这个数字他们与我方争论起来，他们的数字也露了馅儿了。估计这个数字是25000多人，敌人伤亡应是有这个数的，可能还不止。

但是我们的数据和美军的数据，互相也有矛盾。

至于我们的伤亡，那时候说伤亡对比是1∶2.5，我们1个，他们是2.5。所以说这个仗还是消耗了敌人大量的有生兵力。当然要是说"怎么搞得更好一点"，那可总结之处更多了，需要我们好好地总结。

另外战役中，敌人消耗了190万发炮弹，损失了61门大炮。他们把坦克当炮使用，被我们缴获以及被炮打毁的敌坦克，推算出来是14辆。我们打下敌人的飞机就更多了。不光是前沿，包括战线后方，比如我们后方的兵站、医院，这些都在我们炮火的保护和控制之内。战争初期我们的炮比较少，后来渐渐增多，尤其使用高射炮对付美国的飞机之后，射程高了也增加了杀伤力。前后我们共损伤敌人飞机300架，其中打落110多架。敌人的损失相当严重！

15军司令部于11月26日发布上甘岭战役战绩公报：

在43天的战斗中，我方打退敌排以上进攻900余次，与敌进行大规模争夺战29次，以11529人的伤亡代价，毙、伤、俘敌25498人。其中全部歼灭敌建制1个营、18个连、218个排，击落击伤敌机300架，击毁敌坦克40辆，大口径炮61门，消耗敌100多个建制连的器材装备，使敌所谓"一年来最大的攻势"，以彻底失败而告终。

敌人哀叹这个攻势是个"无底洞"。美联社发出的消息和综合战况报道

45师师长崔建功，战后到上甘岭阵地向壮烈牺牲的烈士致哀

志愿军官兵胜利会师在上甘岭阵地

是："'联合国军'防守狙击兵岭和三角山阵地时战况的激烈，简直与第二次世界大战时某些历史性战役的情况相仿。""在物资消耗上还要超过1950年的数目。金化战役现在已经成了一个无底洞，它所吞食的盟军军事资源要比任何一次中国军队的总攻势所吞食的都更多。"

11月28日,军里正式发出战役结束的指示。

1952年12月12日《志愿军报》在谈及上甘岭战役时,留下了这样一段历史记录:

一、金化地区五圣山的军事价值

范佛里特的"金化攻势"是在金化以北上甘岭地区进行的。上甘岭是我五圣山前沿的突出阵地,敌人进攻上甘岭是企图夺取五圣山的第一步计划,所以了解金化战役的情况,首先要了解五圣山的军事价值。五圣山在军事上有什么价值呢?

五圣山是中线的大门和制高点,是西方山和斗流峰的依托。山高一千多公尺,我们控制了五圣山,敌人的纵深和东西几十里的阵地都暴露在我们的面前,敌人的一切活动我们都可以看到。西方山、斗流峰和平康地区都被我们控制着,因而在"铁三角"地区的作战中,我们是很主动的。去年九月,敌人即曾一度占领过西方山和斗流峰,半月后我们又依托五圣山反击夺回。同时,五圣山是东西两线的侧翼,敌人夺取了五圣山后,企图:

(1)由金城向北,配合它通川港登陆的部队切去东线我军阵地;

(2)配合元山登陆部队切去整个东线。

除了五圣山有重要的价值外,以下两点也是很重要的:

1. 从金化到金城的公路,过去是敌人东线和中线的重要交通线,自我们开展狙击手、游动炮杀敌以后,打断了这条交通线。如在537.7北山即杀伤敌人八百多人,敌人称这个山为"狙击兵岭"。

2. 上甘岭是我们中线的一个突出部,三面受敌,又是五圣山的屏障。所以敌人选择了上甘岭这个地方开始进攻。

二、战斗概况

这次战役,敌人是经过长期准备的,两个月以前敌人即已开始囤积大量物资,范佛里特在战斗发起前后共来过五六次之多,李承晚也来过两次,敌人进攻的决心是很大的,在我们两个连守卫的仅仅三点七平方公里的地区,集中了两个师的兵力来攻击,加上以后补充的,前后使用兵力约达六万人;并集中了一百零五公厘以上口径的火炮达三百多门，从10月14日至11月14日发射炮弹二百多万发。敌机投弹平均每天约三百枚，最多的一天达六百枚。战斗过程可分为三个阶段。

第一阶段（十月十四日到十月二十日）：

反击争夺阶段。敌人当天夺去我们的阵地，我们当晚反击，敌人再攻占，我们再反击。这一阶段的特点：双方投入的兵力都很大，阵地变化快。这一周中，敌人每天攻击的兵力平均四个营，最多达六个营。因为我们有阵地作依托，有充分的准备，弹药充足，士气高，地形熟悉，预定我各种情况下的战斗方案，敌人的兵力越密集，我们给敌人的杀伤也就越大。我炮兵发挥了最大威力，全部杀敌数字中，有一半是炮兵的战果。

第二阶段（十月二十一日到十月二十九日）：

坑道斗争阶段。在这一阶段中，我军全部转入坑道作战，地面工事被敌占领。敌人想尽了办法来破坏坑道口，我们则想办法保护坑道口。同时，双方都在调整部署。调动二梯队，准备下一阶段的斗争。这一阶段的战斗更困难、最艰苦，坑道里的同志在没有水喝、没有饭吃、缺少弹药的情况下，粉碎了敌人种种破坏坑道口的企图，守住了坑道，并不断地配合反击部队和单独的反击敌人。另外，我们研究了如何少用兵，发挥炮火威力。反击上去即巩固起来，不和敌人拉锯的战术。

第三阶段（十月三十日到现在）：

反击，巩固阶段。在这一阶段中，我们进行了有重点、有准备、有组织的反击。十月三十日晚，我集中兵力反击597.9高地被我全部夺回并巩固后，我再集中力量反击537.7北山，至十一月二十四日我最后将该山主峰控制，将敌之"进攻"完全粉碎了。在该两高地历时四十多天的作战中，共歼灭敌军两万五千人以上。

战争失利杜鲁门下台，范佛里特成替罪羊

大战之后的上甘岭阵地

谈到结局还要提到，上甘岭战役结束时，美国总统选举已经结束，艾森豪威尔当选新一届美国总统。

朝鲜战争中，美军因为战争失利，士气低落，艾森豪威尔认为尤其是"金化铁三角战役"，它造成了美国入朝作战的第二次重大伤亡，且是伤亡精锐部队最多的一次。"这次失败仅次于1950年第8军在朝鲜民主主义人民共和国惨败时的损失"。所以，艾森豪威尔答应，如果自己一旦当选美国总统，就会到朝鲜结束这场战争。这也是帮助艾森豪威尔上台的原因之一。

那时候克拉克是"盟军"总司令，克拉克和艾森豪威尔都是西点军校毕业的，艾森豪威尔比克拉克大概早一年，两人都是同时期的学生。毕业以后，在第二次世界大战期间，艾森豪威尔的级别比克拉克高一点，但两个人关系一直不错。后来当艾森豪威尔成为欧洲战场主帅的时候，就选择了克拉克做他的副手。所以克拉克对艾森豪威尔当选特别高兴，感觉到艾帅（编者注：指艾森豪威尔）这个决定还是很正确，接着艾森豪威尔就到朝鲜来，答应恢复开城板门店谈判，答应通过谈判结束战争。当然，由于美国发动了这场上甘岭战役，又使双方的谈判拖延了几个月。

所以问题就集中到范佛里特身上了，1953年1月份他被撤职。因为詹金斯也

耍了个滑头，他把前线的指挥推给韩2师师长，表示自己也不大赞成范佛里特的这个主张，结果范佛里特实际就成为侵朝战争失利的一个替罪羊。

　　这一仗美军惨败，美军士气出现了问题，杜鲁门竞选失败，成为美国总统大选期间的头条新闻，范佛里特也被撤了职。克拉克这个总司令当顾问，倒成了艾森豪威尔"一个很好的助手"。这场战争从美国的角度来讲就结束了。

　　所以，第二年的金城反击战我军的主要作战对象，就不是美军而是韩军了。因为当时李承晚对这个结果很不高兴，实际上伤亡最大的主要是李承晚的部队。这一役美7师伤亡5000多人，但韩9师、韩2师都被打掉了，另外一个编练师，还有三个补充团也被打进去了，所以李承晚很不高兴，对恢复谈判、结束战争很不满。

　　到了第二年，我们接着进行战术反击、连续反击，重点是打韩军。像20兵团打韩6师，在金城以东那个地方，60军他们打得都很好。一直到金城反击战，一下子把战线就推前了。结果停战谈判的时候我们又往前进攻了一块地。最后597.9和537.7北山停战以后都是我们的阵地了——都在停战线的我们这一方。双方战线基本上都拉平了。上甘岭战役实际奠定了胜利的基础。到1953年以后，美国就显得更消极了，原先一般都是美军主动进攻，但上甘岭战役以后，美军基本上处于守势，一改以往主动进攻的态势。

资料补充

"摊牌"战役

　　9月底10月初，种种迹象表明，共产党已经越来越明显地掌握了地面部队作战的主动权，范佛里特对此倾注越来越大的关注。在10月5日写给克拉克的信中，他敦促尽快通过一项在美国第9军前线发动一项有限目标的进攻计划，他说："为了扭转局势，我们必须首先采取小规模的进攻行动，使敌人陷于被动的防守地位；目前我们都是为应付敌人的进攻而采取防守行动，致使我们遭到了1951年10月和11月以来所有战斗中最惨重的伤亡。"

为避免这一趋势继续发展，范佛里特建议采纳第9军团名为"摊牌"的行动计划。他认为那样将会改善金化以北防线的情况。范佛里特指出，在该城以北不到8英里的地方，第9军团敌人的军队都没有工事，双方间隔只有200码。在598高地和该高地东北面大约1英里多的地方有一条从西北伸向东南的狙击岭山脉，那里的敌对力量正好卡住了我方的咽喉，故死伤就相应要大得多。假如能把敌人驱逐出这些山头，范佛里特继续说，他们将不得不后撤到1250码以远的另一个防守阵地。考虑目前弹药库存所能提供的最大火力以及空中力量的最大近战支持，第8集团军司令对"摊牌"的可能性是乐观的。

虽然克拉克在过去曾反对夺取高地的冒险行动，但是他也终于表示，"摊牌"将可以非同寻常地创造一个好机会，可以不付出过大的牺牲就能拿下一些阵地。假如一切按计划行事，仅美国第7师和韩军第2师的两个营就可以圆满完成这一使命。野战司令官们估计，此行动将进行5天，会造成200人的伤亡。由于有多达16个炮兵营的280门大炮和200多架次战斗机和轰炸机的支援，估计步兵不会遇到很大的障碍。总之，10月8日克拉克批准了"摊牌"计划。但仍提醒范佛里特对该行动只做例行的新闻报道，同时要特别考虑夺取高地的战术意义。

然而"摊牌"行动一开始就挨了中国军队的当头一棒。由于白马山战斗的需要，炮兵的支援不得不中断，准备好的5天空袭行动也只好减为2天了，中国军队严阵以待，并且很快就表明他们打算继续占据598高地——狙击岭一带地形。

598号高地是美国人进攻的目标，它位于一个V字形山脉地段的最南端。在其左翼的最末端是笔峰（编者注：派克峰，为597.9高地6号阵地），在其右翼，从北到南是两座小得多的基督珍妮·罗素山（编者注：597.9高地2号、11号阵地）和桑德山（编者注：597.9高地7号）。由于598高地地带很像一个三角形，所以很快它就被说成是"三角山"。1952年10月14日，中国人的一支精锐部队，第15军45师135团的一个营夺取了这一地带。和以往一样，中国人在山上深挖堑壕，配备足够的弹药装备，封锁了增援的路线。

7师师长，韦恩·C.史密斯少将把占领"三角山"的任务交给了由劳埃德·R.摩西率领的第31步兵团。虽然原先计划只用一个营的兵力进攻，但是摩西上校及其官员们估计敌人的反击一定会比预料的要强,只用一个营的兵力去对抗敌人是不现实的,他们把占领"三角山"右翼的任务交给了迈伦·麦克卢尔中校指挥的第1营;把占领左翼的任务交给了罗伯特·H.纽博尼指挥的第3营,也就是说主攻力量在行动以前就增加了一倍。

经过一番轰炸以后,炮兵把一吨吨的炸药"搬到"了"三角山"。纽博尼少校命令第3营以连为纵队向"三角山"的制高点进攻。由勃纳特·T.布鲁克斯中尉为首的L连首先出发,紧接着是查理斯·L.马丁带领的K连,由马克斯·R.斯托瓦带领的I连则留守作为后备力量,随时支援他的姐妹连——L连和K连。

布鲁克斯中尉带领他的连队一跨出阵地,他们立即就遭到伏击。598高地上一个碉堡里的中国士兵用手榴弹、自动武器、爆破筒和石块等阻击L连的进攻。不到半小时,布鲁克斯以及他的全部排长们都陆续阵亡,剩余的人被压制在敌人碉堡下面的一块小小的凹地里。

趁火力稍有停息,马丁中尉带领他的K连前进,此时坦克朝敌人阵地开火,把一直射击着的碉堡炸平了,马丁和L连汇集后,继续带领士兵进攻。

这两个连的不少士兵拼命往598高地上的堑壕冲击,但是中国人显然没有撤出阵地的意图,他们的手榴弹雨点般地飞落下来,轻武器、自动武器和爆破筒接连不断地向第3营袭击过来。

鉴于死伤人数上升,进攻速度再度减缓,纽博尼少校命令I连投入战斗。斯托瓦上尉带领他的士兵经第1营占领的桑德山前进,然后沿着西南方向通往598高地的山路移动。因为中国人隐蔽得很好,所以I连不得不放慢步伐,边走边消灭壕沟里的敌人。黄昏,敌人集中火力反攻,斯托瓦的士兵开始遭到越来越猛的炮火攻击,斯托瓦请求炮火援助。中国军队135团的两个连冒着各方支援第3营的密集炮火冲过火线,用轻武器、自动武器和手榴弹打击I连。

敌人的顽强抵抗以及第31团死伤人数的剧增使得摩西上校和纽博尼少校商议决定于当天晚上的上半夜把3个步兵连撤回主防线。到21点,第3营重整旗鼓,拿下了阵地。

在第1营阵地,麦克卢尔中校选择了A连,加强兵力后,由爱德华特·R.肖沃尔特中尉带领，开始向珍妮·罗素山和桑德山发动进攻。B、C两连分别由威廉·B.扬和罗伊·W.普雷斯顿上尉带领留守待命。

第1营的遭遇和第3营有一些雷同。敌人用轻武器、自动武器迅速把肖沃尔特的人马阻击住，肖沃尔特首先阵亡，部队被迫撤退。麦克卢尔中校不得不下令B连和C连加强进攻，命令他们继续挺进。当天下午上半晌，B、C两个连的战士冲上了珍妮·罗素高地的山顶，并且马上准备防御工事，应付敌人即将发动的反击。

果然不出所料，在珍妮·罗素山失守以后，敌人组织了4次强大反攻，企图重新夺回阵地。每一次都是以密集的炮火打头阵。在敌人第三次冲锋趋于尾声时，麦克卢尔的人马陷于困境，原因是弹药供应中断，朝鲜运货物的车辆实在不愿意驶往那炮火连天的阵地。

正当135团的一个加强营准备第4次冲锋时，奇怪的事情发生了。中国军队的袭击部队穿过他们自己大炮和迫击炮以及第1营最后救援的火力网，他们置个人安危以度外，一些战场观察家认为这很可能是他们服用了药物的结果。这些中国人步步逼近战壕，双方展开了一场白刃战。此时第1营弹药已尽，摩西上校决定撤回主防线，抬着伤员，扛着仅有的一点武器装备，这三个连于半夜回到了防线。

第一天的战斗结束了，结果表明中国军队为了占据三角山高地是愿意付出代价的，冒着重大的伤亡，他们阻击了第31团两个营的进攻。下一次行动就看第7师了。

10月15日史密斯将军指派两个新编的营去夺取"三角山"。第32团的第1营（在这次战斗中属第31团指挥），接受了占领珍妮·罗素山和桑德山的使命。至于攻占598高地的任务，摩西上校指派沃伦·B.菲利斯少校带领的第2营负责。

菲利斯少校决定重复纽博尼少校前一天的计划，以连为纵队发动进攻，E连打头阵，随后就是F、G连。

首先，准备好的大炮、迫击炮向高地狂轰滥炸一阵，接着中尉威廉·C.克勒普带领E连直冲山顶。冒着敌人的炮火，克勒普和他的士兵们到达了外围壕沟，他们开始破坏敌人的明、暗碉堡。没有遇到敌人的强烈抵抗，他们就占领了598高地，然后向笔峰进击，在那里，他们发现中国军队挖有很深的洞穴和壕沟，完全有可能使整个部队都隐蔽在里面。

同一时刻，约瑟夫·V.吉恩曼上尉带领的F连，穿过E连在598高地上的阵地，沿着东北山脊向桑德山前进；G连冲上了598高地的制高点，准备在其姐妹连遇难时加强力量，并协助加强防御工事，以便应付敌人的反扑。

第32团1营营长西摩·L.戈尔伯尼少校也指令其连队展开纵队形向珍妮·罗素山进发。中尉鲁多夫·M.特马斯带领的连队冲在最前面，紧跟着上尉詹姆斯·E.厄尼带领的C连；中尉约翰·H.格林为首的B连则作为预备队。

起初，进展很顺利。A连由B连协助，只碰上轻微的抵抗。但当他们接近山顶时，第135团一个加强营向他们猛扑过来，展开了一场强有力的反攻。敌人的反扑迫使第1营退却并重新编组，第31团1连归戈尔伯尼少校指挥；随后，他们配合第2营在桑德山准备抵抗敌人的反冲锋。

10月15日下午，第2营加上1连都归属32团，由约瑟夫·R.拉斯上校指挥。此刻，负责夺取"三角山"战斗的指挥员就是拉斯上校了。

10月15日到16日夜晚，敌人密集的炮火不断轰击着"三角山"的美军阵地，随后他们以排为单位向"三角山"进攻，但他们很快就被打退了。

10月16日清晨，史密斯将军批准第17团的第2营归属第32团指挥，准备当天下午对珍妮·罗素山发动攻势。第2营由路易斯·R.布克勒带领，不费很大力气就拿下了高地。

然而，在"三角山"的左翼，第31团第2营却没有任何进展，他们无法拿下派克山山峰。10月16日黄昏时刻，中国人开始对邻近山峰的第2营发动了一系列的攻击。在这些战斗中，具有骑士风度的E连连长克勒普失去了生命。第2营向中国人开火，企图赶走敌人，但恰恰相反，直至10月17日，他们也未能把这些中国人从山峰上赶下去。

在此危急时刻，上校拉斯发现他们3个营冲上了"三角山"。他所在的第1营在598高地上；第31的第2营在面对派克山山峰的左翼上；第17团的第2营控制了珍妮·罗素山。与此同时，中国军队派出第45师134团投入战斗，他们仍然控制了像碉堡般坚固的笔峰。

10月17日下午，第17团第3营由中校詹姆斯·L.斯波尔门率领接防第31团第

2营的营地。同一时刻，第32团的第1营被迫从"三角山"撤退。因此，当战斗进入第五天时，拉斯上校负责指挥第17团两个营的行动。

斯波尔门上校所在的营负责在10月18日占领最后的目标——派克峰。预先准备好的炮火射向中国军队的阵地。中尉威廉·E.坎茨尔带领L连冲上了山顶，并开始组织防守力量；I连，由上尉约瑟夫·H.霍夫曼带领，穿过L连阵地，占领了堑壕，企图把中国军队赶下山。但中国军队又一次表明，他们是撵不走的，I连只好停止进攻。

10月19日天黑几小时后，中国军队第134团的两个连向L连所在的阵地蜂拥而上，双方展开了一场短兵相接的战斗。从后来纪实的消息中可知，中国军队是受命战斗到死的。斯波尔门上校马上请求加强连的援助，当时坎茨尔中尉已被击中，敌人又攻下了笔峰。来自17团的M、H连队的士兵跑步前往支援L连；此时，L连的全部军官不是阵亡就是失踪，该连士兵正在往598高地的东南方向退却；更有甚者，支援第3营的大炮、迫击炮但却开始捉弄性地落在撤退部队的附近，因此，为了稍为稳定局势，他们只好停止炮击。

拉斯上校马上派出32团第1营的两个连前往支援被围困的第3营；他们集中所有的大炮、迫击炮炸"三角山"的左翼，阻止敌人疯狂的进攻。前往支援的部队终于慢慢缓息下来，中国军队也停止了战斗。10月20日晨6时左右，斯波尔门上校报告有一些敌军部队正在退却，他请示以强大的密集的火炮轰炸通往派克峰的道路。当敌人开始大批撤退时，斯波尔门要求各团"用我们所有的一切力量轰炸派克峰"。后来人们发现在3营的战斗日记中有这样一条简单的留言："照办。"结果，中国人后退了，他们纷纷钻进派克峰上的防空洞和战壕里。

随后炮火停息了。第32团1、3营前往接防第17团。10月22日，第32团第2营由约翰·M.萨拉斯少校率领接防在"三角山"左翼的第1营。由普默西·W.布朗带领的第3营驻守右翼。

10月23日，战斗又一次打响，中国军队企图再次用武力把第32团的部队从高地一带撵走。黄昏，中共炮兵部队向"三角山"的第32团阵地开火，炮轰达1小时之久，随后，大约中共第45师的3个到6个连的兵力从派克峰向F连发起进攻，敌人使用轻武器、自动武器、机关枪和手榴弹，步步逼近。激烈战斗持续了将近1个小时，G连士兵只好向F连方向移动，赶在中共部队减缓进攻以前增援F连。

在珍妮·罗素山，大约有两个连的中共部队也在袭击第2营的同时发起了进攻。但第3营防线只受到部分的突破，而且当志愿力量赶到时很快就稳住了阵脚。

当韩军第2师于10月25日增援第7师时，中国军队仍然占领着派克峰。该师9个步兵营有8个营参加了这场为期12天的战斗，死伤人数达2000人之多。

在其他高地争夺中，"摊牌"行动吸取了不少早先的教训。这一点，从史密斯将军对此次行动所做的报告内容可以看出。他说，所有的武器装备和部队都应参加类似地形高地的争夺战，以便每个士兵、每个部队明确他们的目标对整个行动成功有着极其重要的影响；他强调，迅速接近敌人以及持续不断发动进攻的重要性；他认为，假如进攻部队的官兵们不要求部队做牵制性的进攻，在整个战斗中，伤亡人数就会减少；他又说，一旦部队夺取了制高点，他们必须深挖战壕，建立防御工事。他认为，敌人之所以能够在他刚刚夺取过来的阵地上发射密集炮火，迅速地组织反攻，是因为他们能够很快地组织防守力量，迅速挖掘战壕。

为了维持部队前线始终精神振奋，防止战斗损失严重地影响士气，史密斯将军不时轮换其参加"三角山"战斗的部队。这在很大程度上与金将军在白马山的做法相似。他认为斗志昂扬的部队才能在最困难的条件下夺取这种地形与高地，才能有效地驱逐敌人。第7师师长指出，后备部队应该集结在军事上难以取胜的地形附近，因为他们不宜夜间长途跋涉，而中国军队又往往在这个时候出击，从而使得他们无法准时赶到实施增援；最后，他又指出了指挥的问题，尤其是那些进攻部队里颇有点名望的官员们，他们应该能够有效地指挥战斗。

"摊牌"行动得到了一个令人嘲讽的结局。10月25日，韩军第2师接替了美7师的阵地后，又开始参加夺取狙击岭的激烈战斗。中共部队和韩国军队为占领高地打了好几个回合，但任何一方都未能取得对方高地的完全控制权，所以当韩军第2师受命去攻击"三角山"之后，它仍然没有摆脱狙击岭的战斗。

10月30日，中共部队以3个营的兵力把598高地从韩军手里夺过去。11月1

日,敌人经过一场激烈战后又占领了珍妮·罗素山。此后,中国军队对韩军穷追猛打,死伤人数剧增,11月5日,詹金斯中将中断了对"三角山"的进攻。

攻占狙击岭的战斗持续到11月8日,这时韩军部队是"摊牌"以来第14次占领高地。在这后半月,来自中国军队的压力减弱了,威胁韩军的巡逻队以及探照灯也减少了。

至此,6个星期的艰苦奋战过去了,联合司令部所属部队控制了狙击兵岭的一部分,但失去了整个"三角山"。5天战斗中,他们最初的两个营的兵力发展到两个师以上的兵力,死伤人数由200人增加到9000人。尽管中国人大概在这场战斗中耗费了19000名士兵,但是他们丝毫不缺兵力。在过去一年里,他们一次又一次地表现了为夺取有战术意义的高地,他们是愿意付出重大牺牲的。"三角山"之战,中国军队以他们不挠的斗志扭转了白马山之战的败局,挽回了面子,并且迫使"联合国军"停止进攻。

双方激战于10月中旬开始,于11月平息下来。天气渐冷,前线又恢复了原来的巡逻、侦察和小规模的遭遇战。颇为令人费解的是,尽管10月战斗区活动频繁,但是共产党在前线的兵力实际上要比他们5月时少得多。在这6个月里,中国人已经在后方建立了大约有36000名士兵的后备军,补充了4个武器装备及人员充足的炮兵团。然而,到10月底,在面对"联合国军"强大力量的前线,他们只出动了为数不多的80000多名士兵。这一数字的变化意味着共产党在今后战斗中要弄什么新花招,至今仍不详知。尽管没有任何迹象表明敌人有可能发动大规模的进攻,但是他们总的兵力在同一时期已增加到6万以上,敌人兵力大揽在手,在即将来临的寒冬,他们将是以攻为守还是以守为攻呢?

(节选自沃特尔·G.赫姆斯著:《朝鲜战争中的美国陆军》,第一卷,国防大学出版社,1988年,第346—356页)

第八章
官兵勇敢 惊天地泣鬼神

15军指战员出国作战誓师大会上举枪宣示:"不书英雄榜,便涂烈士碑!"

毛主席概括上甘岭战役制胜五点要素

毛主席对上甘岭战役很重视,他认为"什么东西都有个度,要热心打下去,把这个战斗打成一个战役"。"上甘岭战役"——这是毛主席、中央军委定下来的。

上甘岭作战发展成战役,毛主席是根据敌我情况下的决心。本来是两个阵地的战斗,此后逐渐发展成战役规模。通过成排、成连、成营地歼灭敌人,达到积小胜为大胜,实际这个战果加起来就是一个大歼灭战。

应该说领会主席的思想有个过程。战役初始,在指挥上,师、军都有些急躁情绪,总想把敌人一巴掌打下去;还有一种情绪,人家都在打胜仗,你把阵地丢了算什么?表面阵地丢了,我们检查;但越检查,上级却越肯定。比如前几天反复争夺过程中,我们说:"把阵地丢了,实在不好交代。"上级答复:"好啊!丢得好啊!"当时我们内心感到实在无法接受。等到我们把美7师打残,打得他狼狈地撤下阵地时才明白上级的作战意图,懂得了"丢得好"的真正含义——阵地丢了,他又来了;来了,我们又敲了;敲了,他又来了;又敲了。这就是45师打残美7师的四个反击过程。上级的意图不是说你"丢了阵地",而是说你"把敌人牵制住了没有"。这一下子我们倒清醒过来了。在战斗实践中想要很好领会主席的思想并不是那么容易。敌人占住了,阵地丢了,觉得不好受,上级并没有批评"你丢了阵地",而是考虑"你怎么去反"。事实也是这样,10天的反复争夺,我们牵制了美7师,而总指挥官詹金斯耍了滑头,与美7师一起下阵地,干脆把"铁三角"这仗交给了韩国人去指挥。

这就是"伤其十指,不如断其一指"。断,打运动战是一种断法,但防御战该怎么去断？在上甘岭阵地的防御攻守作战中，我们怎么才能砍掉敌人的"指头"？这还要本着毛主席的军事思想——我揍你一点，就把你这一点完全揍下来。攻防597.9阵地也有主次，并非一下子就都给敲下来。我军集中力量敲了敌人这一点后，其他的阵地就放到第二天、第三天再敲。要打就打狠！所以30日、31日、1日这3天，我们基本上就把上甘岭597.9阵地完全恢复了。这就验证了"不打无准备之仗"。有了战前充分准备，才能保证作战部署的设想得以实现，收复属于我们自己的阵地！就像我们战士所下定的决心——"把血流在597.9高地上是光荣的！"

毛主席总结这个战役的时候说："今年秋季作战，我取得如此胜利，除官兵勇敢，工事坚固，指挥得当，供应不缺外，炮火的猛烈和射击的准确，实为制胜要素。""官兵勇敢，工事坚固，指挥得当，供应不缺，炮火猛烈"，这20个字是对上甘岭战役高度概括性总结。这个仗之所以能打成这个样子，主要就是从战役开始到战役结束，主动权完全掌握在我们手里头。

当时15军将毛主席的作战指导思想形象地概括为四句话，叫作：积极防御，巩固阵地，消灭与消耗敌人，提高与保存自己。这四句话在那时的各级党委、支部、党小组、干部和战士中都做了普遍性的宣传讨论和教育。根据这个指导思想，各自制定出作战方案，并且通过几种战法来检验。比如：冷枪冷炮、小部队出击、阵地攻防，等等。部队当时掀起的杀敌立功运动，也推动了作战、构筑工事、战勤、群众工作等各个方面向前进。这不仅解决了"懂得为什么打"，还解决了"敢打、会打"的实际问题。

15军作为一个具体的部队，集中这么大的兵力在这儿打，当然看起来有些被动。但是，部队能够在两个山头之间，一块正面不到4公里，纵深也就是1公里多，算起来总面积不过3.7平方公里，这么一个狭窄的地区，钳制敌人这么大的兵力，是很了不起的！敌人的两个部队——美7师，是美国入朝作战比较老的一个精锐部队；韩2师，是李承晚后期培养起来比较好的一个部队。我们把敌人的这两个部队都打掉在这个阵地上。打下来的有韩9师，还有李承晚的一个编练师，以及韩军第一新兵训练所2、3、5、8联队，将他们耗损在这儿，这个战果是显著的。

志愿军总部对这个作战部队只有一个评价,那就是表扬!

像在战役第一个阶段过程中,我到兵团的时候,首长讲过:"你45师打光了,能够打垮美国的两个师,那就是最大的胜利!"实际就是兵团首长下的决心。

因为当时这个防线,美国只有三个师的机动部队,从西海岸到东海岸一共就三个师:两个美军师、一个韩军师,在日本还有两个师没有敢来。而这么一战,打掉他两个机动师,实际就使敌人没有了后续力量。抓住美军打,让他捉襟见肘,这就是这个大仗的关键。虽然美3师没有来,美40师也没有敢派上用场,而他前面就是韩9师。美军的部署,美3师另有任务,去了铁原;韩8师去了金州那个方向;美40师到了东线,直接去了杨口;东线那地方一般比较吃紧,于是只能用美25师来换防。美25师从15日开始接替,到18日才接替了全部阵地,可这以后敌人的防御形势就更加困难了。

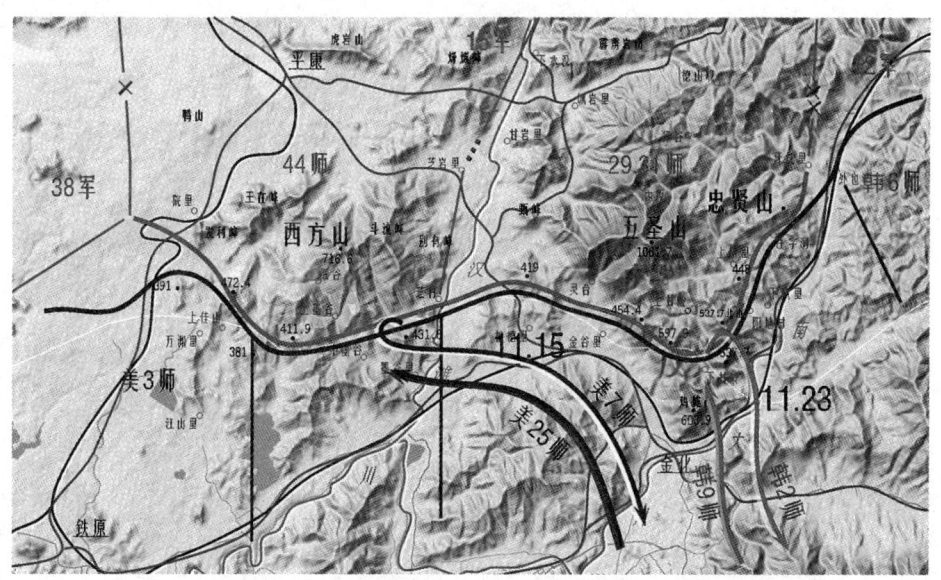

战役后期敌部署调整情况示意图

整个志愿军对15军上甘岭作战的评价也很高,比如像10月27日,志愿军总部就发了电报表扬45师,说:"45师已连续作战,取得歼灭敌人8000人的重大胜利。特表彰。"同时在这一段里还表扬391高地的战斗,表扬381高地的战斗,还表扬了85团的那个侦察排歼灭敌人一个加强排的战斗;并连续表扬了44师和29师。表扬45师的同时表扬了这几个师,这也都是在27日、28日期间。从这个表扬就可以看出来,在与敌军阵地争夺战中,15军是全面对付敌人的。西线全线都打,特别是那个391高地——就是邱少云起决定作用的这个阵地,战斗后期又消灭了美3师补充上去的200多人,我们就把整个阵地巩固住。

391高地那边是12日开始打,597.9高地及537.7北山是14日开始打的,这两边开始争夺的时间都很接近,争夺391高地到11月上旬结束,上甘岭这边虽然到11月25日才最后宣布结束,但实际上仗打到11月中旬也就算结束了。所以说从时间方面,44师配合得很紧密。再加上381阵地、上佳山西山阵地、柏德里阵地以及忠贤山这一方面的配合,上甘岭一役等于说是全线部队都在积极配合。整个15军打得都非常不错,从表扬这一系列单位就能反映出来。

同时,到反击前后表扬最多的就是炮兵,特别是高炮。15军的高炮是分成两个营。一个营是在44师那个方向,一个营是在45师这个方向。

45师这个方向的高炮办法特别多,所以打下的敌人飞机也特别多。到大反击这个阶段,表扬的级别就更高了,比如像11月2日,《志愿军报》上说,除了45师、29师在反攻中表现得好外,刚上阵地的12军31师91团8连,在蔡兴海的指挥下创造了一个班"零比四百"的战绩,所以2日的表扬中就将这个事迹作为典型例子举出来,进行了通报表扬。

仗是越打越好,伤亡的人数是越来越少,像2日反击了一天,我们仅仅伤亡了100多人,却歼灭敌人1500余人,这个伤亡比例就很小了。但以往战斗伤亡的人员是比较多的。

中央军委的电报也是一个表彰,说是"毛主席对这一仗很高兴",并且引用了毛主席的话:"如果要照这样子打下去,必能制敌于死命。""制敌于死命"是对这个仗最高的评价,从这里也就可以看出为什么美国不敢再打下去了。

之所以能打成这样,主要是毛主席、中央军委的决心很大。到了11月5日,按说两个阵地可以同时反击下来,但是没有这样做。不反击的原因主要就是让上级领导再看一看,敌人在美40师走了、美25师来了之后,是不是还要搞些名堂。在这儿牵制住他,让他走不掉;拉着他,就和他在这儿反复争夺,这对我们就很有利,所以反击537.7北山阵地的时间就推迟到11月11日。

另外,为了使前线官兵更安心作战,5日,毛主席批准第3兵团和志司的意见,又组织了一个15军的前指,命令是这样下达的:

"为便于指挥,决定组织五圣山战斗指挥所,由12军副军长李德生同志负责统一指挥31师和34师部队反击作战及29师的配合动作(31师担任反击,29师担任防御)。该指挥所归15军秦基伟军长直接指挥。"

部队番号这么多,凑起来按连队算恰恰是三个师,但都不是很齐整——86团还缺一个连,因为29师命令86团要抽一个完整的团参加战斗,所以,85团的一个连配属了86团、87团,虽然没有完全用,因为3营在那边(指391高地)打,虽然艰苦,但打得比较好,他的部队实际上也做了预备队。连续激战下来,人员队伍都不很整齐,这样总算起来,参战部队就是三个完整的师。最后15军的两个师,不很够,加上12军一个师,再加上34师的一个团。这样凑起来就等于是三个完整师,两个军的建制,四个师的番号。这些部队先后都参加了上甘岭战役。

"官兵勇敢",战斗英雄层出不穷

毛主席总结为:"官兵勇敢,工事坚固,指挥得当,供应不缺,炮火猛烈。"这五条是有特殊意义的。在毛主席讲的五条里,其中第一条就谈到了"官兵勇敢"。"官兵勇敢",这是首要因素,首要因素就是政治因素。干部、战士政治觉悟高,很勇敢,很有办法,这一条可以说是防御作战制胜的首要因素。没有这一条因素其他就都谈不上。

1953年10月，第三届赴朝慰问团贺龙总团长（二排右四）同第15军45师上甘岭英雄合影。全国妇联主席康克清（二排左四），上甘岭战斗英雄易才学（二排左五），赵毛臣（二排右三），15军军长李成芳（三排中），15军政委谷景生（二排右一）

上甘岭战役中，我们的官兵为什么会这么勇敢？

中央军委下了决心要打下这个仗。15军在这儿打，整个战术反击都在这一点配合——其他部队也都在积极配合进攻，与敌人这一点的进攻相比，我们是整个朝鲜战线都在围绕着上甘岭这一点打。这就说明了我们的战略意图很清楚，所以战斗开始到结束，部队需要什么就有什么，那就是全线支援！所以，表现到整个上甘岭战役，特点就很突出了。"官兵勇敢"里，第一条保证就是上级把战略意图告诉了每一位干部，也告诉了每一个战士。

"为什么要抗美援朝？"战士们入朝作战时目标很明确，这个问题大家在报名当志愿军的时候就很清楚——"抗美援朝是为了保家卫国"。所以那三个主义——爱国主义、国际主义、革命英雄主义，就和这个战略任务结合起来了。干部更清楚了，解放战争打的是蒋介石，实际上也是在打美帝国主义。美帝国主义不服，到朝鲜又把战火烧到鸭绿江边，烧到我们家门口来了。实际上抗美援朝就是解放战争的继续。所以干部老早就有这个准备，特别是二野。因为二野在渡江作战时就准备和美国打,虽然后来没有打上。当然抗美援朝开头打的并不是二野的部队,是我们其他的部队。二野参加这个战斗,在思想准备方面,就感到一定要向老志愿军看齐和学习,这就是打胜仗的基础。

志愿军的部队,战略任务人人皆知!像秋季反击作战,大家都知道"敌人一定要来",所以都希望敌人攻自己这个阵地,只要自己防守住了,就是对祖国人民和朝鲜人民做了贡献。大家都是这样的思想——能够在阵地上多歼灭敌人,我们就完成了战略任务。这些都表明我们的阵地是攻不破的。战场上涌现的每一位英雄都很突出,他们勇敢顽强、机智果敢,组织性、纪律性很高,这些综合素质反映了我们志愿军的战斗力。因此,毛主席首先提出的是"官兵勇敢",这一条是战役制胜的首要因素,也是决定性因素。有了人的因素,就能以此发扬或发挥其他的制胜要素。

我们的战士只要解决了"为什么打仗"和"敢打、会打"这些问题,上战场就可以做到无比的英勇顽强。参加上甘岭作战的同志有一个形象的比喻,叫作"五圣山后通北京"。为什么有这个认识呢?我们的战士虽然身在朝鲜,但他们能自觉地提高爱国主义、国际主义和革命英雄主义的觉悟,并用这一条红线,把自己和伟大的抗美援朝任务串起来。

就一个战士来讲,阶级觉悟,表现在上甘岭战役,那就是参战的所有部队都争先恐后地争担重要任务。用战士形象的说法是"让党来考验吧!""让党看看咱够不够条件入党"。他们热爱祖国,热爱朝鲜人民,仇视敌人、藐视敌人,这个思想是很强烈的,所以战役过程中涌现出很多可歌可泣的英雄模范人物。

上甘岭作战那样紧张持续、残酷壮烈和艰难困苦,但不论前方后方,干部战士"一不怕苦,二不怕死"的精神蔚然成风。为了坚守阵地,他们与敌人反复争夺,敢于打硬仗、打恶仗。在战役各个阶段,有许多特殊英勇、顽强、机智的光辉典范,而且这种无比英勇顽强的典范带有极大的普遍性。在几乎每个重要的战斗时刻都会有英雄涌现,他们以大无畏的革命英雄主义气概压倒敌人,为胜利做出贡献。另外还有一个特点,英雄具有鲜明的集体性。8连的1号坑道里就有16个连的建制，各个单位的人员集合到一个坑道里，自觉建立党支部。支部搞起来就形成了一个战斗的集体。

上甘岭前线有三个8连指导员：坑道里的134团8连指导员王土根，坑道上的91团8连指导员刘怀珍，还有野炮9团8连指导员戚子珍。他们所在的战斗连队都是具有代表性的英雄集体。野炮9团8连，4门野炮，最后打得只剩下1门。开始打4门，后来变成3门，3门变成2门，最后剩下的2门野炮，把零件拆了，拼装成了1门。野炮老了，真是老掉牙了。这个不足为奇，奇怪的是野炮上了山。怎么上的山？是抬上去的，抬到了山上打坑道，敌人坦克一冲上来，野炮就给它敲了。这1门炮一直打到底。

有一天仗打起来，有人就问8连炮手：

"怎么样？"

回答："炮手不缺。"

最后一查，原来是一个人承担了几个炮手的作战任务，一炮手兼三炮手。那个时候也不太懂——可缺？可不缺？并不知晓。我们的炮手就是这样打下来的。再如炮9团的野炮，作战中被虚土埋过多次，每一次炮兵都是立即抢救过来，马上接着继续打。像这样的连队不止一个，像这样的战士也不止一个，这一现象在作战基层部队中带有普遍性。普遍性靠什么呢？打情绪仗是不行的，打好每一仗就要有一定的觉悟，这是首要的一条。光这个还不够，在朝鲜我们也吃过这个苦头，战略上藐视敌人，"它是纸老虎"，但有时我们还是吃了"纸老虎"的亏。毛主席说战略上要藐视，要打倒，具体的要重视，要研究办法狠狠地揍。有了这样觉悟的战士，还要用毛主席的战略战术思想来武装。像蔡兴海同志在上甘岭守阵地，是打"小兵群"战斗的一个模范。三个人一伙，两个人一伙打"小兵群"战斗。一个阵地就那么大，不放那么多人，人员放在防炮洞里，随打随补。三个人就可以打敌人一个班、一个排，甚至一个连的进攻。这个没有特殊的顽强性是不行的。

上甘岭战役开始前，44师反击391高地，涌现出遵守纪律的英雄邱少云。我们400多人潜伏在敌人鼻子底下。潜伏地野草很高，秋天的茅草，一颗燃烧弹就能把它点燃。潜伏人员离敌人最近的距离也不过就是100米到150米。一颗燃烧弹烧着了邱少云,如果他暴露目标,伤亡就不只是他一个了,况且整个作战计划也会暴露给敌人。为了战斗的胜利,为了整体的利益,邱少云自觉遵守战斗纪律,英勇牺牲,但他却保存了400人的战斗力,赢得了部队作战的胜利。

第一批作战部队有牺牲,有伤亡,说要"重建连队",这个名词我们可以讲的,但一旦放到连队去,那些连队是极不乐意的。他们会与你争吵,而且吵得很厉害。他们不赞成这样处理。为什么呢?即使这个连队减员了,哪怕剩下几个人、20人、30人,但这个连队仍然能以剩余人员为基础,包括留下的连、排、班长,有的还包括战斗组长,再补充些新兵,重整旗鼓。有的人称呼他们为"新连队",但这些连队仍称自己的老连队序号,"新建"这种说法他们是决不接受的。当然有一些连队是新建的,这些连队搞起来,经过7天训练就上前线参加反击。虽然新,但作战意志很顽强,反击的效果普遍比第一批打得更巧、打得更好。如在反复争夺阶段,我们134团刘兴文生前所在连队"英雄7连",16日、17日连续作战,机智顽强死打硬拼,全连都有伤亡,他们为大量歼敌起了特殊作用。以后师团机关、勤杂人员与7连3位伤员重新组成7连,30日参加反击,仍然打得非常出色,这个连荣立集体一等功。

谈到"官兵勇敢",有人会问我们:

"志愿军为什么打仗能这样勇敢?"

"为什么战场上能出现这么多的战斗英雄?"

这与志愿军爱国主义情怀紧密相关。落实到行动上——那就是"保家卫国"。志愿军官兵中,有的是从红军打到抗美援朝,包括那些老八路、老战士。打到抗美援朝时,"为什么"的问题也都是很清楚了。多少年来这些"为什么"是不言而喻的。特别是那些翻身农民,才解放,有的经历了减租减息,有的分到了土地,当家做主了,真正感受到当主人翁的优越性了。正因为有了这个思想做基础,所以他的"保家"才是很具体的。因此,上甘岭战役之前出了邱少云这样的英雄,战役中又打出了黄继光。以后45师每次战斗、每天战斗,那都是英雄层出不穷。像黄继光同志那样被授予英雄称号的,我知道的就有40多名。

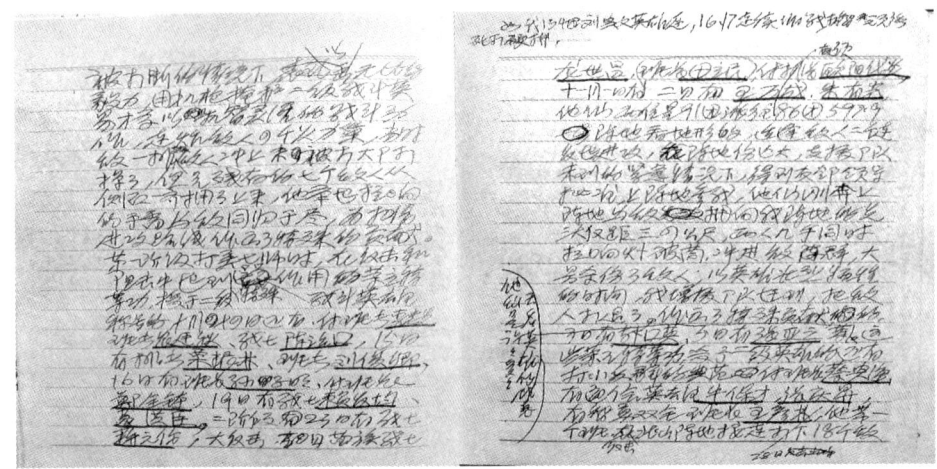

聂济峰将军有关上甘岭战役文稿中记录着上甘岭战役的英雄群体

● 胡修道（1931—2002）

四川金堂县金龙镇净因寺村人，中国人民志愿军一级战斗英雄。1951年6月，参加中国人民志愿军，赴朝作战，任第12军31师91团5连战士。在朝鲜战争中先后参加了第五次战役、秋季战术性反击、上甘岭战役和朝鲜东海岸反登陆防御作战。

上甘岭战役14日打响后第一天，就有荣立特等功，授予一级英雄称号的排长孙占元。第一阶段打美7师，在反击和阻击中荣立特等功，被授予二级战斗英雄称号，他是起到了特殊作用的烈士；10月14日还有战士孙子明、副班长李忠发、战士陈治国；15日有班长侬廷秋、排长栗振林、副班长郑金钵；16日有班长刘俊卿；19日有苗族战士龙世昌、战士赖发均、排长葛洪臣；第二阶段25日有副班长蒋元伦；大反击30日有副排长欧阳代炎。11月1日有班长田立民；2日有王万成、朱有光；3日有韩国英；4日有薛志高；5日有张亚之等。15军、12军的英雄人物就更多啦，像蔡兴海、胡修道、易才学、马新年、邓章德、余贵、唐治平，这样的同志，还有许多……

在战役里，参战部队集体荣立特等战功的仅15军统计，有1个连、3个班；一等功的有1个营、12个连、8个排、12个班；二等功的有1个营、19个连、10

个排、33个班；个人荣立特等功的就有47人，其中授予英雄称号的有35人，一等功107人，二等功700余人。英雄们那个蔑视仇视美帝的思想，那个杀敌保国的劲头，那个做"最可爱的人"的意志，有事实、有行动、有典型，学习有榜样，革命英雄有用武之地，他们以英雄气概压倒敌人，为胜利做出了贡献。

这些具有代表性的英雄人物是我们志愿军的骄傲，无论英雄来自哪个部队，他们都能在任何艰难困苦的条件下积极战斗，都能自觉坚持到胜利。秦基伟军长总结指出：参战部队发扬了高度的战斗团结精神并表现出了高度的政治觉悟，战斗中那种特殊的勇敢使敌人胆战心惊，以"阵地为家，视死如归"，表现了我军战士的伟大气魄，在我军异常紧张艰苦的情况下，发扬了高度的勇敢和智慧相结合的作风，使作战的技巧更高地达到了机动灵活的地步，使"歼灭敌人，保存自己"的战术原则掌握得更好。特等功臣特级英雄黄继光就是英勇和机智相结合的典范。

要做到作战勇敢，当然必须要有高度的集中统一指挥，有严格的组织纪律性，要做到荣辱分明，奖惩严明。各级领导必须模范带头。以45师来说，优秀指挥员有张广生、张计法，模范政治工作干部有赵毛臣。荣立特等功、一等功的营连干部还有18名，排有10名。战时右倾怕死被执行纪律的干部有4名。军队打仗就要发扬勇敢顽强的战斗作风，严格执行纪律是胜利的可靠保证。

第45师135团3连战士邓章德孤身坚守阵地4小时

荣立特等功的赵毛臣

英雄是集体的,是这个部队的代表,也是志愿军的光荣和骄傲。我们的英雄在朝鲜战场与敌人直面作战,而间接参战的同志也有立功的,突出的有立特等功、一等功的,营、团一级干部也有立功的。所以说这是一个战斗集体。这并不是平常说的那个抽象的集体,而是包括了从下到上的各级指挥,也包括步兵、炮兵、后勤等各方面的配合,此时这个集体非常具体。

战士的英雄行为,实际上也反映了指挥员的作战指挥水平。

当然你不能说是秦基伟打得怎么样,李德生打得怎么样,或者是崔建功、张显扬打得怎么样,但是这些人的意志是从基层连队体现的。黄继光、邱少云代表了15军。孙占元的那次反击为什么能打得那么好?按照团、师、军的作战方案,反击前部队不知道演练了多少次。孙占元那次的反击方案,是多种方案之一,这些方案都是经过军里批准的。

志愿军第3兵团副司令王近山在6月底到45师阵地时,特别检查了作战方案,说:"你这一个连,靠什么条件能够坚守这个阵地?假如说让敌人打下来了,用什么办法能把这个阵地恢复?"所以说,我们的作战方案不仅到了军里,甚至还到了兵团总部。像这类反击计划,60个点的进攻都是经过志愿军领导准许之后,做好了充分的准备才开始的。

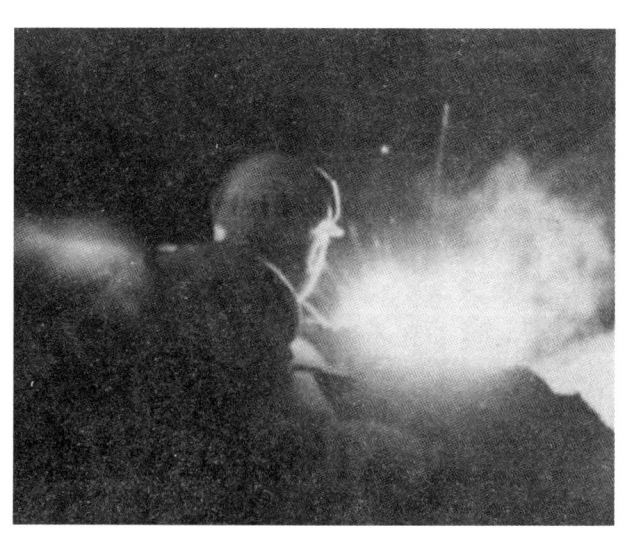

夜战中的志愿军勇士

"官兵勇敢",兵的勇敢就能体现干部、领导的勇敢。战士高度的组织性和纪律性,以及其他,诸如战术、技术的灵活运用,也是领导指挥能力和技战术运用的集中体现,所谓"强将手下无弱兵",兵强也给领导记了大功。

总括战斗力，不外乎是觉悟高，战术、技术好，还有就是组织性、纪律性强。这些英雄都具备了这个条件，按古话讲叫作"一夫当关，万夫莫开"。没有到朝鲜打过仗的人呐，他没有这个体会。在朝鲜战场，我们有了阵地，再加上战略战术，确实能起到这么一个作用。所以选英雄也只能按这个条件来选。那被授予英雄称号的35位英雄只是代表，因为当时朝鲜评选立功的时候，很多都是立集体功的。在这个英雄的队伍中，被授予朝鲜民主主义人民共和国英雄、一级金星勋章的特等功臣、特级英雄黄继光，就是最光荣的代表。

有名的英雄都这样多，无名英雄就更多了。

无名英雄就更多了，"一人为整体，整体为一人"

我们不能只谈有名的英雄，也要谈很多无名英雄。

先谈一个来自上海的参谋。他原先是上海洋行的一个职员，后来在45师侦察科任参谋，也就是翻译。他在上甘岭战役之前就上了五圣山，专门负责搞侦听。他对敌人报务员的说话声音记得非常清楚，因为之前的6个多月，他就一直在负责侦听，所以只要是敌人的声音一出现，他就能很快辨别是谁，知道是哪个部队的，代号是什么。敌人联络采用保密形式进行，他就专门破译敌人的密语，这些密语差不多都被他破译了。所以在战争过程中，只要敌人"哇啦哇啦"一讲，他就知道是哪一个部队来了。虽然有时敌人联络会增加一些联络密语，即使说出来都是加密的，但他还是一听就能辨别得很清楚。在紧急情况下，敌人有时候来不及使用密语联系，直接改讲明语，也难不倒我们这位参谋！他的英语也非常好，一听照样能够辨别出来。

战役开始前上山，战役开始以后他又连续工作，43天都没有下山。在战斗最紧张的时候——二十几号到三十号——他两个眼睛都发炎了，有一个眼睛还流了脓，但即使严重到那个程度，他也没有下山，硬是一直侦听到底。

像这样的人,立了功,但没有授予英雄称号。然而对于胜利而言,他在其中又起了关键作用。敌人的任何动作,他都能通过侦听获得——是哪个部队来了,这是什么部队,到达了哪儿。除了你直接能够看到的,凡是他所听到的消息都比较准确。随后,他就直接向指挥员汇报,以便上级采取相应手段对付敌人。比如那个"零比四百"的战例,像这样的战斗我们打了不止一次,打了有七八次,消灭敌人两三个连,后来甚至打到一个多营,这些基本上都是一靠观察,二靠侦听。所以说,他起到的作用是很大的。

这是讲不上前线的无名英雄。上前线的不直接动手的也说两个。

比如像指挥黄继光作战的那个营参谋长张广生。他也是个老参谋了,对师里各方面的作战意图都了解得比较清楚。师里专门给他任务,叫他去组织指挥,搞"小兵群"战斗,琢磨如何发挥我们炮火和机枪的火力,从而减少我们的伤亡,多歼灭敌人。他对位于597.9西边那个阵地454.4高地比较熟悉,所以30日晚上反击上去,他在阵地前沿要炮火、要步兵,完成这一切任务基本就是靠

战后45师崔建功师长(最后一排右二)、聂济峰政委(最后一排右一)与上甘岭战役部分立功人员合影

这个参谋长。30日打了一天，31日又打了一天一夜，就这么连着打到1日，他一直在坑道里和师里直接联系。31日我们完全恢复了阵地，于是在1日的战斗中，敌人就动用了很大力量反扑。就在这个参谋长与师里谈话的过程中，发觉敌人反扑凶猛，师里的人告诉他："你赶紧到指挥位置，暂不再联络，阵地上的指挥不能间断。"于是他立刻跳出了坑道，但在未到达指挥位置的时候不幸被敌人的炮火打中，牺牲了。像这个同志，他就是在战斗中起了关键的作用。要讲他的关键，黄继光立功就是他指挥的；30日反击，以及31日收复阵地，他在其中也立了大功。

再举一个例子，是个连干部，叫张计法，就是前面提到的那个营参谋长的副手，也是"一个苹果的故事"中的那位连长。据说在大家最紧张的时候，运输员往上送东西时捡了一个苹果——实际无所谓捡了，送往坑道的苹果和其他东西，运输员牺牲以后，路上落下很多。这位运输员捡到后，舍不得吃，就送到了坑道里，也就是他们那个连。结果他们连一个班加上连长，一个苹果转了一个圈只吃了半块。这说的就是那个张计法。

这个张计法守坑道守得很紧，后一个阶段的战斗，他对阵地的情况、敌人的情况都很清楚。他在30日夜晚反击上阵地，经过31日、1日、2日之后，他又继续留下来作战，31师93团上来，他又做了友邻部队的参谋，直到最后阵地上的任务基本完成了，他才下来。当然他起到的作用就比较大了，他立了特等功。要知道当时在部队里，干部参与评选英雄的人数是很有限的。

再说29师守2号阵地的那个英雄林炳远，他从11月1日一直坚守到11月5日，守到了最后。说到那一天的战斗过程，一个多排、两个排，甚至成连的敌人疯狂进攻，他在那里和敌人拼了整一日，以后又坚持了数日，整个战斗加起来就不只是10次，大概是39次，最后连他自己也算不清楚消灭了多少敌人，打退了多少次敌人反扑。他的功劳就是那三十几个人里的之"一"。打死那么多的敌人，少不了我们的炮兵和指挥所的及时支援。这是他个人的功劳，也是集体的功劳。

谈到部队和部队之间的关系，那就更不一般了。

从45师来讲，为了战役胜利和保障指挥不间断，作战部队撤下去以后，我们的保障部队一直坚持到战役最后。每个连里都留有人，为友邻部队带路。最后就留在连、营、团里当顾问，一直到战役结束。这又是一个战斗的整体。

11月1日91团8连接替3号、9号、10号阵地。2日8连上阵，打垮了敌人数次进攻。他们得知友邻单位86团8连坚守的1号阵地只剩下一位班长仍在战斗，手中已经没有兵员了，阵地非常吃紧。一般这种状况下是不使用友邻部队的，但91团8连副连长丝毫没有犹豫，马上派了一个战斗小组支援86团。3人小组行进时，一名战士中弹负伤，另外两名战士将负伤的战士移到弹坑隐蔽，接着快速前进。赶到阵地时，见敌人已经冲上来，而坚守阵地的班长将手榴弹投向敌群后中弹英勇牺牲。两个同志[1]见此紧急情况，立刻投入战斗，但毕竟敌众我寡，最后，在成群的敌人冲上阵地的时候，两位英雄先后拉开了爆破筒冲入敌群，与攻上阵地的敌人同归于尽。随后29师支援部队赶上来，这才把阵地上的敌人打下去。

战后志司给这两位战士记"特等功"，他俩的名字也刻在了上甘岭的石壁上。

上甘岭战役中，像黄继光同志那样舍身炸敌群、炸地堡的战士就有几十个，我知道45师就有35位。打到最后，只剩一个人，就拿起加重手榴弹和爆破筒与敌人同归于尽。像我们阵地的观察员，观察到敌人以后，要报告并引导咱们的炮火攻击，等到最后，敌人上来了，后续部队还没有到，就喊："向我打！"我

[1] 这两个同志为12军31师91团8连战士朱有光、王万成。战后，为了悼念他们的光辉事迹，在他们牺牲的石壁上，刻下了一行闪光大字："英雄的朱有光、王万成烈士永垂不朽！"

们的炮一下子就盖到我们的阵地上，我们的人与敌人同归于尽了。

　　我想，参加过战斗的每一位官兵都知道上甘岭战役的残酷和艰辛。当时打到了什么程度呢？45师16个连队打过了两遍，134团8连打过了三遍，我们班干部伤亡几乎达到百分之百，排、连干部伤亡也极大。应当肯定，上甘岭战役以党委为核心，坚决执行上级命令，开展军事民主，统一作战思想，统一行动，连队支部的堡垒作用和党员干部的带头作用，这些都是赢得战役胜利的关键。

　　一个英雄代表着一个集体，每个英雄牺牲时想的完全不是个人得失，他们不是为了当英雄而当英雄，而是为了祖国的整体利益。这些英雄都是在最后战评阶段，由领导、群众根据战场上的实际——谁在关键时刻起了关键作用而推选出来的。比如说像邱少云这个英雄，宣传得早；像黄继光这个英雄，是在战役过程中，打了以后宣传的，实际立功比较迟。黄继光是个共青团员，还不是共产党员，牺牲以后追认的党员。邱少云也是这样子。为什么他们能入团入党呢？因为他们完全不是为了个人。够不够一个共青团员和一个共产党员的资格，英雄是以自己的行动自觉地接受团和党组织考验的。他们不是"我当了党员，我要捞取什么"，或"是不是我先给你许个英雄当当"，真不是那个样子！他们在战斗里自觉考验自己，以他们个人来讲，就是将自己与整体利益完全融合在一起了。因此魏巍所写的《谁是最可爱的人》，其教育深刻的原因也就在这里了。

　　战时，师这一级对坑道里的情况也是很了解的，知道哪个坑道里有谁。师里对自己的下级感觉到非常放心，因为他知道这个干部、战士平常的表现，这些，领导都很清楚。但仗打到最后，人员补充很快，后续上来的新战士很多，作战人员的情况就不是那么清晰了。

　　战士中的新兵，尤其没有打过仗的，一上战场，他并没有更多的顾虑，只有一点，就是"能不能和敌人见面？""怎么和敌人见面？""用手榴弹、冲锋枪与敌人一拼，那就行"。但是如果没有与敌人见面自己反而牺牲了，那就不行了。

我们的老兵告诉他们，这样所谓的"无畏"也是要建立在战术和技术基础上的。"官兵勇敢"要建立在这么几个方面——一个是三个主义（编者注：指爱国主义、国际主义、革命英雄主义），如果再加上乐观主义，就又和战略任务紧密结合起来；一个是技术、战术和勇敢紧密结合；一个是组织性、纪律性和整体紧密结合。这样就使得我们的干部和战士上下团结成一个整体。从战术上具体讲，就是打法——采取"小兵群"战法，根据敌人的弱点来制定。敌人怕近战，怕夜战，我们就特别注意在白天打近战，而夜间揍他们的名堂就更多了。

所以，打起仗来，哪怕只有一个人在阵地上，他心里也知道其实自己并不孤单，因为后头还有那么多炮火都在支援着他，还有那么多首长和同志们都在关心着他。这就形成了"一人为整体，整体为一人"的局面，也叫"一人为大家，大家为一人"。总之，他知道个人完成任务是和整体连着的。战场上强调组织性、纪律性，就是因为仗打到这么一个程度，打到了一上战场，干部、战士就会很自觉地想到"一人为整体，整体为一人"。这个思想当时在前线的作战部队里是相当突出的，部队的纪律性也就是每个官兵自觉地建立在这个基础上的。只有基础打牢了，才能为发扬顽强战斗的作风提供可靠保证。像敌人占领我方表面阵地，距我坑道口的距离也只不过三四十米，说话、咳嗽相互都能听见。我们成班、成排、成连，在敌人炮火封锁下夜间潜入坑道，保持动作肃静、炮打不乱、负伤不叫，这就高度地体现了组织性和纪律性，表现出官兵的集体主义觉悟。

我们的干部和战士好哇！他们上下团结成一个整体，打仗不分彼此、不分你我。战后评功，也没有争功的。领导上掌握着全盘，哪个部队有功都是很清楚。给29师部队记功是45师上报的，在紧要的时候是我们开了腔，并不是说29师要争这个功，不是这样子！在战斗中军政指挥员对有特殊贡献的单位、英雄人物都会及时上报，记功宣传，这样更能促使参战官兵发扬集体主义和高度团结的战斗精神。当然那时候也有个别同志吹乎，这个情况可能有。但应该承认，那些吹乎的，也有他合理的成分在。他们部队有那么多的同志牺牲了，每当想起部队的这些战友，大家心里就特别地难过。

上甘岭战役体现的"官兵勇敢"是毛主席总结的，贯彻这个并不是一日之功。从抗日战争，特别是解放战争到抗美援朝，这一些思想基础、做法，都已经形成了传统，并带到了朝鲜。在朝鲜，又和朝鲜人民军，和朝鲜人民融合在一起，这样我们打起仗来的基础就相当的深厚了。所以说，上甘岭战役参战的所有部队，包括15军、12军、炮兵部队等，就是一个整体，这是上甘岭战役的一个显著特点和特色。讲深，这个深度拿海做比喻，什么"人情比海深"，"友谊比海深"，那确实是比海深，但恐怕形容词远不能全面地体现这种情感。那个"战斗团结"确实是战斗团结，有了这个根基，"官兵勇敢"的基础就能相当的雄厚了。

"英雄阵地英雄守"，革命乐观主义始终贯串整场战役

电影《上甘岭》里为什么唱了那么一首抒情歌曲？

"一条大河波浪宽……"

有的人感觉那个歌在电影里有些不协调——"那么残酷，为什么还有这样的歌？"实际情况确实是残酷，包括战斗过程中的残酷；包括战前——进入阵地长期防御的残酷；也包括老志愿军冬天里一把炒面一口雪的残酷。确实是残酷，确实是艰苦。但是大家都晓得，上甘岭连着的是祖国的五湖四海，这些来自五湖四海的战士们，战场上的一言一行，都能表现出中国军人特有的勇敢、顽强。

尽管艰苦，但部队里"怕死鬼"是很少的。有没有怕死的？有。45师有一个营长，脱离指挥位置，被判了刑。当时的战场纪律很严格。因为他脱离指挥，致使16日部队运动中造成了比较大的伤亡。12军92团有一个连长自残，最后被公审。这样的人有，但极少极少。上了战场，畏惧怕死是很难交代的。从实际情况来讲，参战的部队从上到下，就是这么一个大集体。"时势造英

雄",面临残酷的战争,正是具备了这四个主义(编者注:指爱国主义、国际主义、革命英雄主义、革命乐观主义)的集体才能造就出那么多奋勇争先、不怕牺牲、顶天立地的模范和英雄人物!

英雄在战斗中,总是那么的乐观。艰苦是艰苦,但打起仗来,他们根本没有那么多的顾虑。许多英雄自觉地将国际主义、爱国主义和革命英雄主义结合到一起,时刻想着胜利,这就叫革命的乐观主义。正因为有革命的乐观主义精神这个突出特点,所以在战斗发展过程中,各式各样的英雄是越来越多了。

战役开始,涌现出来的英雄不是战术搞得好的,就是最后不惜与敌人同归于尽的,像这类英雄很多,他们的壮举很英勇。仗打到后期,英雄辈出,除了敢打敢拼不怕死的外,还出现了有勇有谋的英雄,这样的英雄就更多了,战役后期他们打得是更巧了。

我们的四川兵补充了几批。接受任务的91团5连,有一位补充进来的四川新战士叫胡修道。他参加志愿军以后就认为,能代表四川来打这个仗很光荣。但很快他又感觉到,四川兵到朝鲜打仗就不仅仅是代表一个四川省了。上了战场,他像英雄林炳远那样,在5日的战斗中他坚守在597.9高地3号阵地上,直到最后。战斗中,他身边的战友负了伤,又见到自己右侧不远的10号阵地情况危急,他就拿着手榴弹冲过去支援。在激烈战斗中,他穿梭于硝烟和弹雨中,孤胆连续作战。一个新战士就击退敌人多次进攻,并歼敌280余人。他是12军的战斗英雄,是597.9阵地上最后立功的战士。他的功劳也代表了部队和指挥员的水平,不管他那句"四川人里我代表四川"的口号有多么大,这本身就很不简单了。

不光是前线的战士,后方的每个人也都在为胜利考虑。我们搞运输的同志时刻想着前线,他们前运弹药,后转伤员,不停地遭

一级战斗英雄胡修道

遇敌人飞机轰炸以及炮火袭击。运输部队的伤亡是比较大的。135团有一个运输员叫张全合，他连续20天运输没有停歇。最繁忙的时候，他一个人扛170斤往山上搬运，战士们与他开玩笑，称他是"气死牛"。的确，他始终想着是怎么能尽快把弹药运输上去，他也深知自己起的作用与前线战斗员起的作用都是同样的。张全合表现得比较突出，仅他一人送往前线的弹药就有1200多斤，还背回4名重伤员，成为运输模范，实际也是战斗英雄。

像我军133团1营1连。由王彦林班长带领的一个班反击北山阵地，以后87团接了他们那个阵地。在10月27日那一天，他们针对打残废的韩32团守敌，就采用了机智灵活的策略，逐个啃下敌人的碉堡。他们采取这种打法，把全班分成三个小组，夜摸北山主峰，从537.7的1号阵地开始，将1、2、3号敌人火力巢、地堡逐个打掉，直到把整个主阵地敌人18个碉堡完全搞下来。第二天他们还坚守1号阵地19小时，与兄弟连队会合，打退敌人排、连反扑各1次，杀伤敌人270余人，全班仅1人受伤。这就是个打得巧的典型。在参战部队中，一个组、一个人坚守阵地是很普遍的现象。像这种小群孤胆、坚忍顽强、英勇作战、令敌人见而生畏的英雄还有很多：吕幕祥、余贵、欧阳代炎、韩国英、韩志高、张亚之、蒋永德、杨国良、唐治平、林炳元、邓章德、马新年、胡修道，等等。

为什么这种典型开始并不多？因为战役开始，我们还没有把敌人打到钻进碉堡里不敢出来的地步。而打到战役中期，敌人就开始惧怕志愿军了。敌人在表面阵地上修有工事，他怕我们，就不敢出来。于是我们就可以采取各个击破，一个碉堡、一个碉堡的拾掇他。仗打到最后，像这样的英雄和典型自然也就有了。

这就可以看出来，战斗英雄是由战略做基础，以战术技术做根本的。既有思想基础，还有打仗的本领。从技术来讲，一个老兵，他既会使用我们部队上的全部武器，又会使用缴获敌人的全部武器。从战术也就是打法来讲，即"添油""小兵群""近战""夜战"等战法，这就要根据敌人的弱点来制定。这里的战法名堂就更多了。

荣立特等功的战斗英雄崔含弼

仅从我们小群独胆的作战经验来看，一是有方案、有研究、有演练。如参战班、排对阻击、反击的不同情况都有不同的预案，我们鼓励与各自主动计划相结合，人人明确；二是一兵多能，会熟练使用连队各种武器，如手榴弹、手雷、爆破筒、冲锋枪、60炮等，知道在各种战斗情况的用法。比如阵前阻击中，把手榴弹揭开盖、接好环，根据敌人冲锋队形，能在几秒钟以内投出去多少枚或一次投弹两三枚。就这手榴弹的数量，战士们心中都有底数，他们还必须学会使用敌人的各种步兵武器；三是懂指挥，干部战士学会用步话机，熟悉要我炮火支援的办法，取得火力支援；四是会掌握敌火下运动，敌火下作业等。此外，还要会负伤自救自护，保存自己，歼灭敌人。所以战斗发展过程中，我们的英雄越来越多，打得越来越好，打得越来越巧。这样的英雄举不胜举！

上甘岭战役一开始，这个仗就是在极为艰苦的情况下打的，即便是残酷、悲壮，但大家一股脑地都是想着怎么杀伤敌人，怎么忍受艰苦。这里确实表现出"四个主义"，即国际主义、爱国主义、革命英雄主义，尤其是乐观主义。尽管部队有伤亡，但革命的乐观主义精神始终贯串整场战役。前线、后方、15军、12军，特别是后参战的几批部队，在这一点上，前前后后都是一致的，表现得都很突出！

11月5日，86团把597.9阵地收复以后，交给93团来守。93团是4日晚上接防，5日就上了阵地，然后从6日开始一直到12日，连续打了7天。到了13日，又抽调一个营到阵地上。15日，也就是在106团上来以前，他们又守了守537.7北山那个阵地。在守卫597.9阵地的7天里，这个部队利用我们留下的一些麻袋，还有敌人构筑工事运上去的一些东西,把597.9阵地上的坑道全都修复了,同时把原来没有打通的坑道也都打通了。不仅如此,他们还把阵地上我们牺牲同志的遗体都清理了。

这个部队为什么能搞得那么好呢?他们就是用乐观主义精神鼓励前方。一线鼓励后方,后方又"一切为了前线,一切为了胜利"。战场上,前线能听到后方的消息,那个士气之高,士气之旺盛,也是空前的。93团接受任务,上了阵地,就是"英雄阵地英雄守""打大仗,打恶仗""当好军代表队",这在他们身上体现得更加具体了。

到20日以后,我们军里的电影队来到了93团。坑道里原来是可以放映试片子用的那种小电影,于是他们一面打坑道,一面就可以看电影了。可以想象一下,战争虽然那么紧张,战士们却能在坑道里看上电影。这就充分表明了前线、后方的革命乐观主义情绪。

如果说从战争来讲是一个高潮、一个高潮地进行,那么在阵地还没有完全收复以前的高潮,是通过前方与后方的沟通掀起来的。而炮阵地和后方人员的那一片乐观情绪,是因为他们直接看到了胜利。

后来发生的这些事情,最先上阵地的45师部队,他们很艰苦,一直坚守在坑道里,是看不到这些情况的。由于有些阵地反击要做准备,晚打几天,所以到了93团打的时候,条件就有了明显的改善,情况也好多了。从后方转来的慰问信、慰问品,还有赴朝慰问的那些东西,就都能统统地送到坑道里去了。

越到战役后期,前前后后的那个气氛越是鼓舞人!

坑道的修复和各方面的工作都做得很出色。特别是12军的部队,很会做工作,团结工作做得也很好。他们总结工作比15军总结得快,86团是很受教育的。

29师87团吃了些苦头。为了观察敌人的动作——还来不来?他们在接了133团阵地以后,在537.7北山高地又坚守了10多天。坚守的日子里,每天都要反击,但是87团的情绪却很高涨。因为指挥员知道——大部队一直在准备反击,也清楚并不是我们不反击,而是要看一看战况,要反击就得反得更好。配

坚守在上甘岭坑道中相互支援的志愿军兄弟连队

合上甘岭作战，15军87团在391高地开了个好头，132团又给他结了个好尾——打了美3师，反下了个391高地的南山，歼灭了韩9师的一个团，又歼灭美3师的一部分，与上甘岭互相配合，支援作用就很大了。87团坚守坑道的作用就是要和敌人打到底，硬是要把敌人打得失去信心，最后争取战役的全胜。可以说，87团在没有恢复阵地的那一段时间是比较艰苦的，以后反击中战斗任务完成得很好。

29师的两个部队，86团比较能打，曾在芝浦里——角圪峰阻击战中露了一手。87团作战非常积极，他们团、营指挥都比较积极，出的英雄也多，树立了一些典型。他们作战劲头也很高。整个战役过程中，这个部队打得比较出色。

参与上甘岭战役的15军两个师，45师和29师自始至终情同手足，并肩战斗，毕竟是同一战壕的战友，彼此熟悉。29师上阵地后很谦虚，也很主动，都是自动去熟悉地形，了解敌情。他们向我们了解战况很积极。张显扬师长总以大局为重，既然军里有指示，战场指挥以45师指挥为主，那么无论碰到了什么问题，即使他下了决心，也会主动与我们商量解决。

31师91团参加上甘岭战役来了一个营又两个连，他有个"12军的代表队"的名誉。这个部队很谦虚，实践也证明了这个道理，越是好的部队就越虚心。91团8连配合45师、29师，很快适应了战场，他们采取灵活的战术，以小组坚守，结合"小兵群战术"反冲击，与炮兵密切协同，大量杀伤敌人。在战斗中发扬了高度的团结友爱精神，支援86团坚守阵地，激战中涌现出王万成和朱有光两位英雄。他们战斗打得特别好，团结也做得特别好。11月5日，他们与29师配合作战，取得了597.9的最后胜利。讲战术、又虚心，打得也好，这个代表队是名副其实的！

93团在5日与29师共同取得了597.9阵地的最后胜利。他们也很虚心，战斗中既讲战术，打得也很出色。

爱国主义、国际主义、革命英雄主义在各个方面体现具体

朝鲜人民支援我们都是很具体的。这可不是一般的关系，而是血肉关系。所以说国际主义这一条，也是很具体的。在上甘岭战役整个过程中，每个志愿军战士都记住了毛主席提出的——要爱护朝鲜的一山一水，一草一木。落实到战场上，这些都做得很具体的了。无论我们走到哪个地方，都能清楚地看到中朝人民的友谊。

志愿军与朝鲜人民的关系，我们叫作"支援朝鲜"，朝鲜人民就说"志愿军是支援我们的"，反过来他们又那么支持我们，所以我们之间就是这么一个关系。包括战役以前喊话的那些人民军同志，他们都是和志愿军战斗在一起，战斗在最前线的。当时给敌人喊话，我们没有其他条件，就只能靠喇叭喊话，一般百十米听得还清楚。因语言问题，志愿军喊话，对方听不懂，但他们用朝鲜话一喊，敌人就能听清楚，而且听得很明白。

在五圣山上甘岭地区激烈的战斗中，朝鲜人民支援志愿军也有不少的英雄。

在7000人的担架队中,有个叫朴在根的朝鲜人,他的事迹很感人。

大反击阶段,敌人在战场上已经失败了,但是他们的飞机还很猖狂。朴在根所在的担架队抬着伤员往后方送的时候,遭到敌人飞机的扫射。因为路上经过的那个地方恰恰没有防空设施,大家就把伤员安放在"死角"里面,这地方一般飞机很难扫射到。敌人的飞机在空中扫射,其他担架员都趴下了,而朴在根在敌机轰炸中,首先想到的是把伤员照顾好。他一看飞机直接俯冲下来,就毫不犹豫地用自己的身体掩护住伤员,不让伤员再负伤。结果在敌人的扫射中,朴在根同志当场中弹,被打成了重伤。这时候就应该把朴在根赶紧往医院里送,但是医院离得太远了,还有2公里多不到3公里的路。当朴在根苏醒后,他马上告诉那个抬担架的朝鲜人:"你们不要管我,赶紧把伤员送到医院里头去!"说完又昏迷过去。

后来还是这一个担架,连伤员带朴在根一起被送到了医院。送到医院时他已经流血比较多了,朴在根醒了以后就问:"伤员怎么样?来了没有?"但最后因失血过多,朴在根同志牺牲了。

这说的是为志愿军抬担架的英雄。记得在那次上甘岭祝捷庆功大会上,我们15军车敏瞧主任就代表志愿军作战部队将一枚和平鸽纪念章郑重地戴在了朴在根烈士妻子的胸前,以表示志愿军对朝鲜人民英雄的真诚感谢!说实在的,凡参加上甘岭战役的每个志愿军心中,都深深地刻下了这位朝鲜英雄的名字——朴在根,他们自觉地把"为朝鲜人民报仇"体现在作战的行动中。

为掩护志愿军伤员牺牲的朝鲜朴在根烈士墓

再说为我们洗衣服的淮阳老大娘咸在福。她原住在金化郡北面洗浦里,她的几间茅草房都叫美国鬼子的汽油弹烧掉了,于是她带着4个孩子,搬到了山沟里。我们志愿军就帮助她重新建立了家园,还把自己的粮食送给她,平时帮她打柴、挑水。上甘岭战役打响以后,她就主动为志愿军烧水、洗衣、照顾伤员。光她一个人一个星期就洗了900多件衣服,那可不是一般的衣服,900多件都是志愿军伤员的衣服啊!每天人们都可以看见她在洗衣服、在照顾伤员。志愿军都亲切地称呼咸在福老大娘是"志愿军妈妈"。

朝鲜人民是很坚强的,看看上甘岭战役打成那个样子,飞机轰炸,大炮轰击,路被炸了一次又一次,朝鲜女性同盟的妇女们,包括老大娘,她们都是头上顶着石头和土,一筐一筐地把炸毁的道路重新修起来。

在上甘岭的运输线上,数不清的英雄洒下鲜血,而活着的人又继续着他们的工作。说到后勤保障的英雄,那就更多啦!来自汽车运输队,来自火线运输员,来自筑路的工兵,还有来自野战救护所的医务人员,等等。我们师后勤的人员在战时,那都是"一个人顶几个人用",他们的豪言壮语:"拿出最顽强的精神来完成任务。"

上甘岭战役中,朝鲜人民全力支援志愿军,昼夜不停地将弹药运往前线

那时候打上甘岭战役，我们在后方的人员都积极要求到前面去，谁不上前线就会觉得自己不行，就不高兴。我们机关的干部都积极参加了运输任务。师里的警卫人员最后真是愁得不行，反反复复来找我和师长，说是想从他们中间抽一个人来承担师长和政委的警卫工作，其他的都想去前线打仗，只要能上前线参加一次战斗，回来也感觉到自己是很光荣的。他们认为不到前线——不行！因为连机关干部也都参加了运输。

说到血肉关系，还特别要提到我自己的那个牺牲了的通信员。他本来负了重伤，但牺牲前想到的却是我。我们住在一个很小的防空洞里头，也不过5米那么长，有1米半、2米宽。就么一个防空洞，受到了敌人飞机的扫射。敌机的弹侵力比较强，隔着防空洞就把通信员打伤了。我问他："你负伤没有？""没有，没有什么。你继续指挥吧。"说完这个通信员就再也没有吭气，一直到最后牺牲……他们都是这样子的。

可以这样说，在朝鲜战场上，各方面的关系都是很具体的，这不仅仅只是一个口号——爱国主义、国际主义、军民关系，等等。爱国主义很具体，国际主义也很具体，这些都无时无刻地在展现在战场上、运输线上、后方部队里……所有这些典型，这些英雄，只能算是个代表。所以当时在朝鲜评功的时候，立集体功的很多，我们还要从中选英雄，实际上就是选英雄的代表人物。有名的英雄这样多，无名英雄当然就更多了。

说实在的，每个人朝作战的志愿军都感觉到上了战场，就可能会有牺牲，牺牲后就要把自己的尸骨埋到朝鲜，大家都有这样的思想准备。"不书英雄榜，便涂烈士碑"，这叫作"为了朝鲜人民"，"为了中朝友谊"，"朝鲜人民的苦就是中国人民的苦"。到朝鲜以后，无论你走到什么地方，以上所讲述的情况都能最真实地反映在各个方面。

我们说，在整个朝鲜战场上，爱国主义基础是很深厚的，国际主义也是很具体的，革命英雄主义也是建立在这个根基之上。

第九章
工事坚固　攻不破的东方壁垒

志愿军官兵坚守坑道，严密监视敌人，随时准备出击

"工事坚固"来之不易

毛主席总结的五个要点中，第二个讲的是"工事坚固"。

上甘岭战役，我军坑道阵地得到了考验，它是坚守克敌制胜的重要保障。上甘岭战役能在基本阵地上粉碎敌人的进攻，其主要原因之一，就是我方阵地形成了以坑道为骨干的支撑点式的防御体系。坚固的阵地来之不易呀！

1951年秋季，志愿军转入防御作战阶段以后，朝鲜战线处于相对稳定状态，敌人没能够前进一步。到上甘岭战役开始以前，我们已经防御了16个月，有将近一年半的时间。我们利用这个时间，在朝鲜东海岸到西海岸250公里的正面战线上构筑了工事。同时，为了粉碎敌人可能在我方侧后的登陆，东、西两个海岸的工事也都搞起来了。

说实在的，在朝鲜战场，我们对付敌人的优势空军、炮兵、坦克等，是遇到过很多困难的。为了打击敌人的嚣张气焰，志愿军在1951年冬天就开始重点研究构筑工事问题。1952年当山冰地冻之时，志愿军就召开了参谋长会议，内容就是重点研究构筑坑道的问题，要求部队全线构筑工事。当然这个构筑就不仅仅是要求一个部队了。实际构筑过程中，各个部队有早有迟，但总会有一个从猫耳洞[1]到完成坑道构筑的过

[1] 猫耳洞指在沟壕、土坡的侧壁掏一个可以栖身的洞。洞口应开设在土质好的阳坡、背风处，尽量避开阴坡、风口。

程。志愿军的这个部署，有督促有检查，从作战角度看，也有与敌人斗争的实际考验。

这段时间，敌人的空军相当疯狂。我们顶住了敌人空军的破坏、轰炸，把铁路疏通了，有一些公路也加修了。这样就保证了供应不断，包括吃的、打的、用的等作战物资。

部队还加强了战备教育和训练，提高了战术和技术水平。第五次战役以前，打第四次战役的时候，毛主席就提出来，在朝鲜战场要长期作战，轮番作战。遵照毛主席的指示，志愿军就组成三班，一班三四个军十几个师的样子，轮番到朝鲜作战。有的打着，有的撤下来休整，准备再打。16个月都是处于这种状态。

原来是准备在运动中歼灭敌人，但敌人增加了力量，当时敌人增加到9个师（开始入朝时没有那么多），再加上韩军。朝鲜就处于这么一个态势：双方都在积极备战，并准备打败对方。美国就是这么个企图，我们就是想着怎样争取最后解决朝鲜问题。正是处于这么个状态，所以毛主席和中央军委及时指示，转入防御作战，在防御作战过程中形成一个巩固的防线。

根据分析敌人作战规律，每年他都要搞几个攻势，大的攻势就是秋季。因为在朝鲜，冬天打仗比较困难。一年的经验都是在秋天做准备。1951年敌人就抢先发动了秋季攻势。

就中线来讲，我们在芝浦里阻击之后，就基本上把战线稳固在铁原、金化这一线了。志愿军在1951年的冬天，开始研究了以坑道为骨干，配以支撑点，设立防御阵地的问题。这样，经过一个夏季与敌人在斗争过程中的考验，那时就已经做好了迎击敌人秋季大举进攻的准备。

我们部队开始接防五圣山、忠贤山阵地时，敌我阵地相峙，近的100多米，远的不过200米、500米，个别近千米，下面就是一片敌人没有控制的开阔地。

当时守上甘岭阵地的部队是26军，秋季他们就与敌人进行了面对面地对峙，还打了一些仗。1951年，敌人在金化搞了夏季攻势、秋季攻势，所以那个时候战斗非常频繁。

部队上去，一打就到冬天了。阵地上分散着一般的防御工事，也有一些猫耳洞。冬天因为是冻土，工事很不好做。但朝鲜有一特点，树木很多，这样志愿军就地取材做了一些"掘开式工事"，再加些覆盖——就是从地面挖下去，用原木搭起来做顶棚，再将土石覆盖在顶上。考虑到敌人炮火很厉害，为了增大"掘开式工事"的抗力，一般的前沿阵地，比如像班、排阵地，里面的高度都是1米3、1米5的样子，上面的土石覆盖层略厚实一点，也都是2米左右，这样抗力才能大些。由于坑道的高度比较低，大个子到了里面，头抬不起来，只能弯着腰，如果想伸伸腿，那就只有躺下或坐着。由此我们可以看出，老志愿军在1951年的防御工事里抗战，环境还是相当艰苦的，但是他们坚守的阵地却是相当稳固的。15军在1952年4月接阵地时就是接的这种以"掘开式工事"为主的阵地。

部队上去以后，也就碰见了实际问题——26军交班时给我们做了交接和介绍：这种工事还不够坚固，因此要注意尽可能不要暴露。若暴露，敌人的炮火很可能会攻击，这样常常增加我们不必要的伤亡。当时，我们后方的运输还有困难，所以在防守阵地时要注意节约弹药，不能和敌人硬拼。敌人若吃点儿亏，他就会凶狠地报复你。如果我们打死了他几个人，他就会连续数天用炮火或用机枪进行火力报复，这些情况26军都给我们做了细致交代。

实际情况也是这样。15军接下这个阵地，防御过程中就感觉到特别艰苦。前沿坑道里的部队，一般是3天一换、5天一换，最多不超过7天。那个坑道里活动受限，低着头，猫着腰，不能动，那怎么行呢？所以部队必须轮换得勤一点。

这样的工事在冬天里还可以。朝鲜到4月份还没有化冻，冰和土都冻结到一起，抗力还比较大，炮弹来了也不怕。而到4月下旬、5月初，开始化冻，这一化，情况就起了变化——虽然木头和石头抗力比较大，但它没有用铁丝或者铁钉卡起做固定，一化冻，炮火再一震，前沿坑道的工事，有的就被震垮塌了，造成我们不必要的伤亡。

战士们在加固坑道

秦基伟军长、谷景生政委见此情也下决心迅速改变一线部队的战斗生活条件，决定分两步完成坑道构筑任务，明确指出：坑道不仅是为了保护自己，而且要更利于消灭敌人，要能打、能防、能机动、能生活。

为了粉碎敌人的进攻，构筑起不怕炸、不怕轰、不怕打、建设以坑道为骨干与野战阵地相结合的防御体系，志愿军立刻投入到坑道修筑任务中。他们冒着敌机和敌炮的袭击，自觉战胜困难，在阵地上修筑起一个个工事。到7月底，45师挖掘坑道、堑壕、交通沟、防反坦克壕、掩蔽部、弹药库洞等数万米，使前沿阵地初步解决了防空、防炮、防潮、防毒等问题。到了1952年夏季，全线形成了以坑道为骨干支撑点式的防御体系。事实也是这样，坑道工事进一步的完善，对于粉碎敌人随时发起的进攻，起到了不可估量的作用。

"工事坚固"是阵地战可靠的物质基础，它增加了防御的稳定性，是以劣势装备进行现代山地作战中最好的一种防御体系，上甘岭战役就是最好的证明。

把阵地变成铜墙铁壁，"狙击兵岭"令敌胆寒

前沿坑道阵地是怎样在战斗中构成的？

其实这些坑道工事那可真是在积极杀敌过程中突击构成的。五圣山地面有399.8、454.4、597.9、537.7北山和405等高地，敌我前沿相距百多米。敌人依仗飞机、大炮、坦克多，弹药足，武器优，不断疯狂射击，压制我们。

敌人对15军阵地当时的摆阵是这样：在15军正面，有美40师，还有一个美2师，共两个师，以后换的是美7师和韩2师。

1952年4月，15军接阵地的时候，还没有坑道，敌人特别张狂。如美40师在注字洞、阳地村、537.7北山高地，他们不把工事修在山顶，也不修在反斜面，竟直接把阵地的工事修到向着我们的斜面上。本来对敌人面向我们的斜面，从地形上讲，如果开枪打他们是非常合适的，但那时候由于我们的工事还不坚固，为了不暴露自己，我们主动打他们比较少。

当时敌方阵地是美40师守备，我们进入阵地后，敌人欺负我们炮少、弹药少，他们凭借着制空权、大炮、坦克优势，凭借着步兵装备好、弹药多，不断用炮火轰击我方阵地，并在前沿放置无后坐力炮、重机枪，甚至用固定坦克猖狂挑衅，压制我们阵地的活动。对面美40师阵地上，我们能清楚看见山上敌人来来往往，汽车来来回回。山上还设有广播，不断地喊话。他们弄来的翻译有朝鲜人，还有蒋介石的人。太阳出来以后，敌人若一高兴，出来还要摔跤，或者搞些其他名堂，甚至把朝鲜妇女弄到阵地上又是喝酒，又是放唱片，又是跳舞，设法麻痹瓦解我们的战斗意志。部队战士看到这个情景都很气愤。所以上阵地的部队，比如像135团1连，就是坚守537.7北山阵地的那个连，他们一直憋着一肚子的气。

我们北山一个班开枪狠揍了敌人，打死打伤一批人，他们就集中飞机、炮火、机枪狠命地开打，一直不停地报复。有一个阵地，敌人伤亡3个人，他们就连续报复了四天四夜，就这样不间断地打。面对如此现状，开始我们的战士，包括干部也有顾虑：是打好，还是不打好？打了以后，敌人就要报复，搞不好我们的伤亡比他还多，以后怎么办？大家反复商量后感到，打击敌人，先要加强自己的工事，未来的胜利也取决于阵地的坚固，先把自己的阵地变成铜墙铁壁，打起仗来才有雄厚的战地力量支撑。同时大家都认为防炮洞不错，那时也叫猫耳洞，往深里挖，就成了坑道。为了构建工事，战士们又到12军进行了学习，看了看他们的工事。

26军交阵地时，曾介绍过打活靶的经验。根据他们的经验，打击敌人必须

志愿军著名狙击手邹习祥潜伏过程中,时刻监视敌人

自己先做好充分的准备才行。我们就研究并指定了几个团,选党、团员或者射击技术比较好的,再加以训练。像守537.7北山的135团1连,他们商量了一个礼拜,哪一天打?谁先打?最后确定采用冷枪冷炮揍敌人,于是他们推选了一个枪法最好的班长,叫邹习祥。

邹习祥准备用一支步枪来实施打冷枪的计划。事先呢,他们搞了一些名堂,就是搞了一些假工事,那个假工事离着敌人比较远一点,大概有百多米。假工事搞得也比较简单,用三个石头一垒,打远一看,像个机枪眼似的。垒了几个伪装得很好的假工事之后,他就在假工事的附近开打。

敌人是暴露的,比较好打。邹习祥连续打,一连打了7个敌人。敌人恼火了,随后又是枪又是炮,向我们挖掘的假工事那个地方射击,连续打了3天。打了3天又能怎样呢?由于1连有足够的准备,对整个阵地管理要求比较严格,结果敌人打了3天,我们却没有一个伤亡。1连就把这个战况报到团,报到师里,我们军里就知道了。之后军要求部队:"还要积极地斗争,积极地打才行。"于是1连又在友邻部队所构造的工事基础上,在山上掏了一些猫耳洞,打冷枪的时候,有这个猫耳洞就可以钻进去避炮。那时防机枪倒好办一点,但主要的还是防备敌人的炮火。冬天表面阵地不大好挖,此前除了猫耳洞,战士们还挖了一些单人掩体,虽然没有用战壕连接起来,但即便是这样零散的战壕,再加上掩体、猫耳洞,起到的作用还是蛮大的。

后来1连在介绍经验的时候,重点强调了要"加速构工",就是做工事。首先,能隐蔽的地方就挖些猫耳洞;其次,把战壕尽可能地挖起来;再次,挖不了战壕就挖单人掩体,这样起码能防敌人的直射火器,并能隐蔽自己。这些工事搞好以后，他们就在邹习祥打冷枪的基础上相继展开，继续组织打冷枪。这就不光是用步枪了，还包括用机枪与炮兵配合着打。这个打法开展起来很迅速。

133团有一个叫高奎的炮手，他用57无后坐力炮[2]打击敌人面朝我方一侧的地堡。因为敌人的地堡是向着我们这一方向的，无后坐力炮打起地堡来很给劲儿，结果是一炮一个，一天就把那个阵地前头的9个地堡统统给端掉了。这9个敌堡呀，里面还不知道藏着多少敌人呐，一下子都给他消灭掉了！

当然开头敌人是很疯狂的。被我们打了以后，他们就又是机枪，又是炮，又是飞机进行报复。但是他们打，我们也打。我们先是从冷枪打，从机关枪打，以后发展到无后坐力炮打，还摸索出了82炮、大炮与前方的步兵如何配合着打的经验。后来看敌人使用坦克代炮打（因敌人的坦克开不上阵地），我们就用90火箭筒打坦克。以后又发展到用大炮打坦克。野炮8连上阵地就与步兵积极配合打坦克，他们这也叫"冷炮"。最后连高射机枪都弄上去了！

在537.7北山高地可以看到从金化到金城的那条公路。阳地村就在公路旁，公路上有座桥，汽车从金化到金城都要跑那儿。用那个高射机枪打飞机，当然有的时候费点劲儿，但打汽车的时候，它却是很省劲儿的！头里一打，后面一打，卡在中间你就随意去打吧！这打得很带劲儿！当然不只是一个阵地在打了，包括灵台，就是85团接134团的那个阵地，也都展开了冷枪冷炮运动。我们的炮开打，都是瞄得准准的。一

[2] 发射时利用后喷物质的动量抵消后坐力，使炮身不产生后坐力的火炮。

无坐力炮体积小，重量轻，操作方便，适于随伴步兵作战。但其喷火时火光大，易暴露目标，使用受到一定限制。无坐力炮由于向后喷火（物质），减少了发射药对于弹丸的动能，初速较小。因此，无坐力炮在反坦克时使用破甲弹。

旦准备充分,就揍他一个。这时候从步枪、无后坐力炮、高射机枪,那是全面开花,打得就更多更巧了。

从5月份开展冷枪冷炮,到7月底,这3个月,光计算冷枪冷炮,45师就杀伤敌人2800多人,击毁坦克7辆,汽车67辆,地堡170个。我们直接参加打活靶的人仅伤4人,牺牲5人。整个15军阵地,歼灭敌人大概是8700余人。3个月有这样的战绩,足见我们的冷枪冷炮战术的有效性。

也就是在这段时间里,像北山阵地一样,各阵地已经初步构成了坑道为骨干与堑壕、交通壕相连接的支撑点式的环形防御阵地,全军以坑道为骨干的防御体系形成了。坚守"狙击兵岭"的1连,树立了"阵地为家"的思想。他们平时冷枪冷炮打得好,到了上甘岭战役,打得也同样好!第一阶段作战,这个连剩下几十个人,他们一致要求留在阵地与兄弟连队一起作战。到了11月大反击后,留下连长王福兴等三人,为兄弟部队当顾问、带路,直到11月全部恢复北山阵地后才撤下来。

那时537.7高地北山确实让敌人吃尽了苦头!我们的战士们说:"不许敌人自由!"他们说到做到,用冷枪冷炮硬是把敌人管制在工事里,让他们不敢露面!敌人无奈之下,恐惧地将537.7高地北山称作为"可怕的狙击兵岭"。

确实,这时的"狙击兵岭"已经构成了坑道为骨干的堑壕、交通壕相连的支撑点式的防御体系了。

志愿军用高射机枪狠揍敌机

依托工事，15军冷枪冷炮歼敌19981名

打冷枪冷炮的经验迅速推广到44师兄弟部队。45师介绍的这个经验非常实用，消灭敌人确实来劲儿。整个阵地开展冷枪冷炮运动之前，45师3个团曾开了一个会，请537.7北山阵地的邹习祥、高奎他们来介绍战斗经验。会议确定打法后，要求整个阵地都按这个方案进行。开

狙击歼敌的捷报传遍了阵地，志愿军官兵经常收到来自各个阵地的慰问信

展这个打法必须有个先行条件，要保障每个阵地所有的地方都有单人掩体，都有猫耳洞。因为只有这样才能确保从前沿阵地到后面，任何中间地段都能有隐蔽处，才可以防止敌人炮击。于是师、团抓住这个事例，发动全师讨论，怎样狠打敌人又减少自己的伤亡。大家一致赞成1连打冷枪的经验，要开展有领导、有组织、有训练、有指挥的"打活靶"活动。师为了防敌炮击，减少伤亡，先开展了一个突击构筑防炮洞的活动。师里给阵地10天时间来做准备构筑工事，挖好猫耳洞，具备了条件之后就可以展开。大家劲头很高，给了10天，人人动手，实际上只用了7天，一线连、二线连各自的交通道路、猫耳洞式的防炮洞都搞起来了。防炮坑、短壕有了，各个团就上报说："我们已经准备好了，可以打了。"

7天以后，45师整个阵地突然来了一齐打。这一天大概消灭美军270多人。由此阵地上的情况大有改观。我们连续打了3天，整个阵地变了！刚开始，敌

人的工事明目张胆地修到向我军一方的斜面上，山顶还有一些敌人，但炮兵一打，山顶上的敌人没有了。面对我方斜面的敌人就搬家了，他们搬到了山的反斜面。此外我们阵地下面的敌人，都把阵地搬到了山背面。原来那些摔跤、打闹、跳舞的人都没有了，敌人那个阵地上是一片沉寂。而我们的阵地因为已经构筑好了工事，情况一下子就变了。

这个时候的猫耳洞，钻进去已经形成了小坑道。小坑道一出现，打起仗来可大不相同。当时敌人被打得有点恼火，于是就有组织地向我们阵地进攻了几次。比如敌人向忠贤山那个阵地攻击，这是133团的阵地。敌人动用了两个营，一个营进攻，一个营预备。我们部队用一个排阻击，守这个阵地。后来炮火攻击猛烈，我们这个排就钻到坑道里，报话员将情况报告给指挥部，说"敌人已经到了我们阵地"，我们的远射火炮立刻就打了过去，敌人的两个连基本上就报销在那个地方了。这时敌人仓仓促促地往后退，我们的炮又在敌人撤退过程中盖了一下。我们的人钻进坑道里，即使炮打过来也没有问题。还有几次类似的战斗，诸如537.7北山、454.4阵地，敌人的进攻也都失利了。我们依托工事，敌人攻一下，便吃一次苦头。而我们的坑道可以作战，可以屯兵。敌人攻不上来，我们还可以反击，这就造成了敌人的损失。

5月份开始我们又加速了坑道的构筑，到7月份，15军阵地上坑道已有了相当规模。由于我们把敌人打下去，主动权就完全掌握在我们手里了。像597.9高地的工事构筑，它是一个三角形的地形，敌人放弃了前面的三角形的阵地，但他的炮火轰击就更厉害了，一天几千发炮弹算比较少的，通常每天都会打到两万多发，甚至更多。这样一来，45师阵地每天都得承受几万发的炮弹攻击。全师从打活靶开始，阵地管理更严。虽然敌人炮击突然增多，整天发射炮弹多达两万发，但是改变了过去天天有炮击、有伤亡的状况。之前，我们遭遇的炮火伤亡比较大。但在打冷枪冷炮以后，坑道已经形成，沿途防炮洞的出现，伤亡就更少了。有了坚固的工事做保障，我们就不怕敌人的大炮轰击。有的时候敌人一天打上两万多发炮弹，我们整个师阵地上没有伤亡，这就完全处于主动了。

战士唐良禄在射击

此后，我们"冷枪冷炮"活动迅速扩展到用步枪手、机枪手、60炮手、无后坐力炮手、火箭筒手、82炮手联合打敌人、打敌步兵、打地堡、打坦克。从高射机枪打汽车发展到师团组织的山、野、榴弹炮也参加进来的联合打。这样干起来那可是规模大，战果大。开展一个月，情况大变，敌人工事都被我们赶到山的反斜面去了，车辆人员不敢出来活动了，除了敌人阵地盲目射击外，一片沉寂。美40师、美7师大吃苦头。

我们千方百计打击敌人，他会吃亏，也就会采取报复手段还击。怎么办呢？我们的战士们想办法，设假工事、假枪眼、假炮眼。方法也很简单，一通一摆，远远地看就是枪眼、炮眼，实际打的并不在那个地方。敌人就拼命向那个方向射击，咱们看准了敌人暴露的目标，就狠狠地去敲他。我们就采取这个办法搞，打得也比较巧妙。

597.9高地的工事就是一个很好的典型。

在我们修工事、挖坑道的初期，表面阵地的交通壕总会暴露，挖出来的新土敌人都能看见，他们就用飞机和炮轰炸。尽管我们将高射机枪搬上阵地与敌人斗争,但关键还是要想法子伪装工事。怎么伪装呢?问题提出来,连队战士就展开军事民主讨论会,研究出来好多具体的办法。597.9阵地两个腿子,一个是到2号东北山腿,还有个是4、5、6号的西北山腿,那时师要求他们挖堑壕,即交通壕,那是个相当大的工程。首先挖好个人掩体,然后再互相沟通,以减少伤亡。当时我们在构建工事,敌人看见就拼命地破坏,我们也有伤亡。战士们想出办法,首先从西北山腿上挖到0号、9号阵地,一夜把新土铲到表面上,远远一看就像交通壕。敌人抓住不放,集中炮白天打,连续三四天不停。你在这打,我夜晚转过去了,在东边山上8号阵地到2号、1号阵地那里挖。4个夜晚把东北方向的个人掩体弄起来了,还想法子把新土隐蔽起来。敌人在西北山腿那边打了几天,东边的战壕差不多就雏形显现了,敌人这才发觉上当了!炮再转过来打,可咱们也不在东边挖了,又转回西北山腿,去那边构建工事,让敌人白白地浪费炮弹吧。这其中还有不少的名堂。所以就工事来讲,不像咱们现在,领导上说"就这样搞,不能改"。那时是群众运动,发扬民主,大家研究,随时变动。当然有些工事事后看起来不大好,但它也是边打边挖搞起来的,一般来讲从斗争中挖起来经受了考验的还是比较适用的。135团的82炮为了保护自己的炮阵地,他们在假工事处安放手榴弹,用绳子拉手榴弹炸柴灰冒烟,敌人误以为是我方炮阵地,疯狂扫射。以后有了交通沟,花样更多了,叫他浪费炮弹、子弹的机会更多啦,交通壕里顶出个帽子来,敌人那子弹一打就是几百发,就这样地消耗他的弹药,名堂多得很!

在防御作战中,小部队活动不能看轻了,有的打,有的不打,不打就搞敌后侦察。那时部队还开展了小部队袭击、

敌后侦察

捕俘等活动。134团7连指导员亲自带领小部队进行演练、准备、看地形，并统一战术思想，摸清敌情，订出四套作战方案，他们深入敌后毙伤俘虏美军各一名。小部队敌后侦察，像野炮8连就是摸到敌人的炮阵地在什么地方。就是《渡江侦察记》那样，夜晚进去，小部队活动，把敌人的情况摸好了，冷炮就开打了。如果你捣鬼我就揍你，炮弹不一定多，打得要准，敲你几家伙你就受不了。当然摸情报更重要的还是摸清敌人情况，以利我们以后的作战。采取这样一些办法，就必须充分利用以坑道为骨干、为支撑点，并与堑壕相结合的防御体系。坚守597.9阵地的连队就是这样搞起来的。

冷枪冷炮的开展，让我们与敌人对峙发生了改变。在9个月防御作战中，15军依托工事，冷枪冷炮歼敌19981名，自己仅伤亡35名。真正达到了消灭敌人，保存自己，积小胜为大胜，巩固阵地的目的。

防御作战彰显坑道作用，坚守坑道部队经受考验

7月份坑道有了规模，以后再从坑道内部深挖下去，名堂就更多了。坑道里面有做饭的地方，有指挥的位置，还有仓库、储水的地方。那就基本成型了。这样继续搞到10月份，坑道基本上做得很好了。

像我们师警工连是坚守坑道时间最长的连队。他们上阵地接的是537.7高地北山9号坑道。这个阵地比较孤单，坑道在主阵地的右侧下方。自10月14日打响，阵地反复被敌人占领，守备9号阵地的135团1连1班战士就退守坑道，继续反击，与敌人争夺阵地。10月24日警工连又随反击部队打上去，退守9号坑道，直到11月12日大反击时，才与反击部队配合由内向外反击，恢复阵地，完成了坚守任务后才下来。这支部队在退守坑道的日子里，打得确实很艰苦。这个警工连一共是二十几个人，除了战斗伤亡，最后还剩下了8个战士和1个指导员。战斗开始，他们与敌人做斗争，打得很好。随后失掉了联络。

虽然坑道口还在，但很小。我们的人在坑道里。水开始大家敞着喝，以后就不行了，一天一缸子水，随后一个人一天半缸子水，到最后水已经没有了，那也就到了喝尿的阶段。饼干开始敞着吃，以后是一天一人8块，一天一人4块……到4块饼干那个时候就成了大问题了。坚守坑道时间最长的就是他们，吃了那么多苦，但他们守住了坑道。最后把他们弄出来送回部队的时候，个个都是消瘦得不成样子了。

但话又说回来了，如果没有坑道，那又是什么情形呢？只要坑道里有人，敌人对付我们就会一筹莫展，包括那些前沿坑道。像537.7北山阵地上的2号坑道，这个坑道就被敌人完全破坏了。87团上去换防的时候，坑道口根本找不到，所以87团把其他坑道都接了手，唯独没有接替2号坑道，那已经是坚守坑道的第10天了。后来92团反击时也没有找到，直到最后34师106团把整个阵地收复之后，在进行巩固时，才从地下把他们挖出来。最后当我们挖开这个坑道的时候，那是一幕多么悲壮的情景：坑道口是我们的战士，他们还坚守在里面，人已经牺牲了，却还保持着准备射击的姿势；再往里面看就是两个已经死亡的俘虏；后面还有我们的伤员……他们都已经牺牲了，那种情景真是刻骨铭心，一辈子都忘不了啊！坑道里就是这个样子……

坚守坑道的战士抓紧时间修整坑道口

在坑道作战阶段相当艰苦。韩2师换走了美7师。韩2师也很"调皮"。开头他感觉到"胜利"了，2号坑道他在上头，我在坑道里头，他在上面很不老实，从阵地上面挖，一下子和下面挖通了，挖通后，又向下扔手榴弹，又拉屎，不断破坏我们的坑道。怎么办？大家民主研究、商量，最后找了个大杆子，弄了两个手榴弹捆起来捅上去，一拉炸了，敌人也就乖乖地给堵起来了。所以战士们形容敌人"他们坐在火山口上了"。

进入坑道以前的作战比较被动。28日大反击这一段，咱们有机枪，有迫击炮，还有直射火炮保护坑道，坑道就比较安全了。困难的是喝水，这个问题主要是领导问题。问题出在哪儿呢？仗打起来，45师有些坑道还没有最后完工，该打通的还没有完全打通。原来要求一个坑道里要准备20天至1个月的水，但有的坑道是按一个排的存水量构造和准备的。结果呢，这个坑道就成为我们坚守防御过程中的阻碍。你想，那么多部队进去，这个储水量还能够喝吗？还有一个问题是水放的位置不太恰当，放在了坑道口上，水来了倒水方便，但打起来以后，坑道口打垮了，水也就打没了，教训也该由领导承担。我们开始并没有想到这个战役会打那么长时间，一个战斗要求一个排打20天就了不得啦！可实际操作中上甘岭战役这么多部队连续打了43天。当然在战役第二阶段，坑道里饮水困难，战士只能喝尿，伤亡也增多。但话又说回来了，如果你没有坑道，那想坚守也是没有条件的。

在战争最艰苦的时候，师团采取了专门支援坑道作战的计划，指定炮兵、重机枪等火器与坑道紧密内外配合，打掉敌人的破坏。为了给予坚守坑道的部队强有力的支持，我们的炮兵也想了很多办法。战役第二阶段，45师编制以内的迫击炮就担负起保护坑道口的任务。除此之外，炮兵还着重安排了保护坑道口的火力支持。比如：597.9阵地方向，炮9团2门野炮负责保障2、8号坑道口；45师2门山炮负责主峰大坑道口；133团组织了18门迫击炮补助以上火力支援并负责保障其余各个坑道口的安全。537.7北山阵地坑道口也做了相应的火炮支援保障安排。这些火炮除了直接观察射击外，都与步兵指挥所取得联系，根据步兵要求，进行射击。若步话机收听到坑道内步兵呼唤火力，不待营、团命令，炮兵可以直接射击。另外对于封锁我们坑道口的敌人发射点、地堡，我们纵深火炮先给敌人单炮破坏，随后再给予火力急袭。

打出了经验，我们坑道步兵与炮兵的配合那是十分默契的！这样就使守卫坑道的部队积极组织小分队出击，出其不意打击敌人。他们进行小反击，

上甘岭战役第二阶段炮兵支援坑道战斗示意图

打冷枪冷炮,夜间"偷摸"上去,炸地堡、袭击敌人,把作战焦点推向阵地。打的办法是越来越巧妙,以至于让阵地上的敌人不得安宁。虽然说战争很残酷,但我们的部队打得是越来越好,大家情绪是越来越高。坚守在各个坑道的同志们在战斗中还相互支援。有一次,敌人一个营进攻2号坑道,这时从1号坑道洞口的侧面可以看到进攻敌人的队形,于是1号坑道几挺机关枪盯在那里拼命打,将进攻2号坑道的敌人连连击退。我们小部队也常利用夜间反击机会,给坑道部队送水、送粮、送弹、转运伤员,千方百计支援坑道部队作战。

当然开始打上甘岭战役的时候,我们对长期作战的思想准备还不充分,储粮储弹,特别是储水不够,增加了坑道部队的困难。还有一点,敌人抢占我表面阵地后,他们两个钟头就能把构建工事、麻袋工事等地堡火力巢和掩体搞起来,这些工事都增加了我们部队反击的困难。而我们在恢复阵地后,对快速抢修工事还没有做到最好,不过此后部队吸取教训,有了改进。大反击成功后,31师对这个问题就有了更清晰的准备,他们抢修工事解决得很快,完成得也很好！所以，"工事坚固"是上甘岭战役部队坚守防御、寸土必争是制胜的一个重要因素。

事实也是如此，自从开始构筑坑道一直到上甘岭战役结束，敌人面对我们的坑道，不知道吃了多少苦头。我们坚守在坑道里虽然很艰苦，但比起敌人吃的苦头来，那条件还是好些。坑道里只要有我们的人，敌人对我们的坑道和阵地就无可奈何。有了坑道，阵地反击、"小兵群""添油"战术，几种打法都可以运用。上甘岭坑道阵地变成了消灭敌人的铜墙铁壁，它完胜了敌人的"无底洞"，更是坚守防御克敌制胜的一个重要因素。

坑道为"供应不缺"提供保证，防御阵地坚不可摧

上甘岭作战能把敌人持续猛烈的攻击遏制在3.7平方公里的两个基本阵地上，进而彻底击败敌人，坑道工事的防御功能起到了关键的保障作用。

以坑道为骨干的核心工事，就是以坑道为主，以支撑点、堑壕相结合的不规则的环形防御工事。只要工事坚固了，就能为"供应不缺"提供可靠的保障。因为有了防御阵地，就有了这样的工事。进了坑道，指挥、屯兵、储备粮弹、伙食、饮水都有了保障。

我们15军防御阵地的部署，是从粉碎敌人大举进攻开始准备的。军防御正面32公里，纵深21公里，东部高山，西部丘陵，平康是敌人进攻的重点目标。从军的部署上看，西重于东，晓星山、西方山、斗流峰就如同一道门闩，那是不能开的；东面1061.7米的五圣山是这个阵地的屏障，这是要坚决据守的。从这种地形上，军依托这些制高点，组成了东西两个防御地带。到10月份的时候，我们全线打通了战斗坑道、堑壕和交通壕。军一、二线阵地基本上形成了点线相连。一线连为独立的环形战术基点，各连又相互衔接；二线阵地是主阵地，能集中兵力把敌人阻止在前沿阵地上。那时，各营的阵地都是有梯次配置

的，里面有稳定的指挥所和便于支援前沿各连的迫击炮阵地，有数条屯兵坑道，能够保障多路多波次前沿各连的战斗。团的防御阵地较大，像135团他们就利用五圣山有利地形，构筑了以坑道为骨干的核心阵地。里头设有稳定的联合指挥所、炮兵观察所；有防坦克、防空、防空降阵地；炮兵进山洞，隐蔽靠前，便于发挥火力，形成了支援前沿营、连作战的坚强战术基地。正是由于我二线连阵地能直接支援一线，所以战役中，它既是迫击炮，山、野炮阵地，又是二梯队集结的位置；既是营团指挥所的位置，又是反击部队进攻的出发地。

尽管上甘岭两高地是我军楔入敌阵地的突出部位，但它能经受住43天的反复争夺，挫败敌人多次进攻，关键就是阵地坚固，这是战役胜利的坚强后盾。

事实也是这样。有了阵地，有了坑道，就有了"家"，战士们形象的说法叫"以阵地为家"！这一条特别要紧，"家"有了，战士一上阵地就能安下心。没有坑道的时候，总想着什么时候换我下去；有了坑道就可以阵地为家，有助于做好长期作战的思想准备。

坑道从前线到后边都有，像五圣山的救护所，就建立在五圣山后边的坑道里。伤员到了那儿首先动手术，再送到后方，这就比直接送到大后方去救治节省了时间，减少了好多不必要的轻伤变重伤或不幸牺牲的情况。

"战地之家"

有了这个工事该怎样使用？上甘岭战役，坚固的工事就发挥了作用。利用坑道屯兵、囤弹、囤粮，用起来方便多了。

屯兵。前沿阵地原来是一个连，597.9是一个加强连的阵地，战时可屯一至两个营，当然以后可以根据作战需要来安排兵员囤积。前几天

坑道里的重机枪射手

的反复争夺还不需要屯聚那么多兵员。有了这个坑道，就留下一条很珍贵的经验——依托坑道，它所囤聚的弹药就很了不得。上甘岭战役以前，一个阵地上实际囤聚弹药，有的是10个基数，迫击炮弹也是10个基数，其中一个基数是40发。比如重机枪，规定阵地上可以保持3个基数。这里一个基数是1600，3个基数就是4800发弹药。这个规定是根据过去一般的防御而制定的，如果囤聚多了，被敌人的炮打损失了怎么办呢？像上甘岭，安排135团进入作战的时候，最初给他重机枪弹药就囤聚到10个基数，有的到15个基数，后来又把师、团的弹药尽可能地弄到他们那里去了，所以才有10月14日一挺重机枪一天打了1万多发子弹的例子。

我们说，第一天597.9主阵地上重机枪打了上万发子弹，正是因为机枪子弹的基数大大超过了平时保存的数量。敌人一进攻，我们就把后头的弹药都囤聚到坑道里头去了。虽然连续作战使我们的弹药消耗大大增加，但坑道的储存量远远超出平常备战的量，这一点也是敌人意料之外的。尽管仗打得残酷，我们有伤亡，但战士们却非常勇敢。为什么他们能打得那样勇敢？一是意志品质，二是有本钱，有东西（编者注：这里指弹药、武器）。所以大家上去以后，都愿意放几枪，想着恨不能一巴掌把敌人打下去，因为有这个家当啊！到了防御阶段以后，敌人在前线封锁，我们的弹药运不上去，这时前线就要节约使用弹

药。我们给坑道定了个数，其实有多少储备心里都有数。虽然困难，但是有了坑道，从指挥到后勤保障就都有了一个很大的变化。

坑道里囤聚的迫击炮弹也比较多。迫击炮每40发是一个基数，当时每门迫击炮保障有400发炮弹。上甘岭战役以前，一个阵地上的迫击炮弹实际已经囤聚了10个基数，所以开头那几天敌人吃了一些苦头。

再以l34团8连为例子。我们的1号大坑道，14昼夜进行了3次大反击（编者注：指排以上反击），小的反击搞了70多次（编者注：指班、组反击），营规模还搞了10多次，保护坑道口的作战搞了2次。刚上阵地这个连的人数有135人，当时伤亡还比较少。几次作战后，伤亡就很大了。坑道中连续作战的主要是8连，其中包括16个单位的官兵合并到8连中去的人，总共有39人。8连歼灭敌人1000多人，打下了50多个火力点，获缴敌人多挺自动步枪、卡宾枪。他们对大反击的胜利起了重要作用，由此证明了工事坚固显示的威力，那就是——有了坑道，再加上有觉悟、有战术思想的战士，他们为了胜利顽强地坚守在坑道里，不时地以小分队形式打击敌人。当大反击来临，他们即将打出坑道的时候，就能更深切地体验到他们历经艰苦的坑道作战所积累和迸发出来的巨大威力。

我们这两个阵地，在战役开始前，只是两个排防御，但打起仗来，这里就成了加强连的防御！依托坑道打击敌人，大大缩短了运动距离，在敌人炮火转移的极短时刻，能够迅速出击，与敌人步兵短兵相接，打近战。插到敌人中间打，这样能够充分发挥我们步兵武器，特别是手雷、手榴弹、爆破筒的长处。反击时，战士们可以做到迎着我们的弹幕向前冲。激烈的战斗间隙，我们的有生力量还可以隐蔽在坑道里，便于作战。因此在第一阶段狠狠痛打美7师、韩2师，虽然连续作战我们有伤亡，但敌人伤亡更大。那时我们与敌人的伤亡比例是一比二点五，这个数字里包含了我们自己的全部伤亡，连运输过程中的伤亡也统计在内了。其实我们前线与敌人伤亡的比例还不是那样，大概是一比三还多一点。看起来阵地这一条很重要！当然阵地要守住，还必须与"指挥得当"这个条件结合起来，阵地上的指挥一定要组织好，下面我还会再谈到。

第九章
工事坚固 攻不破的东方壁垒 | 241

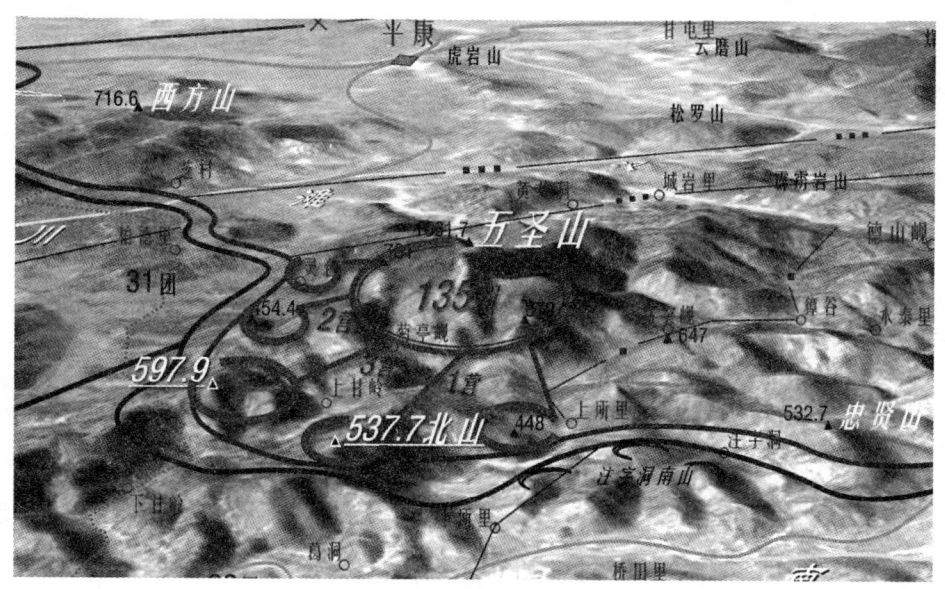

五圣山防御体系示意图

　　防御作战43天，我们同兵力强、火力猛的美军作战，急需解决的基本问题就是如何才能保存持续作战的有生力量，不因过早消耗自己的兵力，影响长期作战任务完成。这里应该肯定的是，我们的坑道在整个战役中显示了极其重要的作用。在上甘岭两个阵地上，我们有大坑道4条，小坑道19条。除了被敌人炸毁了1条以外，还有4条属于前沿坑道，每条长不到10米，没有守的价值，它们经过连续战斗已经垮塌。其他18条坑道对于坚守巩固阵地都起了很重要的作用。战斗开始，敌人为破坏阵地工事，10月12日、13日两天飞机集中投重磅破坏弹400枚，以后又不断炮轰，17日又集中投掷120余枚，不断轰炸。敌人8英寸榴炮穿甲弹又猛烈轰击，敌坦克炮、155榴弹炮等进行了上百万发炮弹的轰击。在敌人占领我方表面阵地后，又投掷了炸药包，还采取了毒辣手段破坏我方工事，但他们都没有得逞。战后的情况是：我们2条连坑道、3条排坑道都没有被破坏掉。我们使用作战的有18条班坑道和20多条1—5米坑道式厨房、弹药房库、防炮洞、厕所等坑道，其中前沿坑道被敌人破坏的有12条，597.9阵地5条，537.7北山阵地7条。我们坑道只要有人守，敌人都无可奈何。坑道对于我们反复歼敌取得胜利起到了充分作用。

当然，现在说一下，战役前有的坑道工事还没有挖好。原来设想1号坑道挖得低，想着进一步再挖，从下头向上挖，和上面的支撑点结合起来。但最后不仅上面没有沟通，连中间也没有挖通，在这个情况下战役就开始了。尽管上甘岭坑道事后看也有不理想之处，尽管坑道还存在种种的缺陷，个别坑道还没有贯通，如果想得更周全些，如果能再突击突击，把坑道的条件搞得更好一点，或许战斗成果会更加斐然。即便如此，即便这个条件，阵地防御作战中坑道不可替代的作用也已经充分地显示出来了。

因此防御作战，坑道这一条很要紧，无论是指挥、屯兵、囤粮、储弹，等等，坑道都发挥了巨大的威力。这对坚持长期防御、积极防御，是很重要的一条经验。所以毛主席说"工事坚固，是防御制胜要素"，的确如此！

第十章
指挥得当 打出志愿军军威

45师首长机关根据上级意图制定作战方案（右一为师长崔建功，右二为政治委员聂济峰）

"零敲牛皮糖",小歼灭战发挥大作用

1952年9月全线战术反击开始,我们研究了以往历次打击美军的经验。1951年第五次战役要结束的时候,陈赓同志向毛主席汇报朝鲜的作战情况。毛主席根据我们过去打美军的经验,觉得目前的战法对付不了敌人。我们要想成师地消灭敌人还不行,就是成团地消灭也很困难。你把他成团地包围了,敌人就用装甲车、坦克车把口子一卡,运动速度也快,天上又有飞机支援,他不进攻就防御。你虽然包围了他,但由于战斗比较迟缓,常常达不到全部歼灭敌人的目的。毕竟我们是步兵,只有两条腿,是"11号汽车",总是不如他的装甲车运动快。

在研究为什么不能歼灭敌人的时候,毛主席还讲了国内战争的经验,认为朝鲜恐怕也要借鉴这个经验。他谈到1947年到1949年我们打国民党那五大主力的时候,怎么个打法?选择什么对象?那时候我们几个战场上感觉到最难对付的有新1军、新6军、5军、18军,还有桂系的新7军。蒋介石吹他叫"五大主力"。当时这"五大主力"完全都是美式装备,接受了美国训练不说,甚至连军装都是美国的。我们的装备比起他就要差得远了!这种情况下怎么能最后整掉他这"五大主力"呢?开始我们也想着口张得稍大一点,比如像解放战争刚开始,我们打其他装备的国民党部队时,确实打了不少歼灭战。二野在上党战役就把阎锡山那么多的部队给吃掉了,平汉战役把国民党的三个军给他整掉了,当然后来高树勋起义了。但以后打仗就不太好打,因为美国插手,从步兵一直到炮兵,到坦克,国民党美式装备是成套的,所以敌人运动速度也比较快,即便抓住了,也总是不能全部消灭。

这时候毛主席总结了经验：改变策略，打他的时候可以一口一口地吃，先一个营、两个营地吃，当我把你一个营、两个营切断以后，就可以迅速将敌人吃掉。此时，敌人这个部队的战斗力就有所下降了，然后吃他一个团、两个团，再吃他一个师，最后就能迅速地将敌人全部吃掉。毛主席把这个战法叫作"零敲牛皮糖"。这个比喻的意思是，牛皮糖是粘到一起的，越想嚼越嚼不动，这就不如把这个糖往桌子上一摔，它摔碎了，你就可以随便捡着吃。当时国民党的"五大主力"就是这样被吃掉的。我们按主席的作战部署，专打薄弱的地方，一个营、两个营到一个团，这样地敲他，集中绝对优势兵力，一下吃他一块，打来打去把他的士气和信心打下去了。这就是由这种小歼灭战到大歼灭战的过程。

在朝鲜打美军也是一样，不要想着一下子歼灭他多少部队，我们需要一个让美军由强变弱的过程，具体办法就是一小口、一小口地敲他，敲到一定程度，他就变弱了。1952年9月到11月，我们在朝鲜战场3个月的作战结果，消灭敌人11万多人，其中美军4万多人。上甘岭战役也是以"零敲牛皮糖"作战形式，打小歼灭战，积小胜为大胜的。

毛主席这个思想在第四次战役、第五次战役之中提出来，但那个时候还没有完全落实。因为大家对打美军有个认识过程，也有个实践过程。经过了四次战役，我们的老志愿军打得都是很好。但从战斗中也看到在多数情况下，我军包围美军一个整师，甚至一个整团，但都很难达到全歼敌人。主席在分析原因里有一个很重要因素，那就是作战时美军还有较"顽强"的战斗意志和自信心。所以你一打，他就顽抗。而且他的兵力是机械化，马上就来了，炮也来了，坦克给你转一圈，你歼灭他就困难了！为了打掉美军这种自信，达到最后打围歼的目的，毛主席提出采用"零敲牛皮糖"的方法——打小歼灭战。

怎么打小歼灭战？这里指打美军，不是指打韩军。李承晚的军是可以拿他一把的，因为他的战斗意志和自信心差一些。打美军，包括英军的那个旅，甚至还把土耳其的那个旅也包括进去，要实行战术小包围，每个军每次要精心选择敌人一个营或略多一点为对象，实行全部包围歼灭之。这样，美军师和英国旅在第三、第四次战役中整营被干净歼灭，其自信心非动摇不可！这个意义就深远了。

以后到防御战役阶段，大家就自觉地接受了毛主席这个作战思想。原来不能很好接受，确实考虑到我们的兵力比他大，运动作战又是我们的拿手好戏，可以通过迂回、穿插，一次打下他一块。但这招打韩军可以，打美军我们自己就感到有些费劲儿。所以第五次战役以后，当大家总结经验时，就感觉到我们张的口确实应该小一点。张了大口打，所需要的物资和后勤保障，无论是粮食还是弹药，在装备方面我们都不占优势，所以大家都赞成打小歼灭战。

小歼灭战本来是在运动中，也就是进攻过程中运用的战术。1951年各个部队都逐步贯彻了毛主席的防御作战思想。到1952年，每个部队都贯彻得不错，只要有机会，就采取能打多少就打多少的策略。前面所谈修筑工事过程中的冷枪冷炮，就是"零敲牛皮糖"这个战法的具体体现。那就是积少成多，有机会我们就依靠阵地摸着敌人打，若一个连进攻，就先吃掉他一个连。能够吃掉一个连就很不错了！这种打法，的确让敌人吃了不少苦头，一个排甚至一个连的进攻，都有可能被我们一点一点地消灭掉。

到了7、8月份，志愿军部队各个出击，各种本事都拿出来了。消灭敌人的办法特别多，像打阵地伏击、阵地游击、吃掉小股敌人，等等，或者敌人送肉上砧的。"砧"呐，就是剁肉的案板啊，我们的刀怎么着切都行，再加上冷枪冷炮，这仗打得都很便宜。也有的部队开始选好敌人一个阵地，找机会就敲他一块。像39军，紧挨着38军西边的部队，有一次，敌人进攻占领了我们的表面阵地，39军那个部队就在坑道里守了7天，最后他们打反击，让敌人吃了苦头。12军下阵地的第一天，韩军就对他们发动了一次进攻，占领了他们的表面阵地。12军这支部队

机枪手把机枪移到制高点，猛烈发射，掩护小部队活动

就在坑道里坚守了12天,最后打了个漂亮的反击战。这些例子不胜枚举。

我们在阵地防御中,经历了敌军进攻的各种战斗考验,志愿军各个部队都很重视,下功夫去研究实战中如何能更好地把"零敲牛皮糖"战术运用到我们的进攻上。9月18日,志愿军抢先发动了战术出击。怎么抢先呢?就是敌人按兵不动的时候,我们就先动手了。我们在朝鲜从东海岸到西海岸,选择了60个进攻点,这些点都经过了志愿军部队充分的准备和战前的侦察。我们把进攻的重点放在朔宁、金城、文登里地区,这是朝鲜中部防线偏东一带。作战时,其他地区的一线部队也都积极配合,志愿军各个部队将这60个点作为我们进攻的目标,采用"零敲牛皮糖"的战术,一点一点有准备地敲打敌人。我们敲了敌人,他不服,就会与我们反复争夺阵地——对我有利的,我就与你争夺;没有利的,我就收回来。这个办法各个击破,效果很好。从兵团、军到师,各级都在研究,大家的认识非常一致,都感觉到粉碎敌人的进攻对我们阵地防御有重大意义,因为这是我们构成了这么一条战线后的一次大的进攻。也认识到:我们进行了一系列战术出击,打得好和坏,对我们秋季出击也有直接影响。各级不约而同地打好每一仗,到10月份的时候,志愿军就大致歼灭了敌人2.7万余人,得到了阵地防御及夺取敌人坚固设防连、排阵地的经验,也提高了我们自己步炮协同、顽强持续作战的能力,指挥员的指挥能力也有提高,部队取得了战术出击的一个重大胜利。

这个攻势迫使美韩军8个师频繁调动、替换被歼的敌人。敌人是不甘心失败的,就在战术出击还在继续进行的同时,抢先发动了所谓的"金化攻势",向五圣山前沿我们两个阵地,就是597.9高地和537.7北山高地,这两个不到4平方公里的阵地,发起了猛烈的进攻。14日打了以后,15日兵团就表态了。兵团说,45师集中全力打,以后怎么样,我们再考虑。这两句话就解决问题了。当然不只是说了这两句话,还说得很多。当时兵团的王近山副司令、杜义德副政委,还有兵团的几位领导同志,共同谈了谈,这就是给我们交了一个底嘛!有的说,"你们45师打光了,也光荣!"这就是说决心到了这么一步了。到了军里以后,军里也是这么一个想法。师里的情绪是下决心非打好不可。阵地是不能丢的,拼命也不能丢!主席的四句话"下定决心,不怕牺牲,排除万难,去争取胜利",确实上下都是这个思想。所以,这个仗在这样的思想基础上打胜了。所有参战的部队,都打得比较好,给敌人军事上和政治上一个重大打击。当然逐步认识提高还是在战役过程中和战役以后。毛主席的"零敲牛皮糖"战术也是上甘岭战役中重要的作战指导思想,志愿军将这一战术灵活地运用到战役里,成就了上甘岭战役极为鲜明的特点。我们一直敲了敌人40多天,当然部队真正反复争夺是一个月,就是靠这一成功的战术思想,我们终于一点一点地把顽固的美军敲掉了。

有了正确的指导,就使毛主席的作战思想在基层部队上下取得了一致。你对战士光说要打多少敌人还不行,因为打仗是具体的,你具体打死一个敌人、捉住一个敌人,或者消灭他一个连、一个营,这些都是具体的胜利。老志愿军入朝以后就有这条经验,为了鼓舞士气,我们分析敌人,蔑视敌人,提出口号"战略上他是个'纸老虎'";但是把战略的"纸老虎"用到战斗里头去,就会发现敌人的那个装备还是蛮强的,炮也这么厉害,搞不好又会有伤亡,战斗中的"纸老虎"好像是个"铁老虎"。用"纸老虎"奠定大家打美军的决心是好的,但光有决心还不行,你还要有办法。毛主席提出的"零敲牛皮糖",从作战手段来讲也就有了具体消灭敌人的办法。

上甘岭战役中被俘的部分美7师士兵

7月中旬，我134团8连连长李保成、指导员王文用率领一个多排，绕到敌后，突然向敌人开火，激战20分钟，全歼敌人，毙敌50余名，俘虏2名，我方仅伤亡3人。战后受到志司表扬："该战打得很好，以小的代价换取较大战果。"当时15军各部队都在采用"零敲牛皮糖"的战法，以小部队出击，从打冷枪冷炮入手，消灭敌人一个班，一个排，一个营，直到开展更大一些的战斗，以很小的代价，换取很大的战果。所以指挥正确与否，战前一定要确定统一的战术思想。

为什么上甘岭坚守部队能在那么困难的时候坚守坑道不动摇？这是因为我们的部队、我们的战士对胜利充满了信心，他们感到越是困难，胜利越大！一个人坚守阵地，他有这个战术思想和作战行动——我下决心一点一点地敲，就是为了争取更大的胜利。每一个战士、每一个连队、每一个营都能做到做好。这就奠定了胜利的雄厚基础，保证了我们的"指挥正确"。

以后作战的实践也证明，这种战术，看起来是个战术思想，但在上甘岭战役中，志愿军将它作为重要的指导思想，成功地贯彻运用到整个战役之中。对付装备精良、武装到牙齿的美军，坚守上甘岭的部队就是坚持依托坑道工事，击退敌人中、小型的进攻，以冷枪冷炮、小部队出击等积极手段和灵活战法，一直敲了敌人40多天，积累了战绩，有力地打击了敌人，巩固了阵地，同时也把作战的焦点推向了前沿阵地，迫使敌人始终处于被动挨打的地位。

"指挥得当"来源于战前的充分准备

在上甘岭战役防御作战总结中，毛主席谈了"五点经验"，其中"指挥得当"既可作为开始，也可作为结束。部队作战，要有物质基础，也要有政治准备，仗在什么地方打？怎么去打？毛主席又谈到"指挥得当"，提出了"供应不缺",强调了"炮火猛烈"。就上甘岭战役和整个秋季攻势最后发展的情况而言,所取得的战果与中央军委、毛主席和志愿军联合司令部"指挥得当"息息相关。这些都是防御作战取得胜利的关键因素。

6月份,当敌人在选择进攻目标的时候,志愿军开了一个作战会议,通过审查作战方案来判断敌人进攻的重点放在什么地方。志愿军和中央估计,敌人要从西面打,规模就会更大,整个停战谈判就要被破坏。从东边打的可能性也比较小。据此志愿军判断敌人有可能从中线打,而选择中线,最有可能是从中线西边入手。就此我们也在这方面做了些战前准备工作。

这就是我们在一开头讲到的那个情况。那时候彭总回了国,陈赓是志愿军的副司令,他们几个人就向彭总建议:"中线要做迎击敌人进攻的准备。"为此就把38军、15军和60军划归为第3兵团指挥。从那个时候开始,就加强了平康方向的防务。除了挖坑道,筑建工事,其他凡与作战相关的一套工作也都有预案和准备。6月、7月、8月,连着搞了几个月的"相互协调配合打击敌人",就此形成了三个作战方案。由于准备得很充分,大家心里也都有底。

陈赓副司令陪同彭德怀司令视察部队

贯彻这个战术思想，15军的体会更加深刻。15军在接阵地时，敌人气焰十分嚣张。为了贯彻持久作战、积极防御的战略方针，军党委开会研究明确提出并制定了作战的指导思想，坚决贯彻执行"零敲牛皮糖"，总结出"坚守防御，巩固阵地，消耗与消灭敌人，保存与提高自己"的作战指导思想方针。这就与实际情况结合起来。有了这个思想指导，部队一上阵地，就制定了各种作战方案，大家都亮出自己的看家本事：

我一个组怎么消灭敌人；

我一个班怎么打击敌人；

我一个排、一个营、一个团怎么打……

这样，从小组、班、排，到营、团的各种作战方案都拿出来了，而且方案做出来以后又不断地在实践中做调整。从4月份起不断地打，不断地调整，到9月份，对付敌人进攻的作战方案就都比较实际了。认识问题有一过程，15军在这方面做了不少工作。9月份，军又下发了《粉碎敌秋季攻势作战方案》，发出《准备粉碎敌人秋季攻势》的号召，并针对敌人可能发动的进攻做了具体分析，对兵力部署又做了调整。军、师、团各级指挥员察看阵地、熟悉阵地，对前沿分队检查测验，这样部队自上而下加速了各项战备工作的完成。虽然解决每一个问题都要有个过程，但在这方面的工作一直抓得比较紧。

志愿军小分队夜袭作战

第十章
指挥得当 打出志愿军军威

15军在志愿军中算是一个年轻部队，但有老志愿军做榜样。讲排兵布阵，当时志愿军展开的就有9个军，从西海岸到东海岸，从临津江口到东海岸，9个军就这么并排着。讲防御，1951年各个部队就防御了大半年。15军一上阵地后，先后派出师、团，以及基层干部，到担任防御的其他老大哥部队学习取经，看兄弟部队怎么防御，怎么进攻，把人家的好经验学到手。特别是向26军老大哥学习。因为15军接的就是26军的阵地，这样相互交流学习就更加具体些。这就是一支年轻部队的特点，这点秦基伟可以做一个代表。太行部队先后走出了三批，1、2、3纵队是第一批组成的野战部队，以后又有第二批，而他是第三批走出太行的，所以这个部队按辈分讲比较年轻。当然部队里的成分并不年轻，有老红军，又有抗战时期的人，还有红军连队，但秦基伟始终以"做小弟弟"的姿态对待自己，因此在指挥上他除了善于研究敌情外，还善于研究我们自己，善于向友邻部队学习，注重吸收兄弟部队的作战经验。这样，反击作战方案的组成就能比较切合实际了。

1952年8月31日15军党委召开了扩大会议，这是研究粉碎敌人秋季进攻的一个会，在这个会议上制定出了作战方案。

当时有两个值得注意的情况，一是克拉克、范佛里特直接到了中线前沿阵地。克拉克是巡视，范佛里特是视察。二是美国的骑1师已经在日本，有消息说准备再次入朝。另外还有美军一个部队也要准备入朝。我们研究了美军机动部队，算着美军可能有四个师进攻的作战方案，分析敌人进攻的方向可能有两个：如东西海岸不登陆，从正面来讲，一个是开城，一个是平康。开城已经开始谈判，从军事上分析更大的可能是后者，这样可以把金城到平康的这一条线拉平。

战役以前，敌人还没有进攻时，志愿军为了防止敌人从元山登陆，配合正面进攻，毛主席、中央军委就把16军的一个师，那是换装比较齐全的一个师，调到这个方向。敌人一看我们东西海岸都有准备，正面各个地方也有准备，因为他们也都曾侦察过，于是迫使他们下了这个决心——进攻五圣山这一点。这是战役之前的一个情况。

当时15军防御态势是：西面是38军，38军与15军的防御分界线从铁原以北到平康平原中间沿铁路划的。平康的地形是平原加丘陵地带，一直往北就到了洗浦里、元山。如果敌人搞下平康，就威胁我们后方。从地形上来看，五圣山是15军防御的屏障，五圣山周围是山地，地形比较险要，交通不大方便。西边以西方山、斗流峰、王在峰为一个阵地。这个阵地再加上38军那边防御有一个蓬莱湖，它和西方山一对，像个门似的，山和两边一对，西方山、斗流峰这一块是个山地，敌人占了一部分，我们占了北半部分。从地形上来讲是这样的。

但军里看得比较远，分析敌人进攻，不光看地形，还要判断敌人后方，看敌人的二梯队，敌人的战备预备队，到底有多少机动兵力，他动了没有。如果有四个师进攻，很可能会摆到西方山、斗流峰方向。因为这方向搞下来以后，他就是不搞平康，把平康放到他的鼻子底下你也不太好受。他要搞西方山、斗流峰，再夹击五圣山，条件更充分点。军根据这个情况，大致是这样定的：第一步可能敌人先搞门闩，即搞西边，先西后东，先搞西方山、斗流峰，打开门闩，而后搞五圣山，进而拉平金城平康线。这是第一作战方案。

第二种情况分析，敌人也可能先五圣山，除去我阵地屏障。分析敌人如果搞五圣山有三种可能，最大的可能从两边搞，东边是牙沈里，西边是甑峰。如果敌人从前面搞五圣山就好办一些，五圣山地势险要，便于我方防守，从前面我方可居高临下揍敌人。三种方案就把这个放在后头了。五圣山比较高，1061.7高地大家一致认为它是全军的一个屏障，敌人是想搞这个地方。假如敌人出现第三种方案，先从东面搞起，对军来讲是好事，好打。当然好打是指敌人从两边搞好打。因此按主席的思想"凡事预则立，不预则废"，要把这个方案摆在第二，而且第二里头敌人从正面搞起，又放到三种方案最后，当然那还是有利的。45师的任务就是死守五圣山！

总之，对上甘岭战役前的分析，大家有一共识：任何一个兵家都力图要进攻平康。特别是像美军拥有的装备和力量，假如说他要是集中了三个师到五个师来进攻平康，我们要对付他就可能比较困难。但是怎么不叫他进攻平康呢？

陈老总（陈赓）早看到了这一块，就是陈赓所说的："你们要早做准备。"为此，战役打响以前38军就先行反击，这一反击就牵制住了敌人。之后我们又是坦克的佯动，又是其他的动作佯动，老让敌人有个错觉——我们在这地方特别有准备，力图动摇敌人进攻平康的决心。敌人确以为我们在此是特别有准备，因而也动摇了他们下的这个决定。

本来克拉克想使用五个师进攻，他一直主张要进攻就要攻其要害部位。可是他连续作战连续失利，加上又是总司令的面子，攻就要攻好，没有把握不行，所以最后他接受了范佛里特的意见，发动了"金化攻势"。这样一来，等于就是在我们有准备的情况下，敌人被迫选择了这一招。

8月份起，范佛里特几次到前沿。15军阵地是从金化往西到铁原、平康，中间是美7师的防御阵地，45师防御靠美7师的一个角，即454.4高地属于美7师的防御，这边都属于韩2师。所以范佛里特几次来，我们都要防范。这样做是因为考虑到了两种情况，一个考虑到敌人从五圣山正面搞，同时，更多地考虑范佛里特比较滑，搞不好他在这边给磨蹭磨蹭，一下子扑过来，那就要引起注意了。于是从兵力部署等各方面都要防备他这一手。

其实，45师开始也有错觉，既然敌人没有动作，如果进攻这里也是属于战术性的进攻，我们也有准备，可以打。因此45师准备打注字洞南山，师里不想放，军里也不想放。那时军、师有个推测，认为我们一系列战术反击后，既然驻日美军未动，敌人预备队没有动，正面的敌人也没有动，那么敌人大规模进攻可能性小了。主与次、先与后的处理是一个教训。当然，那时也准备了第二手。假如敌人从西面开始进攻，我们东边就配合，东面就要进攻敌人；假如敌人从东面开始，我们西边就要配合。但由于45师领导发生了一个错觉，结果对敌人几个月的活动就习以为常，尽管师里指示了135团加强战备，但战前主要精力和力量都集中在考虑反击注字洞南山。那时8、9月份就开始做准备了，摸来摸去，这里边情况也很熟悉了，准备打，总不想放弃。结果敌人偏偏从45师正面搞起来了，问题就出在了45师领导，把敌人在上甘岭的争夺误以为是个次要方向，实际上敌人也误以为我们主要方向的地方确实准备得非常充分。最后很自然地演变成那个样子。

当然打响以后，我们也注意到了敌人的动向，看看他们到底在后面还有什么动作。这时军里、兵团决心已下，敌人在什么地方进攻，就在什么地方坚决打下去。作为45师这支部队，战前早已反复做过打恶仗的思想动员，尽管无法确定敌人进攻的时间和方向，但对战争随机应变的思想准备时刻没有放松。上甘岭战役一开始，军就及时调整部署，敌变我变，从西重于东，转为东重于西。这样从兵团到军里、师里，大家的意见就比较一致了。准备打，考虑调整预备队，这是20日的情况。这就说明"指挥正确"是来源于熟悉敌人，熟悉我们，再加上向友邻部队学习。一旦上下级的想法结合起来，就可以说是"知己知彼""百战不殆"，孙子这话用到这儿就比较恰当，符合实际。虽然45师开始吃了些苦头，但这个结果也是实事求是地反映了志愿军和部队各级对防御作战思想正确落实的过程。

在上甘岭激战的同时，15军前线指挥对于平康谷地的重点防御一刻没有放松，无论敌人采取什么打法，我们总是"你打你的，我打我的"，不被敌人牵着鼻子走，时时刻刻防范他们"声东击西"的企图。这并不是疑虑过重，而是基于我们与敌人整体力量对比，处于敌优我劣，特别是基于我们在制空权、战场机动、作战支援、后勤保障等方面的现状而做出的慎重考虑。战役后期，秦基伟仍然不放松44师在西方山的防御，宁可调12军预备队来增援，也不能动44师。多年后再回顾性思考这一作战部署，无疑是正确的选择。

运筹帷幄，集中火力打击美军

上甘岭战役整个过程，兵团、军、师作战指导思想很明确，就是"集中火力，狠打美7师！"这是一个成功的战例，部队各级落实这一思想处理得都很好。上甘岭战役打响，敌人开始进攻时，师、军、兵团就明确限制了——最好把争夺的焦点放到前沿，放到我们的战术要点上，狠打美7师，他主要攻597.9高地！

敌人准备用于进攻的是两个师，虽然最后的结果是把美7师、韩2师、韩9师打痛了，但战役开始的时候，美3师并没有动用，敌人真正准备用的是美7师和美40师。师里决定，无论谁来，重点打美军不变，我们的炮火使用、战斗力使用、目标指向谁，统统都用在打美军身上。

在布兵安排上，原来五圣山防御部队是135团。仗打响，师里进一步明确了分工。135团1营，再加上133团一部包下537.7北山高地的争夺。135团主力，还有134团全部，争夺597.9高地。134团是45师三个团中战斗力最强的一个团，用他们自己的话来讲，那就是他们打的硬仗最多。把主力部队放在这里，就是表明我们与敌人争夺的决心和信心！

第一阶段中，敌人与我们的炮弹比例是17∶1。我们打一发炮弹，敌人就能打出17发。那时我们的炮弹比较少，敌人打七八十万发，我们才有几千发。看看敌人炮弹超过我们有多少倍！这就是我们发射炮弹的实际数目，也就是这么一个比例。当然，我们的炮弹要用，就要用到要害部位，起到它应有的作用，以确保杀伤敌人。比如像头一天，敌人发起进攻的时候，我们的炮口还没来得及转过来，这给了敌人一个错觉——我们的炮不那么厉害，他的炮却如此疯狂。于是范佛里特认为，进攻上甘岭这两点他是选对了。但是第二天，我们就将第一天省下的炮弹一齐发射出去，狠狠揍了敌人。那个山的面积不大，一门炮能够打上200发炮弹就可以显示出大炮的威力。

我们的步兵、炮兵，其他各个方面也都有思想准备，因此，这个指导思想——"先打美军"上下就达到了一致。所以，在第一阶段消灭敌人的7000多人中，有5000多美军，而韩军只占了个少数。要是按一般的打法，韩军好打，应该先打他，但如果把兵力用到那儿就会发生问题。尽管我们两点都在争夺，但争夺的重点仍旧是放在了以美军为主的597.9高地，我们主要的力量也都集中在这个阵地上，其目的就是力求在这个点上狠打美7师。这样，我们按照部署，一直坚持打到二十几号。"集中火力消灭美军"，这个思想不仅落实在反复争夺中，即使在坚守坑道期间也照样执行。部队在撤离阵地之前，有好几次我们都是拼命抓住了美军不放，狠揍他。在战役最艰苦的时候，官兵们坚守坑道，反复争夺阵地，那就是以死相示，与敌人拼命了！因此从整个战役来讲，采取这样重点消灭美军，把我们的主要力量真正用到关键阵地上的战略无疑是正确的、恰当的，也是打得好的。这一阶段任务完成得很好！

关于大反击问题：什么时候反？什么时候进入坑道？从四次反复争夺后，主动权就操纵在我们手里，你有力量就可以反。在那个时候，也有两种情绪：有的主张我们还是要反，敌人已经完了。23日，597.9阵地就反了一下，但没有反击下来。这个时候，美7师已经被打残废，25日就撤走了。因此，这就提出了一个问题——第二阶段准备大反击究竟是早反还是迟反？从前沿部队看，团、营一直到前沿连都恨不能一下把敌人打下去，都主张提前反击。但也有个别的在叫苦，坑道里这样那样的。是有这个情况，也确实是困难。但领导上不是这样考虑的。10月25日军开了个作战会议，统一了几个主要问题：一是使用二梯队；二是45师要反击。那时师里已决定搞14个连，最后重建了13个连，把这13个连再投入战场，兵力、训练、补充准备没有5至7天是不行的，这是一；再一条是弹药，要求每一门迫击炮规定有1000发炮弹，最后没有到1000发，有的有1000，有的七八百发。这几个问题是根据要反就要把敌人反下去，打狠打痛，叫敌人一下翻不了身而制定的，因此确定二梯队还是要上来。大反击，45师可以反，但二梯队要有所准备，反了以后，你的后续力量没有了，若敌人再争夺怎么办？我们也分析了韩2师的情况，与敌人再争夺，他们也会不断地投入新生力量，必然敌人还在，你二梯队不上，那是不行的。会议最后确定了反击时间，原来准备29日，后来推迟了一下，等准备工作做好了，30日再开始反击。

这里的一个经验是，确实在最紧要的时候，下面好的意见是很多的，也有乱叫的，不行啦，有困难呐，等等。以后将这几条精神传达下去，上下都比较统一，特别是坑道里认识很一致，如8连，他最后反击上去还是没有守住阵地，与敌人争夺，搞不了几个回合就没有后续力量支持了，部队又要返回到坑道里

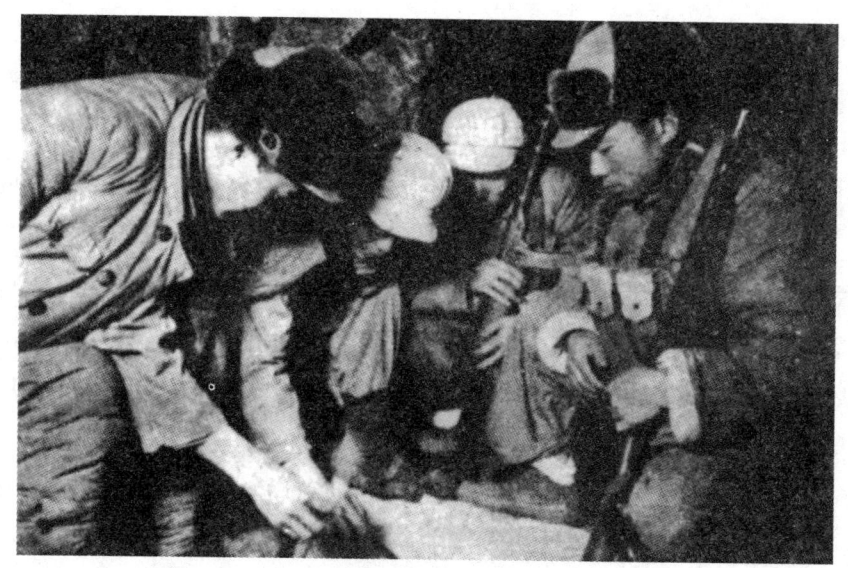
退守坑道的志愿军认真研究，排兵布阵，配合增援部队反击

面来坚守。于是他说："你一定要准备得很好，再反。"这样，我们上下的思想就一致了。这一点坑道一线部队的体会是最深的。这几个问题定下来以后，我们做足了充分准备，最后30日的大反击还是反了下来！

当时在会上还研究了大反击时先反哪一个阵地。是两个阵地一起反，还是先反西后反东。因为597.9在西边，因此定下来先反西边，反下来以后，我们再打东边。这样先反击597.9重点阵地，以便我们能集中兵力、火力，造成绝对优势。这一条军党委扩大会定得很好！会上还定了一条，西边是美军阵地，我们打美7师，先反击重点阵地，攻下来以后美军必然要来增援，很有可能会把他的预备队美40师搞上来，到时候我们还可以接着打美军。这就是双方都在为最后的结果力拼了，都想要拿到最后的胜利。

因那时候兵团早先就有这个想法，19日兵团首长就谈了："45师能把美7师、40师这两个师牵进来，就立了大功，你们打光了也光荣，这是好的。"当然最后我们没把美40师牵来，而把韩9师牵进来了。韩9师有一个团，也是他的新生力量，在三平里被我们打得比较惨。实际情况果然也是如此，我们反击西边阵地，打了下来，最后美军把他的两个独立营和一个187空降团一部都用上了。在他打得最困难的时候，还把阿比西尼亚营、哥伦比亚营（有的时候哥伦比亚营上来了，有的时候还没有上来就下去了）那一伙都牵上来了。这一伙从10月30日一直打到11月5日。4日他没有敢进攻，那时候597.9阵地就已经巩固了。因此，确定指挥得当与否，可用战果来判断。一开始在判断敌人进攻方向上我们45师有点错误，但敌人从哪里开打，我们就坚持在哪里反击到底！越打也就越聪明，而到了反击537.7北山阵地的时候，打得就更好了。11日的反击，炮火准备以后，部队冲上去，敌人也只有一挺机枪能够打响。这就是——从流血中打出来的经验。越打，作战经验就会越丰富。

整个战役中，45师坚守阵地，只要有打美军的机会，都是拼命抓住时机不放过。我们把美军已经打得很疼了，让他损失了这么多的弹药和兵力，最后导致范佛里特亲自来宣告战役失败。我们出招也很厉害！

这时到坚守坑道的第二阶段，我们的炮弹也渐渐多了起来，敌军和我们的炮弹比例基本上是6∶1。敌人的炮弹已经消耗得比较多了，而我们的炮弹陆续大量运输过来。所以，战场上"狠揍美军"并不是个口号，从作战部署到作战采用的各种手段，一直是围绕着这一原则和战术思想进行的，部队组织得很周密细致，把美军打下去，再打韩2师，这毕竟比打美军好打一点。

在537.7北山阵地，我们也狠揍了敌人，韩2师受到了重大杀伤。打到这个时候，45师动用了19个连队，这不光算步兵连，包括工兵连在内。按步兵三九，二十七，还有6个连队没有打。我从兵团回来的时候，军里已经开始调整部署了。把军预备队向五圣山阵地后头调了，并派他们的指挥员上了五圣山，到前面观察地形去，看看仗是怎样打的。当时上级还没有正式给师里讲，因此我们也不能随意给下头讲。作为一个师来讲，自己拼命地打，兵力就有些紧张。兵有是有，没在手里头，还在其他阵地上。后来按兵团、军里部署，用29师87团把45师其他防御阵地接下来，这样45师8个连队就能迅速回来参加战斗。

那时美军打仗相当牛哄哄！他们的进攻都是按部就班地打。第一天打响，开头是炮，接着飞机轰炸，之后再用炮轰。一般冲击前，大炮一打就是20分钟到半小时。大的冲击，炮兵和飞机火力准备可达数小时。一般规律是炮兵压制我军前沿阵地，飞机压制我军纵深，打到一定程度后，炮火再延伸，步兵发起冲击前，在我军阵地周围投掷大量烟幕弹，这样更好掩护步兵冲击。随后，步兵火器就开始打，之后部队才开始运动，然后他的炮兵再转移火力，封锁我军反冲击道路，压制我纵深师团指挥所和炮兵观察所，飞机还不时地监视我军炮阵地和二梯队的运动情况。他们的部队进攻如果被我们打下去了，这就算一个回合。然后又是从头来，从炮火准备开始，有时候飞机还来炸。就这样再来第二次、第三次进攻，每一次进攻都是炮火先准备之后，步兵才上来。

美军进攻的先头部队，并不占山头，他们称之为突击队，随后才是守备部队上来，接着还有工程队。李承晚有一个从济州岛来的编练师，这就是他的工程队。工程队上阵，抬着制式的碉堡和做工事的一套东西，他们上来就修筑工事，然后就由守备部队防守。第一天，他们攻上阵地的时间比较迟，工事的盖儿都没有盖起来。这些工事的装备本来也是成套的，一套一套的，但由于我们狠狠打了他，开头两天筑建的工事，成套的装备还成点套，以后也就全乱了套。这下可好了，正因为美军作战有一套程式，所以只要我们把他的程式打破了，事情就更好解决。

打到第二阶段，我们拼命狠打美军，经过7到10天的战斗，也就是打到24日，大致情况是：美7师基本上被打残废了，伤亡重大。他的第17团、31团、32团中被歼灭了4个营，其中被我全部歼灭5个连、11个排。这个师在24日、25日就被迫撤出了阵地。最后计算，整个战役过程中，美军伤亡5000多人，这里只算了美军，并没有包括属他指挥的阿比西尼亚、哥伦比亚以及韩军。当时美军的师部和团部都在山下，我们没有打到他的师部和团部，而山上5000多人的伤亡都是美7师的作战部队，主要是连、排、营的部队。美军的伤亡到了最厉害的程度，他最缺的就是士兵，集中力量去打他，这确实把他打惨了。

韩2师在这一段也遭受了重创。韩2师17团、31团、32团，8个营受到歼灭性重大杀伤，韩军虽然补充及时，但已无力进攻。韩2师很卖力，他不光在537.7北山与我争夺，美军打得受不了时也拉韩军一两个营来参加这边作战。无论是美军、韩军，凡只要来到这个阵地（编者注：指597.9阵地），我们就一定会狠狠地揍它。打到10月30日，韩2师伤亡7000余人。这时摆在15军当面敌人的五个师，两个已被打垮了，于是美3师接替了韩9师防务，而美40师没有来，这样攻势的主动权就逐渐转移到了我们手中，我们就把压力还给了敌人。

最后大反击阶段，我们还是按照毛主席的军事思想"零敲牛皮糖"——我揍你一点，就把你这一点完全给揍下来。就拿597.9阵地说，它也有主次，也不是一下子就敲下来的。我先集中敲你这一点之后，如果其他的点在第一天解决不了，就放到第二天、第三天再敲，打就打狠。所以10月30日、31日、11月1日这三天我们基本上把上甘岭597.9阵地给完全恢复了。这就是有备无患——在我们比较有准备的情况下作战，阵地就会按我们的设想完全恢复，难怪《韩国战争史》承认："当面之敌中共第15军防御意志坚定，因而'三角高地'战斗始终没有进展，反而足以使敌人为打成漂亮仗而自豪。"

把敌人拖到我们熟悉的阵地上来，根据战况发展适时机动兵力

上甘岭战役是敌人搬到了我们的阵地上，我们则是利用自己熟悉的阵地，做到有所准备，反复争夺，歼灭敌人。还有最后一条：阵地一定不能丢！

那时美7师是在韩2师阵地上开打的。两个阵地，537.7北山和597.9高地，他挑选了597.9高地，把537.7北山留给了韩2师。我们师里的防御阵地东边一点是敌人的弱点，一反击就可把敌人打下去，而西边是敌人的强点。师、军确定抓住597.9高地，45师主力要放在这个地方，兵力要投入在这个地方，火力也要集中在这个地方。当然537.7北山高地也要抓，下这个决心是得当的。因为我们也分析了敌人的情况，论装备、兵力，美军比韩军强，但他一踏上我们熟悉的阵地上作战，必有弱点可击。597.9高地的正面也才那么宽，不到2公里，敌人进攻高地一定会被迫地拉长队形，每次攻上来就不可能有那么多的队伍和兵力。

这样，把美军拖到我们熟悉的阵地上来，他的进攻就形成了弱点。考虑和分析了这个情况，决定还是从这点敲打好。因此，之前多次45师组织的反击，主要反击点都定在这个阵地上。当然，战役打得非常残酷，非常紧张，非常激烈。就在这个点上反复争夺，我们把美7师打了下去。即使在战役结束再回头来看，我们的这个选择都是非常正确的。这就是选择的强点和弱点。但话又说回来了，其实强点和弱点也是相对的，537.7北山好打，597.9的美军被打下去，韩2师就不敢随随便便，这样也是敲打了韩2师。但战役后期第三阶段，12军92团攻打韩2师占领的阵地，攻下那个地方有的阵地也费了很大的力气，也不是很好打的。

敌人开始进攻时，我们也想到除了这两个山头外，敌人的进攻也有可能还要扩大，或发展成几个山头。但不论敌人选择何种方式进攻，或怎样去进攻几个山头，上级都规定了，一定要把敌人的进攻引到我们前沿的要点上，把敌人限制在两个山头上，这样战斗情况就会有所不同，作战就会对我们特别有利。

当然上甘岭战役一打，我们上下都很高兴，终于有仗打了！但是这一仗要打多久，我们对敌人的进攻估计不足，总感到"敌人可能不是搞这个地方，可能是搞西边。这个地方是一个次要方向。次要方向嘛，他是配合动作，也不过打个7天吧"。所以在作战指挥上，开始师里、军里就有一点急躁情绪，总想着把敌人一巴掌打下去，用兵就多一点，这是出了些问题。比如像134团1营就没有用好，这个营仓促进入阵地，运动过程中伤亡三分之一，没有发挥他应有的作用。随着战役进展，还有一种情绪，兄弟部队都在打胜仗，你把阵地丢了算什么？有这个思想指导也产生一些急躁情绪。但上级并没有责怪我们丢了阵地，就是说："你把敌人牵住了没有？"这一下子我们就清醒过来了。阵地最后一定是属于我们的，那么这一仗就要放在我们熟悉的阵地上来打。

由于志司、兵团及时指示并实行有力措施，让我们防止和克服了战役中可能出现的错误和缺点，很快掌握了战役的主动权。如：大反击阶段，在45师、29师阻击粉碎敌人攻势的基础上，兵团在关键时刻派12军兄弟部队及时参战，真正实现了我打到底，打到彻底胜利的决心！

坑道里的神枪手

实际也是这样,整个上甘岭战役,在这两个阵地上,所有参战部队反击敌人,我们打下敌人排到营的进攻算起来大概有900多次,其中包括大的反复争夺若干次,这900多次里也包括打得不理想的反击。如果一次战斗歼灭50个敌人,总共就是四万五啦!就是说有些仗打得还不太理想,把一部分敌人打跑了。这就可以看出,原来很不想叫敌人上来,当然我们对下头来讲,是不该叫敌人上来。上级批评我们的时候,偏偏在这一条上不批评。这就知道兵团是下定了决心,就要在我们的阵地上歼灭敌人!为什么要下这个决心?下面还会讲到,还有其他许多条件,并不是凭空就下这个决心的。所以,打好这一仗在军事指导思想上有重大意义。这就可以看出,原来我们坚守阵地,不希望敌人上来,但要消灭敌人,就偏偏牵着敌人让他们进攻,来多少,打多少!作战不可能事先就准备得那么充分,敌人的战术不可能就能估计得那么透彻,但只要我们按照自己的作战部署去打,把敌人牵到自己熟悉的阵地上,然后再集中兵力消灭他,我们就能坚持打到底。一旦打法确定了,方向自然更明确。

到了25日,军党委开了个会,我们领会到这次会议事关重要,它对战役具有决定性意义。在这个会议上,除了检查我们的战术,不是说这个仗你打得不够样子,主要是查找了战斗中我们还存在一些什么问题,如:不该多伤亡的伤亡了;不该多使用的部队使用了;步炮协作配合不好,等等。主要是检查了这些方面的问题。为了改进今后的打法,会议做出了一个决定,军党委决定使用军预备队——29师86团。一说要使用86团,29师首长也很积极了,"不行啊,我们还要有点预备队才行啊"。七扣八扣又从87团扣了点部队。大家总想着能多要点部队,哪怕一个连也好。军预备队很积极。同时,25日兵团通知也到了,兵团预备队准备参加战斗，叫15军做好准备。兵团预备队是谁呢？原来的预备队走了，他们12军去金城担任防御任务，防御结束后正往回走，这就成了3兵团的预备队！兵团就把他抓住了，说："91团你别走，你赶紧先到那里，先到44师的后头防御，以防万一，打着打着如果敌人又从那边打过来了怎么办？"接着又把12军31师要了过来。一说31师过来，几乎都愿意打仗，总想多抠点儿部队过来，结果34师一个部队也抠过来了一部分作为预备队。从兵员来讲，军里也有困难，总共才1000多个新兵，但全部都给了45师。炮兵，25日以后，军里能集中的就都集中了，兵团也集中了些炮兵部队，加强前线作战能力。

　　上甘岭战役一打响，我们的指挥员就要掌握兵力部署，尤其是炮兵使用和兵力机动的问题。当然，从15军来讲，首先是自己机动。军里从正面把87团机动过来，这算第一步；机动了87团，西边就有了一些空隙，这时兵团就把31师的部队放到防御西边44师的后面。这就是说，在没有看清敌人那两个师要搞什么动作的时候，我那个地方（编者注：这里指44师防御阵地）还是不放松。虽然走了个87团，但132团也上去了，我后面还有12军31师的部队，31团先机动到位，准备也在44师后面防御；等87团运动上来，西边有一些变化，接着就使用29师86团，然后再使用31师；使用31师的时候，34师也就到了44师的主阵地——主方向的后面，这就叫兵力机动。从炮兵来讲，原来45师

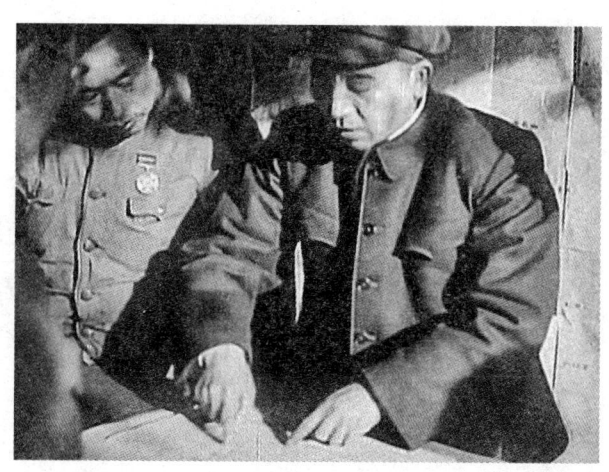

15军军长秦基伟在上甘岭前指部署作战方案

这儿才两个炮兵营,最后连高炮带地炮一共是十多个炮兵团的番号。

整个战役,军的调整部署、用兵次序是:先使用45师14个连;这时45师还有一个团做预备队,保证第一阶段反复争夺的兵力;战役打响,及时机动29师到五圣山地区,使45师集中力量于上甘岭作战,即使坚守坑道阶段,我仍能处于主动地位;随后86团等25个连再先后投入战斗,任务就是歼灭守敌,恢复阵地,继续反复争夺,狠狠打击敌人;完成了此阶段的任务后,接着又投入12军,继续反复争夺,直到11月5日敌人无力再进攻,我们巩固了597.9阵地为止;11月5日以后,再组织了军前指,要求各部队充分准备后,11日反击537.7北山,直到最后巩固整个阵地。

在第三阶段大反击,我们做了充分准备,那就是——先反一点(编者:指597.9高地)。这样我们机动的战役预备队就能陆续投入战斗。我们首先集中25个步兵连反击597.9高地,30日反击一举成功,歼敌一个多营,经31日、11月1日到5日,连续成建制地杀伤敌人6000余人,进入了战役胜利的关键阶段。连美国国际新闻社也哀叹说:"美军的伤亡率到了一年来的最高点而撤离三角形山……"而韩9师、美空降187团(一部)、阿比西尼亚营、哥伦比亚营,以及韩2师的残部也被打垮,当时美联社报道了美军惨败时的情形,说:"这三个星期的战斗是二十八个月来的朝鲜战争中损失精锐部队最多的战斗,这次损失仅次于1950年第八军在朝鲜民主主义人民共和国惨败时的损失。"11月5日范佛里特亲自去"视察"战场,随后就很快宣布了:"'联军'在三角形山是打败了。"以后的战斗,接替45师的兄弟部队经过充分准备,还是稳扎狠打,终于在11月11日全部恢复了537.7北山阵地,夺取和巩固了战役的全胜。

上甘岭战役是重点守备部队与机动部队相结合,一个团坚守,八个团陆续上,根据战争发展不断机动兵力,这是战役胜利的法宝之一,也算是上甘岭战役制胜的重要因素。兵力、兵器机动的问题,在防御作战中尤其重要,你必须看准了再决定机动兵力,运动起来动作还要比较快。像第一阶段,为了保障我们有足够的力量与敌人反复争夺,大量杀伤敌人,首先是师里使用了预备队投入战斗,这时军里也在继续调整133团陆续参加战斗,并调动29师86团、87团逐次向上甘岭地区机动，同时部署了兵器的机动，陆续将火炮加强上去。第二阶段，我们力图使敌人的进攻限制在我前沿表面阵地上，为适时大反击，恢复阵地，打下胜利的基础。在大反击的关键时刻，兵团及时将12军91团、92团、93团、106团陆续机动到位，这对战役胜利起到了重要作用，实现了我们预期的目的：敌疲我打，敌驻我扰，变劣势为优势，夺取战役全胜。所以，打仗没有后劲不行，作为整个战役胜利来讲，尤其需要有后劲。

有关上甘岭作战兵力机动的部署，据我们所知，兵团很快向上级做了报告，但是哪一天报告的我们不很清楚。报告很快得到毛主席的批示，他很赞成这个部署。11月5日部署下达以后，毛主席有个电报，主要是针对志愿军和兵团对15军作战部署的认可，他认为这个部署比较适当，另外还提出来："你们对加强15军作战地区之决心和部署是正确的。此次五圣山附近的作战，已发展成战役的规模，并已取得巨大的胜利。望你们鼓励该军坚决作战，为争取全胜而奋斗。"毛主席对这样一个机动兵力的部署表示同意，也是随着战争的发展而发展来的。主席的指示很明确，就是要"为争取全胜而奋斗"。这就表明任务来了。

25日以后，我军前线的作战形势那真是很鼓舞人心的！

相反再看看我们的敌人，他们是"将帅不和"，这个帅是克拉克，总司令克拉克，还有第8军的范佛里特，他们心里各有自己的小算盘。后来这个仗打着打着，詹金斯觉着不行了，想撤下去。范佛里特也想放弃："算了，打了这两点（编者注：指597.9和537.7北山阵地）就行了。"于是他也就准备收摊子，这才把美7师撤离下去。结果等美7师下去以后，我们一反击，他又得仓促上阵来。上来以后又实在不行，克拉克觉得时机到了，发了话："你不要打了，结果把总统都打下去了，还有什么打头啊？收摊子！"于是他只能宣布战役结束，这些与他们内部之间的争论很有关系。按克拉克的意思，他原本不赞成打这个仗，最后范佛里特坚持，克拉克才批准是"一个有限的战斗"。虽然这里克拉克有错，但范佛里特始终坚持要碰下去。但没想到这仗一打，却收不回来了。志愿军是一直拉着美军打下去，怎么打？当然是以我为主，我倒要看一看，你美40师走了，美25师还来不来！

我们采取的是这样一个指挥办法，自上而下，有始有终，打得都很有章法；反观美军，开头是气势汹汹，准备一下子就把五圣山拿下来，再搞到平康去，野心不小。但是开头一下子把他弄到这两点上，越打就越害怕，打到紧要关头的时候，甚至他内外都争论起来。除了克拉克和范佛里特争，美国国内也争吵起来："反正那个仗搞得是入朝以后啊，第二次伤亡精锐部队最多的一个战斗。你这两点叫什么呢？叫个'无底洞'！你有多少炮弹？"国内让他们做交代，但仗还打着呢，你说他怎么能交代？他们的总统选举是11月5日最后开票，这个争论在10月底、11月初就争到高潮了，特别是在亮票之前，为争取最后的选票什么都抖出来了，争得一塌糊涂。他们从前线争到国内，甚至搞得美军和李承晚之间矛盾也很大。本来是美军进攻为主，两点都主要靠美军。美军由此很嚣张，597.9是韩2师正面的阵地，他非叫韩2师把阵地让出来给他进攻，但最后美军却把阵地丢了，丢了以后，韩2师是下也下不去，再攻也不行，只好又把一个韩9师搞来。最后李承晚一个编练师，还有3个补充团，都被牵到里头了。所以45师开始打的是敌人两个师，实际上打他的是三个师，还有韩军一个编练师嘛，把那三个编练团也丢在里面了，李承晚是非常不满意的！

归根结底他们是内部不合，我们的指挥恰恰抓住了敌人的弱点。为什么打成战役？当时正值联合国开会、美国总统大选，美军本想以胜利为杜鲁门拉票、造声势，于是发动一场"金化攻势"，期待这两点一打，弄出个大名堂来！志愿军一年没有打大仗了，当然会抓住机遇，必定要打出志愿军军威来。作为当时志愿军的战略指挥员和战役指挥员都考虑到了当时的国际形势和美国国内发生的大事。由于部队作战目标明确，决心坚定，不失战机，最终反映到"指挥正确"里面。这一仗我们越打越主动，越打信心越足！

我军将防御作战由被动变主动，15军各级指挥前推

一般来讲，防御作战是比较被动的。但是像上甘岭战役这样能够争取到主动，打得也是很有特色的，很少。

上甘岭战役打响时，10月14日45师指挥所就设在德山岘，以统一指挥参战的步兵和炮兵作战；我们在五圣山、上所里北山还设立了两个团指挥所，分别指挥597.9与537.7北山两高地作战的步兵营与迫击炮；菊亭和448以西高地有两个营的指挥所，分别指挥两高地参战的连队；在内松馆、獐谷、水泰里还设立了统一后方供应的指挥机构；军的指挥所设在道德洞，这样排兵布阵对统一指挥、统一部署、统一行动是有力的。为加强一线指挥，11月3日德山岘又成为军的前指。上面所提到的所有指挥所都是设在坑道工事里面的，这就保障了指挥所的稳定性，以至于在那样激烈的战斗中，我们的指挥员仍然能保持不间断地指挥行动。五圣山也有我们炮兵的观察所。总之，炮兵和步兵各级指挥所，战时观察都很紧密，情况处置也得当。

防御作战，坚守阵地，各级指挥推向前沿，指挥组织好，就能将被动变为主动。我们阵地上只要还有一个排，战士就可以在一个排的基础上建起一个连或两个连的阵地。我们营、团干部直接进入坑道，坑道里即便是放一个排，那就可以变成一个营，一个营的指挥就比一个连的指挥水平高得多了。所以说前沿坑道的性质和指挥的正确，就决定了我们的战士为什么这样勇敢，为什么能打得那么好！像134团4连赵毛臣，他那时候是个指导员，虽然守坑道的时间比较长，但他在那个坑道里就很好地履行了指导员的职责。他们坚守的坑道条件十分恶劣，50米长的坑道被炸了一截，四个坑道口被堵死，只剩一个口，还面对着敌人，出了洞口30米，就是敌人的堡垒。坑道里没有水、空气污浊，这里面集中了四个单位的同志，80来人，其中大部分是伤员和勤杂人员，真正的战斗员已经不多了。在极为困难的环境中，大家以坚强的意志同困难和敌人斗争。赵毛臣首

先健全了坑道的党组织，鼓励大家发扬红军精神战胜困难，并组织小分队出击。在严重缺水的情况下，与连长一起还制定了相互支援的方案，组织人员抢回了20多壶凉水、40多颗手榴弹、3支半自动步枪，还有不少子弹。坚守坑道里的许多伤员也不顾伤情，提起冲锋枪守卫坑道口。当时，守卫各个坑道的连队都是这个样子的，我们的志愿军战士在艰难困苦中变得更加无畏！

我们有了坑道，指挥就比较稳定，前线营的指挥所就能变成团的指挥所。比如135团3营指挥所，战斗激烈时，团里的领导干部就出现在他们的指挥所里——怎么用兵？怎么反击？怎么变被动为主动？我们的干部在坑道里亲自指挥。这时的阵地呀，它的性质就发生了变化，这里成了团的指挥所。两个营的指挥所发展成团的指挥所，而团的指挥所还可以发展成师的前指。在五圣山，师里、军里的干部都会直接到团指挥所，研究战事。大家齐心将前指一推前，这个仗打得呀，就大不相同了！上甘岭战役，15军整个前指就是在往前推，我们军参谋长张蕴钰三上五圣山，仗指挥起来那就是在运筹帷幄之中。可美军呢？他还是按照他的那个规章打仗。他还以为这个仗是他们的一个连对付我们的一个连。而实际上，我们这一个连展开的阵地已经是用营，甚至是团的指挥水平与他较量，这个战法灵活机动就非同寻常。所以说战士立功，虽然表面上看是一个战士的水平，但他代表的是防御作战里一个营、一个团，甚至一个师的水平。比如说黄继光，这位英雄也能反映他那个营参谋长的指挥水平。当然黄继光自己很勇敢了，而使用黄继光的正是营的参谋长张广生。那位营参谋长很聪明，点子特别多，平时他就喜欢黄继光，那是他的宝贝，他对黄继光很信任，所以把英雄用到了关键时刻，这就是真水平！邱少云的英雄事迹也能代表他所在87团9连连长和指导员的水平。部队接受任务打潜伏战，离敌人并不太远，也就是几十米嘛，邱少云为了整体利益献身，否则的话，他一动，他们一个连都有可能遭到重创。

我们坚守的阵地，就上甘岭这两个小山头，战前敌人曾多次侦察过，那只不过是我们两个排的阵地。这一点儿不假，确实是两个排的阵地！但敌人没有料到的是，仗打起来就不一样了！敌人进攻时，阵地就不只是两个排了，头一天打仗就是一个连,还是一个加强连——那个597.9就有四个排坚守嘛。再打着打着,这两个阵地兵力不断,用如此多的部队来防御,这一点敌人估计是不足的。所以"一场有限的战斗"最终变成了"无底洞",双方竟在这两个点上反复争夺了43天!

的确,我们有了阵地,打起进攻战、防御战,作战水平就大大不同。美国最恼火的是中国军队作战从不按照战斗条令去和他打,也就是不按照正规战那个办法打。比如我们打运动战的时候,就是搞穿插,迂回穿插;打夜战,我就夜间揍你;打近战,我就近距离杀伤你。这些在操典上没有,在外国军队的经验里也没有。

在上甘岭防御战里,我们也有自己的作战特点,这些都是美军没有的。哪有一个营或团的干部在战斗激烈时,亲临一个排的阵地去指挥作战?外国哪一个军队也没有。这个特点只有中国军队才有,是咱们军队特有的传家宝。所以毛主席在制胜要素里把"阵地坚固"作为一条,说明这是防御作战里的一个特点,没有这一个"阵地坚固",就没有制胜的条件了。

仗打到第三阶段的时候,我们的炮火有了改观。那时候敌人与我们的炮弹就是3∶1了。这是因为我们在27日第三阶段打反击以前,已经打了韩军27门炮,致使韩军的炮削弱了;美军的炮向后拉,我们的炮弹一下子又打了他,所以他往后一转移就陷于完全被动了。为什么87团上来能守几天呢?因为条件不同了,西边的美军撤走,把烂摊子留给韩2师自己收拾,但我们还硬是想着再把美军拉一家来,使最后的战果更大一点。这个主动权完全掌握在我们手里。

秦基伟军长(右二)与部队指挥员张纯青(右一)、温锡(左一)制定作战方案。

这场战役为什么能指挥好？本来应该是兵团来指挥，但是兵团把这个指挥权交给了秦基伟。为什么交给他？就是他更适应这个指挥特点——这里是他的阵地，他比较熟悉也好指挥。秦基伟在战役指挥上也采取了一套办法：

第一，分配兵力。把45师分到上甘岭的两个阵地上，各自负责，东边的537.7北山由133团负责，西边597.9高地由135团负责，直到阵地收复才算完成任务。上甘岭战役开战后，兵力部署基本形成了开战的雏形。

第二，补充兵力。到了战役第三阶段，29师、31师、34师的部队都来了，虽然番号比较多，但算起来完整的部队实际是三个师的实力。

第三，找顾问。部队机动上来，为尽快熟悉战场环境，45师留人做顾问。像45师师长崔建功就做了12军副军长李德生的顾问；15军张蕴钰参谋长就作为李德生前指指挥的助手；团指挥所也是这样，134团张信元是597.9这个地方的顾问，孙家贵开头是87团的顾问，以后又是34师的顾问。45师在兄弟部队的营、团都留有顾问。由于各级都有顾问，战场情况就熟悉得很快，新部队来了也能及时掌握战况。

第四，指挥固定。大反击成功后，像司令部的这一套班底，并没有完全撤走，而是不断地加强。在部队换防之后，像135团的作战股，股长、得力的参谋都留下。45师、团指挥员和侦察、作战干部，分别充当陆续参战部队的顾问。师、团一套侦察、通信、后勤，以及一整套机器设备和迫击炮、指挥保障分队也都留在了后续部队。有新部队来，装备马上就加进去，一直继续执行任务到完全恢复阵地，做到了指挥和各项保障工作不间断，并且不断加强。

反击过程中，我们虽然有三个师，但12军31师的部队是配属15军参与作战，兄弟部队上战场必须了解情况，因此友邻部队就有一个同志先在我们这里担任联络员，反击下来以后再到李德生那个指挥所。指挥所中45师由师长和作训股长，还有参谋一块儿组成一个顾问组，协助李德生同志指挥，因为当时45师的人从头打到尾，对情况都比较清楚，所以这个顾问组就与友邻部队一起，他们真正起到了顾问的作用。此外，炮兵、通信等都是45师留下来的作战班子，这一套班子负责到底，炮兵对战场的情况也是很熟悉的了。

这个经验就叫作"换兵不换将"。像45师的主力134团，主要是由135团团长指挥打的阵地，虽然134团团长也在，但他听135团的指挥，86团那个周连杞上去以后指挥也还是以135团为主。秦基伟始终是这个战役的总指挥，这也是防御作战的一个特点。其他的工作就比较熟练了，从政治工作到各方面的工作都有固定的一套程序。虽然战争发展很快，但经验总结也比较快。这方面的工作搞得比较好。

"指挥得当"这一条，从敌情判断，兵力部署，大战打响以后，领导上是急急忙忙把兵调过来呢，还是比较有准备的调？这些都是一个指挥员，作为一级党委应很好考虑的问题。作为45师来讲，兵员越充分越好，炮火越加强越好。但从全盘考虑，调动要有个限度。这个决心还是主席下得最正确，如果不是从战斗发展成战役，上级也不会给你调兵团预备队来。原来才60门炮，打到最后打出133门炮，越打越多嘛！

上甘岭战役初期，45师单独应战，头三天估计不足，比较乱，以后就走上了轨道，作战随之井然有序。

战时的45师指挥所大概只有六个人，两个作训参谋，一个通信参谋，另外还借了一个见习参谋，所以说指挥所的组成是非常精干的。指挥所在洞里，有一个公共休息的空间，大小就是刚能放下一张床、一张桌子、一张图，还有几个凳子。所以在一段时间里只能有一个人在床上休息一下子，而其他人都是坐着、靠着。29师张显扬、王新去了以后就得加凳子，最多的时候加到十来个。指挥起来一般就是这么一个形式。

为探敌情敌后潜伏"抓舌头"，战时政治工作与军事任务一致

前线作战很紧张，紧张到什么程度呢？如果你不能掌握敌人的情况，上头要是一催问，师里就感觉到闷得慌，所以我们总是想随时了解一下情况。比如像在反击391高地和381高地之前，以及45师准备进行大反击的时候，为了把敌

一切准备好，相互呼应，相互支援，对敌人实行突然打击

人的炮兵阵地摸清楚，每次都把炮兵干部、指挥干部搞到敌后去潜伏。

因为敌我阵地之间还是有间隙的，远的几百米，近的一百多米，部队潜过去以后就钻到敌人炮兵阵地附近的草丛里头，趁暗夜钻进去，白天就在那儿一动不动地潜伏，观察敌人的炮兵阵地到底设在什么地方，一搞就是一天或几天。像这样派出去的干部，师里对他们完成任务的信心当然是很足，但是还是非常关心他们白天到了什么位置？那个地方有没有出问题？假如出问题怎么办？一旦被敌人发觉，我们的炮早就准备好了，这样炮在白天就可以支援、掩护这些同志离开。像这样使用远射程炮兵进行支援的工作，有时候团一级的还指挥不了，那就得要师里来管了，所以说每一件事师里都要操心。

有时候为了了解敌情，摸透敌人的情况，我们还要摸敌哨，即在潜伏之后看好敌人的岗哨，黄昏之后，等到了规定适当的时机时就突然把敌人给捉了，这个叫"捉舌头"。像"捉舌头"这个任务比潜伏任务更具体。因为潜伏这个地方一般离敌人很近，也就是百米。那个草丛里敌人容易忽视。要"捉舌头"的话起码得去个把班才行。一个班进去时，我们要预先把炮准备好，如果夜间执行任务，我们白天就要不断地打打炮，转移敌人的方向和注意力。134团7连"捉舌头"时就去了一个班，那天晚上，他们在85团那个方向，就是柏德里敌人的阵地一下子捉了两个人。他们白天在那里潜伏，看好敌人的岗哨，到黄昏以后，在规定的时间内，也就是抓住适当时机，突然把敌人"偷摸"到了手。"捉舌头"就是为了来了解敌军情况的，那一天晚上，抓到的两个俘虏还不大听话，像美7师的一个美军，个儿很大又很不听话的，没办法只好打死，还有一个美军先是被抬着，后来是被推着，总算给他弄回来了。

志愿军战士匍匐前进，勇敢地穿越敌人的封锁

执行这个任务，不是说师里给你布置完任务就算完事了，我们在军事上是有要求的。像这个任务交给了134团7连，他们那个3营教导员就很重视，亲自当"假设兵"，站在和敌人哨位一样的那个岗位上放哨，然后部队就练习去捉他。这得硬是练到战士摸到跟前他都听不到，把他捉住了才能算成功。所以说我们的政治干部不是光动嘴皮子，还要当好"假设敌"，只有像这样练到家了才行。

执行"捉舌头"任务的时候，各个环节的配合难度比较大。担负支援任务的135团的一个副团长叫武尚志，他就亲自掌握炮，观察情况。部队潜伏，他就得时时刻刻看看前头有没有动静，如果一有动静，我们就要支援，好让我们的潜伏人员不至于吃亏。这是基层干部的责任，是基层政治干部的责任，也是师、团领导干部的责任。这个检查就不能说我命令下达了就算了，得检查到每一个成果。从4月份上阵地，我们一个师里头，从步兵、炮兵到侦察分队，到敌人后头远远近近去了几百次，基本上没有发生问题，为什么呢？这就是因为我们的工作做到了家——什么任务？谁负责？搞什么动作？怎样搞？这一点一滴都认真落实了。

上甘岭战役中，我们的炮打得那么准，也是因为我们把敌人可能增设的炮阵地的地形已经"偷摸"得差不多了，虽然地形在敌方。这个工作是军事干部的责任，也是政治干部的责任。指导员、副指导员也都是要和侦察分队或其他分队一起去参加潜伏的。炮9团8连是配属45师的，他那个指导员在上甘岭战役期间就是一天天亲自和炮兵去潜伏，他完成任务的信心、决心和办法都搞得很细致，很具体，所以他的任务就能获得成功，这就证明政治工作和军事工作都是一致的。

作为前指指挥员来讲，每天的心情既是紧张的，也是愉快的。

怎么个紧张呢？打仗这个事情虽然单纯一点，但要把仗打好，不出问题，这就需要紧张。为什么又很愉快呢？就是对完成任务，我们很有信心、很有决心，也很有办法。每一步都搞得很细致、很具体。仗打胜了，回味起来的心情就显得非常愉快！

所以我们天天处在这么一个心情中：每天一起来，敌人的炮是从早晨打到黄昏，有时晚上也打，整个阵地，炮声不断。敌人的炮火如此猛烈，这就意味着我们会有伤亡，可有了伤亡以后，就感觉到不大好交代。怎么才能避免伤亡呢？那就得费尽心思来想办法。最后办法终于想出来了，于是有那么几天，炮虽然打得很厉害，我们却没有伤亡。这样我们又感觉到心情愉快。所以每天的心情就处在紧张和愉快的交替过程中，可虽说是紧张，但却不乱，因为大家都知道，任务一级一级都有人负责。

兵团办学习班，离开战争环境心里倒不太舒服了

朝鲜的仗打得那么紧张，但是稍有空闲的时候还和国内的部队一样，部队学文化、干部学政治理论。毛主席的哲学著作不是才出版吗？我们到兵团去是兵团办了一个理论训练班，把师团干部集中起来，一个师一个头儿，和团的干部组成一个组一起学习。

15军去的是宣传部长，还有我、王新以及44师副政委朱业奎，带着这些人去学哲学。兵团也是利用这个机会使干部得到休整。干部平日在前线可以说是日夜紧张，虽然平常有个值班制度，但关键岗位可是随时都离不开人，像作战室就时常得有人在，因为不知道什么时候就打起来了，这里要保证及时掌握情况。我们的神经总是绷得很紧张的。

兵团一搞学习，就等于把我们从紧张的环境中解放出来，虽然心情放松了，但我们倒感到不太舒服了。像那个135团的副团长武尚志，大家都叫他"武和尚"，那是个"打家"，当战士时就很能打，当班长时更能打，过去就立了很多功。他是副团长，文化程度也不高，叫他去学哲学，他就牢骚满腹，感觉到："你叫我完成任务还行，叫我啃这个，怎么啃得进去呢？"但牢骚过后，又觉得换个环境还是蛮新鲜的。这个"学习不学习"的问题，对他来说倒成了比打仗还难做的工作。因为参加学习他就被弄到了兵团，兵团在后头那个山沟里，当然环境比较安静，吃的也比较好一点，睡的也安生一点，可以说除了敌人的飞机来，周围环境寂静得很，这和前线那个"热闹劲儿"大不相同。但是这些人并不习惯这种安静，他们习惯了战争环境，觉着还是在前线打得比较来劲，比较舒服。

武尚志按说算个典型。打起仗来，他是个英雄，几次大的战役里，他都打得比较好，但一提到学习，学着学着他总是走火，他总想问问他的前线战斗部队情况怎么样。你不让他问，他还觉着不大舒服，觉着离开前线，魂都没有了似的。所以85团把他的那个团换下来之后，人家就对他说："你那个团已经到后头做准备了。"他就问："我的那个团准备搞什么？"一听说是准备搞反击，他就又有点儿坐不住了。

14日、15日兵团首长告诉了上甘岭的情况以后，我们回去给他们一讲啊，他那个劲头就又来了，硬是要走。

可是武尚志这人有个特点——晕车，他平时不大坐汽车，一坐汽车就要吐。人家为了优待他，来兵团的时候是白天坐汽车，就让他坐在汽车驾驶室里，就是这样到兵团的。可那天晚上就不同了，回去是大汽车，两个政委、六

1989年，原志愿军第45师政委聂济峰（左二）、参谋长崔星（右一）、第45师133团团长孙家贵（右二）在空降兵某部上甘岭纪念馆的上甘岭沙盘前回忆往事

个团的干部——45师的三个，29师的三个。可驾驶室里头也只能坐一个，谁坐呢？后来我们推举王新坐上去了，于是武尚志就只能坐汽车里头。汽车一开，他就又吐又闹又叫："娘啊！娘啊！娘啊！"叫了一路的娘。他是汝南人，平时很爱唱的，调总是那个调，但随时还能编个新词，虽然文化程度不高，但唱得还是蛮好。包括我们学习过程中，只要有人说："和尚唱一个！"他马上就来了，情绪很高。那天晚上回到军里就不唱了，硬是叫了一路娘。大家想叫汽车停停，叫他休息一下子，他又不干，怕影响赶路，结果就是这样把他拖回去了。所以说英雄也有英雄的特点。这是我们到兵团学习的一个插曲。

还有个典型例子就是宣传干部。军里那个宣传部长钱抵千，本来他是和我们一路学习的，后来因为前线有情况，我们提前回来了，但因为那时候44师和29师西边的87团还没有动，于是就把他们留下多学了两天。当时前线打得很热闹，他总是千方百计想办法要回去，又是提意见，又是打电话，又是找兵团政治部，到哪儿都说他这个宣传工作怎么重要，前方离了他，这个戏就唱不成了。他在使用另一种劲头上前线。最后，我们这个党小组为此开了个会，还是决定让他留下，老老实实地待在这地方！正巧那天慰问团开了慰问会之后有一个会餐，因为没让他回前线，他就拼命地喝酒，他酒量也不大，但非喝不行，谁让你不让他上前线呢？结果喝了个一塌糊涂，走路讲话都颠三倒四的。

大家做那个宣传部长的工作时，我们三个政委，那是"整"他比较厉害的，说："我们都走，你也要留下，搞学习嘛，你搞宣传的不留下，那还行啊？"他就强调战时政治工作的宣传鼓动是多么重要："搞这些事儿不做动员还行啊？"我们说："难道离了你就不唱戏了？秦基伟哪个出台唱得不比你好？"因为我们来的时候，秦基伟亲自一个团一个团地去动员了，所以我们就拿大道理来压这个宣传部长钱抵千。这个同志现在昆明。

因为是集中学习，所以兵团首长尽量不把前线的消息告诉我们。但是我们知道，学的过程中38军已经开始反击了，而且由于发生了情况，暴露了些问题，这个反击比较吃力，故决定由44师紧密配合38军的反击。听到这个消息，44师的朱业奎政委就坐不住了，他开始就说要回去，这下更想着，既然要打了是不是得马上回去了。

打起仗来，前线指挥所的人都不太多。像我们45师，就是一个师长、一个政委，还有一个副参谋长。参谋长当时回国学习了。44师，就是向守志师长，他有一个参谋长，政委在兵团学习，指挥所那里人很少。所以，我们在后头学习的人，表面上来讲，不得不服从上级的决定。那时候正是毛主席的著作《矛盾论》《实践论》重新发表以后，学习两论在朝鲜还是个新事，感觉还蛮新鲜的。学起来的那一会儿，思想还比较集中。可一有间隙，脑子就开小差了，直往前线开。其实这是个普遍现象，但表现的形式很不相同。像我们，因为是带队的，所以不断地嘱咐自己："你要沉住气。"但朱业奎作为老红军，这种情绪就很容易表现出来。他的部队在那个方向展开了三个团——130团、131团，还有个87团。87团展开了一个营。这一来，前头一有个动静，对他的影响就蛮大。其实大家都是这么个心情，叫作心照不宣，但是互相都不说。

兵团对我们交代任务的时候，态度都不是那么严肃的。比如15日我和王新一起去见杜义德和王近山，还有兵团政治部主任刘宇光。去了以后，他们一见我们，首先是开玩笑："啊！昨天你们45师前头可热闹啦，你们那儿等于太阳

志愿军第15军44师师长向守志（右三），与朝鲜人民军相互交流

没有落呀！"其实就是指那夜间探照灯什么的把我们折腾了一晚上。讲完笑话才转到主题。

领导同志也是这样子的，像王近山，他比较严肃一点，但是讲到个要害问题的时候，也是很赶劲儿的。他是采取这样的谈话方式，对我们是上级对下级，但都很亲切。他给你交代个任务，讲到严酷的地方，就说："你45师一个师被打光了，但能够打垮美军两个师，也算完成了任务，也光荣！"这样讲了以后，话题就又转过来了，说："这可是想碰都碰不到的好宴席呀。"他又说，"那么多的部队都展开了，都想赴这个宴，现在到你们这个地方摆开了，'酒'啊'肉'啊是大大的有，你们看看怎么吃吧！"所以说，从上到下交代任务都不是那么严肃的。

从兵团到了军里已经是早上了，秦基伟那两个眼睛红红的，一见就开玩笑："好好好，你们是疲劳一夜，我是疲劳三夜。大家都睡觉，睡够了再说！"什么也不谈，他就睡觉去了。睡到11点多钟，把我们叫去谈话。我们想，指挥员一定是先谈前线的情况。他不，开头是谈国内的情况，接着是谈国际情况，谈着谈着就把大家的思想都转过来了，然后，他才开始谈前线的情况。

从西到东，先谈391阵地。他说："391阵地的反击打得好，现在看起来已经是把韩9师这个团给钳住了，而且美7师也叫44师拼命地钳住。现在已经抓住了一个点儿，这两个地方要拼命钳下去，想跑也不准他跑。"然后才主要讲45师的情况："哎呀，这两天我这个脑子有点儿发烧，你们的那个师长比我烧得还厉害。就想着朝鲜全线都在打胜仗，都没有丢阵地，只是45师的表面阵地叫敌人占了，于是总想一巴掌把敌人扇下去。现在这个情况，我也就冷了，可你们师里恐怕还有一点儿热，也需要冷下来。"谈到我们回来了，说："你们看我这两只眼，是不是也向我学习学习？哈哈！"因为到前边去你总是要值班，不睡觉眼总要红的。这些话穿插在谈话过程中，有的时候我们也插话。他也讲，上下指挥人员之间就是这么个谈话方式，但是任务讲得是很严肃的。

我们回去后，张蕴钰参谋长把我们叫到作战室，那里作战的时候是很有秩序的。现在翻翻那个时候的一些作战记录，确实很有味道。每天的《阵中日记》里作战的情况，包括敌情、我情的变化，每一个部队的情况、每一天的情况都记载得很清楚。所以我们还没有回到45师，只是到了军里的作战室，通过图和其他资料，就对前线一天的战场情况基本上有了个了解。军里的作战部门把哪个坑道是哪一个连的，谁负责，都记得很清楚。后方什么地方有弹药，有多少，什么时间这个弹药移动到什么地方去了，什么时间到前线，在图上都标得很详细。

那个图，你一看就能总结出经验来：第一天，敌人是31团，两个营，后来不够，又调来了韩军一个营，进攻597.9高地。炮是几点钟开始打？全线打！打到什么时候？2点钟以后到6点钟，其他地方的炮陆续就停了，而这个地方的炮声却集中了。集中的时候，军里就叫计算出这个炮弹量。

你说打了30万发炮弹，根据是什么？我们推算有两种记法：一是用黄豆计数，抓豆数数，到底打了多少发炮弹。因为炮声不停，所以就可以计算出平均数。在一秒钟内听见几响就拿出几个豆,从几点钟到几点钟之内算一个小时,计算出一个钟头的数量。当时朝鲜是10月、11月份,白天基本上是10个小时到12个小时。如果打炮,按一天10个小时计算,1个小时连前头带后头就是3万发炮弹,10个小时就是30万发。有的时候炮声还超过1秒钟6发,那也是按这种方法计算。另外,还有按响点做记录的,因为炮声不终止嘛,记点数和用黄豆计数也都是同时记录下来。这就是算敌人炮火的情况。

后来我们到了侦察部门,可是没人。以前如果想要了解俘虏的情况,就是找这个部门。这时候值班人员一看记录,说:"侦察工作走了,现在是一元化了。"那就是说,为了审俘方便,侦察部门到靠近前沿的地方去了,这样我们俘虏了敌人以后,他就能迅速来审问,以便更快地掌握情况。

军务是管实力的,仗一打响他考虑的就多了。他要给两军对阵时双方的实力做评估,以此来确定我们要放置多少实力进去才能抗衡、制胜。而从军里的这一套东西中就可以看出作战、侦察、通信、军务等方面的基本情况。军里首长我们都见了,紧张有序的是机关,机关人员工作起来很严肃。即便是战争岁月,首长们并不总是那么严严肃肃的,他们都很乐观、活泼。总之军里的事是有板有眼。

我们政治部主任车敏瞧也在,他又拉着我们讲了一大通。因为仗打起来,战时的工作就要具体化了。那时候邱少云的英雄事迹已经报到了军里,正准备给87团9连立功,他就从391高地开始讲。在朝鲜立功是先记功,等战斗间隙或战后再评功,评功以后再报,报了以后上头再审、再定。不是说一下子就记了个功、就立了个英雄。英雄都是后立的。但是像邱少云这样的英雄,车敏瞧那是抓住不放,说这是牺牲了一个守纪律的模范,一个人的牺牲避免了400人伤亡,400人伤亡和一个人伤亡的比价有多大?如果都像邱少云这样,伤亡就很小了。车敏瞧就给我们算了这个数。

后来我们也没有那么多的时间听他说了,他就把那份《快报》拿来给我们看,让我们带到前线去。那个时候的《快报》很及时,比如像44师第一天在391阵地和381阵地的战斗情况,以及45师第一天白天阻击和夜晚反击的情况,在17

日我们接到的《快报》中就登出来了。战时都拿这个标准来衡量问题,已经不是平时那些刻板地讲"原则"了。

工作上,从兵团到军里都是很有秩序,紧而不慌,忙而不乱,这是军里的特点。

我们到师里一看呢,师里的干部那就不一样了。比如我们的作战指挥所,实际就是一个作战科长或者一个作战参谋,加上个师长,经常是两个人,顶多三个人,就有一张图、一部电话机,这就是师指挥所。

我到指挥所的时候,崔建功已经是从14日晚上开始一直到15日、16日、17日,四天没怎么睡觉了。所以我就接了他的班,说:"好啊,该你老崔休息一下了。"可他休息不成。原先我们决定的是18日停他一天,这个决策军里也赞

1975年聂济峰将军(右二)与崔建功将军(右四)回老部队,在上甘岭战役沙盘前

成，我们回去以后就上下统一了。可那一天特别紧张，山腿子叫敌人占了，那么紧张的情况下弄东弄西的，老崔根本也睡不成。

  我们就研究：敌人占了这个山腿子，我们又一天没有反击，敌人就以为我们大概已经被打得差不多了，这样反而能麻痹他。所以这事儿看起来不是个坏事儿，也可能是个好事儿。17日晚上，我们两个连队就趁暗夜悄悄地隐蔽到坑道里。因为在此之前，大家一直担心这两个连白天运动会很危险，所以没有放他们走。后来研究了四天的运动规律，我们发现冲过封锁线，走直线伤亡比较大，最后确定走曲线，而且不走沟底，也不走沟上，从山坡里头过去。最终我们两个连17日晚上动身，到18日的拂晓就都进入了坑道，在坑道里潜伏了一天。

  我们高兴的是，在敌人进攻得那么厉害的情况下，我们只付出了两个人负轻伤的代价，两个连就都安全进入了坑道。这下心里就很踏实了，非常的踏实！于是，我让老崔喝喝酒，让他放松一下。我是不太喝酒的，我就对崔建功说："喝了酒你去睡个好觉吧。"可19日是个大反击，他还没有睡多久就又醒了，说："我这一觉也不过一两个钟头，在那儿眯了一下子。"这就可以看出，这一次反击，大家都是很关心啊！

  晚上大家就都开始值班了，没人睡觉。我们从17日开始，18日、19日、20日，一直到21日，五天五夜，除了在作战室迷糊一下，几乎没有入睡。可是到22日，我是饭也没吃，足足睡了18小时。大体上前线的指挥员们都是这样的情况，总之心里很高兴。

第十一章
供应不缺 硝烟中的运输线

运输队员们正冒着敌人炮火翻山越岭运送物资

"供应不缺"在战场上的作用

毛主席谈的第四条是"供应不缺"。上甘岭战役保障供应迅速及时,"供应不缺"那就是重要的战斗任务和政治任务。

过去大家之所以对战前准备顾虑很大,就是因为每次进攻,作战的保障物资都要靠人背马驮。背吃的,顶多背7天,再加上弹药,还有自己的被子,实在背不了那么多。等我们打了7天以后,就需要立即补充物资,如果补充不上,战斗力就要受到很大的影响。所以当时大家都愿意打防御作战,因为防御作战有后方保障。

1951年、1952年,敌人实施绞杀战,主要就是用飞机轰炸我们后方交通运输线,想法子把你的运输线给打掉。到了1952年,志愿军为粉碎敌人的绞杀战做了很大的努力,炸毁的路差不多都修通了。尽管敌人的飞机一直不停地轰炸,但我们也摸索出了敌人飞机的规律。敌机轰炸一般有固定的时间,只要避开那段时间,汽车运输的时间还是比较充足的。在朝鲜作战,我们的火车运输与国内不同,火车可以三列车几乎挨着走,走到天亮,就分好了路线,哪一趟火车进哪个山洞,到哪儿卸车,即便飞机轰炸,抢修出来的火车又补充上来了,所以物资运输比较充足。汽车运输的作战物资也有保障。到7月份的时候,我们的阵地也都筑建得像个样了。9月初检查战备情况,坑道里的粮食从8月份起各团经常保持3个月的储备,熟食是7天,还有其他物资也都准备得差不多。

要保证一线粮食不缺,为做好这一条,8月份起我们就开始了囤粮。那时在朝鲜粮食配给规定的有粗粮、有细粮,其中百分之几十是粗粮,如高粱米;百分之几十的是细粮。一线部队吃的粮食都是细粮。二线部队自觉吃粗粮,像

志愿军汽车运输队日夜不停地将大批物资送往前线

29师就节约了21万公斤细粮支援前线部队。所以"供应不缺"的背后显示出志愿军兄弟部队之间良好的团结氛围。我们的特等功射手、立了功的同志到师里开会,发现机关开会时吃的都是高粱米。他觉得很奇怪,实际上二线部队已经把细粮都送给一线作战部队了。

  毛主席说的"供应不缺"是制胜的一个要素。我们在战前扩大了储备。我上甘岭阵地利用坑道提前储备了粮弹。应该说,弹药储备抓得比较早,从保持定额,随打随补,进而不断加大储备。弹药是按志愿军规定的基数都储足了。从五圣山上甘岭备战命令下达,到45师准备打的时候,团和师的机动弹药数就给135团前沿阵地做了补充。当时,按志后(编者注:志愿军后勤)规定的基数,弹药都增加了几倍。打个比方,木柄手榴弹规定每个人80颗,每连按50人投弹计算是4000颗。大家懂得,防御可以有80颗,进攻我只能背那么几个。但80颗有个规定,即按连队人数的百分之五十稍多一点给你,因为机枪兵之类的兵不需要那么多颗。而实际情况就不同了,597.9高地配备的加重手榴弹到了8000颗,木柄手榴弹到了20000颗,分别提高规定基数的3至5倍,基层连队干部最爱储存手榴弹,如果没有坑道还能保证这些储存吗?从防御角度考虑,弹药储存这一条就不同往常!战前我们的弹药储备都是讲基数,但我们部队配备的一般都超过了志愿军规定的基数，有的超过3个基数；有的配备3个基数又超过3个；也有6个基数；重机枪子弹由5个基数（每个基数为1600颗）增加到10至15个基数；82炮弹规定的是5个基数（每个基数为40发），5个基数就是200发，这只是平常每门炮的基数。准备打仗，就要给他机动上去，战争开始就增加到10至15个基数，那就是1600多了，以后还达到了4800发弹药，这些都大大超过了正常的储备数量。当然，这个储备数也包括了营、团打起仗来及时机动上去的数额。

上甘岭战役，正因为储存的基数都超过了规定的数额，所以打起仗来足够的储存量就能很好地保障两个阵地的作战供应，其他阵地也可以支援这两个阵地，这样弹药储备量就不止单是这两个阵地的弹药数额了。那时打起仗来，前前后后的阵地都可以将弹药集中送到这两个阵地上。由于事先有充分的准备，加上战时的弹药也有个机动，这就保障了作战的持续性。

为什么我们打了7天，还有足够的弹药能把美军打得那么惨？45师的手榴弹、爆破杆在那7天里就都迅速集中到一线部队了。敌人进攻是从下向上打，我们则是从上往下阻击，使用爆破杆打击进攻的敌人，其威力就能充分发挥出来。手榴弹的威力也比较大。因此，虽然当时我们其他的炮火没有跟上，攻击力不行，但步兵的伴随火器仍然发挥出了相当大的攻击作用。比如14日，597.9阵地上我们的3号暗火力点，一挺重机枪一天就打了1万多发；三挺重机枪交叉射击，杀伤了敌500余人。尽管仗打得很激烈，弹药储备很快就被消耗掉，迫击炮的弹药是最早消耗完的，但我们步兵的伴随火器手榴弹还是起了作用的。

平时我们要求坑道经常要准备7天熟食，7天生粮，半月副食，半月用水。但是仗打起来以后，日夜战斗，进入坑道的人员又剧增，坑道里马上就出现了供不应求、粮弹短缺的情况，以后部队又开始采取二线突击运输，反击部队也携带上去，这都是为了保障前沿连队反复争夺阵地的需求。

这里还要说一下，只要有了阵地和坑道这一条，前线就可以保障和扩大战备物资的储存。"供应不缺"，虽然说的是物资问题，但保障作战物资的供应和储存，这里面也是有政治的因素。

志愿军后勤保障有力，各部门支援配合协调

在上甘岭战役后勤物资保障方面，各级更是重视，尤其是战役后期，后勤部门清楚地知道前线急需什么。由于战斗激烈，阵地被打成了焦土，小手榴弹的威力大大减弱。战斗中，战士们最喜欢的是从苏联搞来的"莫洛托夫"手雷。这种手雷比较轻，打得远，威力大，假如敌人要上一两个班或者一个排进攻，一个手雷打过去就可以报销大部分敌人。尽管我们都在夸赞这种手雷的作战威力，但在战役初期数量较少，因此使用时仍告诫战士们要用就要用在关键时刻，尽可能地发挥出它的威力。像45师在战役第一个阶段，都把手雷当作特别的武器。孙占元烈士最后与敌人同归于尽时，拉响的就是手雷。以后到战役第二阶段、第三阶段反击时，15军后勤军运科的段兴燮（编者注：谐音）同志就和45师共同向志愿军请示，要求为前线加配手雷。请求立即得到了批准，让他们到后方去找。

在朝鲜，一个分部只管一个军、支援一个方面。段兴燮跑遍了几个分部，搞来15000多枚手雷，5000多根爆破筒，40000多颗加重手榴弹，在作战中起了重要作用。这些手雷，开始反击的时候只用了一点，但到反击的第三阶段时就全都用上去了。从这一个事例可以看出，后方对一线的需要很了解，而且供应及时，同时各个分部都互相支援。要什么，给什么，来得很快！

炮弹更特殊，43大作战，消耗大！

上甘岭战役开始，炮弹运输也有问题。炮有自己的牵引车，但并不配备炮弹，所以炮弹运输就有问题。大炮的型号不一样，装备的炮弹也有差异。开始我们是集中送炮弹，但送来的有些炮弹与大炮型号对不上口径，白跑了路。后来战线较稳定了，运输队就把汽车组织起来，自己拉自己的炮弹，这样就解决了炮弹型号对不上的问题。运输问题也解决得比较好，第一阶段我们急需弹药，经常是出现步、炮两急的问题，为改变这种状况，大反击前我们这样处理

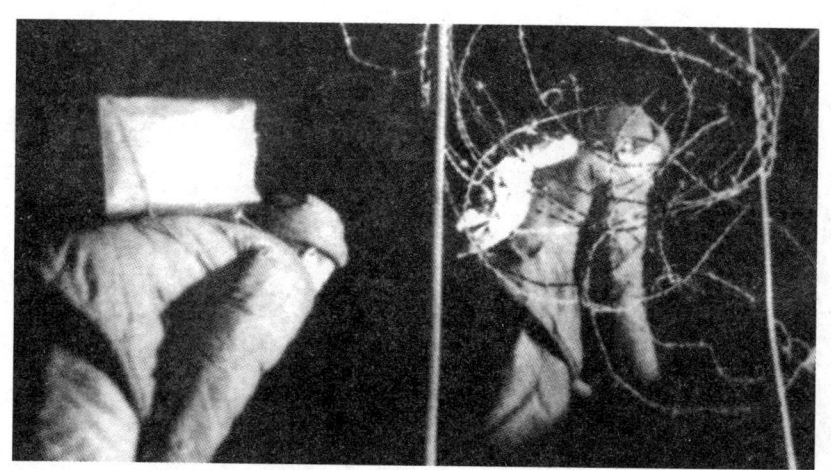

"一切为了前线,一切为了胜利",运输队伍为大反击胜利做出了重要贡献

解决:大炮炮弹由炮兵团、营自运;步枪弹药军里包运;师、团和参战部队自带弹药。前沿8公里不通车,倒运问题很突出。根据敌人火线封锁情况,我们设指挥哨,人背、马驮逐段倒运。参加运送的队伍达到了8000多人。

到了第三阶段,我们反击上阵地需要重新修建工事,急需装土的麻袋。那时597.9高地的那个"9"已经被炮火轰没了,山头最高的尖被削平了,原来的树、草都找不到了,秃秃的峰岭,没腿的浮土,整个山上的土都被炮火翻了一个遍,有的地方一米深都是虚土,捧出来沉甸甸的都是弹片,这样子的土墟,工事就很难做。针对这个情况,军里、师里就把准备运到前线的粮食全部倒在地上,腾出麻袋送到前线,以便修筑工事。所以在第三阶段反击的时候,每一个战士都要带几条空麻袋上去。不要小看这五六条麻袋,那就是修筑一个掩体不可缺少的材料,30条麻袋装上土石,就可以快速地做成一个工事。反击部队第一次就带上去了3000多条麻袋。所以说,"供应不缺"包括了吃的粮食,还有战斗中需用的各种材料,那真是要什么,就有什么。后勤想方设法地拿出3000条麻袋送到一线,为巩固阵地起了重要作用。

我们的坑道储备是以平时守备部队消耗量计算的,战时兵力增长超过平时数倍,白天紧张作战,入夜才能运送物资。刚开始进入坑道战斗阶段时,一

水，在坑道成了甘露。栗照春用战士特制的工具，凭着坚强的毅力找来了水，救活了坑道里的同志

线部队生活非常困难，不少坑道缺水，最困难有那么两三天里，坑道人员有干粮也吃不成，水果糖放到嘴里不化，饼干咽不下去，战士们在石洞壁上润舌头，很多坑道出现了喝尿的情况。为了战士能打好仗，后方动员蒸了好多馒头送到前线，送到坑道里。但馒头放放很快就发霉了，根本不能吃，而且饼干也不大好吃，后来觉得最好是送萝卜，又能解渴又能顶饿，这样苹果、萝卜都是设法送到战地，能送就一定力争送上去。虽然尽力组织抢运食品，但因运输队伤亡大，能送到坑道里的极少。

最困难的时候，像赵毛臣守的那个坑道缺水了。坑道里使用暗语，把"没有水"报告说是"缺油"，但因为坑道里做饭、烧水也都要用那种煤油炉子，而那个时候的暗语编的也不很周全，所以后头真以为坑道里缺油，就把煤油背上去了。到了坑道里才知道其实是缺水。但那时你要用暗语说"缺水了"，让敌人听到就更不行了。即使这样，后方也总是在想前线需要什么？他们还有什么？各方面都是在想着要及时送去，保障战斗部队所需要的物资。

干部战士深知这样困难的情况，因此，坑道里一个苹果11人转了5圈，只吃了一半；一壶水1个排转了3圈也没喝完。特别艰苦的是坚守537.7北山9号坑道20多天的师警工排9位同志。排长预先抢水还有点储备，由于反击时间推迟，到最后7天，排长按人定量分配，每人每天半碗水、4块饼干，他们就这样一直坚守到11月11日收复阵地。

上甘岭战役，作战部队主副食供给储备量是正常标准的一倍之多，但由于运送坑道物资受限，坑道部队遭受了极大的困难，下山抢水，采集岩石渗水，甚至以尿代饮水，这些都是真实的情况。随着战役进展，后续作战部队又不断进入坑道补充，坑道的屯兵超过了正常的两三倍，致使坑道物资消耗大量增加。战斗中，45师每日弹药的消耗量就相当于这个师战役前9月份每日消耗量的16倍。即便如此，后勤部队仍然是义无反顾地"一切为了前线"，要什么送什么，各个方面都在为战斗部队着想。因此，"供应不缺"，实属战役制胜不能忽视的因素，它有着特殊的含义，并不是我们现在所想象的有吃、有人、有弹就行了。

打起仗来还有一条，就是要求战时的支前运输任务必须及时完成。

如果战时仍按平时那样照章办事，那可是绝对不行！平常你怎么再屯集，那也是有限制的。特别像上甘岭战役这个特点，原来准备反击敌人的战术性进攻，现在一下子打成了"战役"，所以支前任务就加大了。像山炮炮弹，战时45师的炮弹全部搬上了山，五圣山上专门为炮兵储存炮弹打了坑道，另外把29师的全部炮弹也都搬上山去了，所以上甘岭战役整整消耗上万发炮弹都是靠人力搬运上去的。没有坑道是无法储存的；没有二线支援的物资更无法保证战斗的最后胜利。像第二次反击，3万发迫击炮弹要运到阵地。谁运？二线的29师85

汽车不能行进的地方，大批骡马运输队担负了转运粮弹的任务

团、86团三个步兵营连续干了3天,以后实际上又延长了1天,4天就把3万发迫击炮弹送到了一线炮阵地,保证了每门有800到1000发的炮弹。

由于从五圣山后头到前头有8公里,车不能走,只能靠人背,还要穿过敌人好几道封锁线才能过去。我们山炮8连送炮弹,包括师宣传队、卫生兵、女同志都扛炮弹上山去,师通信科长肩膀压肿了、压破了都没吭气。他们一直把炮弹送到前沿阵地。男女老少一齐上,大家将炮弹背到阵地上的劲头可大了,这就保障了反击前迫击炮弹大致上落实到600发、800发,有的还有1000发。这样我们胜利的信心就高了。没有坑道,没有准备,没有后方支援,3万发炮弹就背不上去。

31日,我们50门迫击炮整天就发射炮弹1.9万发,打击了敌人5个营猛烈的反扑,充分发挥了炮火的威力,那一天杀敌1500余人,主要战绩属于迫击炮。由此看来,战时弹药保障到位,对战役胜利起了关键的作用。这一条不能丢,战时就要按战时处理,如果仍按平时墨守成规、照章办事,那是行不通的。

我们都有深刻体会,志愿军、兵团、其他兄弟部队对打好上甘岭战役都是全力支援。在上甘岭这么个狭小地区作战,一线部队需要什么就给什么,再困难也想方设法送到前线。从兵员来讲,虽然15军的兵力有限,上面总共只拨给1000多个新兵,但为了战役胜利,全部都补进了45师。作战需要炮火支援,25日以后,兵团和15军就立即集中了各类炮火和炮兵部队,统一机动并加强了一线部队。上甘岭战役,消耗大、消耗快,

运输员匍匐前进,穿越敌人封锁线

因此运输任务十分艰巨。整个战役运送的炮弹达到了几十万发。志司又指示参战部队要储存子弹、手榴弹、迫击炮弹；粮食储备量都要做到加大基数。那时每日运送物资的汽车都达到了180多台次。送往前线的弹药和物资，志愿军上级是天天询问，分部是天天检查。什么弹药？送了多少？都开出了详细的数目。

  战役划分的三个阶段是我们自己按战役发展划分的。实际上打着打着，战场的主动权就被我们夺回来了。毕竟是打走了美7师，我们也有时间充分考虑下一步的作战方案，怎样进攻敌人？怎样反击？大反击不反则已，一反必然要反好，必然要把敌人打痛，打得他这个团翻不过身来为止！从这一方面做考虑，因此就增加了坑道战斗的时间。这不是敌人迫使我们延长了时间，而是我们自己为了反击做好准备工作，相对地延长了时间，最后定在10月30日举行大反击。只有准备好足够的弹药和兵员，才能打好这一仗，这就是上甘岭部队全体官兵的决心和信心！

  我想只要是参加上甘岭地区作战的每一个人，都会对后勤部队的全力支援有着深刻的体会，为了表达感谢，45师参战部队指战员特在战地向后勤人员发电致谢：

  "由于你们在供应上的有力保障，我们在进行如此激烈的战斗中毫无顾虑。我们深深感到，我们每一次战斗的胜利，都是与你们的支援分不开的。我们谨向后勤战线上的全体同志致以衷心的慰问和感谢。"

"一切为了前线，一切为了胜利"

  后勤方面比较热闹，主要是志愿军不仅派来了运输部队，而且还派了工兵。因为后方运输线要保障通畅，除了朝鲜人民修路，紧要三关还要靠咱们自己的工兵修路。

  后方那个运输秩序组织之好是很少见到的。战役开始秩序有些乱，后来

为保障上甘岭战役物资运输、部队机动,志愿军工兵日夜抢修道路

由于两个阵地稳固了,后方工作就逐步有秩序了。尤其是我们打掉敌人100多架飞机以后,敌机在白天也不敢那么猖狂了。等到我们反攻下597.9高地后,他的飞机就更加消极了,而这就对我们的后勤运输非常有利了,渐渐成为我们的天下!

我们说:"供应不缺是政治,火线运输靠觉悟。"

运输线有35公里,五圣山一段约8至10公里不通汽车,作战物资,全靠人背牲口驮。当时45师机关、直属分队、各团能抽出来的男女老少都参加了运输。确定19日反击,18日前就完成了5万发炮弹前送的任务。从10月14日到11月5日,光45师后勤23天运弹药就有200多万公斤,后转伤员4000多名;10月28日这一天运送弹药就有76台汽车。战时弹药消耗是惊人的,如炮弹,刚开始总是供不应求,有时打了半天就没有炮弹了。我们整个战役消耗的大炮弹有11万多发,迫击炮弹16万多发,其他炮弹也有7万多发。前线作战需要增加爆破筒、加重手榴弹和"莫洛托夫"手雷,志司、志后根据15军的申请,将每日3000枚增加到1万枚,还增发了5000个手雷。想一想这么多的弹药,那都是边打边运送上来的呀!当时,凡是进到坑道里的人员,都要带水、带萝卜,这个数量算起来也是很大的,都是运输员付出了血的代价的。"一切为了前线,一切为了胜利",我们的后勤运输队伍是过硬的,那就是做到了越艰苦越顽强,他们保障阵地部队弹到手,粮到口,为大反击胜利做出了重要贡献。

那时运输线与伤员转运是相结合着的,一般是前运弹药,后转伤员。军师多次突击组织向坑道内送饮水、送食品、送弹药和转出伤员。

战役开始时运送弹药的人员伤亡很大,在上甘岭流血牺牲的革命战士中,运输伤亡有1700余人，占整个伤亡人数的14%。45师参加人力运输就有3000多人，全战役的人力运输达到了8000多人。

在转运伤员过程中，还不可避免地会出现转送的伤员伤情加重，或是运送伤员的同志负伤的状况。因此在前线，留在坑道里临时救治的伤员数量就会多一些。常有类似的情况出现，轻伤员不下阵地，他们还坚决要求继续参加战斗，坚持说："不行，我还可以守坑道口啊。"所以轻伤员下阵地的很少！因为战况紧急，想要把重伤员搬下来需有个时机，比如我们把阵地打下来了，这就可以将重伤员运转下来。那时整日作战激烈，在一线抢救伤员或将伤员后送都是极为困难的事情。在前线，专门设有抢救人员，他们总是尽可能在第一时间将伤员从血泊里、炮火里抢回坑道，然后进行伤口紧急包扎。留在坑道里的卫生员就要克服各种困难，照顾好和护理好伤员。这就是在一线伤员的临时处理。

冒着敌人的炮火奋力抢救伤员的担架队队员

运送伤员一般是运送弹药的车将他们护送到后方救护所。根据伤员受伤部位，分别按伤情做好分类。如果车辆情况允许，又有充足的担架，驾驶员就会做好准备，铺的盖的条件都比较好一点，但这种运送伤员的方式所能带出伤员的数量很少，能带出少数几个人就很不容易了。

运送伤员的主要方式是靠朝鲜人民和我们的人组成的担架队。在伤员后转中，担架目标大，运动不便，重伤员往往要靠前运粮弹的人员背负着后转，轻伤员则组织步行下火线。

我们的担架队开始是将伤员从五圣山前运到五圣山后，再交由朝鲜担架队负责。以后朝鲜担架队运送的地方前移，直接转运，朝鲜担架队在完成上甘岭战役支前任务中发挥了很大的作用。

朝鲜人民为胜利奋勇支前

再说一说我们志愿军和朝鲜人民的关系。

朝鲜人民军驻15军联络部和当地政府都大力动员朝鲜人民支援上甘岭作战。特别是金化、淮阳7000人组成的轰不垮、炸不乱的英雄担架队，其中还有900多妇女参加转运伤员，更是鼓舞斗志。朝鲜农民把参加担架队当成很光荣的事情。山岘里青年金万培参加了担架队，不幸牺牲。他的父亲接过孩子留下的担架，继续为志愿军伤员抬担架。一次，在抢救伤员的路途上，他不幸也被敌人的炮弹打中牺牲了，家里的老母亲又走出家门，到转送站为伤员做饭。朝鲜的人民都是这样认为——"爱护志愿军就是爱护我们自己的祖国"。

从五圣山山后战地救护所、粮弹转运站到野战医院，沿途有朝鲜老大娘、儿童设立的茶水站、苹果站。朝鲜茶水站最初是为运送伤员和汽车运输人员设立的，在战争发展过程中，尤其是到了战役反击阶段，这里除了完成本职任务外，还成了宣传站和鼓动棚。朝鲜的青壮年都出去搞其他的支前工作去了，所

朝鲜阿玛妮给志愿军伤员一勺一勺地喂水喝

以茶水站这里主要是老年人和小娃娃在开办。有小孩的地方就特别热闹,最初只有水和苹果,到后来小孩们有了准备,排练了一些节目,越演越整齐,越搞越热烈。

就战争本身讲,确实打得很残酷、很激烈。但到最后,特别是战役要结束的时候,又是茶水又是苹果招待,朝鲜的歌唱得蛮好,尤其是孩子们的歌声,真正成了一路茶水一路歌声,5里、10里就会有那么一个点搞得比较热闹。

朝鲜人民的支前行动很感人!除了上面说过的茶水站、苹果站,还有朝鲜妇女组织的粮弹装卸队、伤员服务队,像支前模范史吉荣、亲切照顾伤员的"志愿军妈妈"咸在福、输鲜血救伤员的朴炳玉,以及为救志愿军伤员而牺牲的朴在根,等等。

军政治部有专门快报,有朝鲜文和中文版本,通过快报宣传战斗英雄事例和支前模范事迹,激发了我参战部队的勇气和杀敌的决心。

上甘岭有一些英雄还没有评功就宣传出去了,比如像黄继光、孙占元,还有为刘兴文报仇的龙世昌,这些英雄的事迹宣传都很具体,这其中后方的茶水站起了很大作用。另外,志愿军和朝鲜文化联络处办的战地小报也挺活跃的,这些中文、朝鲜文的战地小报,能够及时地通过茶水站、运输线路送到前线。比如像朴在根掩护伤员的事迹,因为他牺牲以后部队很快就把597.9高地收复了,所以他的事迹通过小报也很快就传到了阵地前、坑道里。

上甘岭战役之所以是胜利的战斗,这与后方运输线、转运线的出色组织,以及朝鲜人民奋勇支前是分不开的。

朝鲜人民和我们45师的关系很亲密。

在上甘岭和下甘岭中间的我方控制区,有一位老太太,已经六七十岁了,带着个小孩子。在上甘岭没有打下来以前,叫她搬家她死活都不肯搬,说是"热土难离"。上甘岭战役打响以后,炮火比较厉害,一有情况,我们的侦察部队就专门派人负责把她送到比较安全的地方。老太太岁数大了,行走不便,我们的同志不仅要搀扶老太太,还要轮流背着小孩子,从前沿她那个地堡转移到五圣山后头。

这个老太太和我们的关系非常亲,我们都叫她"阿玛妮",就是老大娘的意思。韩语里"达木墩"是"同志"的意思,但她不叫我们"达木墩",而是叫"孩子"。那时候我们连队的干部也就是20来岁,1连的指导员23岁,连长才20岁,还都是小娃娃。她就住在1连阵地前头,所以她把我们都叫"孩子",这是朝鲜话里最亲的话了。

为支援上甘岭战役,朝鲜人民自愿组成的支前担架队

正是由于他们一直坚持在这儿，所以更增加了我们部队坚守阵地的信心："你看，朝鲜的老大娘、小孩都不退，这个阵地我们还能不守？"朝鲜人民在我们阵地和敌人阵地接合部靠着我们这一方都不愿意离开，这本身也就看出朝鲜人民的坚强。另外，这些朝鲜人还不断地给我们提供一些情报。朝鲜文化联络部的同志也被派到我们前沿坑道里向敌人喊话，而且不只是在一个地点。

　　后来美40师在那儿硬是被我们打怕了，所以美国人把上甘岭反击的山头537.7叫作"狙击兵岭"。"狙击兵岭"这个地方的前沿阵地离敌人的直线距离是80米，所以即使不用喇叭喊话也能听清楚，特别是朝鲜女同志用朝鲜话喊时，韩军的心坎就松动了。刚开始喊话，他们还打打枪，他们打枪，我们就反击，但后来他们也都老实了。

　　上甘岭战役，上级表扬45师，用的是联司的名义，这就包括了中方和朝方军队以及金日成的赞许。朝鲜部队很会做工作，驻15军的那个文化联络代表就是朝鲜部队派来的，他们做了许多具体的工作。

　　那年的8月15和国庆节前后大概差一天，又是中秋又是国庆，按咱们中国老话说："每逢佳节倍思亲。"为了做好统战工作，朝鲜妇女就把月饼和酒给韩军送了去。她们说："你们好好过节吧，金日成和志愿军对你们非常关怀啊。"朝鲜同志喊了话，不久效果就出来了。8月15这一天，就像后来我们炮打金门那时的规矩一样，双方都自觉停火，不打枪了，有的时候还可以见见面。对方有个班长跑过来向我们报告情况，后来这个营的一个参谋也起义过来了。那些喊话的朝鲜姑娘，她们有功劳。5日喊话，喊过来了一个班长；8日再喊，又过来了一个参谋。投诚的两个韩军把美军将要发动"金化攻势"的情况完全说清楚了。但当时呢，对这个参谋也好、班长也好，没有引起我们足够的重视。我们判断情报有个错觉，以为韩2师主要是配合美7师作战，敌人有可能在次要方向实施佯攻以掩盖主要进攻方向。情报虚虚实实、掩掩遮遮都有可能。可战斗打起来，美7师确实选在韩2师的这两点作为他的主攻方向。后来又经过朝鲜同志再审问，证实了这个情报的真实性。当上甘岭战役从这个方向真正打起来时，军里、师里也都很快判明了敌人的主攻方向。当然，如果说我们处理得再好些，仗还会打得更好。

"你看，人家喊话喊过来的韩军，说的情况还算实在。"我们说，提供情报的朝鲜同志也立了功，他们工作很认真，喊话怎么挑时间，怎么去喊，都喊些什么内容，这都要经过她们周密地计划和安排。当然这种情况不只这一起，这就说明统战工作搞到关键点上了，朝鲜同志工作做得很细致，所以情报起了重要作用。这些朝鲜同志和我们的战士在前线共同生活、共同战斗，对部队的教育也是很深刻的。

朝鲜地方政府十分重视支前工作，从战争开始，一直做到最后，有始有终。尤其是动员7000人的担架队，陆续参加支前，对志愿军、对作战部队的鼓舞很大。在后方，以史吉荣、咸在福、朴在根为代表的上甘岭地区的朝鲜农民，不仅为志愿军抬担架、送弹药、设茶水站和休息站，还积极到医院慰问伤员、护理伤员、为伤员输血。在战斗紧张的时刻，他们为志愿军打了5万公斤木柴，烧了10万公斤木炭，送野菜、青菜、萝卜、苹果，感人的事例很多很多。

志愿军第45师政委聂济峰（左二）代表部队向朝鲜支前模范史吉荣（左一）赠送锦旗（高亚雄摄）

我们入朝是在1951年4月,在朝鲜战斗生活已经过了一年多了,曾在后方的谷山、新旭这一带也驻守过,后方的朝鲜群众对我们特别好,那时候我们与朝鲜人民的关系已经是不分彼此了。

后勤部长尤继贤"三抓"措施保障有力

再说说后勤的故事。

管后勤工作的是军里的后勤部长尤继贤。这个同志是老陕(陕西人),是从孔从洲那个部队起义过来的,也是个老同志了,开始把他放在西北民主联军第38军。后来过黄河挺进豫西的时候,有一段时间38军是和15军一路走过来的,于是就专门介绍他来15军当后勤部长。抗美援朝是尤继贤部长主动要求参加,并与部队一起来到朝鲜战场。

这个同志是个办法蛮多的人,主要是他能抓住部队真正需要的东西。只要同志们有要求,他就全力并让部队满足。他的工作有一特点,就是"三抓",很厉害!即:抓前头,抓中间,抓后头。

第一抓是抓前头,即抓弹药,他很熟悉这项工作。他的办法是从前往后抓。本来是前方的人需要弹药,他就把前方这个人紧紧抓到手里头:"到底前方需要什么弹药?加重手榴弹需要不需要?小手榴弹怎么样?"

因为搞阵地防御,加重手榴弹的杀伤力比较大,开始在阵地应用时,打击敌人起到了很大的作用,小手榴弹也起作用。但是打到后期,炮火将阵地打出了厚厚的虚土,小手榴弹打下去一爆炸,有时候的杀伤力就很小了。所以最后一研究,三种手榴弹里面,小手榴弹就不行,大手榴弹也不行,就是手雷和爆破筒最带劲。这就是他的一抓,他手下的部门就知道,前沿阵地目前急需的是爆破筒,也就是爆破杆,还有手雷。

第二是抓中间,即抓炮兵。他就从中间往前抓了。作战时,后勤部队都在后方。一听说哪个部队来了,尤其是炮兵来了,要经过军后勤的路口,他知道后,立即组织后勤人员,代表军里在路口欢迎。把部队的干部都请到他那儿去坐一番,喝上几杯,意思就是了解他们的情况:"来了多少炮啊?有多少炮弹?你们炮弹在什么地方啊?怎么把你的炮弹运来呀?"这就是他要抓的重点。

第三就是抓后头,主动过问后方一切事宜。保障15军作战的大概是2分部,另外朝鲜还有几个兵站,每个兵站都有不少分部。他就采取挂电话,还有其他办法,以了解后方哪个分部什么东西多,着重了解的是弹药,当然也了解吃穿用的,了解清楚后就派人到分部去一一落实。

本来欢迎、欢送工作应该是军政治部或者是司令部负责做的,结果让他给揽过去了。司令部命令他准备什么,只要把情况一介绍,他就根据交代的情况跟人家"吹"上一番,不过大的情况吹得还是很准的,然后再热情地招待一番,这样他的工作就做到家了。

当得知前线需要爆破杆和"莫洛托夫"手雷的时候,他就派军械科长跑遍了整个志愿军的后勤部门,在反击阶段硬是陆续搞来了7000个手雷。这是很厉害的!

谈到运炮弹,他没有那么多的车,于是就请人家吃饭,介绍情况:"你就用车自己去转运吧。这样做的好处是自己熟悉情况,可以争取时间,快一点!这个潜力可以挖,谁能发挥作用就尽可能发挥吧,一切都是为了前线嘛!"确实,战时谁能够发挥最大作用,尤部长就要挖掘这个潜力。他的后勤保障工作做得好,具体工作做得更细心更好。

因为当时整个朝鲜前线都没有打仗,就我们上甘岭这一点在打。他知道这又是志愿军直接部署的作战。仗是15军直接在前头指挥,后头兵团特别是志愿军,什么事也都管得很细,有的还经过党委、经过毛主席。这个情况他知道得很清楚,所以有什么困难,有什么问题,就直接为前线解决。这"三抓"就把后勤工作抓到点子上了。

尤继贤部长还抓了45师的后勤部长宋起峰,抓了29师的后勤部长张应学,还抓了这两个师的政委。这样一抓,他的组织指挥就展开了。

他所直接抓的人就是驻他那个地方的代表和联络员，该谁做的，他就直接联系那位领导，所以处理事情和解决问题都比较快。这样一抓，从步兵的弹药到炮兵的弹药以及其他的作战保障物资都能很好地落实到位。

　　尤部长抓"吃"更厉害，从朝鲜一直抓到国内。由于上甘岭战役第一阶段十分艰苦，他就首先在军的范围内抓。开始他试验蒸馒头，45师作战任务重，没有条件，他就动员29师和其他部队蒸馒头，蒸好了就往坑道里送。坑道里有那么多的队伍，将馒头送到阵地，有的阵地却送不进去，即使送进去，时间长了馒头也酸了。

　　馒头不行，饼干也不行，试验的结果最好就是给前沿阵地送萝卜。他先就地在军里的其他单位找，发现谁有萝卜就收起来。后来在朝鲜收，最后还收到了国内，一共收了几万斤萝卜。当然真正能送到坑道里的并没有那么多，但确实解决了整个部队吃菜问题。

　　他还组织收苹果。他仗着硬牌子"一切为前线"，就给文化联络部说，坑道里志愿军的生活如何如何的艰苦，他这一动员可了不得，本来朝鲜也出苹果，到了10月份也是苹果成熟的季节，这样一下子就收到了国内和朝鲜各个部队送来的大量苹果和萝卜。虽然当时前方打得很艰苦，但后方已经为他们准备了好多好东西。

　　原来我们部队吃高粱米，一打起仗来就不再吃这些粗粮了，大米、白面，还有后来叫"富强粉"的面粉，以及罐头、蔬菜，凡是好的，都设法送到前线。后勤工作经过他一抓，前线部队和准备上前线部队的生活就有了改善。那个生活保障、物资保障呀，从第二阶段以后到大反击这一阶段，那才是我们入朝作战的最好时期。要酒有酒，要肉有肉，要菜有菜，还有水果吃。那不是天天过年？！那么多的苹果，坑道里头要不了多少，主要的还是后头吃了。

　　第三个保障原本是军政治部的工作，像联络部负责的朝鲜人民支前等，尤部长把这一套连同救护工作都接了过去。除了检查45师战场救护有些什么问题，还把全军他这个范围里的29师、44师等单位都一一检查了，甚至把手还"伸"到了12军。

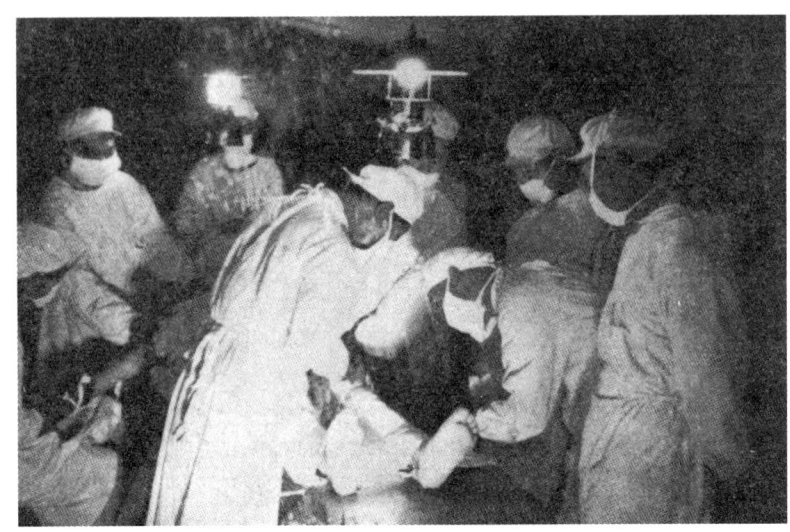
距前沿不远的坑道里设立了急救所,伤员在这里得到及时的治疗

那个时候大家需要的就是操刀技术比较强的医生。谁手术动得比较好,他就把谁分配到前沿下面的第一个抢救站做好抢救、动好手术。沿途的抢救站里都放了几把好"刀",所以抢救伤员的工作搞得很有次序。还有一个就是药品。朝鲜的药品保障本来就比较好,再经他一抓,救治就做得更好了。卫生战线经他一抓,从前到后都是井然有序。

运输上,他着重表扬文化联络部。他抓的典型就很具体了。像咸在福老妈妈连着几天没睡觉,硬是洗了几百件血衣,是那时候出现的朝鲜人民支前的模范典型,还有朝鲜妇女排队给志愿军输血,以及沿途的转运站,像苹果站、茶水站,这些感人的典型事件都被他牢牢抓住了。

他把这些典型事例做了大力宣扬,见了军长给军长讲,见了机关给机关讲,一下子又和政治部配合得很紧密,联系搞得很好。特别是与联络部,以后又与金华郡和淮阳郡的地方领导连接到了一起,他们与朝鲜群众关系很好,任何工作都能展开。还有郡下面的若干个层面,就相当于咱们的区,把群众都联合起来,一下子把朝鲜群众支前运动发动到了空前的程度。

比如:梅桧里女性同盟的三个同志,把装卸任务包干到底,炮弹到了,她们就卸，卸了以后，为防止敌人飞机轰炸，先把炮弹运输到防空洞里，等汽车去了以后再装车，就这样，三个女性同盟在最紧张的时候把这个任务连续地干了下来。

修路的工程是点面结合的。因为沿路的桥梁没那么多，他从志愿军要了工兵，专门负责大工程，抢修炮弹打得最厉害、最危险、工作最艰难的公路。沿途的路就组织朝鲜妇女负责修，只要炮弹一打，这些朝鲜妇女就到位，她们头顶箩筐，一筐土、一筐土地搬运到工地。可不要小看这蚂蚁式的动作，保证公路畅通全靠这个了。所以在战役发展过程中，涌现出的先进事迹、模范人物层出不穷，有名的朝鲜支前英雄，像朴在根、咸在福、史吉荣，还有梅栒里女性同盟，等等，这都是后勤工作宣传的英模材料。开展宣传工作，尤部长把师政治部，甚至军宣传部弄去了一些人。只要是他的宣传工作一铺开，司令部支援司令部的干部；政治部也就支援政治部的干部。所以他做的宣传工作很周到。

从后勤工作来讲，尤继贤是立了一功。当然担任师以上干部就不会给予立功的名额了，但实际功劳是不小的！上甘岭战役后勤好多的小故事都与尤部长挂着钩呢！后来他被调到后勤学院，专门搞上甘岭战役的情况介绍，还写了专题《上甘岭战役后勤工作经验》，这篇文章写得很好。

正因为这样细致的工作，战时什么问题都能比较好地解决。像在反击阶段，怎样才能保住阵地，前沿部队修筑工事需要麻袋，他一听："好，要多少？"马上把高粱米什么的粮食一一倒在地上，麻袋就送上去了。所以说保障打胜仗，后勤就是前勤。这个尤继贤部长最有经验。

上甘岭开头歼灭美7师时，为什么打得敌人那么苦？那就是我们的部队在7月份的时候就开始了囤粮、囤弹，囤了3个月。朝鲜8、9月份就到雨季了，路常常被洪水冲断，因此3个月以前他的工作就提前做上去了。在他的督促下，军后勤、师后勤、团后勤，发挥了很大的创造性。例如，屯集弹药：按志愿军囤弹药的基数标准来讲，我们所屯集的弹药都超过了2个、3个，甚至10个基数。因为我们这个仗是限制在两点上打，临打仗时，他又把其他点的物资运输到主阵地上，这个仗能连续打几天，和后勤的努力大有关系。再有保障生活方面：134

团在平时就建立了自己的挂面厂。阵地防御中,他们将制成的挂面直接送上阵地。各个团也都有自己的各种加工厂,还是很像样的。打起仗来,我们的挂面送进了坑道,有一些病号都吃上了自己制作的挂面。

正因为尤部长的工作做好了,他注重从军后勤入手,督促师后勤,师后勤又与团后勤保持着联系,一级一级地抓,那个创造性就很大了!

后勤,我想尤继贤同志可以作为一个代表。当然还有45师后勤部宋起峰这些同志。我们后勤的干部资历都比较老,像45师后勤部的部长,他就是个老红军,29师的后勤部长也是老红军。他们当后勤部长这么多年,都说在上甘岭战役后期当的这个后勤部长,那才是最痛快、最带劲的部长啊!仗虽然艰苦,但一切为前线,想啥来啥,要啥有啥,到处都是井然有序,那才是真正的后勤部长!

当后勤部长,记住尤继贤等老同志的经验——就怕你没有很好地做调查,只要调查到位了,问题都能解决得很及时。

后勤就是这样啊!

第十二章
炮火猛烈和射击准确

功勋火炮"喀秋莎"战场狂飙,威震敌胆

资料参考

上甘岭战役志愿军炮兵作战纪实

到10月初，敌人的准备工作基本就绪，炮兵部队也进入了阵地。按美军惯例，进入阵地的各种火炮采取了多线、重点、纵深的配备原则。一线为60炮、81炮、无后坐力炮和抵近的坦克炮，距离我前沿1000米以内，甚至300—400米。二线为机关炮和部分105毫米轻榴弹炮，并以单炮抵近射击，距我前沿2000—3000米。战役后期敌人则大量使用T—38型多管火箭炮。三线为105毫米和155毫米榴弹炮，距我前沿3000—5000米。四线为155毫米和203毫米榴弹炮以及155毫米加农炮，距我前沿6000—8000米。炮兵阵地以营为群配置，营采取后三角分散配置；连阵地集中，多采取一线式或梯次配置。

10月28日，志愿军第15军炮兵部队召开作战会议，组成了第45师炮兵前方指挥所，共辖7个炮兵群：第1群配属炮2师30团两个连，有美式155毫米榴弹炮8门；第2群配属炮28团两个连，有日式150毫米榴弹炮8门；第3群配属炮7师3营苏式122毫米榴弹炮9门；第4群配属军属炮9团3营日式38野炮11门；第5群配属师山炮营，有山炮8门；第6群配属高炮35营及601团37高炮4门和85高炮3门；炮209团火箭炮24门为机动炮群。以上火炮，除火箭炮、高炮由师炮指直接掌握指挥外，其余全部配属给担任反击任务的三个步兵团直接指挥。

（节选自李鹏：《上甘岭战役志愿军炮兵作战纪实》，载《兵器知识》2004年第12期，第80—86页）

高炮威震，美军飞行员哀叹"金化以北的天空可怕极了"

毛主席讲的"炮火猛烈"，就是说"炮火的猛烈和射击的准确实为制胜要素"。上甘岭战役讲这个步炮联合作战，炮兵互相支援作战，确实是战役制胜的要素。毛主席在批评唯武器论、机械论时指出，不但要看到武器作用，而且要看人力作用。武器是战争中的重要因素，但不是决定因素，决定因素是人而不是物。上甘岭炮战，我们的炮兵打得那是很有特色的！

在朝鲜战场，敌人掌握着制空权，我们炮兵上去以后，敌人的火炮除了将成万吨钢铁一股脑儿地撂在上甘岭一线阵地外，重点打击还有两处：一个是我们的炮兵阵地，另一个是我们的指挥所。当然，我们的指挥所都是隐蔽在坑道里，但炮兵阵地的火炮多是随后机动陆续加强上来的，因此一般都是采用临时构筑的炮兵阵地。坑道工事炮射口的位置多半在向敌的山坡上，射口大，又不易伪装，故暴露比较多，一旦敌机发现炮兵阵地，马上就会联系他们的飞机结合着火炮联合攻击，这样就使得我们的炮阵地面临十分严峻的考验。所以高炮的任务除了掩护指挥所、交通运输之外，主要还是负责掩护炮兵阵地。

当时炮35营是配属45师的，他们配备的是37高炮。炮兵最讨厌的就是敌人的炮兵校正机，我们37高炮射程短，打不着它，它就像蚊子一样整天在空中"嗡、嗡、嗡"地干扰。有时候我们开炮，它的翅膀那么动弹一下，"嗡"的一声仍在天上捣乱。如被它发现目标，几分钟就能将敌人的飞机呼之而来，并指挥着他们的炮火攻击我们的阵地。敌人的火炮射程比较远，若打不准的话，炮兵校正机还可以在空中继续为火炮纠正射击目标。它们几乎天天在头顶上盘旋，如何解决它们是件令人头痛的问题。

上甘岭战役还未打响之前，敌人的炮兵校正机每天都从早到晚不间断地飞来飞去。10月14日上甘岭战役一打响，天上飞的美军炮兵校正机那就不只是一架了,一架接着一架从早到晚一直在空中鼓捣着,不时发出刺耳的声音,除指挥敌炮轰击我阵地,还不时放出大片烟雾,掩护敌军冲击,很讨厌!后来,炮35营他们就想办法对付它。

我们口径37毫米的高炮打不到它,炮兵就采用了高炮"搬家法",将37高炮拆开,从山沟里一直将高炮的部件搬到了高山顶上,选择那里做炮阵地。这样就使37火炮的射程一下子增加了几百米。16日、17日两天,炮兵一下子打掉美军2架炮兵校正机。打掉了炮兵校正机就等于打瞎了敌人的眼睛,炮没有眼睛,炮弹的威力就小多了。接着,其他高炮都向35营学习经验,炮兵阵地周围的37高炮也都搬上了山头。我们的高射炮兵就是这样在装备落后于美军的不利条件下,想方设法、群策群力,集中了群众的智慧,打好了这个仗。

为了发挥高炮的战术技术之长,对付敌人的制空权,我们还组成了高、中、低三层密集的火力网。高炮卸开被抬上山,增加了射距和射界。我们的炮打落敌人炮兵校正机4架以后,敌人校正机不敢再飞来我阵地上空了。

飞机轰炸总要俯冲吧,我们最高层火力是后上来的85高炮,中层火力有山上的37高炮,低层火力有高射机关枪,打起来就像"空中狙击手"。像这个打法,敌人根本没有料到。有一次,一架敌人炮兵校正机飞得很高,小口径高炮打不着它,但山顶上还有我们的大口径高射炮,我们的炮兵瞄得准准的,一下子就把敌人的炮兵校正机打下来了。想起刚开始,敌人的炮兵校正机那么张狂,它们"查户口""钻山沟",飞来飞去不可一世,到后

高射机枪对准空中敌机

来我们的炮兵真痛打了它们，它们也就不敢轻易在金化以北的天空飞了。

战役第一、第二阶段，高炮充分地发挥了威力。自从那2架敌人的炮兵校正机被打掉以后，17日、18日我们的炮又打掉了敌人对我们威胁最大的炮阵地，摧毁敌人榴弹炮21门。到19日、20日以后，尽管我们没有飞机，但也扼制了敌机疯狂的攻击态势，他们在空中轰炸的盲目性就比以往大多了，我们的炮也减少了损失。天上的炮兵校正机基本上消失了，其他飞机也不敢轻易在我们阵地上盘旋了。整个战役，我们打掉了4架炮兵校正机。战场局势在逐渐改变，主动权牢牢地把握在我们炮兵手中。

步兵对85炮也很熟悉，这种高炮只要有炮弹，它就能发挥巨大的威力。

那时15军高炮先前采取了把小炮拆开搬到山上，然后组成高中低三层火网的这个办法，取得的战果蛮大。志司专门发报表扬了我们那个高炮营。85高炮上阵地稍晚些，而此时敌机正吃了37高炮的亏，没料到山头上还有高射炮！但它又找不到炮阵地，还以为是85高炮打的它，于是寻找时机前来报复。敌机害怕被击落，不敢低飞，高飞高打，投掷炸弹，虽然打不准，也自以为是给了点颜色看看。敌机找不到37小炮，却恰巧发现了85高炮一点目标，所以85高炮一上来便替37小炮吃了这个亏。当然85高炮也打下了不少敌机，但那次的战果还是算别人的，所以85高炮蛮有意见，气还不小。当然这个气也不该向步兵发呀，步兵对他们也有意见呢！

我们的步兵对他们说："你这个大家伙掩护了谁呢？你应该是叫飞机怕你嘛，结果没有战果不说，倒弄得叫飞机打了你们。"

所以从这以后，85高炮部队就虚心学习，找到37高炮部队取经。37高炮部队的经验就是抬炮上山。85高炮部队还打破规律，专门找敌人飞机可能的进入线，在敌机意想不到的地方打。这对于高炮来讲就有点"打游击"的味道了，就是采用出其不意的战法掩护我们的炮阵地和交通线以及后方。高炮架在山上，形成了严密的防控火网，沿途还增设了防空警报勤务，构筑了防空洞、车辆掩蔽部，这样很好地保障了昼夜的安全运输。85炮采取这种游动的办法，取得了很好的战果。

高射炮兵警惕地守卫着上甘岭上空

高射炮兵第35营2连2班战士击中了敌机

被志愿军炮兵击落的美军飞机残骸

高炮对空掩护起到了极好的作用。敌机逐渐害怕我们高炮对空射击,而放弃低飞俯冲,投弹准确性大大降低。我军炮兵在高炮掩护下也保证了地面炮兵的安全,地面炮兵压制敌人炮火,又保障了高炮的安全,这样就更大地发挥了炮火的作用,我们的交通线也能日夜不停地向前线供应物资。仅从10月14日到11月15日33天共击落击伤敌机208架,平均每天6架左右。击落的敌机一般都落在了我们这一边的防线以内。为此,当年美联社曾报道一名美军飞行员飞回机场时的情景,说他一跳下飞机的第一句话就是——"金化以北的天空可怕极了!"

我们使用炮火就是要想办法力争压制住敌人的优势火力。炮兵在装备落后的不利条件下,斗智斗勇,他们将野炮、山炮抬上山顶,这是炮兵在火炮战术应用方面的一大发明。上山视野开阔,增加射程,能持久作战,也弥补了我们大炮口径小、效力减低的缺点。大炮推前后,我们能以突然、快速、准确、猛烈的火力对敌人炮阵地进行集中射击,摧毁或沉重打击对我们威胁最大的敌人炮阵地,打完之后,炮还能马上转移。

炮兵还发明了打"游动炮"。像2团的炮,他们叫"游动炮",得到任务后,摸准敌人威胁我军最大的炮兵阵地,根据地形到前沿选好阵地,不打则已,一打就把敌人炮阵地狠揍一顿,让敌人傻眼。敌人的炮阵地开始往后收缩。以后敌人不敢轻易攻打我们的炮兵阵地,于是转头欺负我们后方的运输线。我们的高炮也采取打"游动炮"的方式,估计敌人可能在这儿捣乱,事先做足准备,抓住了机会就可以打落它几架飞机。所以这个仗打到后来是越打越有味道。你飞来我就揍你！我们基本可以判断敌军今天要搞什么，然后高炮就能想法子整你两架下来。我们的炮兵在战斗中自然而然地形成了相互比赛、传递经验的局面，大家憋足了劲头，战果报得也特别快。这些战例都是在没有条件的情况下，想方设法创造出来的。

机动灵活的战术"以我之中击敌之下，以我之上击敌之中"

我们的炮兵在战役中注重群策群力，在劣势中争取优势。

当时在朝鲜，我们主要有两个炮兵师，一个是炮2师，一个是炮7师。这两个师都支援了上甘岭作战。那时候志司除了支援其他地方的战术反击作战以外，朝鲜战场上所有能集中的炮都集中到上甘岭这个阵地来了，光部队番号就是10个炮兵团呢！像60军虽然调到别处去了，但配合部队作战的76.2野炮调到了上甘岭来，而且他们自始至终参加了战斗，是打到底的。

炮兵里比较热闹的是76.2毫米野炮。60军两个营的76.2毫米野炮，编属为军直炮团。60军换防的时候，志司就把这个炮团调来支援上甘岭战役。他们来得比较早，就在我们指挥所附近的公路边修筑了一个炮阵地。

76.2毫米野炮打得速度快，打坦克、打平射目标都是比较好的，当然也可作为一般野炮使用，虽然速度快，但威力比起一般野炮要逊一点。可是战场上步兵要炮的时候讲究速度，其他炮有的要人工装填，速度就慢一点，但这个炮因为比较轻巧，打得快，所以在战斗中就等于机关枪的打法，"嗵嗵嗵嗵嗵"几发就出去了，它就可以起到这个作用！

我们的炮里还有105炮、150炮和155炮，我们在后面听到前面炮弹的爆破点，当炮弹急速发射时，连续发出的爆炸声响就像过年时的鞭炮组合，而76.2野炮在这些炮的声音里就算是一个填空子的。它发出的声音较小，听得更清晰的则是大炮"轰轰隆隆"的震响。76.2野炮威力比较小一点，所以我们一般给

76.2毫米野炮占领发射阵地

炮兵赋予任务的时候,安排它的机会也就少一些,这样炮兵就有意见,尤其是在紧要关头没有派任务,他们不服气也不满意。为了能争取更多机会执行任务,这些炮兵也倾心钻研,他们认为这种炮要论破坏性效果是差一些,一个碉堡打上一发根本起不了完全破坏的作用;打坦克呢,敌人的坦克在上甘岭战役基本不敢使用;把这个炮分散使用吧,距离远了以后威力会更小。之后他们反复研究,最终认为:"我们这个炮可以和前沿82炮结合起来打,以发挥最大的作用。"实际上76.2野炮优点是来得很快,假如突然发现了射击目标,它可以先锁定目标,随后与82野炮联合作战,发挥优势,摧毁目标。

原来说的"敲锣鼓",76.2野炮算是个锣鼓点儿,起个"叮叮当当"的作用,但这种野炮如果与82炮共同来打,既能节省弹药(战役初始82炮的炮弹供应比较少),也能起到消灭敌人有生力量的作用,效果自然就会更好些。76.2野炮的炮兵在战场上千方百计地钻研,设计出灵活的战法,比如对付敌人反扑过程,或是对付敌人集结冲锋,以及敌人集结阵地,若有82炮支持,轻炮可以重点攻击前沿阵地的目标,76.2炮可以打击纵深,压制敌人炮兵阵地。类似这些打法应用在战场上,其效果也确实证实了火炮相互间配合起到了相当大的震慑敌人的作用。

炮中的76.2野炮,在这次战役过程中需要冲锋陷阵,情况比较少,但战士是想方设法地钻研怎么和前沿步兵配合好。因为它在炮兵建制里头是新炮,不像其他的炮能起那么大的作用,有的时候就容易把它忘掉,但是它的炮弹比较多,所以就试着用它杀伤敌人的步兵和保障部队,结果发现作用还是相当大的,而且我们在试它的时候也注意尽量地节约,有了炮弹也不能浪费呀!

虽然我们打的炮与弹药屯集的数量比敌人少,敌人打了190万发,我们才打

10多万发,加上82炮弹和其他的炮弹,总数合起来也只不过是41万多发,但是我们的炮在攻击敌人步兵和与敌人炮战等方面都尽可能做到了合理使用,发挥特长,把不同炮组成前后远近不同的组合,赋予各炮群不同任务,大大发挥了各种火炮的威力。

美国的大炮中,最难对付的就是他最大的火炮24榴(以下称作203榴弹炮)。他们这个炮阵地在锄业里,离我们很远,与上甘岭隔着两个山头还有20多公里,我们的炮即使推到前面也打不到它。敌人这种炮主要是用于远射破坏,像对我们两个山头阵地实施炮击的时候就用上了它。对于前沿阵地的坑道,飞机轰炸起不到更大的威胁作用,而表面阵地就放在那里,也就是那个样子了,敌人想炸就炸。但他的炮,特别是203榴弹炮对我们还是有很大威胁的。

敌人除了炮击我们两个阵地以外,还炮击我们的炮兵阵地和指挥所。203榴弹炮虽然距离我们较远些,但我们对它也存有疑虑,敌人飞机投到两个阵地的重磅炸弹是上千颗,但使用203榴弹炮这种炸弹的数目却是上万颗!那一颗炮

美军大口径榴弹炮

弹打出去就相等于一颗飞机炸弹，甚至超过飞机炸弹。飞机投掷的弹药也不过是二三百磅，最多达一千磅，但203榴弹炮炮弹的力量更大。14日、15日那两天反击，他炮火也准备，飞机也轰炸，空中相当热闹，敌炮发射弹药居然能让自己的飞机在俯冲轰炸之时，触及飞来的203榴弹炮密集弹药，当即空中开花。自己的炮把自己的飞机打掉。弹道都有一定的高度，203榴弹炮的炮弹的弹药倾泻密度集中，且炮口的口径又很大，飞机俯冲下来就很有可能碰上自己的炮弹。我亲眼看见的就有1架，但肯定不止1架。

敌人的203榴弹炮不放炮是不可能的，但这个问题该怎么应对？

我们的炮兵也在积极地想办法，为了打掉敌炮的威胁，我们先端下对我们阵地威胁最大的韩2师炮群。从地形看，侧面的东边是从北向南，我们连续打掉他五六个炮群阵地，解除了敌人对我们炮阵地的威胁，这样也就极大减弱韩2师的战斗威力。当然，韩军损失了那么多炮，随后又立即补充一些炮，继续加强他的火力。

我们的炮主要是打在金化西南的城柱岘、城柱洞，还有个山。城柱岘在597.9阵地，也就是在金化的西南，这地方有敌人一个155炮的阵地。155炮在美军来讲也是大口径的炮了。其前面还有敌105炮阵地。打韩2师阵地的时候，我们在西，韩2师在东，射程比较近，但有的还是打不到，后来经过炮兵的讨论商议，决定实施所谓"大炮推前"的策略，先挑选好阵地，直接把炮推到五圣山后，甚至于向前推了又推。

我们那个时候还没有155加农炮，于是就规定尽可能地往前打，能打多远就打多远。结果我们大炮前推以后，打到这个城柱岘、城柱洞，翻过那座山去，当然要按距离来讲离锄业里恐怕还有二三公里远，但就这个距离也令203榴恐惧了！两次炮战把城柱岘和金化附近敌人的四五个炮阵地给打掉了，我们摧毁了敌十五六门炮，虽然摧毁的程度不像对韩2师的那么厉害，但是美军也恐惧，特别是他们在城柱岘155弹炮加农炮的阵地往后一收，直接影响到敌人后面锄业里的203榴弹炮，于是203榴弹炮也从前沿阵地后撤了。这一退，解除了对我们的威胁。后来尽管敌人又不断补充了大炮，但毕竟还是减弱了他的作战力量。

我们炮击敌阵，都尽可能地拼命去打，其实我们有的是真打，有的也只是吓唬吓唬他们，总之炮兵是想了很多的办法震慑敌人。

迫击炮是大家感兴趣的，15军的迫击炮用起来得心应手，打起来可厉害了。我们有20门迫击炮在菊亭南边，距前沿1000米，18门在448高地，距前沿800米到1200米。这些迫击炮专打我阵前150米死角集结之敌，以支援步兵的反冲锋。战士们主动观察，积极支援，炮火重点打击200米之外的敌人，压制他们的化学炮。一线、二线配合前线，三层观察。步炮共同组织强有力的观察所，由步兵一位副团长和炮群长负责。31日，135团7连坚守阵地，午后敌人一个营进攻，我们的干部在石缝观察后，准确报告，炮火急袭，将大部敌人歼灭，守住了阵地。

我们的迫击炮选址筑建阵地很有特点，即使整个部队伤亡很大，但炮阵地几乎没有伤亡。特别是133团、134团和135团的迫击炮阵地，除了134团有2门迫击炮在飞机轰炸中被打坏外，其他的炮没有损失。为什么能做到这个样子呢？这是因为我们的炮阵地挑选位置特别巧妙，鉴于迫击炮发射有个曲射的特点，炮兵就将阵地选择在自然山的山沟前面。敌人的炮压制我们时，炮弹一打就会落在沟里爆炸，再往后头一打，就打到山上去了。迫击炮打曲射，完全是可以这样搞的。这样两个炮连就可以充分发挥威力了。当时我们的82迫击炮的威力特别大！除了运输炮弹路途上，我们的人有被敌人打伤之外，迫击炮阵地打了那么久都没有伤亡，这就打得很有特色了！我们几个迫击炮阵地群几乎都有这个共同特点。

炮兵为减少火炮损失，有效地保存自己，除加强工事、伪装和设置假阵地假目标外，还经常变换阵地，迷惑敌人和摆脱敌人的炮火压制。以45师作例子，40门迫击炮（其中化学迫击炮3门），炮阵地都做了掩盖和伪装，迫击炮打下来以后损坏了6门，其中2门是敌机炸坏的，我们自己打坏了3门，还有1门是被敌炮打坏的，其他的炮基本上都坚持到了全部收复阵地为止。那时45师步兵下来，迫击炮不下阵地，通信兵不下阵地，坑道里不下阵地，因为他们对作战比较熟悉。难怪美国通讯社报道说，联军"在击毁中国大炮方面也是没有效力的……中国炮兵工事筑得很巧妙，很难发现，更难打中"。

这期间我们的炮也有损失，连续作战，火炮器材耗损很大，火炮打坏了就直接在火线上修理，在阵地上炮兵有各种炮的抢修小组。好多炮都是在阵地上拆了修，修了拆，最后等炮弹打得差不多的时候，炮也打得差不多了。有的时候2门炮重新修理整合成1门。特别是前沿阵地的炮9团，当时他们使用的还是日本的38野炮，开始有8门，打到中间，变成了4门，后来又修理成2门，打到最后实在是不能再打了，只剩下了1门。这1门日本38野炮至今仍放在军事博物馆里展览着呢！我们的炮弹和大炮都是打到了最后1秒钟，打得不能再打了，就是这样打过来的！

战役一开始，敌我炮兵火力悬殊，整个战役都是有差距的。从数量、口径、射程对比看，敌人的炮是"多、大、远"，就是大炮多、口径大、射程远；相反我们老炮居多数，炮是"少、小、近"，就是数量少、口径小、射程近。克拉克自己也讲，从105到203口径，有280门。其他的还不算。我们给他算，各种大口径炮加起来是324门。这可能计算得少些，炮兵对此还有意见呢！战役第一阶段，我山、野、榴弹炮66门，敌我对比是6∶1；战役第三阶段增加到133门，敌我对比仍是3∶1；敌人小口径炮有1241门，我们才有359门，以展开部队计算是3∶1。敌人消耗炮弹190余万发，我们发射35万余发（含24万多发82以下口径炮弹），比例是5.4∶1。当时，我们炮兵射程近，打不到对我威胁很大的敌炮阵地，高射炮射距也不够。虽然我们的装备不如敌人，炮也比较老，但是我们的炮也确实把敌人的炮压制住了。

利用五圣山顶良好的观察所，我们的炮兵指挥得法，弹药也越来越多，特别在大反击阶段很有保证。炮兵采取了一些战术，比如"大炮推前"，这样就把原本的优劣态势改变了。大炮本来就不一定要那么靠前，但我们的炮都上了山。597.9高地后头有个叫菊亭岘的南山，距离597.9高地400米的样子，上山后距离就很近，那个炮就当一个重机枪来使唤了。所以两次比较大的炮战，就摧毁了敌人50多门炮，整个战役一共打掉敌人61门大炮，而我们炮的损失就小得多了。战役开始，我炮兵只能做到在一定时刻内以火力压制敌人，后来逐步做到在各个关键时刻都能压制敌人。炮兵顽强作战,斗智斗勇,取得重大战果。战役中,杀伤的敌人,一半是炮兵的功劳。

在战役中,我们的炮兵相互支援,相互合作,战术相当灵活。高射炮让敌机不敢低空肆意活动,就使我们的运输线保持畅通,保证弹药和作战物资的运送;小口径高炮发射阵地安置在山上,让敌人炮兵校正机不能轻易接近我们的前沿,就能保障地面炮兵的安全;地面炮兵压制敌人火炮,或当敌人炮兵压制我高射炮阵地

高射炮让敌机不敢肆意活动,使我们运输线路保持通畅,日夜不停地把弹药送到前沿

时,地面炮兵很快就会压制住敌人火炮,使高射炮得到安全。因此,我们的高炮损失很小,这就大大打击了敌炮兵的疯狂气焰。我们火炮打落了敌机100多架,就整个战役算的话,连打落带打伤是300架。所以这个仗是越打越有味道。

从上甘岭作战来看,炮火猛准是作战制胜要素,这一条大家体会得比较深。但为什么我们的大炮"少、小、近",却战胜了"多、大、远"呢?炮兵总结了一条经验,以后我们才知道他们作战的秘密了。那就是在劣势中争取优势。他们说:"以我之中击敌之下,以我之上击敌之中。"比如我们大的远射程的炮,想法创造条件,把敌中等的炮揍下去,我们中等的炮揍他比较差的炮。还有一条,敌人说12公里你打不到,但我可以吓唬你,把我们射程比较远的推到前面,揍敌人一家伙,他就害怕了。因为"大家伙"比较"娇",炮越大越

"娇"。因此，无论打敌步兵、炮兵，主要功能还要靠指挥员机动灵活的指挥部署。所以说，我们的炮兵是在与敌人斗勇、斗智中取得了重大战果的。

通信保障有力，让炮兵打得更猛更准更狠

上甘岭战役中，步炮协同作战，密切配合，这与通信联络畅通无阻是分不开的。

通信分两类：一个是有线通信，还有一个是无线通信。

炮和通信是结合着的。有线电是很管用的，发挥了很大作用。战役开始阶段，我们的通信电线常常被炮火炸断。像第一天135团1营指挥所到他们1连的电话线就被炸断了。当时负责检修线路的是1营通信班的副班长牛保才，他冒着炮火冲上阵地，最后找到电话线的时候才发现，两侧断头实在没有办法拧起来，这时炮弹又炸伤了牛保才的腿和手，整个身体被巨大的气浪掀动着，最后他干脆把两端断头的线路用牙齿咬着又用手拉着，以自己的身体接通了电话线，保证了团里最后下达的战斗命令。我们的战士牺牲了还在尽职，这就是通信队伍里的英雄，像这样的通信英雄还有不少，包括步兵的和炮兵的。

炮兵作战必须要靠通信，这其中就有通信保障的问题。牛保才那样的战士就是为了保障炮火攻击命令下达而立功的，这样的英雄立一等功、特等功的也有几位，炮2师和炮7师各有一位，他们都是在关键时刻保障了部队通信联络。炮2师为了保障战斗胜利，炮火硝烟中两次派出前进观察人员，在行进途中大部人员伤亡，仅有两名无线电话员到达指定地点执行任务，要知道——这是很艰难很残酷的啊！炮兵的通信英雄，有的同志为完成接线任务，把鲜血流在阵地上，他们舍生忘死的那一刻都是想着怎么能保证战斗命令下达，保证电话线路和通信线路畅通，以便让炮兵兄弟打得更猛更狠更准！

无线电通信主要是坑道里的无线报话机，这方面问题比较多。战役开始以后，坑道里的报话员特别艰苦。他们想了很多办法，比如天线，有的就准备了几十对到上百对天线，只要被飞机打掉，立即再搞出去，总之是要保证通信不间断。

负责通信的干部也是日夜守候，因为只有他才最清

不畏敌人的枪林弹雨，报话员刘爱国正在接线

楚每一个坑道里是哪一些报话员的声音，谁开腔，他都知道。特别是在紧张的战斗关头，有的报话员也上了主阵地，比如像597.9高地那个石头缝隙中隐藏的报话员，正因为如此重要，所以在战斗中我们的主要干部也都学会了掌握无线电通信。

搞通信的，除了有线通信要绝对保证，无线通信是一刻也不能中断的。通信任务不光是保障步兵的指挥，最重要的还是保障炮兵的指挥，因为那时战场上敌人最害怕的就是我们的炮火，这其中与无线通信保障发挥的作用特别有关系。

了解了这些，才能深刻体会到张计法那篇《一个苹果的故事》的分量。报话员说话比较多，坑道艰苦，除了没有东西吃外，就是连着说几天话的干渴也是不大好受的。所以一个苹果也好，一壶水也好，一个萝卜也好，送到了坑道，总是先让给报话员。这样的事例就比较多了。张计法把一个苹果留给报话员，报话员说："你是指挥员，你吃吧！"一个苹果转了一圈，没人肯吃，转了第二圈的时候，才吃了半个。水也是这样子，反正到最后都是先给无线电通信员留下。这就是当时的情况。

45师通信部队一直坚持并打到了上甘岭战役的结束。整个战役中，他们

维护了那么多的线路但伤亡很少，就是因为他们平常对敌人炮火规律摸得很透彻，战斗中他们能掌握炮火攻击的间隙，掌握好控制作业的时间。

这个仗越往后打，阵地的通信状况就越有改观。不论敌人炮火封锁如何猛烈，炮弹也总有打不到的地方，总会有死角，因此通信连想了很多办法。除了有的电话线必须经过炮火封锁地区，一般的线路都尽可能地改动并闪开炮火封锁地段，以免受到攻击而损坏。比如：敌人主要的炮火封锁，他们一次可以连续地射击10发、20发，按说威胁很大了，可敌人的火力总有个规律吧，打了一阵以后会有个间隙吧，比如说3分钟或者5分钟的间隙，有的时候夜间是7分钟或者10分钟的间隙，这一段时间听不到炮声，通信连把这个短暂间隙掌握好，预备线也准备得很充足，只要线路一被打断，他们马上可以抓紧时间去维护。另外，敌人火炮的拦阻点也是相对固定的，因此有线通信在战斗之前或战斗之中，他们就注意隐蔽线路，能避开的就尽量避开了。通信连还在前沿阵地与预备队阵地之间，每隔一段距离，设立了线路维护站，用以保障通话时效。

他们还特别注意把检修人员引领到防炮洞内，乘着打炮间隙检修线路。他们知道敌人打我们阵地和后方的线路，总有个时间性，所以通信保障在激烈的战斗中几乎就没有中断过。45师通信连战斗到最后也没有出现大的伤亡，他们的确有一套战时能解决问题的办法。所以我们的炮打得准确，实际上是与通信有直接关系的。

炮兵打得好主要靠两点：一靠通信，二靠侦察。

配置炮兵的观察所，由于受地势影响，受器材倍率所限，有些死角是看不到的，加上战场上整日硝烟遮挡，观察就会遇到阻力。炮兵也设法再次派到前进观察所，这里说的前进观察哨是指炮兵指挥员与步兵指挥员同在一个指挥所里指挥。炮兵有的还将观察所前推到坑道里。尽管如此，有的时候观察时机也不是太好，上甘岭战役炮兵有时得到的情报，除了炮兵自己观察侦察之外，很多都要靠步兵兄弟提供。

当时炮兵观察所有几个，除了五圣山的主观察所之外，还有其他前沿阵

步话机员在向指挥所报告攻克敌阵地的消息

地的观察所。观察员还担负着侦听的任务。侦听主要是了解打击以后对敌军产生的效果如何，视线观察如何。这一套程序随着上甘岭战役的发展，逐步成熟起来。我们一开始炮击时还需要试射，以后逐步有了经验，与步兵协同联系起来也就比较简单了。为什么我们要将阵地标上1、2、3、4、5、6、7、8、9号，甚至标到十几号呢？交战中步兵通过阵地上这些标号就可以直接要炮，他说是几号，什么方位，这边一听就很清楚了，我们的炮是随叫随到，支援步兵很及时。

五圣山主观察所还有两名英文翻译，侦察参谋王林魁，大学生参谋许翻译，他们两人轮流监听，把敌人的说话声音摸透了，对于传递情报起到的作用很大。他们负责随时将情报报告师里，师里随时通知炮兵指挥所，由炮兵指挥所指挥炮兵阵地。指挥所的电话都是直通的，不经总机转接。

上甘岭战役打响后，45师在德山岘设有师通信枢纽，在五圣山、上所里北山各设有团的通信枢纽部。即使打到战役后期，许多后续参战的部队陆续开上阵地，使用的通信设备都是这一套的原配置。有线通信，特别是经过军、师、团、营指挥所和炮兵观察所的地方又加上了双线，在敌人炮火封锁地带增加了迂回线，45师前沿师指挥所与各团、营、连主要坑道也通了有线通信。激战时更设立和沟通了紧急情况下的越级联络制度，前沿部队可直接向师、团指挥所和炮兵指挥所报告情况，并请求支援。许多炮兵观察所和步兵指挥所在同一阵地或坑道里，只要步兵要求火力支援时，炮兵不用等待再报告师、军指挥所，就能立即得到兵力支援或有力的炮火支援。像30日大反击，我们做了改进，将炮兵使用进行了任务分配，迫击炮交由步兵团指挥，3个团的炮连由师里统一使用，加强了炮兵观察所，研究出简易有效的通信保障措施，解决了炮兵阵地构筑、弹药运送和使用等问题，特别是步炮协同作战方面考虑得很周到，问题解决细致，切实可行，这就使我们"炮火的猛烈"在战斗中很好地发挥了有效的作用。

打起仗来，我们是有多条线路保障指挥的，实际上用的也比较多。物资转运线路，如抬担架、送弹药，经常也会出现一些情况。那么在运输线上也设立了一个通信站，这个通信站就有好几条线路保障应用。后勤也有保障线路，有直线连接，也有连续通过四五个点和其他线路转接，这些线路也都可以转接到师指挥所，也包括了师政治部等处。

10月30日反击成功后，91团接受任务，11月2日参加战斗，战前他们对通信联络这一问题很重视，积极主动与135团联系，提前熟悉了战场各种通信情况，在步炮协同组织方面是下了功夫的。反击成功后，一直到11月5日，尽管敌人是5个团兵力连续攻击，但几乎在敌人未能接近我阵地前沿时大部分就被炮火歼灭了。

这就是说，步兵通信保证了前方与后方、阵地与炮阵地的通信联系和畅通，战时的有线通信和无线通信也做到了保障到位，这样才能让我们的指挥更加得力，才能让炮兵打得更猛更准更狠。

战时炮兵指挥所组织结构完整，步炮协同发挥了惊人的作用

上甘岭战役整个过程中，志愿军步炮联合作战、互相支援，打得确实有特色：

在第一阶段我们的山、野、榴弹炮66门，与敌人是1∶6，敌炮以绝对火力优势支援他的步兵分路、多路、密集冲击我们阵地。敌人进攻时兵种配合分工是很明确的，他们的炮火支援及时，也重视迫击炮使用并压制我们前沿步兵，经常是105榴弹炮与迫击炮配合压制我们的发射点；155榴弹炮压制我们的指挥所，以及纵深炮兵发射阵地；203榴弹炮主要压制我们炮兵和运输线路。我们的炮火在现有条件下，根据阵地前战斗情况的不同，分别采用集中射击、反冲击保障等战术来支援咱们的步兵作战。炮兵在18日、19日主动轰击并压制对我们危害最大的松洞和注罗峙敌炮阵地，迫使敌炮后撤，减轻了对我们这边的威胁。第一阶段打得很艰苦。

榴弹炮发出阵阵怒吼，把敌人阵地轰得烟雾翻滚

第二阶段我们增加了炮的数量，炮火支援步兵的重点放在前沿坑道。炮兵们提出："我们要用炮弹给坑道里的同志'站岗'，坚决不让敌人破坏坑道口。"我们派出观测员，带着步话机到前沿坑道里，为炮兵指示射击目标，更准确地配合坑道部队打击敌人，不断袭击敌人。23日、27日又组织了对杨谷、注罗峙、松洞的炮火攻击，毁伤敌人火炮29门，迫使敌人炮阵地后撤二三公里，以保障30日我们将实施的总反击。

第三阶段就更精彩了。在准备反击537.7高地之前，为巩固夺取的阵地，炮兵与步兵紧密配合，白天步兵退守坑道，炮兵就对阵地上的敌人实施火力打击。如10月29日537.7北山战斗打到下午4时，我表面阵地只剩下6人，这时敌人有两个连的兵力蜂拥而上，我们步兵就直接与炮兵联系，抓住战机，组织步炮协同，在15分钟内榴弹炮、迫击炮，立即进行5分钟急袭支援，成功掩护了步兵，巩固了阵地。

志愿军参战重火炮，如山炮、野炮、榴弹炮、火箭炮由66门增加到133门，与敌人相比那就是1：3了。再加上60炮以上轻火炮226门，共计359门。在3公里的防御正面，每公里平均119门，即便如此，我们的火炮也只有敌人的三分之一。28日、29日我们的炮火对敌人堡垒进行破坏性射击，我方巩固阵地后，根据情报，重点对敌人集结位置、冲击出发地区进行了集中袭击。打着打着我们的火炮就摸出了规律，尤其到最后反击作战时，只要敌人一个连到达集结位置，我们的炮火保障就能随要随到。在第三阶段，从连到营，包括远射程炮弹，也涵盖迫击炮弹，抓住敌人就揍，类似这种打击大大小小就有11次，其中6次打得敌人很惨。10月30日大反击，我们的喀秋莎火箭炮配合野炮、榴弹炮大量杀伤敌人，让敌人吃够了苦头，他们不得不承认"中国的大炮发挥了惊人的作用"。

步炮配合作战中，进行战术指挥的步话机也有很大功劳，前沿阵地的步兵可以用它直接与炮火沟通，炮火立即按阵地统一编号和目标代号。目标代号就是将敌人运动集结并可能利用的区域用代号标出，以便我们对这些个区域进行炮火袭击。对于阵地编号，我们上下都记得熟，打得快，打得准，让炮火真正做到了突然、猛烈。

597.9主峰3号阵地上面原来有一个小坑道,到反击最紧张的时候,那个坑道已经被破坏了,只剩下一个石头缝。敌人的炮火一般不大容易打到那个石头缝里,于是张广生,就是黄继光所在的134团2营参谋长,就将他的指挥所安设在那个石头缝里。那个方位视野很好,无论远近的敌人在何处集结、行动都可以看到,指挥所里还有一个步话机,所以只要看到敌人行动,步话机和观察哨一沟通,炮火马上可以支援过去。恰好在五圣山上的观察哨看得也很准,这样无论是敌人集结、运动还是在前沿阵地,我们的炮火都可以随时打过去。

11月1日有一股敌人一下子向我们山头阵地扑过来,当时反击部队还没有赶到阵地,我们的观察员侦察到此情,立刻对报话机大声喊:"向我开炮!向我开炮!"紧接着我们的炮弹就盖到那个山顶上,把敌人打下去了。我们那位搞通信的观察员躲在石头缝里,没有牺牲。我们的炮兵确实打得很准,敌人把我们的迫击炮说成是像投掷"手榴弹那么准",此言不虚!

我们45师3个团的迫击炮显示了威力!40门炮,包括3门化学炮,步兵随叫随到,令敌人害怕。比如:美7师有一个上尉叫李奇,他是在第一阶段争夺过程中被打下阵地的,他们有一个连被打光了。他去支援,还没有上去一个连又被打光了。他讲:"到前面去援救,一个连只剩几个人,我们被打得落花流水。""我旁边的无线电报务员和排里的中士都阵亡了,那里根本没有藏身之处,中国发射的迫击炮弹一秒一发,可怕极了。"

迫击炮的作用是比较大的。这里也有个经验教训,开始我们的炮火组织得不太好,这也是经过了一次作战会议以后才把它解决的。怎么组织得不够好呢?那时炮少,将好多迫击炮都弄上去参加火力反击了,倒是热闹,"叮咣叮咣"的,但它起不了多少破坏作用。以后开炮兵会议,大家就分了个工——迫击炮主要是打敌人的步兵,打敌人运动的部队,形象的说法就是"打火墙",即拦阻射击,以迫击炮搞一个墙,墙还要游动;打死角,你预备队在死角上也揍你。大炮参加火力反击,主要是打敌人的迫击炮,还打敌人运动中的部队,打敌炮兵阵地。分工后,炮兵发挥的作用就比第一阶段好多了。有几次反击,敌人多支部队在运动中就被我们炮兵敲掉了。有的是敲在集结位置，有的是敲在运动过程中。他们有个形象的说法叫"零比四百"，敌人的步兵在山头上看着他们的人员等着挨打，400人没有上来，就完蛋了，我们的炮兵把他们给敲了！

这样一来，大大发挥了步兵伴随火炮的作用，各团将火力编成火力网，可以直接支援步兵营、连作战。这里，炮火准备也有个教训。开始因为我们炮弹少。头几次反击总是炮火准备打5分钟。然后发个信号弹，你就往上攻，第一次没有多少炮火准备，倒反上去了。第二次就不行了，吃亏啦，第三次又不行了，又吃了点亏。所以，以后就聪明了，炮弹也多了，不这样搞了。像19日的反击就有所改进，炮兵先反击，以后延伸，敌人以为我们进攻了，也发了个信号弹，就出来了，实际上信号弹是假的，我们的炮火又一排子打上去，打上去以后，炮火又延伸，步兵开始进攻。当然还是有打得不好之处，黄继光牺牲时的那个火力点没有打下来，黄继光堵住了枪眼，炮兵也做检查了，实际上他们的炮打得还是很好的嘛，但他们总觉得没有把敌人的火力完全消灭嘛。

到了大反击的时候就不一样了，炮兵是边打边改进，使用炮火也是边打边研究，这就让敌人掌握不了我们炮火的规律。如10月30日大反击597.9阵地，炮兵先行破坏射击，急袭5分钟，然后假延伸。延伸时喀秋莎火箭炮就一个齐放，盖他一家伙，炮又回来，急袭10分钟，又进行破坏射击，打了以后又假延伸，而后又打喀秋莎齐放，再炮火急袭10分钟，根本不发信号，随后步兵反击成功。我们大炮压制敌炮，让敌炮近2小时居然没能打出个炮来。所以炮弹要靠人使用，要使用到火口上，不要叫敌人摸到规律，否则就吃亏了。

打到了第三阶段的时候，敌人炮弹的数量同我们对比，已经从第一阶段的17∶1变成了3∶1，但是我们这个"3∶1"的效能和敌军可大不相同，我们一共是打了40多万发炮弹，而且主要打在第三阶段，这个阶段我们的炮弹发挥了相当大的作用。算起来，等于这40万发炮弹歼灭敌人25000多人呐，你算几发炮弹打一个？这个火力的密集程度是相当猛烈的。

这就是说，我们的炮火与步兵协同作战，的确发挥了惊人的作用。在战场上，我们的排干部经常会留在阵地上担任观察员，看到敌人接近30到40米时，就命令步兵跃出坑道，先手雷、机枪，后手榴弹、机枪，敌人败退后，我方迅速转入坑道。敌炮破坏射击时，我野炮打敌人500米冲锋集结的敌人；迫击炮轰击和冲击出发的敌人；我炮火50至300米形成拦阻火网。像11月4日，85团7连坚守7号阵地，一天击退敌人6次进攻，我伤亡12人。6日再战，则无伤亡。步炮联合作战，随打随上，合理使用兵力，步兵3人一组就可以打退敌人一个排的进攻。反冲锋，短小精悍，2至3人，只要搞好了步炮协同，甚至能击退敌人排、连的攻击。阵地上只要有志愿军，敌人就会畏缩不前。

应用炮火，有的炮弹是要打拦阻射击，叫打"火墙"，用火力形成一道墙，让敌人过不了这堵墙；打集结时的敌人叫"火盖"，就是炮火"盖"一下子。当然大部分炮弹起了作用，也有一些炮弹可能离目标远了一点儿。以后包括火箭炮、82炮也一样起到打"火墙"、打"火盖"的作用。打"火盖"——炮弹就像盖子一样把敌人全扣在下面。我们的炮火猛烈，战场上确实起到了很特殊的作用。抓"炮火猛烈"就要抓关键的时间——那几秒钟，瞬间抓住了，你就算完成任务，因为敌人总是处在运动中，若过了几秒再打，敌人就会跑掉而丧失最佳战机。上甘岭炮战这个问题解决得比较好！

毛主席说的这五点，按顺序来讲，因为有了后方的保障，有了炮兵的加强，才打出来一个战役。并不是开始我们就摆着这么多的炮，也并不是后勤一下子就能提供那么多的手雷和爆破杆，提供那么多的物资，这些也都是随着战役发展而发展起来的。

上甘岭战役敌人在兵力、火力方面占绝对优势。战役初始，我们的火炮，加上迫击炮也就55门，敌人几乎是我们的10倍，我们的弹药也不足。即使这样，炮兵仍是主动、积极支援步兵，上甘岭战役的胜利更能说明在这次防御战役中炮兵所起到的作用是巨大的。

在战役第一阶段里，为了指挥方便，师里组成了以45师副师长、15军炮兵主任为领导的师炮兵指挥所，编成两个炮兵群、一个高射炮群，统一参与第一、第二阶段的战斗。战役过程中炮2师加强上甘岭地区的防御作战，其参谋长也就负责了炮兵指挥所的工作。因此,战役中炮兵指挥所组织结构是完整的。那儿的情况稳定,大家对环境也比较熟悉。以后炮7师机动加强上甘岭炮兵作战。11月2日在第三阶段大反击时,指挥所又做了调整,成为反击阶段的炮兵指挥所。炮7师师长颜伏担任炮兵指挥所司令员,与炮2师参谋长和军炮兵主任统一负责炮兵指挥,把炮分成四个炮兵群:7师为一群;2师为二群;山野炮为三群;高炮为四群。还有一个迫击炮群,由两个步兵团分别指挥,炮兵群进行了任务分区,一、三群支援反击537.7北山;二群确保597.9的巩固;炮司掌握所有步兵团,以及统一和火力机动指挥。这样安排就更有次序,解决了通信保障、阵地构筑、弹药运送等问题,特别是侦察、观察比较得力,步炮协同,搞得比较周到,情况灵通、准确、及时,使炮火猛、准有了可靠保证。

新结构组织起来不容易,但也有些不便:一是人少;二是光炮的建制单位大小就有10个。为了便于协调,司令部和政治部组织了一个组,专门配合他们,通过联络做好各个炮兵部队之间的各项协调工作,也包括了炮兵的政治工作。

除了靠行政命令组织结构外,很多工作是要靠联络员做才能沟通的。司令部那些参谋就主动与炮兵参谋搞好关系,双方一起结合起来完成好联络任务。平时大家在一起,说认识,是认识,但相互都不是那么熟,有的还根本不认识。那时大家的心情都是愿意打好仗,但是凑到一起呢,总难免有些不协调的地方。你不给他任务,人家都打了他没有打,他就会有意见;或者有点伤亡,你不能继续给他解决问题,他就会有困难。比如炮2师有一个营战斗中损失比较大,伤亡近70个人,你就得马上给他补充兵员。我们当时有一百三十几个人,那就要挑好的兵员及时补充到这个营,以便他们能及时参与作战。

协同作战又是与后方的工作紧密结合的,比如战场上有那么多不同型号的炮,自然炮弹的型号也有差异,怎样安排运送弹药?又到哪儿去拉运这些型号不一的炮弹呢?为了不出错,联络员就让各自单位的汽车去运送自己的弹药,各负其责。刚开始为了不出错,联络组的同志就要分别去跟班,以后那些司机们也就熟悉自己的任务了。实际上这些司机很辛苦,他们既是驾驶员,又是军械员，又是运输员，从开车出去领炮弹到运送炮弹、分配炮弹，整个过程都是由一个驾驶员、一个副驾驶员承包了。这样运送炮弹比较准确，速度也比较快，而且经过这样反复运送，司机也就摸清楚了哪几个地区有敌人的炮火封锁，哪几段路程比较危险。上甘岭炮战我们一共打了40多万发炮弹，除了高炮和82炮弹，大炮弹也打了十二三万发，弹药的供应基本上就是依靠他们所采取的这样有次序的运输办法去完成全部任务的。

炮兵这一摊的工作，多处需要步兵协同和配合，步兵不牵头工作就结合不好。

前面主要谈的"牵头"是步炮结合，阵地作战的步兵是怎样及时准确与炮兵联系，猛准狠地打击敌人；后面所谈的"牵头"就是步兵怎样协同炮兵作战，怎样将那么多的炮弹运送出来；中间谈的"牵头"就是要解决好那么多型号的炮协同动作，我们的联络员又是怎样将这些关系牵到一起来的。这些工作看似简单，但很艰巨，它与高炮上山、保证炮阵地安全、保证打好每一发炮弹都是紧密联系的，不可小看。只有把这些"牵头"工作做好了，才能保证步炮协同作战的胜利。

如何使用炮也有学问：有的炮是事先构筑好阵地；有的炮是临时构筑阵地。炮并不是只固定在一个阵地上。比如与敌人炮战，准备打敌人一个或几个炮兵群，我们有的炮射程比较近，那就需要将阵地推前，完成任务以后再撤转回来。

上甘岭炮战，从155炮、150炮，以及我们缴获敌人的105炮，我们自己的野炮，再加上82迫击炮，初期炮的数量比较少，到了第三阶段志愿军将好多的炮

炮兵进入阵地，直接支援步兵作战

都集中到上甘岭前线,所以炮才多了起来,才有了这个作战情景——"炮火的猛烈和射击的准确"。像11月11日92团537.7北山阵地那个反击呀,经百门大炮火力准备以后,火箭炮射击,步兵反击上去,敌人也就一挺机枪在那里打,这就可以看出我们的炮火猛烈程度在战役后期甚至超过了敌人。当然我们的炮按性能和装备来说并不比敌人好,数量也不多,但即使这样,我们的炮兵也照样打出了志愿军的神威。

功勋火炮"喀秋莎"战场狂飙,威震敌胆

再谈谈上甘岭战役立下赫赫战功的功勋火炮——"喀秋莎"火箭炮。

炮兵中比较"娇贵"的是哪一种炮呢?就是那个火箭炮。209火箭炮团有两个营,当时我们买了苏联的火箭炮,叫"喀秋莎"。这火炮在那时是属于比较先进的炮,所以要用就得用在关键时刻。上甘岭战役只有在几次重要的反击战中才使用了这种火炮。

"喀秋莎"火箭炮的炮弹打出去的时候是火光一片,由于目标很大,所以打了以后就得赶紧转移,否则敌人的炮就会接着打过来。正因为这个炮既先进又珍贵,所以火箭炮营对它更是倍加珍惜和爱护。苏联人也给我们做了一些介绍,告诉我们说,一发"喀秋莎"的炮弹价格等于60两黄金。

从火炮的凶猛程度来讲,这个炮是非常厉害的!"喀秋莎"一打就是一个营、两个营的齐放,火光冲天,很壮观!打起来大家那是纷纷叫好。10月19日是打了齐放,23日也打了一个齐放,就是在8连组织60个人反击597.9阵地的那回,一个齐放就消灭了敌人两个连,这个炮在关键时刻起到关键作用。

在对炮火使用上,炮兵非常注重边用边打边改,就是让敌人掌握不住我们发射炮火的规律。10月30日大反击收复597.9阵地,我炮兵集中火炮进行破坏性射击,摧毁敌人大部分地堡,再集中48门火炮进行炮火准备,两次火力急袭和

假延伸，诱敌出动，我们步兵的机关枪打响，又是放信号弹，又是要冲锋的样子，同时在火力急袭中，209火箭炮团24门炮实施了两次全团一次性齐放，每次急袭15分钟，然后假延伸，"喀秋莎"全团再齐放，整个上甘岭的天空都被打红了。由于发射阵地选在了作战正面的侧方，虽然火箭炮发射集中，声音大，但在大山的遮障和其他火炮声音的掩盖下，敌人很难捉摸我火箭炮阵地的方向和位置。随即炮兵转过来又是炮火准备，这主要是针对敌人的步兵预备队。阵地和后面这两个齐放，那可真是像火海一样，一下子把前面、后面都"盖了"。"盖了"以后炮兵再打，步兵才冲击。我炮火压制敌炮，敌人近2小时没有打出炮来。我越打越改进，让敌人掌握不住我方发射炮火的规律，炮火是既猛又准，所以30日的反击就没有像19日夜间那样还有敌人的据点残存，需要像黄继光牺牲的情况了。

炮兵有了经验，包括以后的反击，炮火准备的时间和大炮轰击的规律，时间都比较长，像这样反击，敌人抵近的迫击炮群和整个通信网路都遭到破坏。特别是在火箭炮发射后，就听到敌人在叫唤"某某连被歼，某某营被歼"，"火器被毁，通信联络不上"，以及"炮兵不明情况，无法支援步兵"，等等。那真是"喀秋莎"怒吼，一阵狂飙过去，敌人的机关枪和炮兵在相当长的时间内都丧失了还击能力，打也是盲目性地打。这次战斗，我们的炮以绝对优势压制住了敌人的炮火。

"喀秋莎"这种火箭炮发射距离是6000多米，它的特点是打出去的炮弹落下既爆炸又燃烧，这样就把敌人阵地上屯集的弹药、通信器材和线路引燃、烧毁。在当时朝鲜战场上，209火箭炮整团出动支援上甘岭45师作战还是少有的。从中也看出了志司对这场战役的高度重视和必赢的决心。当然火箭炮的威力，也引起了敌人高度的注意。

"喀秋莎"还有几次战例——

11月1日对597.9高地东南凹地集结的敌人，以4个连齐放一次，杀伤敌人大部分并将敌人进攻击退。

11月3日下午，敌人汽车载兵增援，刚下车就遭到我炮火袭击，后又与未遂之敌会合,"喀秋莎"齐放一次,杀敌600余名。

由此可见"喀秋莎"的凶猛!

领导珍惜那个炮到了什么程度呢?比方说——就像旧社会待字闺中的小姑娘似的,那是非常之"娇"!你叫"她"跑吧,"她"自己还跑不动,还要请别人想办法把"她"拉走。打了仗,一方面很"骄傲",一方面出台又很"娇气"。"骄娇二气"都有了,反正不能让其"受委屈"。所以这个工作比较难做,真正到军里告状的也是"她",主要就是觉得我们不会使用这个炮。特别是16日的反击,一打就是一个齐放,一个营的齐放,两个营的齐放;19日也打了齐放;23日又是一个齐放,就是前面提到的那两个连,8连组织60个人的反击,火箭炮一个营打了一个齐放,消灭敌人两个连,炮是起了大作用的;30日反击,那是打了两个齐放。两个齐放完,让炮兵有了意见,说什么"老大哥给的呀,价钱多么贵呀,一个富农的家产一发弹就打没了嘛",除了上述意见,秦基伟也批评下来了。

原来秦基伟只准打一个齐放,但到反击时我们却打了两个,这是因为打好反击,就要打破我们炮火的规律来迷惑敌人嘛。原来是5分钟炮火准备,接着我们步兵冲锋,但人家一反击我们伤亡很大。事实上也是——有了"喀秋莎"火

炮兵第209火箭炮团对敌阵地发起猛烈轰击

炮的支援，战场局面可与10月19日大大不同了，痛歼美7师5个连，炮火杀伤起了关键的作用。

功勋火炮嘛，一是大家都喜欢它，都要给它报功；二是它还真有点"娇气"，弄得最后大反击时我们挨了秦基伟军长的批评："为什么叫你们搞一个齐放，你们却搞两个，啊？！"

这个炮啊，"娇"，但我们大家都喜欢。还有一个炮，也是吃了一点亏，那就是前面提到的85高射炮。但不论哪种型号的火炮，在上甘岭战场上凡参与战斗的炮和炮兵都是有功之臣！

总而言之，上甘岭战役我们的"喀秋莎"比一般的火炮更显示了无比的威力。战役全过程，发射了10次，发射炮弹2600多发，自己却分毫未损。秦基伟一再指示要选择好发射阵地，掌握好发射时机，确保安全。反击前，我们所设的假阵地，都遭到了敌人的炮轰；发射后，所有的真阵地也遭到了敌人的破坏，而我们的"喀秋莎"，机动性能强，早已经转移到其他安全地带了。

范佛里特鸡雄山垂死挣扎，上甘岭战役在炮战中结束

11月5日，范佛里特最后一次登上鸡雄山时，我们并不知道他在。但是我们从山上看见敌人那一天的攻势非常猛烈，特别是从8时到10时，克拉克连空降187团也派上用场。那一天气势汹汹的美军确实很牛：5个营的兵力，在100架次飞机、30余辆坦克的支援下，分三路进攻597.9高地。打到上午10时我们就有感觉，说："看来今天有点问题，是不是咱们用炮把鸡雄山打一下子？"

原来鸡雄山是敌人的一个观察指挥所，后来我们的炮在那儿放了一阵子。有人说，打的时候啊，范佛里特还在；还有人说，那时他已经走了。我们分析这可能是个"马后炮"。但自打这个"马后炮"以后，范佛里特再没有上来。

我们为什么能看得这么清楚呢?

鸡雄山和597.9高地差不多高,但五圣山高于它。如果是晴天,站在五圣山上可以看到锄业里,特别是用大望远镜看时,连那条被敌人叫作昆化河的流域及其纵深几十里,都在我们视野观察之下,所以打仗时我们站在五圣山观察,看得远也看得准。由此可想而知——五圣山阵地之所以厉害,在于它不但能看清前沿,还能够看到纵深。我们的炮火在这里就能发挥威力,这也是个得天独厚的条件,这个制高点在战场上确实起到了很重要的作用。从克拉克来讲呢,他想要的就是这个制高点!

10月27日、28日那两次炮战,我们观察到鸡雄山东南方的松洞附近,堆积了不少的炮弹,于是我们的炮重点攻击了敌人设置在那里的炮阵地,整个攻击场面以及那些炮弹被打着的过程,我们在五圣山这边看得清清楚楚,敌人的弹药被炸得"叮叮当当"地响个不停,火光、爆炸声一直持续了两三个小时。

上甘岭战役开始阶段,炮兵也有一点感觉不足的地方,就是我们炮火支援少些,咱们步兵伤亡大一些。但这些伤亡并不全是敌方大炮的炮弹造成的,敌人的大炮有155炮、203榴弹炮,包括105炮,主要目标是打山头阵地,搞破坏射击,打虚土。敌人的大炮从14日开始每天都在打,炮弹把阵地的尘土炸得高高飘

志愿军炮兵夜战上甘岭,猛烈向敌人开火

在空中，那土一起，如果有风可以飘几十丈高，灰尘随着风刮得很远，面积也很大。尽管这些炮看起来威力似乎很大，但实际杀伤力并不大。只要抓住时间点，炮弹对我们步兵造成的伤亡可以尽力避免。

那什么炮对我们威胁最大呢？就是步兵的伴随火炮。敌人伴随火炮包括直射和曲射的。曲射炮一般都是81炮，这些伴随步兵的炮很讨厌！敌人将他们的81炮与4.2寸的化学炮迫击炮混合编群，统一指挥，一旦我方反冲击时，敌人的迫击炮射击就很及时、很猛烈，这对我们步兵的反冲击威胁很大。敌人这些伴随火炮数量比较多，一个师编制的各种炮是1600多门，而我们的炮全部算起来，第一阶段连同82炮一起才只有180门左右，我们的大炮开始也只有40多门，即便后来达到了133门，跟敌人比起来还是少得多。我们步兵伤亡大，主要伤在敌方的伴随火炮这一方面。

炮兵总感觉到若能把敌人的炮火摧毁得更厉害些，把冲击的敌人消灭得更多些，我们步兵的伤亡可能还会少一点，这是炮兵总感到对不起步兵的一点。战役初期炮兵支援少，其实也是我们的炮少，弹药也不足。

第一阶段，我们与敌人的炮弹比例是1∶17，就是敌人打17发炮弹我们才能打1发。当然炮弹用到什么地方就需要推敲了。

到了第二阶段是1∶6。炮兵的用武之地就比较多了。

到了第三阶段是1∶3。1∶3的时候啊，炮兵那就有"名堂"了。

所以战役后期打敌人步兵，主要是打了韩9师、韩2师。敌人11月3日到5日的反击是吃了苦头的。

上甘岭战役45师打仗比较赚的是，把炮兵用到了最紧要的关头。这里有许多经验可以总结。

第一阶段1∶17的时候，一般82炮弹要节约使用，从8时打到12时，剩下的炮弹就没多少了。其实我们的步兵在实战中主要也靠82炮。在阵地上打这种炮，主要压制集结冲击的敌人，所以86团、85团最后把3万多发炮弹运到82炮阵地，这个功劳是很大的，在30日的反击中确保了每一门82炮至少有800发炮弹。为什么我们的人，包括后勤人员、宣传队员，只要能扛一发炮弹，都要设法往阵地上扛呢？那时后方虽然有炮弹，但运不上去啊！82炮弹是当时最受前线部队欢迎的。12军上来以后运输炮弹的方式改变为部队自行运输，这样炮弹供应就更充裕了。

打到第三阶段，我们基本上就把优势完全把握住了。

106团接537.7北山阵地以后，敌人已经无力进行营以上的攻击，仅以排、连形式做小规模进攻。18日、19日、20日我们还打了一些小反击。到20日以后我方就决定减少兵力，发挥大炮、迫击炮的威力，打炮战！那时我们的炮弹量已经十分充足了。仗到11月25日，敌人的炮打不过我们了，再也没有力量组织进攻，于是战场形势松弛下来，作为战役性的作战，我们宣布——至此全部结束。

因此说——43天的上甘岭战役，首先由敌人的大炮打响，我们的炮兵打到了最后，战斗最终也是在炮战中结束的。

实际在战役最后阶段，我们炮兵采取的打法就是——你打，我就打；你不打，我还要打你。25日以后，我打他，他不再打了。敌人也没有后续的力量继续与我们对打了，这样，就算结束战役了。

为什么宣布战役性作战结束了？

15日以后，美25师接防，美7师和他其他部队下去休整。到23日，韩9师接替了韩2师的阵地。

美25师接防后，很老实。原先我们还想着敌人是不是还要出个头儿，露个面儿，再演一演"戏"？谁知一上来，范佛里特就宣布战役结束了，敌人也就不用再表演了。美25师在芝浦里和朴达峰阻击战中曾与我们交过手，战斗力比较差。美军骑1师、美7师是比较老的部队了，打起仗来有一定的知名度，把美7师敲到这种程度，无论如何，对美国国内、对美军震动都是很大的，当然对美25师也不例外。

美7师被打垮了以后，美25师接防，我们还想着准备与美25师交交手，当时敌人很牛气，认为："你都守不住，就看我的吧。"虽然来势汹汹，但除了开头跟我们搞了5天炮战，试了试手之外，随后一直是我们压着打。那时我们的炮弹供应充足，想着摧毁美25师的大炮，可敌人却将其捂得严严实实的，一点儿

炮2师29团4连4班在上甘岭战役中不断变换阵地，在敌机不断扫射的情况下，英勇顽强战斗，完成射击任务，荣立集体三等功

也不肯暴露！美25师耍了滑头，步兵没有打，以后他们的炮也不响了，炮兵也不再与我们打对战，这个仗就算结束了。

在上甘岭战役过程中，应该说我们的炮兵是一个全胜，不管是支援步兵还是战到最后，得到的评价就是——"炮火的猛烈和射击的准确"。就连范佛里特也承认，他将击败敌人的90%的任务安排给"联合国军"炮兵，"但是，中国部队精心构筑的防御工事，很不容易受到打击"。

上甘岭炮兵的功绩比较突出，我曾写过材料，其中专门有炮兵的一段。另外，关于各兵种在上甘岭战役里起到的作用，炮兵的总结材料也写得比较详细。最后我们炮兵下阵地那可是相当威风的嘛！山沟里到处甩的都是炮弹，打出去了40多万发，但留下的炮弹还多得很呢！从中也可以看出，我们志愿军对打好上甘岭战役所下的决心，以及战役中我们打出的必胜信心！

上甘岭战役炮兵打得很出色！

在上甘岭战役取得的2万多个战果中，炮兵功不可没

还记得那时我从兵团学习回来，参谋长没有在，副参谋长负责与师后勤抓后方保障，搞后方司令部，没有到前方来。这样司令部主指挥所就剩崔建功和我两个人了。如此一来，我们彼此只能分工合作，指挥、政治工作，两个人都得全管。

我们指挥所的附近还有一个炮兵指挥所。炮兵指挥所是步兵、炮兵所搞的协同指挥所，45师唐万成副师长以及军炮兵主任靳钟在那儿负责炮兵前指指挥。

炮兵指挥所要解决的问题比较多。从我们45师来讲，虽然总是与炮兵打交道，但毕竟还是外行，特别是军指的那些炮应该怎么打，我们不能瞎指挥，所以到17日、18日，基本上是依靠炮2师，炮二师在那儿有一个参谋长，把炮兵就组织起来了。

炮兵分为远射程炮和部队伴随火炮。开始我们在使用炮火上有不恰当之处。师里使用惯了伴随火炮，开头把大炮和这种炮一样使用，如叫迫击炮参加火力准备。实际上炮兵是支援我们的炮火，而伴随炮火才是应该归步兵来指挥的。可战役开始，45师各团先后参战，师里将迫击炮统一编组，集中使用。10月20日以后，师里经过民主讨论，进行了分工协作，执行对战场上轻重火器任务分工的指示，大炮交由炮兵指挥。野、榴、山炮参加火力准备，打敌曲射炮和敌二梯队集结位置，摧毁、破坏，打"火盖"和纵深目标。经过反复实践，大反击时，炮兵曾五六次集中射击敌人出发集结地，一次创造了"零比四百"的战绩。这几次使敌人两个营又七个连在投入战斗前，就失去了作战能力。像10月17日、19日、27日，分别有敌人的部队在出发地集结，炮兵发现后立即急袭过去，大部敌人被消灭。讨论中还规定了步兵的轻炮集中用于拦阻，打敌人反扑部队。打"火墙"、打"死角"。这样一来，大大发挥了步兵伴随火炮的

第十二章
炮火猛烈和射击准确

作用,各团将火力编成火力网,可以直接支援步兵营、连作战,也取得很好效果。

我从兵团回来以后,总是要到炮兵指挥所去看一看。到那里看了以后发现军情紧张,因为炮兵主要靠的是观察和通信。你观察到了目标,测准确了,然后告诉指挥所。指挥所及时传达过去,就算抓住敌军目标了,但如果你没观察到也不行的。既然主要靠的是观察,所以前面的观察所就是炮兵的眼睛。炮兵在五圣山上、上所里北山还有靠东边448高地的这几个观察所,观察、捕捉战机的速度比较快。

虽然我回来比较迟,对炮兵的人不是很熟悉,但我们一见如故。一见面,他们马上就暂停手上工作,大家就扯了一阵子,扯着扯着就扯到了10月17日、18日的炮战。17日炮兵往注罗峙打了一排子,打掉了敌人一个炮兵营。18日我再去炮兵指挥所时,他们正在反击韩2师另外一个炮兵营。打了几次,炮兵就已经打出了经验。我代表步兵感谢炮兵兄弟。他们谦虚地说:"不客气,不用感谢!"

从18日,特别是19日反击以后,敌人的伤亡数大约上升到7000多近8000人。10月19日反击以后,我第二次到炮兵指挥所去,就是为了核对这个数字。因为当时来自前线上报的毙伤敌人数目特别大,炮兵报、步兵也报,就有了重复。当然,像打到阵地上已经伤亡的敌人,我们的炮兵火力再一盖,差不多就都被打死

12军副军长李德生(右)与炮兵7师师长颜伏(中)在德山岘前指交通壕内观察地形与敌情

了,步兵反击上去再一打,死也好活也好,数字不好算;还有除了阵地上直接伤亡的敌人之外,包括待机位置,集结位置,未上阵地就被炮火"盖下"的和伤亡的……这些账算起来就有点儿难了。部队打仗总是要报战果的,炮兵放了那么多的炮弹,步兵又冲锋上去,消耗那么多子弹、手榴弹,没有战果是不行的。到了10月19日我就想着怎么样报战果相互之间才不扯皮?大家都在各自计算各自的,计算出来的数字又怎么统一呢?

上甘岭战役协同作战主要是靠炮兵,所以大量的战果来自于炮兵。我到指挥所以后,告诉他们统计战果的新规定:数字都由步兵报。但是步兵报的结果中炮兵又占的比较多,尤其是到反击作战的时候,差不多三分之二的战绩都归属炮兵。

上甘岭战役结束,在最后评功的时候,大家都在互相谦让,步兵说:"战果主要是炮兵的。"炮兵说:"战果主要是步兵的,没有步兵的情报和通信,没有步兵的观察和配合,我们的炮火根本就打不上。"所以直到最后也没有确

45师司令部炮兵室全体同志与15军炮兵主任靳钟(第二排右五)战后在上甘岭的合影

切的行文——上甘岭战役的战果步兵与炮兵各自占了多少？最后只有一个笼统的计算，步兵说："这个战果中炮兵起码占一半以上。"炮兵说："没有那么多，就算一半吧。"

最后炮兵也没有要这个战果，而是炮兵与步兵各占一半。所以，战役过程中，我们确定了一个计算法，不管步兵怎么计算，反正一半以上是炮兵的战果，这一条是师、军、兵团大家一致认可的，如果打了2.5万多个敌人，恐怕炮兵就消灭近1.3万人，反正不能少了这个数。如果讲公道一点，炮兵比步兵歼灭的多。

上甘岭2万多个战果，最后就是这么处理的。

炮兵伤员比较少，仅有的伤亡也主要是由于敌人攻击我们炮阵地时造成的。我们迫击炮的伤亡也很小，整个战役过程中只有两个人牺牲。大炮阵地是敌人打击的主要目标，也是飞机轰炸的主要目标，所以炮2师的3营伤亡还是相当大的，有几门炮的炮手在飞机轰炸中为了抓住战机，不顾个人安危，仍继续作战，所以伤亡很大，他们的英雄行为是炮兵的骄傲。

第4连6班高射炮击中了敌机

11月1日、2日在阵地战结束以后，敌人的汽车来拉尸体，他们将尸体甩到汽车上就拉走了。表面阵地被我们打死的敌人尸体，起初还一个个往下抬，以后就用绳子拉下山。我们看着敌人拉着他们的人从山头上弄下去，如果是伤员也会给活活拖死了，即使是这样，到最后敌人也不过来了。

我们志愿军炮兵在上甘岭战役中打得猛烈，打得准确，这是制胜的一个要素。炮兵是怎么发挥了猛烈准确的炮火威力呢？关键是那些使用炮的人。

上甘岭战役之前，敌人就经过了很长时间的准备，他们集中了优势兵力和武器。当时敌人火炮的密度是朝鲜战争敌人历次进攻中最高的，大口径火炮324门，在我正面3公里展开的话，每公里仅榴弹炮就是108门。另外还有4个连的战车营（编者注：第73战车营受命直接协助美军作战），有战车120门，机动性很强，可以游动和抵近目标攻击。轻炮有1200多门，即使除去百架飞机的攻击力，把大小口径火炮、战地车加在一起就有1600多门。而我们志愿军在炮火方面，劣势非常明显。我们没有飞机，空中作战几乎是零，就算最后第三阶段我们加强上去的那些炮，山野榴也就133门，加上轻炮近300门，从这个数字上看，敌人的炮强于我们四五倍。按每公里炮的密度来算，他们也明显强于我们。但就我们自己来说，第三阶段的炮已是我军历次防御最稠的密度了！可见，上甘岭战役美军炮战是在侵朝战争中最为苦心经营的一次重点攻击了。

双方炮兵就是这样的状况。总之，上甘岭战役炮兵参与的火炮数量、消耗的弹药量和取得的战果都是空前和惊人的，战役创下了我军炮战的历史新纪录，也标志着中国炮兵军事力量和技术水平的飞跃。尽管敌人在火炮上占有绝对优势，但面对激烈的上甘岭炮战，他们也不得不承认："在金化地区战场上，中国军队大炮炮火的猛烈集中，已开始在整个战斗中占优势。"

第十三章
祖国母亲 一条大河哺育英雄儿女

贺龙同志（左二）率领的祖国人民赴朝慰问团在军政委谷景生（左一）的陪同下，看望部队

进军大西南，15军担负云贵川康剿匪任务

在解放战争期间，15军所辖的43师、44师、45师中，44师进军西康，配合北面的部队歼灭了一部分逃跑的胡宗南余部，几个军在那儿打了西康战役，自此之后那儿就没有大仗了。由于我们胜利的声势很大，国民党的部队一完，地方实力派中比较聪明一点的，像云南的卢汉就"起义"了，其他地方的一些实力派也就跟着起义，但是这个时间并不太长。

解放西南以后我们看到，西南人民遭受国民党的统治和压榨是比较残酷的。由于它是最后解放的地区，所以国民党的渣滓不少，有那么一段时间，他们编成了队伍，还自起名号，并与地方实力派勾结起来，他们自封"司令"，

45师在黔西北剿匪仅两个半月就歼匪1.1万余人，稳定了贵州毕节局势

三十个人叫个"司令",百八十人也叫个"司令",这个"司令"那个"司令",各个地方都闹起来了,之后就在贵州、云南、川南那些地区为非作歹。这是国民党的阴魂不散。

因为其他的正规军都放下武器起义了,那些顽心不改,满脑歪主意的还要固执乱来,这样,部队就有一段剿匪任务。敌人乱七八糟的不放下武器,那非得整你不可!15军就担负着云贵川康四个省的剿匪任务,有的师任务重一点,有的师轻一点。45师的任务就重一点,担负着从现在的毕节分区、贵阳至遵义这一片地区的剿匪任务。虽然仗不是那么大了,但并不算很好打。因为这些残兵败将和地方那些地主、土匪勾结着,他们有一段时间还蛮猖狂。1949年我们到达那儿,从1950年开始,经过7月、8月,到冬季时土匪就清得差不多了,光"司令""副司令",45师就抓了三四十个,还有番号是"团长""师长"的。

国民党时期,龙云是云南最大的一个实力帮派,他是彝族,黑彝。那个时候他的统治力量是相当强的,当然,龙云在得香港宣布起义以后就成我们的统战对象,我们就做龙云的工作。云南最大的两个地方势力,一个是卢汉,一个是龙云。云南的两个头头中,那时龙云起义了,已经是我们政协的委员。

43师主要是对付龙云队伍里的龙三,叫龙绳曾,外号"三公子"。关于这个龙绳曾的故事就比较长了,这个"三公子"比较坏,国民党时期,他在云南是个地头蛇,有一帮子打手,还搞类似上海的帮派。在国民党占领昆明的时候,为了整孔祥熙,龙绳曾就靠他的帮手把孔祥熙那个后来和美国人结了婚的二小姐给抢走,乱七八糟地闹了一阵子,最后还是国民党跟他说好话,才把这个二小姐送了回去。龙绳曾就是这么一个脑袋很难剃的人,国民党也惹不起他。我们到昆明以后了解到,昆明东北叫滇东北,他的家就在滇东北的赵城。为了团结他、改造他,我们在滇东北成立了一个滇东北警备区,张显扬任司令,就让龙绳曾当了警备区的副司令。

实际上龙绳曾不光是个土匪,还是滇东北最大的地主,养了两三千按他们云南的说法叫"娃子"的人。娃子是什么呢?实际就是奴隶。他的奴隶按昆明那里的算法,一个人算一块披毡,披着是衣服,夜晚睡觉就是棉被。一开始他就把奴隶组织起来，作为资本。他给那些靠得住的娃子都发了枪，这就是他的武装，这武装实际就是他的大小佃户们。大佃户还管着一些奴隶，这些人比凉山深处的那些彝族稍微好一点，但是他管制得很严。我们给龙绳曾做了很多工作，想让他变好，但他不听，还想着靠国民党，之后就悄悄地干了些坏事，甚至准备把他那个地主武装拉走。在这个关键时刻，我们得到上级的批准，把龙绳曾消灭了。

解决了龙绳曾以后，他那一帮子人就开始交代了，说龙绳曾的控制是很严的。举个例子说，有的娃子一年的报酬，只是粮食收割后给留很少的口粮，其余都是龙家的。而那个时候龙绳曾就有收音机，他把收音机一开，把奴隶召集到一起，去听那里面的讲话。收音机里"呜啦呜啦"地讲一通，他就说："你看吧，这就是我的'收话机'，你们谁讲话，讲什么话，我都能够收到。"奴隶们也不知道什么叫"收话机"嘛，都很惧怕。他控制奴隶就那么严。

不怕山高密林，追踪剿匪残敌

对土匪中的胁从人员做好细致耐心的思想工作

以后我们解放了一些奴隶，召集他们谈情况，可谁也不敢开腔，问及原因，有的就说龙绳曾有"收话机"，他们不敢讲，讲的话被他听到了，将来就不得了啦。哪有什么"收话机"呀？后来我们就把收音机打开，叫他们听北京广播电台，并告诉他们，这不叫"收话机"，叫收音机，哪儿都有，不但会说还能唱呢。拿出实物来以后，那些奴隶们才觉悟，以后就敢对龙绳曾进行控诉了。

像龙绳曾这样的，还有那么几十股。以后我们部队对那些顽固到底的敌人实行了军事打击，西南剿匪，势不可当。消灭了敌人之后，参加剿匪的部队再对群众进行广泛的宣传，最后把穷苦的农民组织起来。经过艰苦细致的政治工作，群众觉醒很快，一旦农民、奴隶觉悟，我们的剿匪任务和群众工作进展就顺利多了。

剿匪任务的对象就是像龙绳曾这一部分死不悔改的坏人。经过我们军事打击以后，问题得到了解决。但他们很狡诈，接着又想出其他欺骗手法，公开叫嚣："我们有美国支持。"抗战时云南有一段时期是国民党占领，包括美国的陈纳德也曾在那里抗击过日本，日本侵占缅甸以后，国民党部队从云南往缅甸打。正是如此，他们就拿着这些事对老百姓搞欺骗宣传，说："只要美国在，他的飞机就会给我们送东西来，我们要的东西都能弄到……"

剿匪实际不光是军事打击，更主要还是宣传我们党的政策，双管齐下所以瓦解敌人也很快。以前人民没有觉悟，龙绳曾把收音机一开，说天下是个什么样就是个什么样，他们宣传共产党不好，对内部又控制得比较严，所以很不好瓦解。云南有一段是国民党的部队占领着，由于美国援助国民党在那儿打过一些仗，所以在群众中间有一点影响。他们就认为只要有美国支持，美国飞机会给他们送东西，你要什么就有什么。这些欺骗性宣传也成了解放的一大障碍。后来我们把那些骨干带出他们的家乡，到昆明和其他地方去看了看。他们一看，老百姓都翻了身，自己还老跟着地主受欺骗怎么行？于是他们的觉醒就很快，一旦奴隶觉悟，我们的工作进展就顺利多了。

西南剿匪中入伍的战士，刘兴文和易才学都成了战斗英雄

在西南剿匪过程中，农民和大军（编者注：当地人民称解放军为大军）的关系搞得很密切，所以抗美援朝的时候，我们搞过剿匪的地区，有好多青年主动跑来，一定要参军。"你们打到哪儿，我们就要到哪儿去！"总之一定要跟着解放军走！

那个时候还没有义务兵役制度，他们就主动地报名参加志愿军。后来的很多典型人物，都是在西南剿匪中带出来的新兵。都说我们45师的兵能打硬仗，英雄多，这其中也包括了少数民族的战士，如从贵州走出来的英雄就有刘兴文、易才学、戴荣华、龙世昌等，这也是我们部队一个突出的特点。像苗族战士刘兴文，他就是那个时候参的军。参军时他年纪很小，1950年12月才16岁。不收他，他就哭哭啼啼的，反正你走到哪儿，他就跟到哪儿。当时看刘兴文，确实很不像样子，年龄小，个头也不大，抗美援朝能干什么？但是他对大军感情很深，人很朴实，说一就是一，说二就是二，又很聪明。本来苗族人就懂一些汉话，我们的话他也学得很快，班里、连队对他都很疼爱。最后134团7连就把他收下了。那时7连60炮正需要副射手，就让他当个副射手，扛个炮弹什么的。他就这样跟着志愿军抗美援朝去了。赶到朝鲜的时候，第一次战斗他没有打上。而1951年第五次战役第二阶段，他才17岁，就成为英雄了。那小鬼呀，你不要看他瘦小，非常可爱，学习劲头很大，学打仗，不怕苦，确实体现了那个口号，"一不怕苦，二不怕死"。

不怕苦，是因为他是穷孩子。我们去云南、贵州的时候，那里遍地种的都是罂粟，老百姓连盐都没有，那真是个穷地方。这里被国民党压榨到什么程度呢？一家子里有一床被子就算很不错了，有的连衣服、裤子都没有。我们剿匪进军过程中，战士见到这里的孩子们都看不过去了！还是姑娘啊，连条裤子都不穿，就用块布挡着。刘兴文是习惯了，他领着大军过的时候，他了解这些情况。

我们部队经过两广战役,等到进军西南的时候,虽然东西不是那么多,但多少还有一点剩余。战士们看不过,就把自己多余的裤子拿出来,给了那些没有裤子穿的姑娘,十七八岁的姑娘没个裤子穿,实在不像样啊。我至今记得贵州大山上的小孩,身上什么穿的都没有,就是一堆柴,拢上一堆火,站在那儿光着屁股欢迎解放军。

当地的群众充满着对子弟兵的热爱,为大军送来茶水

从贵阳出发,经过毕节,走到昆明的时候,部队就把几百件的物资,还有其他的东西拿去救济了当地的老百姓。这在群众中的反响是很大的。

老百姓喜欢吃四川的井盐,但平时很难吃到。解放军来了,就把带来的海盐给每一个人分那么一点。群众很兴奋,特别是苗族群众,弄一点盐巴就舔,回去就点起篝火,举着火把,围着盐又是跳舞又是唱歌。到剿匪时,四川就已经恢复供应井盐了,部队把那些坏头头一打,把盐巴救济给群众,大家一吃盐,就想起这是大军的恩情啊。

这些情况,刘兴文都看在了眼里,所以他坚决要跟着部队走。当时群众报名参军非常踊跃。本来那个时候不一定非要收那么多兵,况且只是16岁的孩子嘛,但是他始终坚决,最终部队就收下了他。

再说那个易才学,他也是个英雄,是毕节分区的。易才学讲话讲不清楚,但心里比谁都明白，也很会做工作，1950年就把他提成了副班长。

这些典型基本情况与刘兴文一样，要不是参加抗美援朝，他们始终走不出他那个村子。那时他们还都是小孩子，走出村子，到镇子里一看，就禁不住感叹："啊？还有这么大的地方啊！还有那么多的人呐！"像毕节，那时候不过也就是几千人不到一万人的一个小地方，可一看到外面镇子上的房子，就感觉到了不得了啦。看了两天，又把他们从贵州带到川南，带到重庆。一到重庆，孩子们更长见识了，都说："哎呀，我们的国家这么大呀！"

是呀，重庆这么大，一坐上轮船到了武汉就更了不得了，尤其是从武汉坐上火车，他们特别高兴，从来没有坐过火车，只听我们讲故事的时候常说"火车不是推的，大山不是垒的"。他们这一看，火车头拉着那么长的车身，浩浩荡荡的，刘兴文他们那些贵州兵就算起来了：几节车厢就是一个村子，一列火车的人数等于他那一个县多少人口。这可真是一个乡村一火车拉上就搬了家，所以他们都说是"村庄大搬家"嘛。上了火车再沿途一看，又是大烟囱又是房子，再一看平地过去是山地，走着走着山就没了，一看吧，再找大山，又是平原了！这一来他就知道，我们的国家这么大。所以，虽然参军时间很短，但耳闻目睹，他们的思想觉悟提高得特别快。

毛主席常讲啊，"一张白纸"能画出最美的图画。穷苦人就像一张白纸。那时我们国家还很穷，但"穷"却"能画出最美丽的图画"。西南出来的这批兵，虽然没有文化，入伍前连裤子都穿不上，没有盐巴吃，都是苦孩子，但是他们来到部队之后，思想改造的"图画"画得是最好的。为什么四川、贵州出的英雄那么多呢？这就是一个原因。

部队把他们带出来走走看看，再让他们联想和对比：为什么你没有盐巴吃？为什么你没有裤子穿？是蒋介石、国民党、地主残酷剥削的。为什么会这样呢？美国人支持他们，他们的后台老板就是美国。这一来他们就把过去的痛苦与对美国的仇恨一下子挂起来了。那么多年，他们没有盐巴吃，想种地，可种的都是鸦片烟，鸦片一收，全被地主、恶霸弄走了，农民整日辛劳却是一无所有。

以后我们就拿刘兴文做例子，从他出国到朝鲜讲起，有意对比他在国内的亲身感受。从天津到东北，咱们国家是越走越看越像个样子。特别到了安东，现在叫丹东。鸭绿江这边，咱们的电灯通明，过去日本人完全是按照经纬线来修建的房子，虽然不高，但却很整齐。我们战士，只要到了一个城市，四处一看，就能感觉到祖国的美丽、家乡的美丽。可是一过鸭绿江，对岸就是一片黑暗，电灯都被打掉了，再往前走，就是炸弹坑。所以在情感上我们的战士是痛恨美帝，痛恨国民党的。他们思想中本来就有解放家乡、翻身做主的渴望，看到国家这么好，要是被美国占领了，那是绝对不能接受的，于是保家卫国的热情就上来了，非打美帝不可！他的阶级仇恨很自然地又和民族仇恨结合起来了。

在当时那个历史条件下，国民党要是想整死他们中的一个人，那确实是很随便的事。比如，在贵州、四川，"官占平"——好地平地都是官家的；"民占坡"——那说的是坡地归汉族；苗家呀、彝家呀，就占那个山窝窝——那个山头才是少数民族的。地主整死一个奴隶就等于捻死一只蚂蚁一样。可是到了部队里，他们的地位就提高了，从班里到连里，甚至到团里，刘兴文都受到爱护，这是他一辈子忘不了的。穿上新军装，他把那个评价为"里表新"，都说不光是他这一辈子，就是他们祖祖辈辈也没有见过这样好的衣服。以前只是见过一些枪，现在自己领到枪，就把它当作命根子。当时刘兴文小，叫他扛炮弹，他高兴得不得了，所以大家觉得他尤其可爱。朴实的感情到了一定程度就成了"朴素的阶级觉悟"，这种思想逐步走向自觉，就有了阶级觉悟的提高，完成什么任务都不怕死。这些四川兵、贵州兵就有这个特点。

刘兴文因为个子很小，班里爱护他，背弹药能背多少就背多少。但是这个孩子很聪明，在第五次战役第一阶段，他就积极地想着承担任务。在第二阶段的时候，主要是8连打的，他所在的7连也打了一下，他很勇敢，但总感觉到没有亲手打过敌人很不过瘾。

部队往回收的时候，刚回撤到芝浦里附近，上级命令我们部队停止前进，要准备阻击敌人，而他们134团就负责在朴达峰这个地方阻击敌人。我们部队是在行军途中仓促转入阻击的，敌人来势很猛。在我们部队展开的过程中，美25师就围攻过来了，有一个营甚至搞到了我们主阵地中间。他们一个排在那儿阻击了大半天，有一些伤亡。

有一个战士叫赵金平，身材高大，比刘兴文高出一头多，也是贵州籍。赵金平是毕节那

洛东部的首长给刘兴文戴上军功章

个地方的，他也是奴隶出身，但因为他是汉族，所以从家里走出来时，他比刘兴文了解的情况更多一点，他在部队成长很快，是一个重机枪射手。

当部队反击打下一个阵地以后，阵地上就剩下了赵金平和刘兴文两个人。60炮已经没有弹药了，而赵金平的重机枪正缺一个副手，于是他就让刘兴文做了他的副手，临时教会刘兴文装子弹等技术，这孩子平时有些基础，很快就成了一个合格的重机枪副手。

头两次敌人冲锋，赵金平都是在敌人接近时才开枪扫射，把敌人打下去。刘兴文身边还有几颗手榴弹，等敌人再次进攻时，他连续扔出手榴弹，与赵金平配合再用机关枪把敌人打退了。到第三次敌人冲上来时，赵金平就对刘兴文说："你也试一试吧。"就那样，刘兴文用重机枪扫了一下子，亲眼看见打中了敌人，他特别高兴。随后，敌人再没有冲上来。就这样，他们坚守两昼夜，打退敌人11次进攻，把朴达峰下面一个敌人必经过的小山头牢牢地守住了。后来两个人都立了功，因为刘兴文更突出一点，所以他立了一等功，赵金平立了二等功，这结果也是赵金平主动推荐的，他说，刘兴文在战斗中起了很关键的作用。由于刘兴文表现突出，像这样的新战士又很多，所以志愿军和兵团都赞

成把他评为二级战斗英雄。评了英雄以后，他就代表志愿军回国参加学习和慰问活动去了。

到北京的时候正是1951年的10月1日，他参加了国庆观礼，见到了毛主席，还有贺老总等部队首长，这是他一辈子从未遇过的事。哪想到能见到毛主席，见到贺老总呢？

刘兴文的脑子特别好，那个时候也学了一点文化，虽然不会写，可脑子里却是书画并茂，装着一篇一篇的感受。因为刘兴文是苗族人，所以大家就亲切地称呼他"苗族的英雄"。他参加归国报告团并作为代表到西南地区。组织上用飞机把他接到重庆，以后又送到贵阳，随后又用汽车把他送回家乡，他代表志愿军在西南各地报告前线作战的情况，慰问苗族兄弟姐妹，他的报告对当时家乡的苗族人民支援抗美援朝运动起到了极大的推动作用。

他回到部队谈起这一段感想时说，这个荣誉是全国人民给的。他还计算着，他家那房子值多少，他家的地值多少，加上他家里喂养的猪、鸡，加上那些箱箱柜柜，都卖了也买不了一张飞机票。他很会说，说的也很实在。他那时也不知道飞机票到底是多少钱，反正坐了飞机嘛，在部队里一宣传，影响面很大。刘兴文，个儿那么小，一个60炮副手，背炮弹的，居然能打重机枪，他作为英雄典型到了29师、44师和45师各个部队，那时部队的新兵人人都知晓——苗族英雄刘兴文很能打！

刘兴文是在1951年国庆前夕作为志愿军代表回国。到上甘岭战役以前，也就是85团和134团交接阵地9月份的时候，他回团里做汇报，完成任务返回前沿阵地途中被敌人炮弹击中，就那么牺牲了。

上甘岭战役开始之前以及战役过程中，45师阵地到处都是"为刘兴文报仇！"的呼声，这成为各个连队自发提出并能极大调动战斗情绪、鼓舞斗志的一个口号。刘兴文是那么可爱的一个兵，牺牲在朝鲜战场，所以提出这个口号也是很实在的。从西南剿匪过程中选拔出来的战士里，刘兴文的确是很有代表性的一位战斗英雄。

部队集中了来自五湖四海的优秀儿女

那时候我们这支参加抗美援朝的部队——即曾进军到西南的部队,集中了全国的优秀儿女。有老解放区的战士、老工人,有打淮海战役时参加进来的中原战士,有渡江作战中沿途各个省参军的农民兄弟,还有被国民党军队抓去、对国民党十分仇恨的解放战士。大家就这样一齐补充到这个部队里。所以说这个部队的兵源很充足,各种人物都有。

45师下辖的133团、134团和135团打过长江以后,在江南补充了一批解放过来的战士。打淮海战役消灭了国民党主力部队之后,部队天天行军,天天打仗,这些解放战士中有不少同志立了战功。渡江以后再行军作战,就都是在新区了。

新兵不断补充进来,机关就想着怎么尽快能把这些战士培养成为革命战士,在这方面我们干部政治工作做得很突出,他们发动群众,做群众工作,其中有些干部就是在这方面立的功。这样,当部队到达西南,组织报名参加抗美援朝的时候,全国优秀儿女自然而然地集中在一起了。单从部队的组成分析,老的——解放区的老战士、老工人;新区——新解放区的一些农民;新的——被国民党部队抓去当兵又解放过来的。当然并不能说完完全全都是共产党员才能叫优秀儿女,就是这个组成,也同样是优秀儿女的集中。大家的经历本身就是一部历史,一开起会就能看出来。来自新区参军的战士,人人都有一本血泪史;从蒋介石那个军队里解放过来参军的,也有他的一本历史;华北的、华中的,各个地方的战士也都有自己的一本历史。一个连队的战士聚集在一起来谈历史,几乎各个地区的人都有,这也就反映出大半个中国的真实情况。这就是"五湖四海"嘛。来自"五湖四海"的人民军队,概括了我们这个革命队伍不分彼此;五湖四海的英雄好汉集中在一起;这个"五湖四海"中,又集中了五湖四海的先进人物。为什么要当兵?实际上当兵就是要天天经受战争的考验,没有坚强的意志品质是吃不了这个苦的。

1950年3月,第15军44师与兄弟部队配合,解放了西康省重镇西昌,拔掉了蒋军在大陆的"最后一颗钉子"

我们部队中还有一些老骨干——红军时期、抗战时期的老骨干。他们了解的历史就更深更远了。那个时候抗日战争时期的老战士不多了,他们中多半被提升为干部,当然也有些抗日战争时期参军、但仍然在下级单位工作的干部,像连、排还有一些,但也都是骨干力量。

大家能走到一起是因为部队从华北打到华东、华南,又打到西南,征战万里将四海的战士合聚在一起——渤海、黄海、东海、南海都有;至于五湖,加上老红军,那就是五湖的干部都有了。聚集在一起的还不仅是这些,一路不断扩大,从黄河、长江一直到珠江。从解放战争这几年征战的历程来讲,我们的战士们就都是一部"长征史"嘛。如果是"两万五",那么实际从解放战争走过来的路程就不止两万五了,老早就超过两万五了。如果连到朝鲜的这个路程都算起来,那就更多了。所以战士能从自己的战斗经历中体会,打到什么地方,如何去处理军民关系、上下级关系等,这些都是很得心应手的。

这样一来,15军部队里各个时期的人都有了,尤其是一些从红军时期、抗战时期、解放战争时期过来的老骨干,他们都是亲身经历过各个时期战争的,对日本帝国主义以及美帝国主义的侵略本性有深刻认识。如果从历史上讲,这些干部骨干又是半部中国革命史,像29师部队的老领导陈再道,他是参加了大革命的;像当时组建这个部队,陈赓就积极地要求带部队出来。他们都是大革命时期的骨干。横着看,这支队伍来自五湖四海——各方面的人物都有,纵着看,从部队革命史来讲——各个时期的骨干都有,这些干部骨干又是半部中国革命史,这就形象地概括了中国新民主主义革命的几十年。部队参加抗美援朝的时候,就是这样的组成成分。

后来抗美援朝报名参军的战士,他们的觉悟也很高。参军时,他们就有着朴素的阶级感情,到部队这个熔炉里一炼,进步特别快。为什么大家对抗日战争结束、解放战争打败蒋介石以后又连续参与抗美援朝作战这个问题认识能这样高呢?其实部队本身就是这么一部活生生的历史教材。

这样分析起来,纵横的历史就都概括了。人们常常把我们这个军队比作长城。长城,它就有牢固的基础,讲长城那就是几千年了;讲这个军队,从组建这个军队——红军时期、抗日战争时期、解放战争时期,一直到抗美援朝时期,部队在各个历史阶段都留下了深深的痕迹。就一个连队而言,全国各个地区的人都有,这就印证了我们常常讲的"五湖四海"。那个时期的部队可不像现在这个部队,一补充都是一个县,一块儿一块儿的,那个时候的部队才是真正的"五湖四海",老骨干都是一代一代的,相互之间不分我是哪一个军的,或者是哪一个方面军的。当然,从15军的成分看,四川人多一些,因为那时部

五湖四海的优秀儿女"抗美援朝,保家卫国",奔赴朝鲜战场

祖国赴朝慰问团团长贺龙元帅（左三）与参加上甘岭战役的45师部分志愿军英雄的合影。（后排右一特等功臣二级模范陈振安；右二特等功臣赵毛臣；左二特等功臣二级战斗英雄王彦林；左一一等功臣陈德清；前排右一特等功臣二级战斗英雄崔含弼；左二特等功臣二级战斗英雄易才学；右二特等功臣、二级战斗英雄邓彰德；右一一等功臣王仕佑）

队最后解放四川。四川解放晚些，15军出川的时候报名参加志愿军的人就特别多，又都是从优中选优，所以抗美援朝保家卫国，四川的英雄人物就特别多。

以我们整个部队讲，一般都是最后解放到什么地方，什么地方的人就特别集中。至于骨干，按数目来讲，部队从华北到西南走遍了全国的很多地方，所以大半个中国的人就都有了。即使是一个地方的人，也是一代一代、一茬一茬的。战斗里因为流血牺牲减员，加之有的调出去担任其他的工作，这样就形成了骨干不断地对流——不断地进来，不断地出去。到抗美援朝时期，这个部队就是真正的"五湖四海"了，真正几个革命时期的骨干都有了。

部队就是在这么个形势下带出了四川来的"优秀儿女"。可以这样讲，"优秀儿女"这四个字对于抗美援朝的部队来讲是很恰当的，其他志愿军大体也是这样子的部队。确实可以用这四个字概括我们军队的忠贞，而且是恰如其分——"优秀儿女""五湖四海"！部队本身已经是各个时期的领导和骨干所组成，再加上有觉悟的工人、农民，就是这样子的一个部队组成志愿军走出四川的。

警卫员杨金柱,确实是一块"金子"

我那些纪念章里还保存着杨金柱的一些纪念章。我的警卫员杨金柱是河南滑县或什么地方的人,我们后来问了那个县,也没找到他的老家。他的老家到底是哪里?他的父亲、母亲叫什么?什么时候被卖给那一家的?他自己都不知道。他还是个孩子就被买来做人家的养子,所以,他一直不认这个家。买他的那家人给他娶了个大老婆,比他大得多,所以只是名义上的。后来他就跑了出来,碰到国民党队伍里的一个连长。开始他给这个连长当勤务兵,连长的太太又整他,整得很厉害。所以他个人的历史虽然不长,但从他记事起就是很悲惨的。

这个孩子很小,算是登封战役里解放过来的。我们的保卫科长史本龙在了解情况的时候认为这个小鬼很好,于是他就做了一些工作,把他留到了政治部当通信员,一面工作一面再考查。果然这个通信员干得很不错。以后保卫科认定这个孩子表现很好,就在淮海战役的时候带着他参加了战斗。他是解放郑州以前参的军,到郑北战役消灭国民党郑州部队40军的时候,我们是在郑州以北、离郑州不太远的地方搞伏击,有意识地带他参加了这次战斗。战斗过程中这孩子很勇敢,回来以后保卫科认为这个孩子不错,就把他留在了科里。

我们进军西南的时候,保卫科长就把他介绍给我当警卫员,说:"这个孩子很好,主任,你带上他吧。"于是,我就带着他到了昆明。到昆明以后,他工作不错,也很爱学习。抗美援朝的时候,43师留在了云南。我从43师调到45师去工作,就带走了两个警卫员,他是其中之一,就跟着我抗美援朝去了。

这个孩子在我们身边,我们的所作所为对他有很大影响。我们也很注意教育他做一个合格的战士。因为他年纪很小,家世又这样悲惨,因此,我始终把他当成一名革命战士,而不是作为一个服务人员来对待。

聂济峰将军亲手为杨金柱烈士写下的生平,并为烈士珍藏的中国人民解放军胸章和四枚军功章(淮海战役、渡江战役、解放中南、解放西南)

我们到了朝鲜以后就处在战争环境中了。那时候也没有汽车,走路比较多。开头还有个牲口,可以多带一点儿干粮,或者多带一点枪,起码有两三支,行动也比较方便一点。相比起来,他在我们身边比在连队感觉轻快得多,他想下部队去锻炼,我们就说他年纪还小,才17岁,还不满18岁嘛,以后还可以下去。

那时行军,部队虽然给我配有牲口,但我历来很少骑。入朝以后,4月20日进入第五次战役第一阶段,这次44师和29师是并排着攻打,45师的任务是在44师的左翼跟进,到了纵深里,45师就不再向前发展了。敌人边打边退,退得比较快。因为他们接受了前四次战役的教训——只要让志愿军揪住了就会被吃掉。所以他们坐在汽车上,打一排枪,开着汽车就跑,还有大炮掩护他们撤离。我们跟进也很快,一下进到议政府东南、汉城东北还有20公里的一个地区,到那儿以后我们就有了迟疑——要不要到汉城?要不要打汉城?因为原来我们接受任务里并没有进汉城的安排。当时就用报话机与志司、兵团、军里联系,请示我们下一步的行动。与兵团联系上了,请示兵团:"我们部队怎么行动?"答复我们:"原地停止,可以派一个小部队到汉城去侦察一下。"

这个意思我们一听就明白了。在原地待命的过程中,敌人的炮打得相当猛烈。当时我们正在研究怎么处置这个情况。我们分析,原地待命可能有几种情况:一是可能赋予我们继续战斗的任务,我们应该有所准备;二是,如果部队再前进,那一定会有新的作战部署;三是,行动前上级有过交代,第一阶段的作战已经到了第五天、第六天了,到第七天我们背的干粮也差不多没有了,也可能是需要补充作战物资。

正研究着,敌人的飞机对我们师指挥所开始了轰炸和扫射。敌机轰炸其实也没有目标,就是狂轰滥炸。志愿军第三、第四次战役都打过汉城,议政府那个地方是反复攻打了两三次的,以前老志愿军曾在这里挖了一点小的掘开式的坑道和工事,所以我们师的临时指挥所就设在这个工事里头。

那时刚研究完情况,其他同志都走了,只有我在,因为我负责与各个单位电话联系,安排任务。不久前电话刚刚架通,我正在说话的时候,敌机就不停地连续扫射。那个工事的顶端比较薄,敌人扫射的机枪弹药很厉害,顶端的土层根本就防不住。当时我的身子是斜着的,那个坑道上面有一个战士,下面有一个战士。瞬间几发子弹就从我的侧面打过去,我在上面,孩子在下面,当时就中弹了。可是中弹以后他并没有吭气,只是说:"首长啊,你注意一下啊!"我问他:"你怎么样?"他说:"我没事儿。你接着指挥吧……"我也就没再注意他,一直在电话联系并下达命令。孩子说了这么两句话以后,始终没有再吭气。他当时盖着被子,因为部队从连川过汉滩川,已经连续支撑了三天三夜,人都很疲劳,我以为他睡着了,等师长的警卫员来了以后,我赶紧让他到下面看一看(师长警卫员与杨金柱都安排在坑道下面),他当时一看,发现两发子弹打到了他的肺部,流血过多,已经不行了,金柱儿牺牲了。

警卫班的同志们都很爱他,师长的警卫员和警卫班里的其他同志一起把他整理了一下,就地埋在那个地方了。实际上当时抗美援朝,保家卫国,大家也都早有这个思想准备:仗打到什么地方,白骨就掩埋在什么地方。只要埋到朝鲜,不论哪里,都是光荣的。哪想到一转眼的工夫,他的尸体就埋在了那里。

我们这个警卫班里,警卫员的名字都挂个"金"。师长的警卫员是班长,叫金贵儿;参谋长的警卫员叫金全儿;我的警卫员杨金柱,叫金柱儿。在朝鲜战场,美军打掉了我们的一块"金子",确实是一块金子!这个孩子在渡江作战、两广战役中表现都很突出,是个好孩子,好战士!

至今我始终记着那个山的山脚下,只有半屋子那么长的一个掘开式的小工事。杨金柱,一块"金子",埋在了那里!

警卫员杨金柱,他的家乡在河南,可能是河南滑县。战后,我一直挂在心里,反复询问追踪,也曾问到了那个县,但始终没有找到他的老家,也没有找到他的父母。为了纪念他,我很珍惜地保存着杨金柱的这四枚纪念章。

在部队和许多老前辈多年不懈地努力下,1980年代末,终于寻找到埋名隐姓的志愿军一级战斗英雄柴云振同志。聂济峰将军在会见老英雄柴云振时,郑重地将自己多年保存的警卫员杨金柱烈士的其中三块纪念章(淮海战役、解放中南、解放西南)赠送给柴云振同志,并告诉他:"这也是一位战斗英雄。他是个孤儿,从小受苦,打仗很勇敢。在第五次战役中,牺牲在朝鲜。那时,他也就18岁,尸骨就埋在了那里。记住这位英雄——杨金柱,他是一块发光的'金子'。"赠送柴云振同志纪念章的仪式曾在四川岳池县当地报纸作过报道并刊登。本图为当时赠送仪式结束后,聂济峰将军与柴云振同志的合影留念。左起依次为:柴云振、聂济峰、聂济峰夫人吕连瑞、军事学院院办刘永录秘书

黄继光妈妈,可敬可爱的志愿军母亲

那时候四川保证,要送最好的战士去抗美援朝,像黄继光这样的战士就是跟着我们队伍从四川出去的。像黄继光这一批新战士,又与刘兴文他们那一批不同,刘兴文这一批那是重在志愿,到黄继光这个时候参军,就不一样了,除了自己志愿去当外,还得经过地方政府严格挑选,挑了又挑,拣了又拣,优中取优。

黄继光那时个儿不大,他比刘兴文高不了多少,所以从身高来讲就不符合当兵的条件。在过秤的时候,黄继光装了一点石头,量身高的时候,他脚丫还垫着。征兵的人被他参军的热情感动了,算是破格录取的吧!像抗美援朝涌现出的英雄黄继光、邱少云等,他们这一代人,真正代表了四川的优秀儿女。

黄继光牺牲以后,他母亲没有去朝鲜。牺牲的三位烈士黄继光、孙占元、邱少云,他们的灵柩被同时运送回祖国,并安放在沈阳烈士陵园。人民为他们修建了三座纪念碑,作为永久的纪念。那时四川省政府就把黄妈妈送到北京来了,黄妈妈参加了在北京举办的第二次全国妇女代表大会,毛主席第一次接见了她,表达了领袖对英雄母亲的敬意。以后黄妈妈还参加了国庆观礼,毛主席又多次接见了她。

那个时候,贺老总把黄妈妈接到了重庆,黄妈妈叫邓芳芝。1953年我回国,到重庆才见到她。我们握手的那张合影就是那时拍的。

志愿军第15军45师政委聂济峰(右一)慰问黄继光烈士的母亲邓芳芝(左一)

在重庆，我真实地感到，黄妈妈确实是志愿军可亲可爱的妈妈。志愿军妈妈的作风在她身上表现得很突出。她见到了我，有人向她介绍说："这是黄继光部队的政委。"

她听到以后，对我们特别亲，又尊重，又亲切。她的年纪比我稍大一点。

黄妈妈有两个儿子，黄继光是老大，黄继恕是老二。黄继光牺牲后，她决定让黄继恕参军，继承他哥哥未完成的事业。这以后，组织上就把黄继恕送到了部队。黄继恕参军后也到朝鲜待了一段时间。

祖国慰问团雪中送炭，五圣山阵地情绪高涨

说实话，战役过程中，传达联司、志司、兵团对作战部队的嘉奖、鼓励；第二届赴朝慰问团五分团亲临五圣山前线，把慰问品送进坑道，表达党中央、毛主席和祖国人民的关怀；战地金化、淮阳人民组织的千人轰不垮、炸不乱的担架队伍，朝鲜妇女儿童设立的茶水站、苹果站，以及他们对志愿军伤员的精心照顾，等等，都使我们参战部队的官兵深受鼓舞。

祖国慰问团到前线慰问志愿军官兵，兵团首长很会做工作。本来上甘岭战役打起来了，我和王新就应该尽快回去，况且兵团首长已决定上甘岭战役准备马上投入29师参战。但那个时候王近山和杜义德却把我们找了去，不仅谈了前线作战的情况，还特意叮嘱我们留下来参加完祖国慰问团的慰问会再走，并专门叫政治部同志设法把慰问品的样品交给我，让我带到前线。为什么？一个目的，就是把祖国对前线志愿军的慰问及慰问品尽早地带到作战部队。

第二届赴朝慰问团第五分团到了前线以后影响特别大。当时那个慰问团的成员有文有武，虽然是慰问团，但也有解放军的代表，还有一些经过南征北战的地方干部。他们听说上甘岭打起来了，而且打得那么热闹，都很兴奋，就要求前去45师慰问。考虑到前沿炮火确实比较厉害，为了保障慰问团的安全，最

后经过兵团和军里商量，就在他们第五分团组成了一个慰问组，准许他们上五圣山。本来要按直线走的话，到五圣山去也就是个20公里左右的路程，我们带领他们步行上去，走"之"字形，这样他们上五圣山行走的路程就比较远了。军里为了照顾他们，先用汽车把他们送到山前，然后再步行上去。因为那个时候，我们已经基本掌握住敌人炮火封锁的规律了，这么做也是为了选择一条能完全避开敌人炮火封锁的路线。

当时敌人正要打五圣山，慰问团的同志确实很关心我们一线作战部队，他们对情况了解得很清楚，不顾战火纷飞，要求上前线慰问，坚持非得往前走。军里下了命令，让我们要绝对保障慰问团同志们的安全，所以只能到五圣山，再往前去就会有危险了。

慰问团的同志来前沿早了一点，此时正是坑道作战最艰苦的阶段。那时候前沿阵地涌现出像黄继光这样的英雄人物已经不少了。慰问团到了师里，我陪同他们半天，介绍了部队的一些情况。他们要求到前沿阵地，并分成了好几个组，力求凡是能够到达的地方，尽可能地前去。慰问团成员里也有解放军，我就让政治部组织了一下，把当兵的护送到五圣山上，其他的护送到后方搞慰问活动。但地方同志就不干，于是也就抽调了几个地方上的同志上了山。

祖国人民慰问团慰问上甘岭的第15军45师官兵

我们告诉慰问团的同志，真正起作用的虽然是前方，但是后方支援也是特别重要的，为了满足他们的愿望，我们请慰问团挑选了他们中间一些年轻力壮的成员，又组成一个分组，派到五圣山后头，慰问炮兵阵地和医院等后方人员。那里敌人的炮打得比较少一些。

慰问团的同志认为能够上五圣山是很光荣的任务，是代表党中央、毛主席，代表祖国人民去慰问志愿军战士。他们亲赴前线慰问官兵，起到了无可估量的作用。在祖国慰问团的鼓舞下，我们前线的战士们就讲了："五圣山后通北京！""五圣山就是我们进入中国的大门！我们在这里战斗就是为祖国看好大门！""北京派来了亲人，慰问团的亲人亲临前线慰问咱上甘岭部队，这个大门我们一定要看好！"

因为他们都带了一份慰问品的样品，包括茶缸，包括烟，上面都印有"赴朝慰问团"的字样。还有印着"最可爱的人"字样的茶缸子！慰问袋里头的东西也都刻有这个字样。本来前沿坑道里头一谈到"祖国"两个字，大家心里就热乎乎的，这一见那些祖国来的东西就更高兴了。把慰问品送到一线坑道、炮阵地、观察所，极为亲切地传达了祖国人民、党中央、毛主席的关怀和慰问，每一位战士们拿到慰问品都是备受鼓舞！黄继光所在连是135团2营的，他们坚守的坑道里，过去能看到的烟盒多半是"大前门"，而这次慰问团送来的都是"大中华"，那香烟纸盒的包装上印有天安门的图样，于是他们就把"大中华"上的天安门图案一个一个地收起来，整理好，作为热爱祖国的实物，并将它们布置在坑道里头，战士们把这些天安门图样当作祖国的象征。要知道10月23日、24日、25日这几天正是坑道作战最艰苦的时刻，祖国慰问品送进来，我们的战士们得到的动力可想而知。

因为慰问团首先是代表祖国，代表党中央，代表毛主席，代表各大单位和各个民族的人民群众，他们的慰问很深入。

这个第二届慰问团五分团是西南组织的，西南的那一些代表差不多都留在后方了，有四川人，有贵州人，也有云南人。我们部队那时候四川兵比较多，贵州兵也比较多，所以他们所到之处讲土话，那才是真正"老乡见老乡，两眼

坚守坑道的战士们正在读祖国人民寄来的慰问信

泪汪汪",见面就流泪,走到哪儿流到哪儿,这一流泪,好多的感情也就流露出来了。

我们的炮兵阵地在朝鲜村庄附近,恰恰又是朝鲜人民支前的重点,他们在这儿也有防空洞的洞口,人家一见这个情景就说:"一见面都是哭,中国人都爱哭。"朝鲜妇女也跟我们开玩笑,但是她们知道老乡之间的感情就是这么纯真朴实。特别是女同志,见面以后流起泪来没个尽头,所以说慰问活动在做情感工作上的效果比我们做的实际工作不知道大了多少倍!

另外还有中央发来的慰问电。那时是1952年,慰问团把祖国建设的好多故事给志愿军官兵做了详细介绍,其中对这三年里我们所取得成绩的介绍,特别是对四川的介绍,那听起来就更感到亲切了,所以无论慰问团成员走到哪儿,那儿都会形成一个一个空前的高潮。战士们表示:"要以实际行动来感谢祖国人民的关怀;要向党中央、向毛主席报喜;要让祖国人民听到好消息。"各个阵地上都是这样的英雄豪言壮语。

这个活动从20日、21日开始,一直到12军34师的部队上来才结束。其间慰问团做了大量的工作,又因为他们正赶上国庆节来慰问,这就使政治与实际的

一等功臣王仕佑代表坑道战士给祖国人民写决心书

战场斗争紧密地结合在一起了,由此产生的力量之大是很难用语言来表达的,那真是:祖国慰问团雪中送炭,五圣山阵地情绪高涨啊!

另一方面,除了祖国慰问团,还有一股很大的动力来自志愿军的慰问。志愿军各个机关和兵团送去了不少慰问品,还写了很多信,其中有些信写得特别好。上甘岭战役中,各个部队收到的信件,最后合起来足足有几麻袋。

当然更重要的是我们自己也将节余的物资送往各个阵地,纸烟、罐头,还有纪念品,能送的都送。部队差不多都收到了慰问品。炮兵阵地的同志都喜欢吸烟,特别是最紧张的时候,所以给他们送去的烟都是好烟,吃的罐头也是最好的。因为坑道里头最艰苦,所以炮兵又送给步兵,尤其是送到坑道的物品也是挑最好的。当然,那时作为主攻上甘岭45师,正处在坑道艰苦斗争中的部队能收到的慰问品就十分有限了。不管怎样,艰难困苦中,兄弟战友相互之间给予精神和物质力量的鼓励,还是相当令人感动的。

乘着东风,我们部队也采取了不同的慰问形式,迅速通过有线、无线电通信把祖国亲人慰问上甘岭部队的消息传递出去,并派出人员或通过上前线的人员,尽快地将祖国带来的慰问品的样品分送到坑道中各个作战单位。

兵团嘉奖45师是在10月27日。在电报前后,代表志愿军机关、兵团机关的好多东西在反击之前的二十八九日就送到了一线。

祖国赴朝慰问团五分团具体都有哪些同志去了,可以想一想,再查一查。

决战前夕来自祖国的鼓舞是巨大的,45师阵地上、坑道里、前线、后方,部队的每一位同志都在相互支持、相互鼓励,大家斗志昂扬,摩拳擦掌,情绪高涨,都在准备迎接大反击的胜利!

资料补充

把我们的决心带给祖国人民和毛主席
——坚守597.9坑道内的同志写给祖国人民慰问团的信

祖国人民赴朝慰问团全体同志：

你们代表祖国人民，带着万分热情，不怕艰苦与困难，到达朝鲜战场来慰问我们，我们知道了这个消息，是万分的高兴。但遗憾的是未能亲自去欢迎你们，和你们欢见。这个原因，你们是完全能够理解的。也是因为我们是处在战斗的最前线，想来你们是十分希望知道我们的情形，那就让我们简单地向你们报告一下吧。还希望你们把它带回祖国，转告我们的毛主席、祖国人民和祖国的母亲们！

敌人在10月14日，从各方面凑合起来一股垂死的力量，向我们作冒险的进攻，经过我们十多天的坚决反击，歼灭了敌人大量的有生力量，我们主动转入了坑道和敌人战斗。敌人虽不惜任何代价，占领了我们坑道外面的工事，还梦想着占领我们阵地的全部。但是，同志们！我们可以告诉你们，我们是中华男儿，无论如何，也不会让敌人的梦想成为事实。我们有决心和力量把……（因从坑道传出，来往转递磨破纸角漏十余字），为确保五圣山门户——597.9阵地而战斗到底，纵使战斗到一枪一弹，我们也绝不会向敌人屈膝的。

敌人占领在我们坑道的顶上，不分昼夜，不断地以手榴弹、机枪和炮弹，向我们坑道口进攻、封锁和破坏，企图闭塞我们，断绝我们。每天夜里，敌人的哨兵被惊慌所包围，害怕我们的夜袭，于是就不断地向我们坑道口抛土堆石。的确，我们处在距敌五十公尺、上下相峙的情况下，也遭受了不少困难，但是，我们想了办法，发扬了艰苦的精神，为了保卫光荣的阵地，为了保卫祖国，为了保卫世界的和平，我们忍受了和战胜了困难。

我们在坑道里，十来天的战斗生活，是紧张而愉快的，我们不分昼夜地警戒敌人和出击敌人，前赴后继地战斗在坑道里。我们的同志负了伤不下火线，如青年团员赖发均同志，在反击战斗中，连续负伤两次，不下火线，裹好伤口，继续战斗，打掉敌地堡一个，歼敌五十多名，最后他光荣壮烈地牺牲了。又如班长崔含弼同志，两手负伤后，还要冲锋，负伤共四次，仍在继续战斗，打退了敌人五次反扑，歼敌三十八名，破坏敌火力点一个……像这样勇敢顽强的事例，是不能书举的。负了重伤的同志，不但没有叫苦，而且还在请求让他们再去战斗。

我们的粮食，只有干粮，是谈不到分开早晚餐的，每人每天能吃上两个硬了的馒头或数片饼干；由于坑道被封锁，水也没法喝上，只有在尿水旁边，凿上一个五寸见方的小坑，和尿水混在一块，这个就是我们的水泉。虽然这样，但每当同志们喝"水"的时候，还笑着说："这是名茶、'甘露泉'，不，这是光荣茶……"我们还要照顾伤员同志，每天选一些清一点的煮开给他们喝。最近几天，没有了柴火，给伤员同志的开水也无法煮了，使伤员同志增加了不少的痛苦。但是他们都并没有因为没水喝而叫苦，他们是知道困难的，他们是有觉悟的，他们以仇恨压住了自己的痛苦……今天，他们吃上了你们从遥远的祖国带来的、经过运输的同志的艰苦送来的糖，他们感到了无限的快慰（糖，我们都让给了伤员）！

"除了战斗以外，我们都是说笑和娱乐，谈着我们的胜利，谈着祖国的伟大，还低声地唱着歌曲……"

除了战斗以外，我们都是说笑和娱乐，谈着我们的胜利，谈着祖国的伟大，还低声地唱着歌曲……我们的心情永远都是欢笑愉快的，丝毫没有因被敌人封锁和闭塞坑道口而感到恐惧。我们知道任务的重大，明确战斗的意义，因此，我们是完全知道我们吃苦的理由和生死的意义。我们任务是重大的，我们的生命也因此感到特别的伟大，纵使我们战死了也是无上光荣的，因此上级、党、祖国和人民和全世界的和平人民都会知道的！

今天，我们接到你们的慰问品，对我们很大感动，除了向你们致谢外，我们要以更坚决的战斗，确保阵地，彻底粉碎敌人进攻，争取最后胜利来回答祖国人民。同志们！让我们用这封信来代表我们和你们见面，请你们在回国后代表我们问候我们的毛主席和祖国人民！

五圣山597.9阵地坚守坑道的全体同志
1952年10月24日于坑道内

毛主席电报鼓舞前线，国内新闻报道战况及时有效

毛主席发来的电报对前线鼓舞非常大。

毛主席对这样规模的战斗，开腔的情况一般不多。但是这个仗打起来以后，虽然是在朝鲜的上甘岭打，但在国内，每天的作战情况周总理、毛主席他们都知道。事后我们看电报才清楚，原来每天的战报都及时地发到了国内。

国内对这些来自前线的战报主要有三种处理方式：

第一种是重要的战略部署，毛主席、中央军委都亲自发电报。比如11月7日中央军委的电报就是毛泽东主席亲自拟稿："你们对加强十五军作战地区之决心和部署是正确的。此次五圣山附近的作战已发展成为战役规模，并已取得巨大胜利。望你们鼓足干劲，坚决作战，为争取全胜而奋斗。"这个电报就很

有分量了。毛主席还将11月8日志司对15军等部队作战的嘉奖转发至国内各大军区、军兵种部队。

第二种是通过国内的电台广播。在朝鲜前线有不少新华社的记者，他们与国内信息相互沟通着。许多报社的记者，有的到了前沿部队，有的还上了五圣山，他们的报道在紧要关头，有时候也会用咱们部队的无线电发送到国内。

第三种是国内对这一些战报的处理，属于作战方面的交作战部；属于宣传方面的，经过总理点头以后就交到新华社，在《人民日报》选登。自从上甘岭战役打起，一直到结束，新华社专门连续报道了上甘岭战役的战况，包括社论、评论都是最多的。即使是一次具体的战斗，他们也会及时将报道及若干的评论发回国内。

志愿军在前线作战，祖国人民怎么能知道呢？除了报纸，最快的就是广播电台，前线的消息通过电波很快传播到人民中间。

我们的战士在前沿阵地，只要能听到来自祖国的消息，那就是最为振奋，最为难忘的事情了。

来自祖国的消息——《人民日报》发表社论，祝贺上甘岭战役的伟大胜利

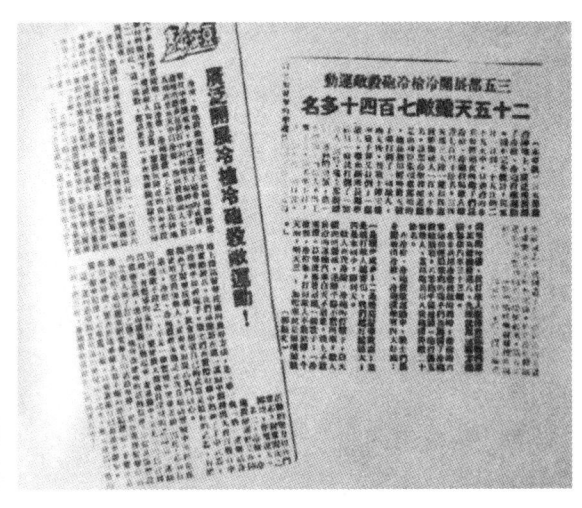

军报为部队开展冷枪冷炮杀敌立功活动发表的文章和短评

那时的朝鲜战场，还不能及时看到来自祖国的报纸。部队给我们发了些收音机，这里有时能收听到中央广播电台的广播。虽然见到报纸迟些，但军里他们也很有办法。有个《战地快报》，新华社登一个消息，广播里播送一段新闻，部队马上就能

"听，祖国又在广播我们胜利的消息了！"

看到，读到来自祖国的报道，大家都感到巨大的鼓舞。当然志愿军那时候也有小报，也报道一些战况，所以我们虽然在朝鲜前线作战，但和祖国的沟通没有断。这也是上甘岭防御作战一个尤其突出的特点。

战役后期我们看到了一些电报的文稿，其中不少都是经过周总理亲自处理的，还有一些作战部署的电报答复都有毛主席亲自签的字。

资料补充 当年媒体对上甘岭战役的部分报道

朝鲜前线金化地区敌军损失惨重狼狈已极

新华社讯 美国通讯社继续透露出美国侵略者在朝、中人民军队沉重打击下惨重失败的情形。在最近三个星期的战斗中，"'联军'所牺牲的人和所消耗的军火，已使'联军'的司令官们震惊了，而且若在最后公布全部损失时，还将使公众震惊。这三星期的战斗是二十八个月的朝鲜战争中第二次损失精锐部队最多的战斗，这次损失仅次于一九五〇年第八军在北朝鲜惨败时的损失"。消息中并且说："美国侵略者遭受惨重的原因之一，是因为中国的大炮发挥了惊人的作用。"

由于美军伤亡剧增，美国军事当局正更加急急忙忙地把美军调离前线，而驱使李承晚军队来替死。美国国际新闻社东京三日电承认："美军由于伤亡率到

一年来最高点而撤离三角山前线，大韩民国（即李承晚伪军）被调来替换他们。"据美方通讯社透露，李承晚伪军在美军当局驱使下，连日的中部前线冒险发动进攻，企图夺取被朝、中人民军队克复的几个高地，但都在遭受沉重打击后狼狈溃退。合众社自汉城发出的消息说：李承晚伪军在二日曾发动三次进攻，"但每次都被中国军队猛烈的大炮、迫击炮和机枪火力所击退"。朝、中人民军队的大炮的猛轰，"把南朝鲜军的士气打垮了，他们跑着、爬着或者滚着又退了下来"。"炮弹一枚接一枚落在南朝鲜攻击者身上，他们拼命设法寻找可能找到的任何躲避的地方"，最后，李承晚伪军不得不"退下山坡"。三日，据美联社记者伦多夫报道"南朝鲜军作最后的冲击，以便夺回三角山顶……到傍晚时分，对三角山和珍妮·露赛山的进攻都被中国军队轻型迫击炮的猛烈炮火所击退，敌军的炮火甚为准确并且来势凶猛……没有夺回这两个山头，使'联军'感到失望"。

李承晚伪军屡战屡败，损失惨重的情况，使竭力想"用亚洲人打亚洲人"的美国侵略者极为不安，尽管侵朝美国第八军军长范佛里特还在吹嘘说什么李伪军"打得很出色"。然而，美国侵略者的不安是无可掩盖的。美联社朝鲜中线二日电不安指出："南朝鲜的损失必须要认为是严重的事情，因为新大韩民国的军队是以美军为榜样，大力训练出来的部队。"美国侵略者原来期望能依靠这支赌本来代替美国军队送死。但是这支赌本却是如此靠不住，甚至连美国国际新闻社也不得不说："现在已开始看出，大韩民国似乎不能守住战线。"

这样，在美国侵略者要继续扩大进行的侵略战争中，美国和它的"盟国"的军队将只能继续在战线上无限制地消耗下去，并受到日益惨重的损失。

在朝鲜中线计划以北上甘岭附近的为时三周的争夺战中，美国侵略者和李伪军已经蒙受十分惨重的打击。美联社汉城五日电引述该社记者伦多夫的战况综合报道，再一次承认：美国侵略者"在人员的伤亡和使用的大量物资上，除了一九五〇年盟军在北朝鲜的惨败情形以外，是空前未有的。在物资消耗上还要超过一九五〇年的数目字。金化战役现在已经成了一个无底洞，它所吞食的盟军军史资源要比任何一次中国军队的总攻势所吞食的都更多"。

这次在金化以北的山岭争夺战是在十月十四日开始的。美国侵略军曾出动了大量步兵和飞机、坦克、大炮，都被英勇的朝、中人民军队打得落花流水。朝、中人民军队的强大炮火给了敌军严重的打击。美联社自朝鲜中线报道说："在金化地区战场上，中国军队大炮炮火的猛烈集中，已开始在整个战场中占优势，在中国军队这种优势的形势下，'联军'步兵已无法守住狙击兵岭。它的岩石和沙土山坡被炮弹炸成灰土，使军队无法隐蔽。""中国军队的特点猛烈的炮火及看来无限的弹药一再使'联军'的步兵陷于瘫痪。"美国国际新闻社三日电承认："美国第七师步兵曾经苦战并付出了很大的生命代价。"美军当局最后集中了"第八军的一大部分炮火"，并驱使李承晚伪军冒险进行反扑。但是，仍然遭到惨重打击，毫无进展。那些爬上山岭的敌人，都被朝、中人民军队反击部队歼灭。合众社的报道透露："有三支大韩民国军队，两支全军覆没，第三支只剩下十八个人。"这个通讯社的记者肯德立报道李伪军当时收到我军打击的情形说："南朝鲜军冲上山顶，但是一个中国士兵站起来挥舞着手臂向南朝鲜军投掷手榴弹。他几乎独个儿击破这次进攻！"在朝、中人民军队的英勇战士和强固防御工事面前，美联社二日电承认：它们的炮火作用不大，"这不能使'联军'取得三角山，甚至还不能援救邻近的珍妮·露赛山"。该社汉城四日电说：朝、中人民军队"筑成了一条钢铁防线"。

在这种形势下，侵朝美军第八军军长范佛里特在五日急急忙忙前往金化地区"视察"。然而就同一天，合众社汉城承认："精疲力竭的南朝鲜军五日被中国军队的大炮和迫击炮的密集炮火赶出了'三角山'……"在美国侵略者驱使下冒险反扑的李承晚伪军有一次遭到惨重的伤亡，狼狈溃退。

李承晚伪军固然大批的做了美国侵略军的替死鬼，美国军队的伤亡同样在大量增加。从美国通讯社发出的消息中，可以看出美军所受到的打击不下于被美国侵略军当作牺牲品的李伪军。

美国国际新闻社记者沙克尼在四日消息中报道了美军一个连被打得七零八落后的情况。他写道："战斗停止了，他们正在计算伤亡。这一连中少掉了不少人，准尉克洛盖特把队伍集合起来，看看哪个还活着，哪个死掉了……现在步兵们——那些还活着的——排起队来了，队伍里的人少得可怜，兵士们都是满脸胡须，肮脏不堪，疲惫不堪，于是点名开始了。在点名中许多人都永远不能回答了。约斯特上尉说：'没有什么可说的，他们打中了我们。大部分人都躺在壕沟里，我们必须把他叫起来战斗。时时都有大量的炮弹打来，似乎永远不会停止。'上等兵霍兰说：'我们当中有许多新兵，他们中间有许多人打死了，因为他们不知道把头缩下来。'"这条消息中引述美国官员的谈话，清楚地说明了美国士兵的低沉以及损失惨重人力不足而以新兵充当炮灰的窘态。

美联社记者巴纳德三日透露出美军侦察队统计的情况。他写道："两个在西点军校是同窗的尉官，上星期在两晚上都死了。"古柏带了二十个人的前哨队"去侦察敌军占领的山头"。"中国军队埋伏好等待着，由三面向他们袭来"，这支美军狼狈溃逃，古柏"踩了一个地雷，就被炸死了"，"其他的二十个人中，有六个死亡，十四个受伤"，也就是说全部被歼灭了。"约翰逊在第二晚带了一支前哨队去侦察同一个山头，他的前哨队也遭到中国军队的攻击，连约翰逊共有四人死亡，另有九人受伤。"

在美国医院伤兵中，受了伤的美国士兵犹有余悸地谈论着他们的惨败，反映出这支不知为何而战的军队厌战的情绪。美国国际新闻社记者哈莫夫引述了一些这些伤兵的谈话：躺在床上的李奇上尉叙述他率军"前往援救只剩下几个人的一个连"却同样被打得落花流水的战斗经过。他说："我旁边的无线电报务员和排里的中士都阵亡了，那里根本没有藏身之处，中国兵发射的迫击炮弹一秒钟一发，可怕极了。"

另一个伤兵，中士斯奈德说："当我向三角山进攻时，中国军队的大炮打得十分准确，炮弹不断落下来，士兵们应声倒地。一枚迫击炮弹穿过我的地堡顶打进来。我的背部被击中了。我们五个人被击中，一位中士被击毙。"他又说："我原是可以在本月初轮换启程回国的，但是他们留我在这里进行这次作战，为的是什么？"他说："很高兴我不再回到那里去了。"

现在金化以北上甘岭附近地区的战斗仍在继续进行，我军到十一月二日止歼敌一万五千三百多人。对于美国侵略军和李伪军在今后战斗中的命运，连美国通讯社都十分悲观，美联社二日电说：看来只是之处而已，不会有什么"收获"的。

（原载1952年11月10日《人民日报》）

新华社二十二日讯　美军和李伪军在朝鲜金化地区遭到惨重伤亡的情况，继续从美国记者的报道中透露出来。

美联社记者伦多夫十九日自金华报道说："除非将来发生某种突然引人注意的变化，打了三十七天的金化山岭争夺战的牺牲之大，是值得人密切注意的。"

由于新闻检查，不能发表具体的伤亡数字，所能报告的是："联合国军"防守狙击兵岭和三角山阵地时战况的激烈，简直与第二次世界大战时某些历史性战役的情况相仿。

伦多夫说："那些命令他们的部队重新进行冲杀的前线上的'联军'军官们，现在看到这样惊人的损失，非常伤心。那些出发时兵力都是足额的全连的部署，在今晨回来时只剩下几个少得可怜的残余，那些军官们看到这种情形简直哭了起来。

"许多战斗步兵连里，现在都补充了许多新兵——最精干最勇敢的军官和军士们都死的死，伤的伤。

"今天仍在据守着的夺得的地方，只有狙击兵岭，岭上被炮弹打得不成样子的几百码石头和沙土的阵地，以及珍妮·露赛山的一小部分，其他一度夺得的地方现在已丢掉——三角山顶全部、派克山的全部，珍妮·露赛山的大部分、狙击兵岭外围约克山的全部。"

伦多夫说："金化山岭战役的结果完全出于范佛里特意料之外，他说：金化山岭战役牺牲之大，并不能归咎于个人或任何部队……甚至不能归咎于指挥他们作战的一般上讲都很谨慎而能升任的军官们。这完全是一件由战斗的本身所产而难于预料的残酷事实。"

伦多夫说："范佛里特这次在金化地区发动进攻是经过极周密计划的，从团部到第八军总部经过各级指挥机关多方面磋商以后，才下令开始进攻，而且还特别选派美国第九兵团司令詹金斯中将全面指挥，他是一个曾在范佛里特手下随美军到希腊服过役的（指曾帮助希腊保皇法西斯政府进攻希腊人民）'老资格'的军人。"

然而，"这位'老资格军人'一上阵就打了大败仗，他把美军残部撤出战斗，将整个战斗任务交给大韩民国军（指李承晚伪军）来进行"，从而使李承晚伪军也遭到重大伤亡。

根据上述牺牲惨重的冷酷事实，伦多夫得出结论说："现在已经到了——可能已经到了——'联军'应该重新考虑他们在这个地区的战略与战术的时候了。"

（原载1952年11月23日《人民日报》）

新华社朝鲜金化前线十二日一日电　美军第七师在上甘岭地区向我军进攻的时候曾经补充了三分之一的南朝鲜兵。他们把南朝鲜兵放在第一线打头阵。并且把各种劳役加在南朝鲜兵身上。可是这样做并不能挽救第七师的失败。他们在遭受惨重打击之后不得不从上甘岭地区退走了。

据南朝鲜俘虏说：有一次，志愿军的一支夜袭队冲上了美七师十七团七连的阵地，美国兵就大喊大叫的命令南朝鲜兵出去抵抗，而自己却躲在地堡里不动。南朝鲜兵早已听说志愿军的厉害，他们一出地堡就向南逃走。躲在地堡里的美国兵急得要命，可是又不敢和志愿军交锋，他们刚跑出地堡想溜走就被冲上来的志愿军消灭在地堡跟前。

被补充到美军中的南朝鲜兵，有的是从李承晚的新兵训练所弄来的，这些人被强迫穿上一身又长又大的美国兵军装，但是他们既不愿意替美国人送死，也不懂得如何作战，有许多人连放枪都是临阵以后才学的。南朝鲜俘虏说：有一次当一个美国兵正在阵地上教几个南朝鲜兵放枪和投手榴弹的时候，突然从我军阵地上飞来一排炮弹，美国兵当场就被炸死了，那些南朝鲜兵吓得浑身发抖。他们以为志愿军冲上来了，于是都举起手来准备投降。当第二排炮弹落下来的时候，这些新兵就拔起脚来跑掉了。

美国兵把站岗、放哨、挖交通沟、筑防炮洞等劳役都加在南朝鲜士兵身上，并且监督南朝鲜兵做这些繁重的劳役，随便用枪托敲打南朝鲜士兵，甚至一直打到他们昏倒过去。此外，美国兵还克扣南朝鲜兵应得到的饼干盒罐头食品，强迫他们饿着肚子打仗和做工。南朝鲜士兵受不了美国兵的奴役，他们一有机会就溜之大吉。这些事实证明：美国侵略者企图用"亚洲人打亚洲人"来挽救其可耻的目的是不能达到的。

（原载1952年12月1日《人民日报》）

第十四章
"胜利为全军 全军为胜利"

志愿军勇士抱起炸药包,冒着枪林弹雨,冲向敌堡

秦军长送贴身部下上战场，警卫连善打硬仗不辱使命

传承老红军的光荣传统，秦基伟特别爱护他身边的部队。他的那个警卫连，选拔的都是最好的战士，配备的干部也是最好的，一旦有任务就能够直接拉上战场，能够打仗，而且仗比别人打得还要好。抗日战争时期，秦基伟在分区就与他那个警卫班朝夕相处。红军时期首长们也都是这样，仗打到关键时刻，就会毫不犹豫地把自己的警卫部队调上去，以此标志这是个硬仗，仗已经打到了相当的程度。首长把这个光荣传统从红军时期带到了抗日战争，也带到了解放战争和抗美援朝战争。

刘邓走了以后，他们带出了一部分警卫部队。组建7分区134团的时候，秦基伟又把留下的警卫分队组建起来。警卫部队有两个连，一个是红军连，还有一个就是刘邓的警卫连，这是我们部队打仗最过硬的部队，很能打！这支部队在解放郑州和豫北战场上都立了大功。淮海战役小张庄战斗，在最后解决黄维兵团的时候，就是这个部队采用"近迫作业"，也就是土工作业，一直把工事挖到离着敌人只有30米的地方。以坚固的工事与敌人展开战斗，取得了出其不意的胜利。

秦基伟把刘邓的警卫连送出去之后，他就一直带着身边这支组建起来的警卫分队。这也是个传统了，连队一代一代人在成长，也不断培养出许多优秀干部。他带去参加抗美援朝的那个警卫连，就是从华北打到渡江战役，最后打到四川，与他一起南征北战的"老家底"。

秦基伟的警卫分队不同于一般的部队，他们可以单独执行任务。在朝鲜除了日常保卫和掩护军部之外，随时要参加和执行各项作战任务。有时候他们执行的任务比其他部队还要艰巨、复杂些。

秦基伟司令员（左二）向朝鲜人民军讲述那场残酷的战役（沈芳提供）

上甘岭战役第一阶段，15军45师是单独执行作战任务。15军丝毫不放松与正面敌人展开的全面战斗，军里对44师和29师也做了相应的战斗部署，以防止敌人声东击西。

第一阶段阵地反复争夺，45师的任务是打击敌人两个师，美7师和韩2师，当然主要是打美7师，部队打得很艰苦，到10月19日，我们消灭了美17团、韩32团5个连。在这种情况下，秦基伟很会做工作，之前他就发动军直属队给前沿部队写慰问信，表扬和鼓励一线作战部队。作为军长，他最要紧的是将自己贴身的警卫连直接送到前线，以此表示他对部队最大的支持和他对战斗必胜的决心！我们真没有想到秦军长会在18日下这么大的决心，并亲自为警卫连做了战前动员。这可是他对一线部队指战员最大的关爱和支援了。面对如此残酷的战争，他的行动和勇气的确令日夜战斗在前沿阵地的指战员感动不已。

秦基伟的警卫连是4个排，一下子就抽调了两个排79个人，硬是代表军里首长去慰问前线的部队，去与前线官兵并肩战斗，这其中还有秦基伟身边最亲近的警卫员。警卫连的战士们除了带着军首长的讲话精神，还带着军首长的慰问信以及首长赠送的香烟、罐头等许多礼品。秦基伟的举动，感动了15军机关、直属队以及各个单位,他们也都请警卫连带上慰问信和礼品,送到前沿坑道里。"一切为了前线",首长送贴身部队上前线,这就是对前线部队最大的关怀和鼓励。

21日晚,他们趁着前线部队反击之后,由熟悉地形的同志带路,随着上前线的部队一起与坑道部队会合。

部队在运动中发现,猛烈的炮击已让那里的地形完全变了样。坑道口周围的土已坍塌,凹成了"井"字形,所以不大好找。带路的人领着他们找了很长时间。1号坑道口离表面阵地只有30米,山又很陡,山下说话附近都可以听到。黑夜里虽然探照灯不是直射,但敌人也能看到,再加上发射的照明弹看得就更清楚了。这时前面的人找到了坑道口,而后面的人还在行进中,敌人打起了炮,致使部队伤亡很大,将近有四分之三的官兵伤亡,终没有冲破敌人层层的封锁线,最后带进坑道里也只有20多人。

坑道里英勇的志愿军机枪手

虽然那些慰问品没有被完全带入坑道,但是军里的决心和军首长对部队的关心已经全部送给了坑道部队,这比送任何东西所起到的作用都要大。坑道8连之所以最终能坚守14昼夜,23日又抽出60个人组成突击队参与反击,夺回阵地,并重创美军17团的两个连,他们迸发的勇敢精神与秦基伟送贴身警卫支援前线密切相关。在最艰难的时候,军长用这种方式做工作是最实实在在的。如果是一个家庭,父母最亲的是自己的儿女,那么作为首长,他对谁最亲呢?当然是他身边的人最亲,警卫连的战士们就是他身边的人,他们天天站岗放哨,首长进去、出来,他们天天都会照面;行军的时候有个什么事,只要一招呼,都是他们最先跑过去。

秦基伟的警卫连虽然伤亡比较大，但在关键时刻起到的关键作用无法用言语去表达。当时部队从反复争夺阵地转入坚守坑道，并将要积极准备大反击，战斗任务十分艰巨，我们一线部队能否守住坑道？这对于决定性反击的胜利至关重要。秦基伟就是在这关键时刻派出自己最亲爱的部队，带着他对一线指战员的关怀，当然不仅仅是物质关怀了，更重要的是一种精神上的关怀。他把这种特殊关怀送到坑道里，送到战士心中，那个作用真是非同寻常！

各兵种协同配合，一切为了胜利

在朝鲜战场，志愿军的装备与美军相比还很落后，当时战场上用的还有抗日战争时期缴获日本的战利品——日本山炮，这些炮主要都用在45师和29师。战役刚开始，山炮的炮弹储备很多，虽然装备陈旧些，但用于攻击敌人步兵起到了很大的作用。等到45师的山炮打到10月20日以后，也就是战役第一个阶段结束时，炮弹也就全部打光了。再没有这种炮弹储备供应，炮兵就不当炮兵，由营长王根旭带头，参加步兵作战。以后经过师里研究，除留少数人继续在炮兵以外，以王根旭营长为骨干又组成了新的步兵连，参加步兵作战。所以之前说那"13个连"的队伍里就有一支这样以炮兵为骨干组成的步兵连队。

炮兵真是拼老命了，"有炮我就打炮，没有炮就做步兵"，所以说反击作战中炮兵的贡献很大。

师里还有个工兵连，开始交给他的任务是防坦克。当时敌人的坦克相当凶猛，有的时候竟然开到我们阵地前面耀武扬威。如何打坦克？我们的工兵就想办法，并与步兵交流了经验，他们在敌坦克可能开进的道路上布上地雷，像在下甘岭到上甘岭和阳地村这一带的道路上，工兵就用地雷布上了几道封锁线。敌人坦克开进来，我们工兵就在下甘岭打毁了敌人两辆坦克，从此敌人的坦克没敢再直接开到我们的阵地上。

发现敌人，炮手们立刻迅速将炮口对准敌人

小部队出动之前，工兵先行出发，把敌人埋设的地雷起去，使执行任务的部队能顺利通过，打击敌人

在上甘岭战役之前，部队就曾针对如何反坦克发动指战员群策群力，大家采取了各种办法来打坦克。比如用"冷枪冷炮"击毁坦克。那时阵地上的野草长得非常茂盛，于是我们的无后坐力炮的炮手就利用有利地形，拂晓以前潜伏在草丛里，等到近黄昏时，瞄准敌人的坦克狠狠打击。在597.9阵地和537.7北山阵地上，用此方法就击毁过敌人4辆坦克。上甘岭战役打响以后，可能敌坦克仍留有记忆，他始终没敢开上来。要说敌坦克如果硬是开上来，阵地上有些坡度还是允许的，比如597.9的11号到2号，还有开到7号，再往上，这些个地方也还可以上来。我们想它始终没再上来的真正原因是吃过亏，我们的工兵击毁过这些钢铁盒子，再开上来也许有些后怕！

上甘岭阵地西面就是五圣山右翼，也就是85团接134团的芝村南山，那里有我们设立的一个反坦克阵地，挖出的反坦克工事叫"梅花沟"，像蜘蛛网似的布开。10月8日，也就是上甘岭战役之前，134团在那里打了一次坦克，打得很出色，还出了个打坦克的功臣涂德川。涂德川是打广州时解放过来的一位同志，他作为反坦克手，一个人打了敌人5辆坦克，率先立了个二等功。

上甘岭战役打响以后，工兵又布设了好几道反坦克封锁线，我们有力的反坦克战术致使敌人在采取进攻时吃了好几次亏，所以它们不敢再大摇大摆开上来。

敌军配备参加上甘岭战役的坦克就有120辆,加上后续部队补充的,算起来也有一百七八十辆。但是他们的那些坦克只是摆设在敌阵地和我们阵地前沿当作火炮使用过,坦克采用这种打法对我们来说威胁显然就小多了。但是他们坦克发射的炮弹一点儿也不少。所以说上甘岭战役敌人的坦克实际上全部龟缩在后面了,只起到了一个铁碉堡的作用。

没有了反坦克的任务,在大反击阶段我们的工兵就加入了步兵,支援步兵的作战。

45师战前机关有不少人。战役打响以后,机关很多同志主动担负运送炮弹的任务,后来部队需要兵力,又抽调了不少机关人员到前线作战。那个时候师里直属连队,类似现在的警工连,就是将工兵、侦察、警卫合并在一起,但也只是几个排,其中也有机关下去的同志。当时45师的警工连除了大本营里留下个把班,其他的同志都参加了537.7北山的反击。他们比87团早上去10多天,坚守坑道20余天,时间是最长的,一直等到92团把整个阵地反攻下来时,才把他们从坑道里解救出来,最后也只回来了9个人。

我们几乎没有伤亡的有三个部队,分别是:82炮阵地、通信分队,还有宣传队。

文工团员在炮兵阵地上为战士们演出

宣传队的伤亡小，有几个原因：

一是因为宣传队的小鬼比较多，他们年纪小，虽然缺乏锻炼，但丝毫不叫苦，包括那些女孩子们背炮弹不甘落后。我们对她们还是尽可能地照顾，安排个稍微安全的地方，主要是从獐谷到五圣山的后头，所以并不需要她们把炮弹背到炮火封锁严重的阵地上去。

二是参加护理伤员的工作。战时卫生保障需要，野战医院尽量向前推，推到了獐谷的后面，前方还有师里的抢救所，设在五圣山后面。宣传队就参加伤员的抢救和护理，她们也做一些护士们的工作。只要有伤员下来，宣传队就一面护理伤员，一面收集和了解前线的作战情况，哪一个连队，谁打的，有些什么先进事迹，等等。后来他们又配合军里群工部的工作，通过担架队了解收集前方、后方的情况。

宣传队做的工作不少，他们从前线团的阵地，一直断断续续地延伸到后方医院。他们所在的那个点，既是个救护点，又是个物资转运点，抬担架、送弹药的总能带来一些情报，而且那里还有一个通信站。宣传队就在这里通过伤员以及运送物资的人了解情况，宣传鼓动。他们的人员虽不多，但接触伤员比较多，了解前面的情况也比较快，所以就形成了一支从前到后的宣传队伍，时间虽然不长，作用倒是不小。实际上每个点既是个宣传站，又是个即时情况的反映站。不断地慰问、鼓动振奋了士气，也沟通了上下关系，相互之间的关系，许多宣传队员、运输员都变成了有力的宣传员。胜利的消息、英雄的事迹、前沿坑道作战的情况等，通过他们及时宣传出去，起到的作用是蛮大哩！

当时负责师里宣传队的就是现在空军的宣传部长李明天，他在师指挥所里就通过各种办法和炮兵指挥所、军指挥所保持着密切联系。尽管后头人手不多，但李明天同志除了整理《快报》、整理材料，还通过我们这个指挥所和炮兵指挥所，包括通过他下头散开的基本队伍，处于迂回线路和空间地带的便利条件，把一些情报就收集起来了。他的情报有的时候来得还是蛮多、蛮快的，因为他通过以上手眼，从这地方搞到后头的敌工部门，又和审俘那地方

1991年4月聂济峰将军（左一）为《上甘岭大战》编写组的作者李明天（右一）、王精忠（右二）、李天恩（右三）讲述当年上甘岭战役的战斗场景

挂着钩。正因为他和后头便于联系，所以战斗到了第二阶段以后，《快报》出得比较快，不定期、不拘形式、灵活性强，这是《快报》的特点。在上甘岭激战中，鲜明地宣传战斗英雄，传达胜利消息，鼓舞士气，使阵地宣传搞得很活跃，这也成为战时落实政治工作得力的武器。

战时政治部，战时司令部，个个都是全面手

战时我们的政治部人员很少，除了一个副主任和李明天在，其他人都下去了，像群工处管秘书工作的只有贾继书，后来他也下去负责前后联络救护去了。

战斗打响以后，组织处长刘海江和军务部一起负责组建队伍。比如有人归入建制，他们就需要尽快熟悉情况，比如伤亡多少人，来了多少人员。战役中期，部队有伤亡，机关就需要边打边建，尽快重新组织队伍。这些都是组织

部门和干部部门的事情。那时候师里的干部部长叫阎朝山。他手下的人全部分散下去，与组织部门、军务部门配合，负责管理上阵地的连队，摸清情况，部队作战以后还剩下了多少人员，靠哪几位同志能尽快把这个连队组建起来。这一摊工作属于他们负责。这些都是战时政治部的日常工作，当然打起仗来要求更高些，掌握情况要准确，要迅速，战时就需要这个速度嘛！比如：军里给了1200多个补充人员的名额，他们将陆续到达师里，此前师里负责这些工作的部门就需要将参加组建的骨干和干部名额提前准备好，由于情况掌握得准确，组建的速度也就比较快了！

那个时候为了保障连续作战，干部部门也想了办法。我们有个教导队，平时教导队就储备了一套干部资源，这与我们到兵团开会学习是一样的。他们这个教导队除了练军事，搞训练，平常就与在国内一样，战役没有打响以前还是照样学文化。大家对学文化也是很带劲的，这样战时我们也能保存一些战斗骨干。所以在以后新组建的13个连队中，每个连队都有从前线抽到后方的一些骨干和干部，因此新组建的13个连队，战斗力并没有减弱。有的连队甚至比第一拨上阵地的部队打得还要好！比如135团的7连和134团的7连，这两个7连战斗打下来人员损失严重，一个剩下7人，另一个剩下11人，但他们下来以后又补充人员，连队仍然分别叫7连，而且这两个新组建的7连在反击过程中打得非常出色，在机动行进中，部队的伤亡都比较小。

这就是干部、组织和军务三个部门的工作。那时候，军务主要是掌握班以下骨干；组织部门是了解骨干和党员的情况；干部部门负责阵地人员配备和组建，战时这一套组织体系从师到团，上下都有配套。新兵一来，立即分配组建，各个团短时期内就很快重新组建起新的连队。新战士从恐惧到无畏，都愿意到英雄阵地争当英雄，这些细微的工作做起来有次序，工作做得也比较深入，由此保证了部队的战斗力。

新组建好的部队还要经过战前培训，根据作战实际情况，从武器使用、战术要领、技战术动作，直到思想互助、以老带新和革命英雄主义教育等都进行了全面培训。他们这一套工作搞得是有板有眼。除了传授我们部队累积的实战经验，又学习和收集了友邻部队先进的战斗经验，比如：炸地堡、阻击、夜袭、通信联络和坚守坑道，等等，通过他们详尽的介绍和培训，这一套工作就不仅是落实在重建连队的具体事宜上，就连军事训练、政治思想教育等工作都全盘地落实下来了，甚至还落实在演练战地救治工作方面。打起仗来，连队的卫生员就不够用了，他们除了在坑道里照顾受伤的战士，战斗间隙还要冲到战地抢救伤员。所以阵地上负伤以后，首先要学会自己包扎止血，再就是互相包扎止血，还要学会怎样运送伤员下阵地。战前训练的七八天，最主要的还要掌握武器的使用，学习战术，让即将上前线的战士们具备作战的本领。有了本领当然就不怕了，无畏是建立在有办法的基础上的。

战时政治部、司令部常常不分家，师里的敌工干事早已下到一线去审俘。组织、军务、干部等部门协同组建，负责好组织工作，同时也把政治思想等各方面的工作带动起来，当然他们做这些工作并不是完全自己动手，就是说，他们掌握着人才使用，只要前线有需要解决的问题，这些部门都会积极为一线部队解决实际问题，战时的政治部人人都是最好的全面手。

师里指挥所负责政治指挥的就是一个政委，一个副主任还有两个干事和一个负责宣传的同志。战时政治部人员并不多，加上宣传队约40来人。这就是战时政治部。战役打起来很热闹，消息来得也很快，政治部几条战线同时迅速铺开：组建连队、传授经验、宣传鼓动等。我们在前沿、后方东西两处设下了两个点，阵地上下来的伤员，如果是负了轻伤，做做工作，一是继续参加作战，二是留下来帮助工作。

司令部这一摊就更精干了。因为机关人员，包括负责侦察的同志几乎都下去了，所以在指挥所里经常轮番值班的一个是作训科长宋新安，他现在在信阳步校。还有一个是通信科长。另外还配备了两名参谋，其中一名是见习参谋，非常精干，加上师长、政委，也就是6位同志，这就是45师前线指挥所。

指挥所设在坑道里，条件很简陋，有多大呢？坑道里仅能放下一张小床、一张桌子、一张地图，还有几把凳子，这就是我们的指挥所。

第十四章
"胜利为全军　全军为胜利"

唐万成副师长（左一）、崔建功师长（左二）、聂济峰政委（左三）多年后再相聚，一起拉着手合影

　　放床的地方也就是公共休息的地方，只能躺下一个人，同志们可以在这个床上轮流休息一下。其他人也只能坐着啊、靠着啊休息一会儿，就是这个样子。29师张显扬、王新来了以后，我们就是加凳子了。凳子最多的时候加到十来个。指挥所一般就是这么一个形式。

　　在坑道指挥所值班的同志至少两个人每天轮换，每班还有一个参谋作为助手。四位同志非常辛苦，日日夜夜睡不好，为了保证他们不值班时能睡个好觉，允许他们喝上一点酒刺激刺激，也准许他们吸口烟。由于这一班人昼夜不停地工作，所以战时的记录，像《阵中日记》《情报汇集》等，就是他们自始至终记录整理到战役最后结束的。

　　战役开始，45师单独打了一段，以后29师部队上来，29师就将负责作战的参谋、股长组织进来，与45师一道搞好交替和协作任务。以后第三阶段大反击有三个师的编制参加上甘岭战役，31师91团配属我们，友邻部队的同志需要了解和熟悉战况，于是31师就派了一位同志，在我们前指做联络员。

　　大反击下来以后指挥所就归李德生负责，45师的师长、作训科长，还有几个作战参谋组成了一个顾问组。顾问组的同志们自始至终参加了指挥上甘岭的战役,他们对每一个情况都了如指掌,一直坚持到战役胜利结束,真正起到了顾问的作用。45师留下的通信、炮兵和保障这一套班子,也都是配合到底的。

12军参战与15军交流指挥战术,齐心协力打好每一仗

12军参加上甘岭作战,带队的人是李德生同志,他原来是31师的师长,在带领91团和93团来参加上甘岭战役的途中被提升为副军长。

我们是老战友了,原来在385旅的时候,我在保卫科,他在769团1营当营长。我们一起参加了林安战役,打林县的时候,我们是一路的!那时候有一段时间我曾代理769团的特派员,所以我俩很熟悉。另外91团的团长李长林同志,原来是我们385旅旅长的警卫员。还有一个主任,当时是385旅政治部主任的警卫员。总之大家都是熟人。李长林以后当了副师长,再后来又接替李德生的班当了31师的师长。这个干部真正是个打家,红小鬼搞起来的,虽说年纪比较轻,但是当过老红军的老警卫员,算是个"老同志"了,曾任新疆军区的副司令员。

早知道12军后续部队要来,没想到来的竟是李德生同志,带来的人也都是熟人,所以他们一到,我们指挥所里就热闹起来。我们之间既有曾经一起作战的老关系,又有今天在朝鲜并肩战斗的新关系,大家一见面,十分高兴。那时候他已经是副军长了。大家都感觉到来了副军长,带来的力量就更大了。他这个副军长不仅只管一个师,为了把仗打好,为了战役的最后胜利,出发之前他与12军军长和政委都打了招呼,也经过兵团同意,那就是12军31师全师都要参加上甘岭战役,他还把92团也带来了,并且安排34师,做他的预备队。

15军上阵地的时候,我们曾去12军学习,也参观过31师构筑的坑道。他们进入阵地时间比较早,有经验,像怎么构筑坑道,坑道作战怎么射击,怎样做好坑道的物资保障等,我们就向他们取经,并邀请他们筑建坑道最好的单位到

我们45师防御阵地上来当顾问。

记得当初构筑工事时，我们没有炸药，挖掘坑道主要就靠洋锹、洋镐。为了支撑坑道，需要钢钎，于是就自己打铁，这样各个连队都在前沿搞起了铁匠炉。没有焦炭，我们就组织起来自己烧木炭，风箱也都是自己土制的，就在这样十分简陋的情况下终于把铁匠炉这一套给操办起来。后来学习了12军的经验，就组织专门人员拆卸敌人投下来没有爆炸的飞机弹和炮弹，把弹药的引信取出来，剩下的就成了开掘坑道的炸药了。

我们两个部队之间也彼此熟悉，45师133团和31师之间的防御阵地正是15军和12军两个军的接合部，因此敌人发起进攻时，我们两家的防御阵地经常在一起配合作战。

李德生同志有全局观。他们上来就是要防备敌人从西线进攻的可能，所以他的部队机动上来，首先放到了44师的后面，然后再等待后续部队机动上来。这样一旦哪边防御阵地发生了问题，顶不住，他的队伍随时都能参加战斗。李德生同志很全面，又是位老干部，来了以后大家的关系相处很好。

荣立一等功的第93团9连战士集体合影

李长林和91团政治部主任带来的不是一个团，就来了五个连。李长林对我们很熟悉，除了要求给他交代任务以外，还提出让我们给他提供一些便利条件。

　　91团是老红军团，过去我曾在这个团待过。他们虽然只来了一个连队，但作为代表队，接受任务后，立即提出了更多的要求。首先他们急于想了解敌我双方的情况如何，仗是怎么打的，有什么经验，特别是还存在什么问题，怎么克服，怎么解决，哪一些问题解决了，哪一些还没有解决。李长林他俩就把重点放到了这里，要求我给他们做详细介绍。

　　当然我们理解他们的热情。为了尽快熟悉战场情况，他们专门把刚从前线下来的135团参谋长张访飞请了过去，张访飞参谋长对前沿阵地情况比较熟悉，简单谈了一下，随后他们就把张访飞拉走了，那动作真是神速！究竟他们在什么地方？谈了多久？谈了些什么？直到吃饭时间也没能找到他们。其实那个时候吃饭很简单，但毕竟人家是客人，再困难，来了就该好好招待，但自拉走了张访飞就见不到人。后来听说，他们对战场上的问题特别关注，了解得也特别细致，尤其是部队怎么运动，怎么和敌人见面，见面之前部队怎么能安全进入坑道，等等，都成为他们要了解和调查的重点。

　　给他们介绍情况时我们曾提到，部队在运动中面临的最大问题就是伤亡。炮火那么密集，要想没有伤亡就得有特殊的办法。恰好135团参谋长在前沿对135团和134团的情况都很熟悉，解决这些问题也有不少实际经验，于是他们请教参谋长，我们的参谋长也很认真，介绍情况谈得特别透彻。

　　他们谈起来，光嘴说不行，还要带上图，并到我们作战研究战术使用的土制沙盘上，对着沙盘再研究战术。把所有的情况都摸透之后，当即定下准备将作战任务交给3营，于是又把3营的干部，特别是8连的干部找过去一起共同研究。他们整个身心都扑在任务里了。

　　这是10月28日、29日的事情。当时考虑到任务紧急，部队准备时间比较仓促。为了摸清阵地情况，他们团的干部又拉着135团张访飞参谋长上了五圣山。熟人之间就不再讲客套话了，到五圣山以后他就进行阵前观察，迫切了解情况，认真分析为什么19日134团反击并收复阵地伤亡那么小？而另外一个连队伤亡却那么大？

以后91团8连积极求战，非要在11月1日上阵地，2日就参加战斗。既然要"当好12军的代表队"，他就一定要先摸出个战斗经验来。他们虚心学习了134团8连运动中积累的经验，在此基础上做了些改进。因为考虑到敌人的炮弹只能打到山底，却打不到山的中间地段，也打不到山头，所以部队在运动行进间采用走一个大"之"字形，走这个之字形时他们还将134团行军时疏散队形的方法融入了进去。

134团8连上阵地就采取了疏散队形的方法，就是要求行军时人与人的实际间距拉开数米远。原来是想着间距拉开越大越好，这样可以减少伤亡，但夜间行军，天太黑又看不清路，万一有人掉队了怎么办？于是大家又想了一些办法，或是路上撒些面粉，或是用绳子拉着……91团8连上阵地之前，为了打好这一仗，团里干部非要亲自到五圣山看地形、定方案。事实也证实，91团8连战前充分的准备，为部队集结目的地打下了坚实的基础。他们部队上阵地采取了走大"之"字形，在炮弹最密集的地方掉转头来绕着往回走，走过山中间地段，绕来绕去，最后终于到达597.9高地——45师134团8连守卫的那个1号坑道。他们是11月1日夜间上去的。

团结奠定了协同作战的基础，老战友相处趣闻多

志司为了配合上甘岭战役作战，就把预定10月22日结束的战术反击延长到了10月底。我左邻12军对金城以西韩2师两个战术要点的反击，右邻38军对394.8战术要点的反击，特别是15军29师、44师对平康前线391高地、上佳里西北高地、柏德里东山、381高地、加七里、275高地，以及391南峰等反击作战，直接配合了我们打的上甘岭战役。如10月12日特等功臣、一级战斗英雄邱少云所在的部队87团，反击位于"铁三角"中央的391高地，歼灭了韩9师一个加强连。成功后，132团接

着固守,趁美3师刚进入阵地,继续反击391南峰,与敌人进行反复争夺,紧密配合了上甘岭作战,他们连续打了一个半月,歼灭敌人2000多人,扩大了阵地,使美9军顾此失彼,两面紧张。10月25日以后,44师132团接替了87团的防御阵地,这就是兄弟部队协同作战,大家都在为上甘岭战役全胜奠定牢固的基础。

再谈谈老战友12军的李德生同志。李德生虽然是副军长,但他并不干涉我们的指挥。因为他的部队是陆续调来的,我们就临时给了他一个指挥所,便于他集中力量考虑下一步的作战方案和步骤。

11月5日,毛主席同意了兵团和志愿军的部署,由12军李德生组织一个前指,并任前指领导,指挥所有的参战部队,包括12军,也包括15军。所以说,李德生同志不光带来了力量,更带来了信心,带来了决心。特别是他带来的部队,我们当时都称之为"老大哥"。"老大哥"来了就有个"老大哥"的气派,所以对于上甘岭这一仗,不论是干部还是战士,大家的劲头都憋得足足的。对上级的部署大家内心都感到很恰当,也决心"打好这一仗"!到11月5日我们已经歼敌18000多人了,下一步能不能再歼灭更多的敌人,这个问题答案大家心里头都十分清楚。

44师师长向守志在朝鲜战场西方山的留影　　李德生副军长在上甘岭坑道前的留影

李德生同志有一个特点。因为他过去在基层工作时间长，所以处理问题想得比较实际，比较周到。考虑到12军来了以后需要军里有一个同志到前线指挥，那时张蕴钰准备去兵团开会，15军就决定由他到前线组织。当时李德生还是师长，命令还没有下来，张蕴钰到兵团开会的时候，任命李德生为副军长的命令就下达了，张蕴钰当即表态："叫我怎么办都行，这个前指还是李德生同志组织。"

李德生同志给人印象最深的有三条：第一，在用人上不分彼此。上甘岭参战部队建制多，在使用部队、使用干部上能取其所长、避其所短；第二，在指挥上大处着眼，具体入手，既有全局在胸，又具体掌握到一个坑道，一个阵地，甚至一个小兵群；第三，在各方面的关系上处理得好，把31师部队、29师部队以及45师干部拧在一起。由于重视兄弟部队之间的团结，就奠定了战斗上协同作战的基础。

在调动87团"狙击兵岭"北山反击的时候，李德生同志很重视倾听张蕴钰和我们45师、29师守备同志的意见，他除了布置597.9高地加速坑道工事以外，还就反击"狙击兵岭"这个山头阵地，亲自摆沙盘研究战术，搞了整整两天，方案部署得很细致。

其中对92团使用也做了重点研究。当时92团从金城正往谷山方向行进，团长带领先遣营走在队伍最前面，几乎到达宿营地时，接到部队紧急命令参加上甘岭战役的任务，这支部队立即改变行军方向，后卫变前卫，前卫变后卫，向上甘岭集结。虽然92团走的路最多，但上阵地的情绪还是蛮高的。在以后的反击过程中，总体上打得挺好。

那次作战会议部署，张蕴钰、崔建功、张显扬他们几位同志都参加了，等于是3个师长、兄弟部队一起摆沙盘研究战术，实际上就是多个师的联合协同作战。讲这个兄弟部队之间的团结啊，那是没说的！大家相互学习，相互尊重，相互提高。他是"老大哥"，那就有"老大哥"的气派，会亲自带好"小弟弟"的！

战友们相互在一起，彼此熟悉，故事特别多。

上甘岭战役纪念30周年，秦基伟将军在老部队与原志愿军老战友重逢，他们回忆战争岁月深厚战友情，高兴地合影留念。图右起依次为：崔建功（原45师师长）、张显扬（原29师师长）、向守志（原44师师长）、秦基伟（原15军军长）和聂济峰（原45师政委）

每次吃饭的时候，总要喝点酒。张显扬的酒量不大，但他爱喝。他在385旅当教导员的时候，李德生是营长，虽然他俩不在一个单位，但红军时期曾在一起战斗，都是老熟人。

李德生知道张显扬同志喝起酒来很实在，总是让他多喝一口，看起来是吃了亏，实际也占了便宜，喝到最后酒没有了，张显扬总是打趣地问道："酒到哪儿去了？"

李德生就说："张显扬你又占了便宜了嘛！"一般都是这样，其他人也喝，但都不是真喝，唯独张显扬是老老实实地喝，他吃饭也是这样。那时打仗，虽然条件艰苦，但他平时总是很活泼，也很幽默，充满着革命的乐观主义精神。

在紧张的战斗阶段，我们始终处于废寝忘食的状态，饭端上来，总是忘了去吃，这是经常的事！但李德生来了以后，顿时感到肩上的担子减轻了，情况大为改观。

按照兵团的部署，11月5日前后45师的步兵就被逐步替换下来，阵地交由87团和91团。换下来的步兵到后方休整归建，我们将炮兵、通信分队、保障分队留下，还有部分坚守坑道的部队没有撤下来。

在部队归建之前的日子里，我们的炊事员可有机会露一手了，他将自己的拿手菜做来好好地招待大家。所谓"招待"一下，无非就是罐头。"比较好的菜"是什么呢？到了10月份，朝鲜真正的蔬菜也不多了，加上我们日夜战斗，很少能吃到像样的青菜。自部队转入坑道防御作战阶段，前方患夜盲症的同志特别多，主要原因就是青菜吃得太少了。因此坑道里除了发放一些药物外，就是想法去采摘一些朝鲜的野菜"荬拉芨"。

在决定性反击胜利之际，驻地的群众纷纷给我们送来了朝鲜真正的蔬菜，还有野菜，带头送菜的就是那个送"鲜花"和"野菜"的史吉荣姑娘。他们也是采摘之后类似发慰问信似的给我们送了一些，我们所说的"好菜"，不是大块肉，也不是那个罐头，就是这些朝鲜真正的蔬菜和野菜，那才是特色的招待菜，也是一次性的招待了！

11月5日晚上我们把这些东西全部摆上餐桌，因为早先范佛里特已宣布"三角形山是失败了"嘛。我们在庆贺胜利的同时，也完成了部队之间的交接任务，所以5日晚上我们是高高兴兴地请"老大哥"吃了一顿。这个来之不易的胜利令人终生难忘，那晚我们全体人员是大大地热闹了一番。

最热闹的镜头就是"抢菜"。朝鲜送去的那一部分青菜，绝对不是地下长的那些草根也不是"荬拉芨"，也不是萝卜，那可是地地道道的朝鲜蔬菜。久违了，炊事员望着这些蔬菜兴奋至极，当即狠狠地表现了一番，把菜端上饭桌，那可是一抢而空！

"抢菜"可热闹了！其实刚开始大家还相互谦让一下，后来就不客气了，再后来索性端走了盘子，这也是"老传统"了！过去在战争年代，我们都有吃饭的经验，吃肉的时候，肉少了，那就是吃着一块，夹着一块，还看着一块。虽然这是招待兄弟部队，但一看到青菜，大家就不那么客气了。吃着吃着，李德生首先带头："你们吃好菜吧，这个我吃了。"边说边端起青菜盘走开了。他独自端到一边还不算完，大家也都纷纷跟着跑了过去："这好菜咱们还是分着吃吧。"就这样，热热闹闹地从开始吃到了最后。

11月5日晚上直至6日分别的时候，三个师长、两个政委、一个副军长高高兴兴地在阵地上吃在了一起，乐在了一起！我们那位炊事员也闷着头吃上了一顿青菜！

交接之后的安排：45师指挥所就作为12军的前指，接着又把29师的前指，133团那儿腾出来一个地方，重新做了一下调整。两个师长留下，45师崔建功师长继续做李德生的顾问，29师张显扬师长以及他的步兵还继续在上甘岭战役中执行他们的任务。按照上级的命令，我是11月6日部队完成了最后的交接与部队一起撤离上甘岭阵地的。

此后，这就属于下一班的部署了。

朝鲜在五圣山后修建烈士陵园

原来我们对韩军的实力估计不足，事后才搞清楚，除了韩2师，敌人后来还从汉城调来了那3个编练团，以及韩第一新兵训练所2、3、5、8联队。没想到韩军兵力补充得那么快。韩2师有4个团，为什么打到最后他还能不断地补充兵员上来呢？这是因为范佛里特和李承晚表扬了韩2师这个部队。虽然范佛里特承认"三角形山是失败了"，但他叫响的"狙击兵岭"仍需要高调对外宣传，用他的话来讲："'狙击兵岭'还在我们手里！"其实外国人也不知道"狙击兵岭"是怎么一回事。看来也是，范佛里特好不容易宣传出去的名声，哪能随随便便地丢掉呢？

我们在"狙击兵岭"扣住了韩军，87团、92团、93团和106团4个团在这个阵地上与敌人展开反复争夺，战斗持续了半个月，牵制住了韩军的部队。这一打我们也吃了点苦头，但对敌人来讲，终于把他们给彻底打垮了。

上甘岭537.7北山高地最前沿的7号、8号阵地

当然537.7北山阵地最后并没有完全收复。537.7北山离敌人阵地80米的地方有个山头,我们叫"7号""8号"阵地,敌人把那个山头叫作"针尖山"。"针尖山"上我们筑建的坑道已经被炮火摧毁了,步兵反击上去以后,阵地防守比较困难。当时3兵团在总结上甘岭战役前段经验时,对五圣山前沿阵地曾做过原则上的指示,反击成功后,对主峰基点必守之外,应该是不可不守,不可全守。因此秦基伟和李德生他们共同商量,依据战役进展,最后定下的意见是:"针尖山"不派部队收复,可用炮火控制山头。当时537.7北山阵地已经被我们反击下来,坑道也进行了修复,唯独剩下"针尖山",那是个离敌人前沿阵地直线距离80米的小山头,我们决定以炮火控制它。

到第二年金城反击战的时候,志愿军就把敌人占据的537.7南山和鸡雄山这边山头的两个阵地全部打下来了。

划分停战线是按当天夜间24点以前部队实际的控制范围划定的。

停战前一天,接防上甘岭阵地的24军原打算一直打到鸡雄山。在金城反击战中,24军位于侧面防守,要从敌人这个斜面打出去,具有一定的难度,因此这个地方的战斗仍是场硬仗,并不像67军、68军打的那个仗能比较轻松些。24

军打得很艰苦,他们顽强地反击,尽管已将537.7南山阵地反击下来,但他们仍对打下鸡雄山充满信心。那一天他们连续作战,一直往前打,估计可能打到了鸡雄山,结果天亮一看,鸡雄山仍在前方,他们只是把鸡雄山北边的山头拿下来了。

乐观地去看,由于打下了上甘岭阵地,最后的停战划定线就向我方有利方面发展。原来上甘岭战役之前,划分线在上甘岭阵地我方一侧是凹进去的,凹进去那部分是很大一块地盘。第二年双方划分的停战线就从金化往东拉平了,因为正处在停战前夕,所以双方的战线基本就稳固在这儿了。

当然最好是再往前打一打,但在金日成他们看来,已经感到相当满意了。战争如果能停止在这条线上,从陆地上看——三八线以北,东边敌人占领的地盘稍多一点。但就要害来讲,像临津江弯过去的地方,还有板门店、开城,以及靠西海的亚安半岛,这时都已经划在我们这一边了,而从面积上来讲双方也差不很多,我们这边多是平地,西边又把海口完全拉平了。

战斗结束以后,我方人员到阵地分辨尸体,区分哪些是我们志愿军烈士,哪些是敌人,基本上是按照鞋的类型来区分的:穿皮鞋的是美国兵;穿胶鞋的

前来参加上甘岭烈士陵园落成典礼的中朝人民军队

2012年,《不能忘却的伟大胜利》剧组在朝鲜拍摄影视片时,专程到上甘岭志愿军烈士陵园,缅怀和纪念上甘岭战役中牺牲的烈士,并为他们敬献花圈(沈芳提供)

一般是我们的志愿军;韩军也有他们自己的记号。按照记号清理了战场,把我们一些干部和英雄的尸骨运回祖国,包括邱少云、黄继光、孙占元等烈士。

金城反击战以后,朝鲜对上甘岭战役的评价很高。以后朝鲜在五圣山的后面——朝鲜平康郡福溪镇修建了一座很大的志愿军烈士陵园,以此纪念抗美援朝战争中为朝鲜人民解放而光荣献身的志愿军英烈。这里安葬着1952年10月14日至11月25日,激战上甘岭牺牲的志愿军烈士。

到了1953年,为了纪念牺牲的志愿军烈士,15军曾在上甘岭的石壁上专门为烈士刻下了碑文。

上甘岭石壁上为烈士刻下的碑文:中国人民志愿军特等功臣杨根思式的英雄朱有光、王万成同志永垂不朽

资料补充

黄继光等烈士英名刻在上甘岭的石壁上

《人民日报》 新华社朝鲜前线27日电 在上甘岭战役中英勇牺牲的战斗英雄黄继光、邱少云等烈士的英名,已经铭刻在上甘岭前线的英雄阵地的石壁上。烈士们的英名将和这些烈士们生前曾在这儿建立功勋的英雄的山岭永垂不朽。

在巍峨的五圣山的石壁上刻着斗大的字:"上甘岭战役中牺牲的烈士永垂不朽""中国人民志愿军二级战斗英雄黄继光同志以身殉国永垂不朽""中国人民志愿军特等功臣杨根思式的英雄朱有光、王万成同志永垂不朽";在附近391高地的石壁上刻着"为整体胜利而自我牺牲的伟大战士邱少云同志永垂不朽";在上佳山西北无名高地的石壁上刻着"舍身炸敌群的中国人民志愿军一等功臣李文彦同志永垂不朽";在通往上甘岭前线的一条公路上的石碑上刻着"中国人民志愿军万里号司机陈永新同志永垂不朽"。

这些烈士中间,黄继光和邱少云的英雄事迹,已经为全国人民所熟知。杨根思式的英雄朱有光、王万成、李文彦三位烈士曾在敌众我寡,枪坏弹尽的紧急关头,抱起炸药包或拿起手榴弹炸死了面前的敌人,自己同时也壮烈牺牲。司机陈永新在第五次战役中由于他英勇机智、爱护车辆和节约油料,在中国人民志愿军某部汽车队里首先创造了安全行车一万公里的成绩。在上甘岭战役中,他日日夜夜地向前线抢运粮食弹药,不幸被敌炮击中而光荣牺牲。

在上甘岭战役胜利结束后,中国人民志愿军某部政治部为了永久纪念在战役中牺牲的烈士们,就决定在上甘岭附近五圣山一带的英雄阵地上铭刻烈士纪念碑。在严寒的一月,战士们冒着大风雪,在这些山岭北面的山坡上,选择了若干敌人炮弹不容易打到的一丈到二丈高的青灰色石壁作为天然的纪念碑,刻上一行行很大的字。在每个字深深的印痕中,涂上了不怕日晒雨淋的红漆。山下的行人们离开老远就能够看到那刻着一行行的红色大字的雄伟的天然纪念碑。

15军指战员在黄继光纪念碑前宣誓　　15军的指战员在邱少云纪念碑前致敬

纪念碑刻成以来,已经有许多战士到这里来悼念过。他们有的就在碑前举行了简单而隆重的追悼宣誓仪式,决心学习烈士们崇高的爱国主义、国际主义和革命英雄主义精神,更勇敢地去战斗和工作。

上甘岭战役可总结的经验还很多

毛主席谈到上甘岭战役有五点要素"官兵勇敢,工事坚固,指挥得当,供应不缺,炮火猛烈"。这五点按顺序来讲,首先是后勤的战备物资保障,其次是战役后期炮兵的充分加强,有了这两点,我们才能打出来一个上甘岭战役。在战役初期,我们并没有如此之多的手雷,如此之多的火炮,这些都是伴随着战役进行而发展的。

一个战役,不仅需要在前沿作战的指挥员,而且还需要后方的指挥系统,现在称之为后方司令部。那个时候仗是在前方打,但实际上是双方在打后勤,战争就是物力的竞赛，与优势装备的敌人作战，必须要有源源不断的物资保障——后方的装备供应、物资供应、粮食供应，等等，都属于这一方面问题。

所以毛主席说的这五点，就是防御作战的一个特点。这就叫"制胜要素"。

我们十分重视阵地战中的坚守防御作战。军委领导同志讲到未来反侵略战争时曾多次提到研究抗美援朝阵地防御作战，并多次举了上甘岭坚守防御这个战例。

1978年，叶（剑英）老师在一次重要会议上指出："抗美援朝是第二次世界大战后一次大规模的战争，我们坑道工事发挥了巨大作用，敌人对我们没有办法。上甘岭战役，在那么个不大的山头上，敌人投射了数千枚炸弹和上百万发炮弹，我们的战士就靠勇敢、靠技术，同时也靠洞子，有效地保存了自己，消灭了大量敌人，使上甘岭成了敌人的'伤心岭'。"为了战胜现代化装备的敌人，叶剑英同志还特别指出："洞子是对付核武器的有效手段。"将来要打仗也要像上甘岭那样，靠勇敢、靠技术、靠洞子，有了这三者，打防御作战就可以制胜。

徐（向前）老帅现在还提倡，如果战争爆发，需要进行防御作战，就要像上甘岭战斗那样，我们的战略要点要坚决地守，伤亡大也要守住，要敢于拼消耗，不惜使用超规格的兵力，也要把战略要点坚决地守住。"一个师守备一个点，后边有几个师做预备队，甚至一个兵团的力量陆续上，像上甘岭那样，重点设防与机动部队相结合，粉碎敌人的进攻"。

上甘岭战役是我军在朝鲜战场上转入阵地防御以后规模最大的一次防御作战，战斗打成了战役，直至双方投入10万余兵力，战斗虽然进行在两个狭小的阵地上，但具有中国军队特色的坑道防守战、阵地反击战，以及部队所表现出的团结战斗、坚忍不拔、勇敢顽强的精神，在战争史上都留下了厚重的一笔。双方为此消耗了大量的作战物资，付出了高昂代价，最终的结果还是志愿军将咄咄逼人的美军逼停在那里。为什么有这个结果呢？敌人自己承认，他们"还未找到制胜的配合方法打败中国军队的步兵"，这个仗不能再打了，越打就越打成了个"无底洞"。

克拉克有个回忆录,他的回忆录对上甘岭战役有这么几段,一段是:"没有想到,最初只是一个有限目标的攻击,后来竟成了联军一年来最猛烈的战争。""最猛烈的战争"还加以说明,"一个冷酷的,保存面子的,狠命的攻击"。克拉克无可奈何地承认:"这是一次不成功的战役。""成了总统竞选高潮时的头条新闻。"他的回忆录里还写了:"事实上已变成美国历史上最不得民心的战争。"克拉克还讲了许多,还加以辩解,说是"有限目标攻击"。美国惯用"有限攻势","限"到底多大?这很难做出解释。这是克拉克回忆录里反映出来的一些政治情况。

上甘岭战役直到今日,外国仍在不断地提及它。像巴基斯坦,他们来中国学习,就反复谈到了上甘岭战役。美国军方更是难忘此战,他们到现在对上甘岭的印象仍然深刻:上甘岭战役打掉了一个总统;打掉了一个第8军的司令;打残了"滴滴漏师"——就是参加第一次、第二次世界大战有名的师,特别是打掉了那个17团,17团是1841年组织起来的一个团,很有点老资格了。

……

把胜利的旗帜插在主峰阵地上

1991年,由当年亲历上甘岭战役的志愿军老兵组成写作组撰写《上甘岭大战》。图为写作组成员采访当年在京的部分上甘岭战役前指指挥员时的合影。前排左起依次为:张蕴钰、秦基伟、聂济峰;后排左起依次为:李天恩、李明天、王精忠、曹欣、林纯

这些情形已经深深地烙在了他们记忆深处。

上甘岭战役,这一大规模的战斗当时是在一个师的阵地上展开的,所以最后的总结就很容易将战役仅限于一个师是怎么打的,没有从大的方面将这个战事全面展开。因此过去的总结也好,写的作品也好,都显得比较局限。

总结的面窄了,你只能感受到这个部队很勇敢,仅把这种勇敢归于一种精神,就不会明白勇敢的精神是与各种因素贯穿着的。因此,全面叙述那场战争过程,对那次战役有更实质、更深刻的认识,仍是我们的期盼。所以,在我们看来,包括《上甘岭》这个电影片子——大概拍得比较仓促了;以后写了批小说,但都不能概括这个战役的全貌。

上甘岭战役主要打在45师的阵地上,各个部队都在密切配合,我们打的是一个整体的战役。这一点秦基伟军长在15军上甘岭战役总结中强调:"上甘岭战役的参战部队合理解决了重点防守与兵力、兵器机动配合的问题,特别是

指挥统一,协同紧密,实为战役胜利的重要保障。来之不易的胜利与志司、兵团、军师指导思想明确,措施具体有力分不开;更有赖于我参战各兵团、各部队的团结协作。特别是12军兄弟部队参战,使我们能放手大胆地反击597.9高地之敌。在战役后半个月艰苦时刻,12军完成了对597.9和537.7北山阵地的反击和巩固,确保了战役最后的胜利结束。他们优良的战斗作风,灵活机动的战术运用,严密的组织纪律性和高度的团结精神,均给我部以良好的示范。"为了支援上甘岭作战部队, 44师130团攻占上佳山无名高地,牵制敌人,与美7师反复争夺;132团在391高地"三出三进",一个多月歼敌3800余人,消耗了敌人的有生力量;381东北无名高地也在积极配合上甘岭,不断寻找战机打击敌人。29师更是按作战部署,有力配合44师和45师作战,最后12军又配合,奋战在上甘岭。其实15军整条防御战线都在协同作战,打得有声有色。随着上甘岭战役的

军史馆陈列的带着381个弹孔的战旗:"英勇前进 将红旗插到解放的阵地上"

进展，12军和友邻部队的参战更奠定了战役最后胜利的基础。

至于朝鲜这一方面，从《上甘岭》电影上看，仿佛朝鲜的一个师还和我们45师有联系。其实朝鲜这个师是在东海岸。我们和他那个师以及那个2师，都建立了很好的关系，经常来往。但在阵地上主要是朝鲜驻15军的文化联络处。他们负责组织支前工作，和我们群工处形式类似。支前，这个工作做得有点特色，当然不能像我们国内淮海战役呀，那么浩浩荡荡的，但是所做的工作和发挥的作用确实比较好。

如果讲配合，我们的战术反击与朝鲜人民军是有配合的，这个也还可以写，不是不可以写。如果你讲这个上甘岭战斗、讲这个战役也说他是有配合的，那就是外行了，他是不可能配合上的。

总而言之，上甘岭战役可总结的经验还很多。

后 记

"一条大河"的故事

（一）

计算机桌面的左上角，静静地放着一本《中国地图册》。多年来正是这本不寻常的小册子陪伴并激励着我。每当翻开页面，张张地图便会引发思绪，演绎60多年前的时空光影，复制难忘的43昼夜。

我太珍爱这本地图册了！

那还是1982年上甘岭战役30周年纪念，它相伴着父亲重返蜀地，寻找魂牵梦萦的战友，缅怀英勇牺牲的英烈。那年父亲与当年参加上甘岭战役的英雄、战友们，以及担任前指的部分指挥员们一起参观宏伟的葛洲坝，他们沿着气势磅礴的长江一路行驶，畅谈上甘岭，让思念之情融入祖国浪涛般的大江流，复述着"一条大河"的故事。

新中国刚刚解放，抗美援朝战争爆发，长江两岸送出千千万万的优秀儿女奔赴前线。这本地图册由此记叙着父亲从上甘岭硝烟中走来，他一生中曾经历的最最难忘的43昼夜。那浅浅而又清晰的铅笔笔迹传递着埋藏在心底的呼唤，让遥远邻邦的流萤飞泪魂归故土，融入祖国的大江大流。

来自四川省的薛志高、文汉春、欧文辉、李丙舟、陈治国、唐治平、李炳舟……

来自成渝地区的黄继光、赖发均、邱少云、吕学敏、蒋元伦、李元兴、邓章法……

来自河南省的孙占元、栗振林、葛洪臣、张广生、李文彦、牛喜生……

还有，来自山西、陕西、江苏、安徽、山东、湖南、广东、广西和贵州等省市的千千万万优秀儿女……

倾诉衷肠慰藉天涯，正是祖国的大河哺育了英雄儿女！半个多世纪过去了，一年年一代代，部队换了一茬又一茬的兵，但"一条大河"的故事至今仍在老兵、新兵中延续流传，无论何种方言、何种方式去表述，"一条大河"依旧是军人心中一部荡气回肠的英雄史诗。

说起"一条大河"的故事，我还是在小学时看《上甘岭》电影知道的。

银幕上展现的硝烟战，艰苦卓绝的震撼，浴血拼搏的鏖战，那时志愿军的形象就深深地铭刻在我童年的记忆中。"难道我们吃块饼干，会比打敌人地堡还难吗？同志们要吃啊，吃啊……"《上甘岭》电影这段吃饼干的画面以及志

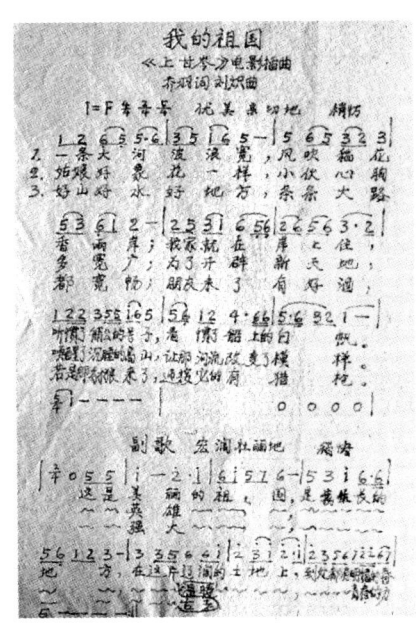

聂济峰将军抄写的《我的祖国》歌谱

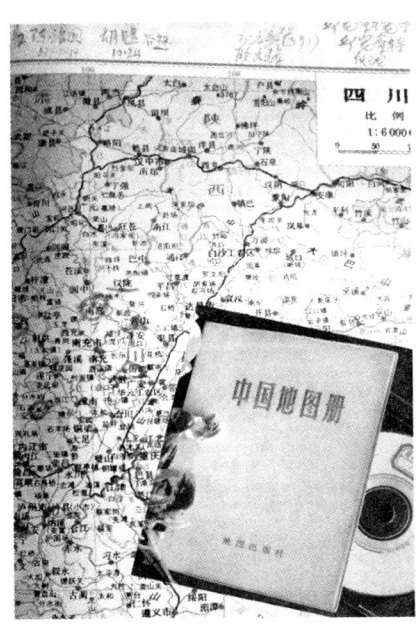

聂济峰将军在《中国地图册》上用铅笔记录了上甘岭战役的英雄（陈治国、胡照春、李元兴、欧文辉、邱宪章）；并用红笔在地图上标出英雄的家乡

愿军战士冒着敌人炮火"抢水"的镜头至今记忆犹新。那时，学校配合电影的放映，还邀请了当年上甘岭战役英雄黄继光生前所在连的连长万福来为同学们做报告。从他那里才知上甘岭战场的真实情景要远比电影描述得更为惨烈，更为悲壮，志愿军惊天地泣鬼神，英雄辈出成为当时战场上的"普遍现象"，43天喋血之战，实为壮哉！

上中学后，班上一位同学曾神秘地告诉我，《上甘岭》电影中师政委的原型来自于我的父亲。她说，她聆听了我父亲做的报告，她向我详细复述了上甘岭战役的许多细节。那天我匆忙赶到家中询问父亲，但不知何因，我急于想求得结果，父亲并未满足我，此后也未曾与我提及上甘岭大战相关的细节。有一次，母亲整理父亲勋章时，我看到那么多金光闪闪的勋章，好奇地凑过去问个不停。母亲拿出其中一枚军功章，讲述了这样一段故事——

这枚军功章原来是父亲警卫员杨金柱的。抗美援朝第五次战役中，他被美军横飞的弹药击中，牺牲在朝鲜战场上，那时年仅17岁。金柱儿是个孤儿，赴朝作战前夕，父亲将他的四枚军功章与自己的军功章放在一起珍藏着。金柱儿曾参加淮海战役、渡江战役、西南剿匪，如此勇敢坚强的一个小战士，瞬间，他的白骨就埋在了异国他乡的朝鲜战场，父亲称"金柱儿"是块"金子"！这个故事深深打动了我的心灵，一想到与父亲朝夕相处的警卫员，他们一起奔赴朝鲜战场，一起行军，一起作战，炮火连天、生死别离，似乎让我懵懂之中猜到了父亲为何不愿触及那段腥风血雨的记忆了。此后，我再也没有问及父亲上甘岭的事情。

长大以后我参了军，荣幸地来到了邱少云生前所在部队。

这支铁军曾在志愿军部队的序列中，以善打大仗、恶仗、硬仗而闻名，凭着坚忍不拔、勇猛顽强的战斗作风，在抗美援朝第五次战役、芝浦里阻击战，以及举世闻名的上甘岭战役中，重创以美军为首的多国部队，打出了英雄气概，打出了志愿军威风。经历部队的锻炼成长，我真正接触到了那么多可敬可佩的志愿军老兵，从他们那里知道了上甘岭，熟识了29师在朝鲜战场打出的十大英雄：为了整体利益，宁可烈火烧身的邱少云；坚守阵地，痛打美军的孤胆英雄林炳远；火线震撼人心的互补组合"瞎子背瘸子"的王合良和薛志高……

在与众多老前辈和志愿军老兵的闲聊中,我逐渐知晓了上甘岭前指的将领们,这其中也包含了我敬爱的父亲。

(二)

回想1985年那些令人难忘的秋日,北京西郊红山脚下那栋熟悉的房子,多少个夜晚屋内的灯光经久不息。夜幕伴随着父亲久远而沉淀的记忆,恰似江流闸门开启,"一条大河"的故事源源不断地从老人家口中娓娓道来,一段接着一段,一夜接着一夜,父亲似乎又重返烽火硝烟的战场,追寻万千将士浴血奋战艰难而光辉的历程。老人家时而沉思、时而激昂、时而愤慨、时而开怀。为了重现当年战役的宏大场面,他不断用手指点着挂在墙面的军用地图,认真地复述着每一场的战斗场景。终于,父亲满足了从西北边防部队探亲回京的女婿李韧的心愿——撰写一部邱少云生前所在部队参加391高地反击作战的文学作品。父子促膝谈心,整整聊了十几个晚上。于是,一部恢宏壮观的上甘岭战场口述实录便存贮在绵长的磁带里,整整录制了15盘。

这是我第一次从父亲那里了解真实的上甘岭。用父亲的话来讲,记住这部厚重的历史,"写写英雄……把重点放在他们身上,这是咱们部队最最宝贵的精神财富"。父亲是这样说的,他也是这样做的。老人家在他生命有限之时做的最后一件事,就是念念不忘寻找埋名隐姓的志愿军一级战斗英雄柴云振;父亲在病危弥留之际,惦记着另一件事就是《上甘岭大战》(李明天、王精忠、李天恩编辑)的写作进展情况。他说,自己一生还有两个"坑"没有填起来,其中之一就是这部长篇报告文学的写作。史海钩沉,我理解父亲与战友那种生死之交"比天高比海深"的情谊。父亲的夙愿终于实现,我想,他是怀着宽慰的心情上路的。1992年老人家病逝,在八宝山为他送行,李韧誓言:一定将父亲留存在人世间最后的声音整理面世,这"不单是他的亲人、战友和老部下的心愿,也是历史的使命"。

李韧同志是个有责任心的人。退休后不久他便付诸行动,将父亲的谈话

聂济峰将军（右）与文稿整理者之一李韧（左）在沈阳烈士陵园祭奠英雄邱少云烈士时留影纪念

记录由磁带转换成CD光盘，随后在计算机上打出每一个文字和字符，他力求保持父亲谈话的原始版本"没有粉饰、没有雕琢"。这是一项十分艰巨的工作。为此，他起早贪黑，花费了大量的时间和精力。2006年10月上甘岭战役54周年纪念，李韧在日记上留下了这样一段话："我努力拼搏！一遍又一遍地聆听岳父对上甘岭战役全景或每一个侧面的叙述，字字句句洋溢着震撼心旌的英雄豪气。这15盘录音终于全部整理完，有20多万字，起名为《夜话上甘岭》，以此纪念我的岳父。那一刻，我轻松的心情实在是语言无法形容的！"

2009年，正当李韧全身心地整理这部书稿并即将收获之际，万万没有料到他却患了绝症。面对疾病和死亡，邱少云部队的那种不服输，不服软，不言败的《步兵告白》，时时激励着他，也感动着我！深知自己有生之日不多了，他更是抓紧时间整理，即使卧床之际，仍不忘指点我翻阅文献，查找资料，叮嘱我核查每一个历史记录。我们相互鼓励，相互支持，2010年志愿军赴朝作战60周年前夕，《夜话上甘岭》终于由华艺出版社出版。时至今日，我脑海中依然清晰地记着我将《夜话上甘岭》送到老伴手上时，他那幸福灿烂的笑容。那一刻，我们都觉得可以稍稍地告慰上甘岭战役与世界头号霸主浴血奋战的将士和烈士了。

2011年3月，李韧完成了任务，欣慰地离开了我。远行前叮嘱："如果你有时间，如果你愿意，接着把父亲留下的资料整理和记录下去吧！"的确，那时李韧在病中，治疗、休息和护理，尽管我们克服了不少困难，但所处境况毕竟不可能将这部史料全部整理完毕，这对于在创作上向来一丝不苟，追求完美的老伴，或许在他的心中仍留下少许遗憾。

（三）

2012年，我终于走出悲痛，全身心地投入到上甘岭战役文稿的整理和编辑之中。父辈那些征战沙场的记忆似"一条大河"激荡着我情感的韵律，带着那本熟悉的《中国地图册》，我南下追寻融入大江河的支流，寻觅辉映江面斑驳的光痕，一程万千里，所见所闻，激荡心胸！

追踪、解读父辈征战的老部队，参观军史馆、空降兵纪念馆、特级英雄黄继光荣誉室和上甘岭特等功8连纪念馆，仿佛让我进入了一座由军史和英雄共构的历史殿堂。60多年了，万千英雄虽然远去，但血岭魂魄锻铸的英雄豪气犹如高高的灯塔，激励着一代又一代官兵在新的征程上不断续写新的英雄篇章——"和平使命-2007""砺兵-2008""空降机动-2009""空剑-2010A""超越-2012C"以及抗击冰冻雨雪灾害、汶川抗震救灾和首都国庆阅兵，等等，无论执行何种重大任务，这支部队依然像他们的前辈那样，不辱使命、勇挑重担、勇打头阵！

我在部队营区漫步沉思，黄继光、邱少云、孙占元……"一条大河"的故事历历在目。那一刻，我眼前浮现的是一幅幅鲜活的画面——演兵场指战员厉兵秣马、强化战备训练的雄伟英姿；抗洪峰、铸铁墙，飘扬在大江上一往无前的战旗；抗震救灾，临危受命，五千米高空强行伞降的无畏勇士；豪迈威武、汗洒血铸，"国威军威高于一切"的受阅伞兵方队。再去聆听，再去感受

后记
"一条大河"的故事

"英雄墙"

特等功,二级战斗英雄龙世昌

吧——黄继光连队的晚点名,百名官兵洪亮震耳的"到"!那一声,"黄继光"英雄的名字让身临其境的每一位都备感豪情四溢,撼震心底!铮铮誓言延续着对历史荣誉的珍惜,对千千万万英雄的敬仰和崇尚……穿越历史时空,目睹这支英雄的部队,我折服,我坚信——英雄的魂魄早已融入每一位官兵血脉之中。60多年的发展壮大,这支队伍从昨日仅能实施小规模作战的"背伞步兵"成长为今日多兵种合成、快速反应、远程直达、遂行多样化军事任务和战略突击的中坚力量。作为父辈征战的老部队的一分子,油然而生的是一种无法抑制的骄傲和自豪感——辉煌军史,辉煌英雄,这一巨大的精神力量激励着我去完成历史的记录和传承!

南下之旅,我还有幸地拜访了当年上甘岭炮战前指指挥员之一的靳钟首长。老前辈得知我正在整理上甘岭的史料,十分高兴,与我见面说的头一句话就是:"全力支持噢!"采访中,首长欣然答应为本书写《序》。我向靳钟首长提出了一连串的问题,包括上甘岭战役开战的确切时间,敌我双方对主攻方向选择的判断,范佛里特的炮弹量,敌我双方伤亡的数字,等等。首长一一认真地回答了我的问题,他不时地与我谈起当年征战的炮火硝烟岁月,谈起历经血与火磨难的志愿军将士,谈到了睿智果敢坚定的前线指挥员……自始至终,他难以遮掩内心的激动和怀念之感："我们这一代人都老了，当年指挥上甘岭战役的许多老同志也都离开了我们，真正了解那场战争的人是越来越少了。这部历史希望你们这一代人能记录下来，传承下去！"临别时，他特意赠送我三本史料，其中一本正是他老人家亲自撰写的上甘岭炮战《炮兵之神显神威》。他与我约定："有问题随时打电话，只要我知道的，一定告诉你。"然而，正当我回京埋头奋力完成文稿时，却意外地接到了老人家离世的噩耗。那一刻我抑制不住内心的悲痛。是啊，老一辈的脚步渐行渐远，走向历史深处。愿今天和平之光，照亮老人家最后深情的一眼！

生命最后的眷恋，早已走过千山万水，追随"最可爱的人"，不再回眸。

那天为靳钟首长送行，家人遵照老人家生前的遗愿，告别曲播放的依然是那首志愿军最喜爱的传世金曲——《上甘岭》电影主题歌《我的祖国》。当"一条大河波浪宽，风吹两岸稻花香……"回荡在告别大厅的那刻，每一个送行的人都无不为之动容。我知道，靳钟首长心中的那条大河就是家乡和祖国，无数的志愿军英雄前赴后继，为她走上战场、为她浴血奋战、为她流血牺牲，最终胜利凯旋！那一段历史将永远铭刻在我心中，愿"一条大河"的故事经久不衰、璀璨光彩……

（四）

2015年，又一年初春的夜幕，我终于在键盘上敲完了最后一个字。

告慰父亲，告慰亲人，怀着崇敬的心情，我再次翻阅那本熟悉的《中国地图册》，久久凝视父亲留下的笔迹；细心寻觅地图上老人家用红笔标出的每一位烈士的家乡；一一数着地图页面空白处老人家用铅笔记录的英雄名字：孙子明、张怀英、李忠先、郑金钵、欧阳代炎、余贵、依廷秋、柴云振、龙世昌、苏世英……整整52位英雄，还有与敌同归于尽、血洒峰岭的那么多无名英雄……不禁潸然泪下。

我敬佩那一代经历战争磨砺的老前辈纯洁高尚的战友情，"写写英雄，那时候战役打起来，差不多天天都有英雄人物涌现，应该把重点放在他们身上，这是咱们部队最最宝贵的精神财富"。是啊，用心去铭记革命老前辈征战的历史，记住每一位英雄。

在《夜话上甘岭》出版后的又一个五年，我终于如释重负，完成了《上甘岭：攻不破的东方壁垒》，同时也填补了多年来自己内心留下的莫大憾事："从小成长在父亲身边，却不知晓老人家的革命征程。"的确，父亲生命中无论有多少属于他的那份光荣与自豪，一旦融入漫长的历史洪流，那也仅是沧海一粟，大可忽略不计。但作为他的儿女，尤其是在完成了父亲这部亲历上甘岭战役口述实录之后，我真切地感受到了血脉的传承——是父亲的生命给了我磐石般的力量，他教诲并赋予我人生观最为丰富的营养；是父亲的生命给了我光芒，照亮我心胸，引领我向上、向前。父亲就是我心中的那条"大河"，波涛万里，浩荡无际。作为他的儿女，我对老人家永远充满敬仰、感恩和怀念。

从父亲一部口述历史，到《夜话上甘岭》出版，以及《上甘岭：攻不破的东方壁垒》，整整历经了30多年光阴。此间，我的爱人李韧同志完成了前期文稿整理的大量工作。我，作为他的助手，十分珍惜最后两年与他共同编辑这部书稿的日日夜夜。我们一路走来，一同被志愿军将士大无畏的精神感动着——他们为了祖国和朝鲜人民的最高利益，舍生忘死，前赴后继……那些难以忘怀的历史记忆成为涌动不已的源泉，和着《我的祖国》的韵律，让我们追忆的思绪融入祖国的大江流，踏着滔滔波浪，悠远在年复一年，直到地老天荒……

在完成本部书稿的日子里，我还有幸地拜访了原志愿军第15军44师师长向守志老前辈，老人家九十多高龄，但谈起那段腥风血雨的战争历史，尤其是44师血战391、381高地和上佳山的往事，仍是刻骨铭心历历在目。我告诉老人家，作为志愿军的后代，我们这一代人有责任和义务完成这部志愿军老前辈当年亲历上甘岭的口述实录。老人家点头赞同："志愿军抗美援朝保家卫国是场正义的战争！"谈话间，他细细阅读了本书的目录，思索后，欣然提笔为本书写下了这段语重心长的题词：

六十多年前的上甘岭战役，是朝鲜战争转入相持阶段以后规模最大的一次阵地防御作战。英勇的志愿军战士，在只有3.7平方公里的狭小地幅上，与武装到牙齿的敌人鏖战43昼夜，使上甘岭战役成为我军坚固阵地防御作战的光辉范例。它带给世人的震撼是巨大的，在战争史上留下的影响也是深远的。

本书就是对这一战役全面、客观、真实的记述。

我期盼，通过我的老战友，上甘岭战役前指指挥员之一聂济峰将军的口述实录，能呈现给广大读者，尤其是爱好军事的青少年朋友们一个不加修饰的、实实在在的上甘岭战役。

真实的口述历史，才是永恒的。

这里记录着历史！这里记录着英雄！

向守志

2013年10月14日

追忆采访、收集整理父辈亲历那场战争的口述实录，从心里真切感受到——每一位从炮火硝烟中走出来的将士都有他们自己的传奇的故事。这些口述的战争故事与历史档案记载的文献史料不同之处在于：亲历者对战争事件、战争情节和内心世界的描述，更显真实客观、清晰细致，整理出来的文字朴实无华、生动鲜活，读起来有滋有味。他们所谈及的某些事件可能会无法精确地描绘出整个战争的全貌，但作为一代兵将真实的战争记忆，便是留给后人最宝贵的历史遗产。缅怀老兵的故事，既是对今天历史档案的重要补充，也是对他们为国家为军队所做牺牲和奉献的由衷敬仰和真挚感激。时光飞逝，人散曲未尽，鲜血和生命筑起的丰碑，无言地警示后人，昭示未来：

"中国人民志愿军在抗美援朝、保家卫国和拯救和平的崇高事业中所建立的丰功伟绩，将永远与日月同辉！中国人民志愿军不愧为伟大中国人民的优秀儿女，在抗美援朝的战斗中贡献出宝贵生命的烈士们，永垂不朽！"

今天，上甘岭的烽火早已熄灭，硝烟散尽数英雄，愿"一条大河"的故事永久地荡漾在中华儿女心中！

后 记
"一条大河"的故事

"和平万岁"的纪念章

谨此献给中国人民志愿军赴朝作战65周年纪念！献给长眠在朝鲜三千里江山的志愿军英烈！献给参加过上甘岭战役的所有将士！

聂昭华
2014年10月14日初稿
2015年3月31日完稿于北京

（注：2017年9月2日，为本书题词的百岁老将军，原志愿军第44师师长向守志在南京溘然长逝。他老人家的离去，最终带走了那一代参加过上甘岭大战的所有第15军前指指挥员永生难忘、浴血奋战的亲历岁月。）

致　谢

从硝烟中走出来的每一位将军和士兵都有着他们自己传奇的故事。《上甘岭：攻不破的东方壁垒》就是通过战争亲历者聂济峰将军娓娓道来的恳谈，为读者重新展示上甘岭战役的英雄群体，讲述"一条大河"的故事，以及那年那月"在上甘岭上，我们以死相示"惊天地泣鬼神的战争史诗。

作为整理者和编者，我重温聂济峰将军亲历上甘岭战役口述实录，参阅与《上甘岭大战》写作组有关人员的谈话录音原件，以及将军生前遗存的大量笔记、文稿和书稿，以此对书中各章节进行了调整、编排、归纳，增加了段落标题，增添了地形图和作战态势图。为了全面反映上甘岭战役交战双方的战略战术、作战过程，重现当年敌我双方交战的场景，编者在书中补充了外军对上甘岭战役的相关评论和参考资料，其初衷是希望能通过努力，将那些久远的战争记忆客观地还原给历史。

本书前七章着重叙述了芝浦里阻击战和上甘岭战役三个阶段的概况；第八章至第十四章是聂济峰将军对上甘岭战役的分述小结；其中第十章和第十二章重点叙述了上甘岭战役兵团、军、师前线指挥以及步炮协同作战的情况。

为了清晰了解书中的图片故事，编者采访曾参与上甘岭大战的老前辈李明天，他讲述上甘岭战役时，第45师的战地摄影记者是高亚雄同志，那时被称为摄影员，另外还有不少受命于执行特殊任务而兼职的临时战地摄影员，其中有来自机关和前线的干部和战士。在当时惨烈的战场上，他们为了能拍摄到真实的战斗场面，不惜冒着生命危险，穿越炮火硝烟，用镜头记下了瞬间的战争记忆。由于那场战役残酷激烈,也有许多反映真实战斗场景的图片未能够保留下来……本书刊用的大多图片源于上述亲历者的原创战地摄影作品,其中也包括牺牲在战场上那些知名和不知名的烈士。为了追寻图片的原创者,我几经周折,多方查询,终于打听到老前辈高亚雄的联系方式,但令人震惊并遗憾的是,老人家已于2014年去世。为此,编者在整理每一幅图片时,倍感对前辈战友的无限思念和敬仰,由衷地感激他们用鲜血和生命凝集在镜头中的珍贵资料仍能在60多年后的今天,让沐浴在和平阳光下的人们重新感受当年的视觉影像,清晰地还原发生在朝鲜两个小山头上那场举世闻名的大战,读懂并回眸上甘岭战役中那些鲜活的人物和故事。

  文稿整理中,原志愿军第15军44师师长向守志为本书作了题词;原第15军炮兵主任靳钟为本书写了序言;原第45师宣传科长李明天给予本书极大支持和帮助;原解放军画报社资深军旅摄影记者孟昭瑞《亲临上甘岭》等回忆文章也一并收入本书;2012年,中央新闻纪录片厂沈芳导演在朝鲜拍摄历史文献影视片《不能忘却的伟大胜利》,她和剧组成员专程前往朝鲜划定的非军事区上甘岭烈士陵园,瞻仰和祭奠掩埋在那里的志愿军英烈,代表祖国人民敬献花圈,表达对异国他乡志愿军英烈的思念和敬意,本书引用了剧组拍摄的部分上甘岭战役图片资料;2012年、2015年,我曾先后两次重返父辈征战的空降兵部队,军师首长得知我正在整理上甘岭战役文稿时,他们格外关心,并给予积极支持和帮助,第15军军史馆刘圣德馆长以及45师军史馆还为本书提供了许多珍贵的历史图片。全国政协委员、著名书法家、中国革命军事博物馆设计处处长卢中南同志为书名作了题字。

  在书籍编辑的漫长时段,我的家人给予了积极的帮助。妹夫鲍斌在繁忙之中为本书绘制了全部的作战态势图,并参与书籍文字修改和编辑,他一丝不苟的认真态度给予我弥足珍贵的指导和帮助;本书第11章和第13章由我的儿子李麾编辑整理,用他自己的话来说"作为80后,参与编辑是为了能传承这部历史!";书中引用的大部分历史图片、录音资料由我的弟弟聂建军提供并参与整理,他在病中始终关注着这部书籍的出版;我的母亲吕连瑞,虽然年高,但仍给予我极大的鼓励和支持，文中不少历史细节，她都曾给予细心解答和具体指导，以此缅怀和纪念风雨同舟的老战友和伴侣。

今年是上甘岭战役65周年，为了纪念这个难以忘怀的日子，敬请书中众多四川籍志愿军英雄回归故里，2017年8月，在李韧同志生前十一学校老同学肖晓青极力推荐和支持下，这部以抗美援朝为题材的文稿史料，终于交付四川人民出版社。出版社领导十分重视本书的编辑和出版工作。主编、责任编辑和工作人员夜以继日地编整集结。在我与出版社通力合作的日子里，我们的思绪始终沉浸在那场久远而难忘的战争岁月，"弘扬上甘岭精神，为志愿军而歌"成为我们大家共同的心愿。四川人民出版社竭诚而富有成效的努力让我真正感受到了令人赞叹的"四川精神"和"四川速度"。90后责任编辑蒋伦智在繁忙的编辑工作之中，曾给我留下这段发自肺腑的话："我一直想为志愿军和解放军的书做责编，以此能完成我小时候的军人梦。"在此，我衷心地感谢林小云、吴焕姣、蒋伦智、张洁、杨雨霏、蒋科兰等编辑，感谢出版社工作人员的辛勤耕耘，他们以高度的责任心和精湛的业务完成本书的出版。对上述各位以及尚未提及，但曾以不同方式支持过本书编辑的老前辈、战友和朋友一并深深地道声：谢谢！

借《上甘岭：攻不破的东方壁垒》出版之际，我愿将这部血凝的文稿推荐给热爱军事的青少年朋友，推荐给那些为报效祖国已加入或即将走向军旅征程的年轻士兵。追忆烽火岁月，怀念"最可爱的人"，期盼这部口述和记录的历史能在出版多年之后依然被认可为一本值得阅读和珍存的军事历史史料。

"这里记录着历史，这里记录着英雄！"

聂昭华
2017年10月1日修改并完稿

附录一

一条大河波浪宽

——纪念上甘岭战役40周年

聂济峰

当我百皱的胸襟再经历不起几度残阳尽染；当我如霜的鬓角再迎接不了几度劲风挑战，在这连苍鹰也会铩羽的古稀年华，我仍想啊，为共和国的一代年轻朋友，引吭高歌一曲那万古不灭的主旋！

> 一条大河波浪宽，
> 风吹稻花香两岸，
> 我家就在岸上住，
> 听惯了艄公的号子，
> 看惯了船上的白帆，
> ……

这脍炙人口的旋律，传唱了一代又一代；这有口皆碑的诗句吟诵了一年又一年。与青山同在啊，她已铸成千万爱国主义者的铁筋忠骨；与绿水长流啊，她已化作无数国际主义者的热血赤胆！无论在九派神州，在大洋彼岸；无论在盖道林荫，在烽火前线……在卡拉OK舞厅，在盛大欢腾国宴，掌声响起处，是你高奏一曲《上甘岭》的主题歌；在蔽日阴霾下，在祖国危难时，欲碎钢牙间，是你低吟一首"一条大河波浪宽"！

可曾有人腻烦？我说不，这"杨柳枝"何需新翻！可曾有人厌倦？我说不，这"老调"必要重弹！——这便是我，一位老军人，一位老志愿军战士，所应奉献给伟大共和国的一腔衷言！年轻一代的朋友啊，莫笑我六律欠谙，五音不全；亲如慈母的人民啊，莫怨我征鞍已卸，战刀离肩。作为我，当年上甘岭战役前线指挥者中的普通一员，四十年来每闻此歌，便有抒不尽的胸臆撞怀；四十年来每吟此句，便有抑不住的豪气冲天！四十年间沧海桑田，我却兴致难移这一曲啊；四十年里炎凉世态，我仍独爱这"一条大河波浪宽"……

仿佛已经很远很远，那场战争已烟消云散，时过境迁；但却又很近很近，这条大河仍潮峰东指，篷飞橹翻；仿佛已经很远很远，那股敌人已旗卷人遁，鲜花隐踪；但却又很近很近，这条大河仍旋涛盖地，浪啸撼天！远在天涯，那异国邻邦的志愿军烈士陵园，青草隐径墓难觅；近在咫尺，这茫茫九派的千流百川，风吹稻花香两岸。

啊！好一条大河，分明是祖国母亲的血脉里流出，滋润了当年那干涸难耐的坑道、阵地、制高点；好一条大河，分明是在祖国母亲的泪眼中滚淌，激励着当年那至死不退的上甘岭、菊亭岘、五圣山……

这便是浪起浪伏的大河，给悲壮历史注下的一个带血的标点；这便是潮涨潮落的大河，向光辉未来所发出的一个庄重预言！

她，必是长江、乌江、嘉陵江啊，必是哺育出华夏百代英雄的襁褓；她，必是黄河、汾河、大运河啊，必是造就成炎黄万世豪杰的摇篮！对，是她！一条自远古奔来的大河，曾将多少慷慨悲歌的历史剧导演。

不，不是！尚有另一条流淌于胸间的大河啊，由自鸦片战争的创口、"四一二"屠杀的血泊中发源……在她面前，五口通商的设计者收琼浆玉液作笑纳；在她面前，"特种技术合作"的指挥者赠桎梏枷锁当饰环。大河九曲，曲曲都标叹问号；大河九曲，曲曲徘徊亦茫然——大禹治水的故园中，谁将再创令先人击节的功业？九脉归海的疆域内，谁将重刻使前辈笑慰的竹简？

云梦泽升腾了，雾化时冷眼向洋看世界；都江堰涌动了，回眸处热风吹雨洒江天！那便是我们，胸铸长堤，将闸断近代历史的血滔泪澜；那便是我们，骨作巨笔，将书写人民革命的春秋新篇。由此可见，我们是英雄，亦是英雄的后继；由此可见，我们是豪杰，亦是豪杰的嫡传！

一条大河的历史训导了我们懂得，什么是屈辱、贫穷，什么是伟大、尊严。于是，在三千里江山我们挺起胸宣告：为了祖国，为了朝鲜，为了千万慈祥的母亲，我们前赴后继，不惜一搏铁血战；于是，在上甘岭上我们以死相示：为了世界、为了共产主义信仰，我们义无反顾，何惧马革裹尸还！宁同归于尽啊，也休想越我血肉长城一步。听，历史的风波亭上那正义之魂仍在断喝：还我河山！还——我——河——山！！！

啊！这便是浪起浪伏的大河啊，给悲壮历史所注下的一个带血的标点；这便是潮涨潮落的大河啊，向光辉未来所发出的一个庄重预言！！！

兵老了，看啥也是"三点成一线"；人老了，论啥也是"好话说三遍"。我年轻的朋友们呦，莫怪我啰唆，莫怨我烦！一番慷慨激昂的体己话啊，不对咱革命的子子孙孙、孙孙子子，又能对谁谈？更何况啊，夜静人稀时，大河曾无数回卷来，异国陵园中我那长眠的战友的忧患；朝霞满天处，生命曾千百遍叮嘱，留一段老兵的回忆啊，给绚丽的明天！请你侧耳听吧，拙字拙句中，是我那倾心认定的肺腑之言；撕开胸膛看啊，九曲衷肠外，是我那大河孕育的火热心肝……

当我百皱的胸襟再经历不起几度残阳尽染；当我如霜的鬓角再迎接不了几度劲风挑战，在这连苍鹰也铩羽的古稀年华，我仍想啊，为共和国的一代年轻朋友，引吭高歌一曲那万古不灭的主旋！

附录二

亲临上甘岭

孟昭瑞

1952年10月中旬,祖国第二届赴朝慰问团来到朝鲜志愿军总部桧仓驻地,志愿军第一副司令邓华将军,在慰问大会上向祖国人民报告时讲到,我志愿军在金化以北五圣山一带的上甘岭地区与以美国为首的"联合国军"进行浴血奋战,涌现出许多可歌可泣的英雄事迹。特级英雄黄继光更是志愿军战士革命英雄主义的集中代表……

当时,慰问团副总团长、解放军总政文化部部长陈沂同志,告诉我们——解放军文艺社的陆柱国、八一电影制片厂的摄影师谢杞宗及助理和我共4人,立即到上甘岭前线采访。邓华副司令亲自为我们联系去上甘岭的车辆,因为小车实在抽不出来,我们4人乘了一辆卡车,只好躺在"硬卧"上睡大觉。由于道路不平,车摇煤球似的滚来滚去,经过两个夜间的颠簸,凌晨3时左右快到第15军前线指挥部时,汽车在一座山上攀行,可能是司机同志开车疲劳,车突然翻下山去。车翻过来转过去地往下滚,我们4人相依为命地抓住车梆子,幸亏一棵大树挡住了,才使我们死里逃生。大家都受了轻伤:不是手腕扭了,就是头碰个大包,还有的脚关节扭伤。这时,空中来了敌机,车灯还亮着,喇叭关不上,司机好不容易爬出来,慌忙用大衣盖住两个车灯,以防不测。我们只好走下山找部队,恰好碰上了第15军后勤部的同志,他们得知是祖国慰问团的,格外亲切,还给我们找医生看了伤。

天一亮,我们就来到江水岱附近的一座小山上,森林密布,空气格外新鲜。这就是志愿军第15军前线指挥部。秦基伟军长与其他军首长接见了我们,为我们设宴洗尘。宴席虽然简单,没法跟现在比,但在战争环境中,能吃到可口的饭菜已数难得。我坐在秦军长的左边,在交谈中,他知道我是解放军画报社的记者,更增添了信任感。他蓦地从木屋里取来一台德国制的康泰克斯照相机递给我,询问照相机的使用方法;光圈、速度、距离的关系,室内如何曝光等,以及平时维护照相机的事项。当天下午,我们参加了秦军长与上甘岭战斗中坚守坑道14昼夜的英雄8连代表的会见,并听取了英雄们的战斗事迹。秦军长详细询问了8连指导员王土根的战斗过程:怎样英勇顽强地与美国侵略军战斗的?如何打退敌人数十次进攻?特别是到后来——水、食品都缺乏的情况下,怎样一边战斗,一边克服艰难险阻,最后取得胜利的?……王土根和8连战士异口同声地回答是:"为了祖国和朝鲜人民。"秦军长激动不已,高度赞扬了8连的国际主义精神和对祖国人民的忠诚。

  在战士带领下,我们步行穿过数道封锁线进行采访,不时地利用地形,躲避炮弹的着落点,又过起了战地生活。这也是作为部队摄影记者的"家常便饭"。我们终于来到五圣山前线火炮阵地指挥所,这里24小时都在打炮,震得地动山摇,但逐渐也就习惯了。在这里,听到的英雄事迹感人至深,如某营电话班长牛保才在检查电话线时,两条腿被敌人炮火炸断,但仍拖着断腿爬行到断线头,用牙咬着把断线头连接在一起,让信号通过自己的身体,保证了战斗命令的顺利下达,使部队取得了歼敌500多人的胜利。在一次反击战中,敌人残存的火力点以密集的火网把我突击队压在山脊上,连续组织三次爆破都没成功。离天亮只有40多分钟了,如不尽快炸毁敌人中心火力点,反击任务便难于在天明前完成。在这关键时刻,营部通信员黄继光挺身而出,当接近最近一个地堡时,黄继光已负伤七处,他咬着牙投出最后一颗手雷,敌人机枪炸哑了,黄继光也昏倒了。但是当突击队跃起来刚要冲锋的时候,敌人的机枪又响了。倒在血泊中的黄继光一跃而起,扑向地堡,用胸膛堵住了敌人的机枪射孔……在"为黄继光同志报仇"的呼喊声中,突击队迅猛地冲上山顶,0号阵地又回到我军手中……志愿军这种视死如归的英雄壮举,令贪生怕死的敌人胆战心惊,他们感到不可思议。美国前线指挥官惊呼:"中国军队为什么不怕死?可能是服用了什么药物吧!"

  上甘岭战役,虽然是在一个很狭小的阵地上进行的,但它的激烈程度与志愿军的勇猛顽强,在世界战史上少有。敌人为着争夺面积不过3平方公里的几个山头,投入了两个多师的步兵,100多辆坦克和美第8师的炮兵总预备队,每天发射的炮弹平均24000多发,最多的一昼夜将近30万发;每天平均出动飞机63架次,投掷重磅炸弹500多枚和许多凝固汽油弹;坦克每天出动30至70辆,使狭小的两个阵地597.9与537.7山头被削低了2米,山上的岩石被炸成1米多厚的黑色粉末碎石,许多岩石坑道被炸短了三四米。但是,打了一个多月,敌人付出了死伤25000多人和毁伤飞机200多架的代价,阵地仍在我军手中。

注:本文作者为原解放军画报社资深军旅摄影记者。

附录三

关于上甘岭战役的回忆和评价

王近山：范佛里特在我上甘岭阵地开刀了，用美7师和伪2师在金化以北地区发动攻势，支援进攻的大炮1500余门，坦克120辆，还有一个航空兵大队。据情报，美40师已至芝浦里地区，其企图是首先攻占我上甘岭东西各高地，进而夺取五圣山这个战略要点，为进攻平康地区创造有利条件。敌人胃口很大，把这一攻势称之为"铁三角"战役，想把铁原、金化、平康这一三角地一口吞下去。美国通讯社宣称："这是一年来，'联军'向中国军队主要防线所发动的一次猛烈的进攻。"你们45师的任务是坚守阵地，争取在一线打垮美7师、伪2师，准备美40师也来。[1]

王近山：上甘岭地区形势十分严峻，敌人投入了空前多的兵力、火力，向五圣山前沿疯狂进攻。……这一地区的战斗，已发展成为战役规模，敌人的意图是战略性的。从各方面情报看，敌人在后期，还将投入更大兵力向我进攻，战斗将更激烈残酷。我们的决心是坚决守住上甘岭，寸土不让！前沿阵地一丢，敌人会乘势攻占五圣山，从我中线突破，那将使整个朝鲜战局改观，绝不能出现这种情况！我们要把敌人消灭在最前沿，不准它前进一步！每一个阵地上都要和敌人反复争夺。在激烈残酷的战斗中，要十分注意研究敌人的进攻特点，讲战术！以最小的代价，给敌人以重大的杀伤。[2]

志愿军第3兵团副司令王近山

[1] 聂济峰：《浴血奋战上甘岭（上）》，《军事史林》，1994年第2期，第16页。

[2] 李德生：《在上甘岭前线》，《李德生回忆录》，解放军出版社1997年版，第294页。

志愿军第3兵团副政委杜义德

[3]杜义德：《在滚烫的日子里——忆上甘岭战役》，《杜义德文集》，长征出版社1997年版，第247页。

[4]聂济峰：《浴血奋战上甘岭（上）》，《军事史林》，1994年第2期，第16页。

杜义德：历时43天的上甘岭战役，是在仅有的3.7平方公里的狭小地区进行的，称得上是一奇。而敌人先后投入的部队有美7师、美航空团、南朝鲜的2师和9师，埃塞俄比亚营、哥伦比亚营，共11个团2个营，在战役进行中又补充新兵9000余名；另外还有18个炮兵营，拥有105毫米以上的大炮300余门，坦克170辆，出动飞机3000余架次，总兵力6万余人，由美第8集团军司令官亲自指挥。敌人投入这么大的兵力和火炮，向我两高地发起团以上兵力冲击25次，营以下兵力冲击650次，发射炮弹190万发，飞机投弹5000余枚，最多的一天居然向我阵地倾泻炮弹30万发，飞机投弹500余枚。结果如何呢？两个小山头土石被炸松一两米，山下的树木全被炸光，两个小山头上连根草茎也没有。1958年我志愿军归国，两个山头仍是一片焦黄的土，一根草也没有长。美军最大的收获是丢下了25000多具尸体，却一步也没有前进，美梦告吹。[3]

杜义德：你们是志愿军代表队，一定要打出个样子，要不惜一切代价狠狠地打，就是45师拼光了，打垮了美军两个师，守住了阵地，也是光荣的。[4]

志愿军第15军军长秦基伟

秦基伟：上甘岭的胜利是毛泽东主席英明的战略指导思想的胜利。是志司、兵团贯彻"持久作战，积极防御"方针的胜利。五次战役后，我们落实毛主席的指示"零敲牛皮糖"不断地消耗敌人，积小胜为大胜，争取时间。毛主席的这个指示通过实践证明是很英明的，特别是在1952年以后，朝鲜战场上不断成排、成连、成营地歼灭敌人，不仅从实力上削弱了敌人，更从心理上威慑了敌人,为上甘岭战役取得全胜奠定了基础。在上甘岭战役过程中,毛主席和中央军委始终对战事进展密切关注,不断发来电报,进行战役指导,对我将士给予了巨大鼓励和鞭策。志司和兵团直接调兵遣将,全力支援上甘岭,给了我们无限的力量和信心。

一切参战部队发扬了高度的团结战斗精神,表现了特殊的英勇顽强与视死如归的革命精神,造成了为国争光慷慨赴死的壮烈气氛。邱少云、黄继光、孙占元等人的壮举,不仅使敌魂惊魄动,就是在我军战史上,这样的行为也是不多见。他们表现了志愿军战士的伟大气魄,在战斗异常紧张艰苦的情况下,表现了勇敢和智慧相结合的作风,作战技巧出神入化,献身精神一往无前。有如此奋不顾身浴血奋战将士,敌人焉有不败之理。[5]

[5] 秦基伟:《鏖战上甘岭》,《秦基伟回忆录》,解放军出版社1996年版,第405—406页。

李德生:上甘岭战役是中国人民志愿军在朝鲜战场上同敌人打得最漂亮的又一次战役。整个朝鲜战争,是中朝人民军队,以劣势装备,同有着陆海空军优势、武装到牙齿的以美国为首的侵略军的一场大较量;是第二次世界大战后,规模最大的一次国际性的战争。抗美援朝战争历时3年,最后以中朝人民的胜利而告结束。中朝人民及其军队抗美战争的胜利,打破了美帝国主义不可战胜的神话;打破了世界上不少人的"恐美症"。战争的胜利,再次证明毛主席的英明论断:一切帝国主义都是纸老虎。……历史向人们展示,正义战争必定战胜非正义战争,共产党领导下的人民及其军队,是不可战胜的![6]

志愿军第12军副军长李德生

[6] 李德生:《在上甘岭前线》,《李德生回忆录》,解放军出版社1997年版,第312页。

[7]李德生：《在上甘岭前线》，《李德生回忆录》，解放军出版社1997年版，第308页。

上甘岭前线的坑道生活是非常艰苦的。坑道低矮，纵深很浅，战士们在表面工事上与敌人反复拼杀后，又累又饿，坚持在坑道里，虽然可以抗击敌人的炮火，但是坑道里条件极差，人多了空气稀薄，呼吸都比较困难，大小便也没有专门的场所。有时后方食物供应不上，吃不上饭固然是个难题，更为难的是没有水喝，到最困难时，喝尿也喝不上，只好舔舔湿润的岩石。但是，干部战士以惊人的毅力，战胜敌人，战胜困难，始终保持乐观情绪和英雄气概。我们的干部战士，不愧为"最可爱的人"。[7]

志愿军第15军45师师长崔建功

[8]崔露编著：《我的1950年代：上甘岭亲历记》，长江文艺出版社2011年版，第98页。

崔建功：坑道防御战，古今中外都没有这种战例。……我们不是孤军作战，我们有毛主席和中央军委的战略指导，有志司强大的后勤保障，有星夜赶来的12军战略预备队。……祖国人民慰问团在我们最艰难的时候来到了五圣山，大大鼓舞了全师指战员的士气。师党委相信，我们有黄继光的英勇献身精神和第一流的意志，敢为人类的生存极限创造一个制高点。中国共产党领导下的革命战士，熬得住这个苦，一切为了全局胜利！我们一定能守住坑道，我们能创造攻不破的防线这个战史奇迹！[8]

在上甘岭战役中，我感受最深的是：第一，胜利是全体参战部队英勇献身的结果。从孙占元、黄继光、牛保才到龙世昌……都自觉地用自己的生命去争取胜利。全师上上下下，前方后方，都是一个心思。第二，上级指挥正确。军关于坑道阵地的结构设计，阵地为家，持久作战，消灭与消耗敌人，保存与提高自己的作战指导思想，对形成整体防御功能，起了根本作用。在最困难的时刻，军、兵团调来了二梯队，给我师补充了人员和弹药物资，增加了炮兵，起了关键作用。第三，战斗受到联司和军委关怀和鼓舞，得到祖国人民和朝鲜人民的大力支持，也是我军长期爱国主义、国际主义、革命英雄主义教育，以及军党委倡导的艰苦顽强精神的结果。第四，从美军那里学会了战术计算。敌人虽然也善于计算，但他无法计算我军将士的勇敢与智慧，无法计算我思想政治工作的威力。上甘岭战役打出了军威，打出了国威，形成了一个上甘岭精神。[9]

[9] 崔露编著：《我的1950年代：上甘岭亲历记》，长江文艺出版社2011年版，第314—315页。

美韩将领对上甘岭战役的评价

克拉克：原来计划用两营人，一营属美7师，一营属韩2师，夺占两个相距约2000米、防守严密的山头阵地，一个是位于左边的三角山，另一个是右边的狙击兵岭。敌人利用这两个阵地，可以详尽地俯瞰我们后方的金化谷地，打击我们的主补给线，并由此给"联合国军"造成人员伤亡。支援我们步兵攻击的是16个炮兵营，约有280门从105毫米到8英寸口径的大炮，并准备以数百架次战斗轰炸机来确保最大限度的近距离火力支援。承担这次作战任务的野战指挥官们估计，此役需5天时日，付出约200人伤亡的代价。在攻击发起的当天，投入的步兵就翻了一番，增加到4个营，每2个营攻击1个目标，总兵力共约4000人。接下来的战斗成了自前一年伤心岭战斗以来"联合国军"发起的最艰难的战斗。中

"联合国军"总司令克拉克

[10] Mark Wayne Clark, *From the Danube to the Yalu*, New York, Harper & Brothers Publishers,1954,pp.78–pp.79.

国人掘壕固守，打得顽强而出色。他们的火炮即使不比我们的多，也可算是旗鼓相当。敌人后方两英里半处是3500英尺高的制高点爸爸山，这使他们拥有观察之便利。最初只是一个有限目标的攻击，后来竟成了一场严酷的、保面子的恶斗，一方暂时稍占上风，另一方便加大赌注。激烈的战斗接连打了14天，又间歇性地延续了一个月。我们攻占了三角山的一个角——珍妮·罗素山，还占了狙击岭的大约一半。我们死伤的人数在8000以上，大部分为韩国人，得不偿失。我认为这次作战是失败的。[10]

"联合国军"美军第8集团军司令范佛里特

范佛里特："为了扭转局势，我们必须首先采取小规模的进攻行动，使敌人陷于被动的防守地位；目前我们都是为应付敌人的进攻而采取防守行动，致使我们遭到了1951年10月和11月以来所有战斗中最惨重的伤亡。"

为避免这一趋势继续发展，范佛里特建议采纳第9军团名为"摊牌"的行动计划。他认为那样将会改善金化以北防线的情况。范佛里特指出，在该城以北不到8英里的地方，第9军团敌人的军队都没有工事，双方间隔只有200码。在598高地和该高地东北面大约1英里多的地方有一条从西北伸向东南的狙击岭山脉，那里的敌对力量正好卡住了我方的咽喉，故死伤就相应要大得多。假如能把敌人驱逐出这些山头，他们将不得不后撤到1250码以外的另一个防守阵地。考虑目前弹药库存所能提供的最大火力以及空中力量的最大近战支持，第8集团军司令对"摊牌"的可能性是乐观的。[11]

[11] 沃特尔·G.赫姆斯：《"摊牌"战役》，《朝鲜战争中的美国陆军（第一卷）》，解放军国防大学出版社1988年版，第346—347页。

丁一权：美7师尽管受到重大损失，却始终未能坚持守住三角高地地群。美军感到束手无策，请求我师担任此项任务，我师下属第17、第31、第32、第37等4个团，就答应了。对此，接替我担任韩第2师师长的姜文奉认为："那本来是预定由美第7师担任的进攻任务，可是他们每天付出200多人的伤亡也夺不回来，受到报纸的抨击。因此，把这项任务交给了我师。换句话说，是叫我们当美国兵的替身。所以在接受换班命令时，我就感到美国人、南朝鲜人同样都是人，这不是叫我们替他们牺牲吗？当然我们也认真地攻打过，但我不愿意以无谓的牺牲来换取名誉……这样一连攻了3天，一无所获，每次都受到重大损失……因此，决心停止进攻。……要我的士兵去替美国兵牺牲，我不干。"[12]

韩2师师长丁一权中将

[12] 李庆山：《志愿军抗美援朝纪实》，中共党史出版社2008年版，第411—412页。

附录四

上甘岭战役中国人民志愿军战绩统计表

	项目	数目	备注
歼灭敌军 （毙、伤、俘）	美军	5271人	1.歼灭美军人数中，包括歼灭阿比西尼亚营和哥伦比亚营的人数。 2.上甘岭战役中志愿军伤亡共11529人，敌我伤亡对比约为2.2：1。
	韩军	20227人	
	合计	25498人	
主要缴获	各种枪	2753支（挺）	
	无后坐力炮	8门	
	60迫击炮	13门	
	90火箭筒	15具	
	火焰喷射器	5具	
	各种通信器材	65部	
击落敌人各型飞机		70架	
击伤敌人各型飞机		200余架	
击毁敌人各种汽车		38辆	
击毁敌人大口径炮		61门	
击毁敌人各型坦克		14辆	

附录五

上甘岭战役志愿军参战人员获英雄称号者名录

特级英雄、朝鲜民主主义人民共和国英雄

黄继光　　第四十五师第一三五团第二营营部通信员

一级英雄、朝鲜民主主义人民共和国英雄

孙占元　　第四十五师第一三五团第七连排长
胡修道　　第三十一师第九十一团第五连战士

二级英雄

王彦林　　第四十五师第一三三团第一连班长
侬廷秋　　第四十五师第一三三团第一连班长
蒋元伦　　第四十五师第一三三团第六连班长
郑金钵　　第四十五师第一三三团第九连班长
田立明　　第四十五师第一三四团第一连班长
欧阳代炎　第四十五师第一三四团第四连副排长
葛洪臣　　第四十五师第一三四团第六连排长

龙世昌	第四十五师第一三四团第八连战士
赖发均	第四十五师第一三四团第八连战士
陈治国	第四十五师第一三五团第一连战士
孙子明	第四十五师第一三五团第一连战士
牛保才	第四十五师第一三五团第一营营部电话班副班长
邓章德	第四十五师第一三五团第三连通信员
栗振林	第四十五师第一三五团第三连排长
吕慕祥	第四十五师第一三五团第六连班长
易才学	第四十五师第一三五团第七连战士
李忠先	第四十五师第一三五团第七连副班长
刘俊卿	第四十五师第一三五团第三营机炮连班长
马新年	第二十九师第八十六团第二连战士
唐治平	第二十九师第八十六团第五连副班长
林炳远	第二十九师第八十六团第九连战士
余　贵	第二十九师第八十六团侦察排战士
薛志高	第二十九师第八十七团第五连副班长
王合良	第二十九师第八十七团第五连战士
戴荣华	第二十九师第八十七团第七连班长
李元兴	第二十九师第八十七团第九连战士
欧文辉	第二十九师第八十七团第九连战士
李文彦	第四十四师第一三〇团警工连工兵班班长
崔长海	第三十一师第九十一团第六连战士
蔡兴海	第三十一师第九十一团第八连副班长
曾平章	第三十一师第九十二团第二连副班长
蒋永德	第三十一师第九十二团第四连副班长
程云庆	第三十一师第九十二团第六连班长
郝兴文	第三十一师第九十二团第七连班长

杨国良　　第三十一师第九十三团第九连副班长

高良伦　　第三十一师第九十三团第九连战士

周　平　　第三十一师第九十三团第九连班长

刘保成　　第三十四师第一〇六团第九连班长

高守余　　第三十四师第一〇六团第九连战士

张瑞臣　　炮兵第七师第二十四团第八连炮手